九色鹿

本书由

陕西师范大学"一带一路"文化研究院
陕西师范大学西北跨境民族与边疆安全研究中心
陕西师范大学－河西学院"丝绸之路经济带河西走廊智库"

资助出版

黄达远
李如东

主编

区域视野下的
中亚研究

范式与转向

社会科学文献出版社

SOCIAL SCIENCES ACADEMIC PRESS (CHINA)

· 目　录 ·

导　论

"一带一路"与区域研究

重思"中亚"

转型中的"中亚研究"

附　录

导 论

从域外与周边重新理解中国
——以丝绸之路研究的区域转向为中心

黄达远 *

在"一带一路"倡议下，边疆转为核心区，这种空间转向与近年来史学发展变化的趋势相符：区域研究与世界体系（全球史）结合起来，这就意味着对边疆、边界、区域这些议题必须加以重新思考，中国需要自身的区域研究。近年来，笔者就"西北研究的空间转向"问题反思了以往西方单一民族主义知识体系下的"去地域化"，使得地域社会特点长期被掩埋和忽略，[1]而区域研究则能恢复地域的中心性：以草原、绿洲、农耕、森林、沙漠空

* 黄达远，陕西师范大学西北跨境民族与边疆安全研究中心（国家民委基地）/"一带一路"建设与中亚研究协同创新中心副主任，二级教授，博士生导师。河西学院"祁连学者"特聘教授。

1 参见黄达远《欧亚时空视野中的西北：论"一带一路"战略背景下的地缘区位观》，《陕西师范大学学报》（哲学社会科学版）2017 年第 3 期。

间地域上的关联性视野进行观察，也就意味着避免使用早期西方的
"有色透镜"进行文化解读。全球史家威廉·麦克尼尔指出，围绕
跨文化这一概念，似乎存在着某种共识，这种现象使世界上不同地
区之间的联系浮出水面——否则，研究单个社会或文明的历史学家
看不见这些联系。因此，未被发现的联系网最终会展示以往被单独
考虑的"区域"历史之间存在的"系统关系"。[1] 这就需要采用一种
整体性的社会科学方法进行研究。

一　丝绸之路的区域转向：恢复农耕、游牧与绿洲的地缘关联

当下的丝绸之路研究依然没有摆脱欧洲中心观，且尚深陷于民
族国家模式中。发源于欧洲后来又成为全世界所遵循的民族国家模
式，以固化的王朝国家形态——单一中心的历史形态，将人群和地
域印刻在人们的脑海中，以至于人们形成了这种以自我为中心的认
知记忆和以王朝架构为中心的认同记忆。李鸿宾教授指出，对丝绸
之路的历史理解和阐释模式，"无非就是以通道的方式联结两端或中
间的若干点域，但本质上仍旧是各个国家和地区自身历史的发展演
变"。[2] 这仍然跳不出以民族国家为预设的背景。这一问题的实质依
然是单一民族主义知识体系的"去地域化"。

2015 年，联合国教科文组织批准了"丝绸之路：长安—天山廊
道的路网"的申遗文本，体现了中国、吉尔吉斯斯坦、哈萨克斯坦
三国学者对"丝绸之路"的新理解，申报文本首创了丝绸之路区域
研究的范例。"长安—天山廊道的路网"是指"丝绸之路"东段由
一系列具有代表性、独特性的遗址点串联而成并具备突出普遍价值
的跨国系列文化遗产，属文化线路类型。公元前 2 世纪至公元 16 世

1　William McNeill, "The Changing Shape of World History," *History and Theory* 34, 1995, p.14.
2　李鸿宾：《从全球史语境看唐史研究新范式出现的可能性》，《陕西师范大学学报》（哲学社会
　　科学版）2018 年第 3 期。

纪期间，古代中国"中原地区"和中亚区域性文明中心之一的"七河地区"之间建立起直接的、长期的联系，[1] 这一区域体现出游牧与定居、东亚与中亚之间从未间断的联系，极大突破了民族国家的静态视野，以一种欧亚整体史观衡量"长安—天山廊道的路网"在人类文明史中的地位与特征。四个异质性区域构成了这一路网的地理基础：中原地区（农业核心区）、河西走廊（绿洲区）、天山南北（南为绿洲，北为草原绿洲）和七河流域（草原核心区）。它们共同组成了南北跨度 5000 多公里，东西长度 8000 多公里，由 33 处遗产点联结起来的巨大路网。三国学者提出区域共性的一面是：持久的沿用时间、丰富的各类遗存及其相互间的内在动态关联、丰富的文化交流内容、联系和途经的多样地理环境。这清晰地展现出了公元前 2 世纪至公元 16 世纪期间，在亚欧大陆上所发生的不同文化区域间的广泛互动，其中在游牧的草原文明与定居的农耕、绿洲或畜牧文明之间表现尤为明显。[2] "长安—天山廊道的路网"申遗文本明显采用了年鉴学派的观点，关注长时段的日常生活。

20 世纪 60 年代，布罗代尔以及年鉴学派的"整体史"，将地理时间纳入史家的关注当中，体现了对日常生活的社会史的重视；1985 年，西域史家张广达先生较早吸收了年鉴学派的观点，将山脉、沙漠、绿洲对于丝绸之路和东西文化交流的影响纳入欧亚交通史研究当中。[3] 2008 年，张广达进一步指出中古"西域"是当时世界上各种宗教、信仰、文化的交集处，汉族中国的儒家与道教、南亚印度的佛教、西亚甚至欧洲的三夷教（景教、祆教、摩尼教），都在这里留下痕迹，因此也可以把它看作另一个陆上"地中海"。[4] 葛兆光提出，一方面，汉文明在那里与其他各种文明互相激荡，因

1　中国建筑设计研究院建筑历史研究所：《丝绸之路：长安—天山廊道路网》，《中国文物报》2014 年 6 月 25 日。

2　王建新：《丝绸之路：长安—天山廊道的路网》，《世界遗产》2015 年第 1~2 期。

3　张广达：《古代欧亚的内陆交通》，载氏著《西域史地丛稿初编》，上海古籍出版社，1995。

4　张广达：《文书、典籍与西域史地》，广西师范大学出版社，2008，自序。

而使"西域"形成一个极其错综复杂的"历史世界"；另一方面，"西域"虽然是汉代文献中已经有的地理词，但对这一特殊地域进行考察，将其作为一个连接各国历史、语言和宗教的"历史世界"，是随着 19 世纪欧洲东方学、日本东洋学的兴起才得以实现的。[1] "丝绸之路：长安—天山廊道路网"重建了中原、绿洲、游牧之间密不可分的区域联系，超越了西方中心观，也超越了中原中心观，呈现了世界性的区域关联，一定程度上再现了"陆上地中海"。

丝绸之路沿线区域景观丰富多样，农耕区、游牧区与绿洲区构成了核心的环境支撑。公元前 2 世纪，汉朝出使西域的张骞在大宛一带，看到既有"行国"，也有"其俗土著，耕田，田稻麦"的农耕民。[2] 一直到 17 世纪末的布哈拉文献资料中，还记载农村、冬营地和草原居民之间的区别，也即定居农民、半游牧民和游牧民之间的区别。[3] 可见，从日常生活看，尽管族群发生迁移变化，但是在"千年"的尺度下，中亚的环境和人群的生计方式并没有变化。要将丝绸之路置于游牧世界和农耕世界的关系中理解，"自然现象的重要性各不相同，唯有对人类影响最大的那些地理现象才是最重要的"。[4] 游牧与农耕两大类型的出现，与人类对地理环境的适应以及对资源与能源的使用是分不开的。世界史名家吴于廑教授指出，"自人类由食物采集者发展成为食物生产者之后，这两个世界必然并列形成"，一方面农耕与游牧之间形成相互依存的关系，[5] 另一方面形成相互对立的关系，表现在游牧社会与农耕社会内部阶层分化而发生矛盾。"游牧世界诸部族向农耕世界的几次大冲击，必须从超越

1　葛兆光：《从"西域"到"东海"：一个新历史世界的形成、方法及问题》，《文史哲》2010 年第 1 期。

2　《史记·大宛列传》。

3　〔俄〕巴托尔德：《巴托尔德文集》第 2 卷上编，莫斯科：东方文献出版社，1963，第 467 页。

4　〔英〕詹姆斯·费尔格里夫：《地理与世界霸权》，胡坚译，浙江人民出版社，2016，第 8 页。

5　谷苞：《论正确阐明古代匈奴游牧社会的历史地位》，载中国民族学会编《民族学研究》第 8 辑，1986，第 179 页。

地区和国别的广度，来考察它们在历史之所以成为世界史这个漫长过程中的意义以及这种意义的限度。"[1] 这就超越了以西方为中心的历史分期，提出了欧亚古代世界体系的问题。特别是吴于廑先生提出从"食物采集者"到"食物生产者"的转变，按照人与环境的类型可以划分出农民、游牧民、绿洲民、森林民等。对于游牧民而言，苏联学者哈扎诺夫提出，"将牧民游牧定义为食物生产经济的一个特殊形式，依据的应该是那些经济特性的总和，就是在这些经济特性上，牧民游牧与其他性质、形式甚至不同类型的经济活动有所不同"。同时，"还要基于数世纪以来牧民自己的传统观念和标准"。[2]可见，文化也是一条重要的标准。

那么，绿洲是否也能构成一种食物生产经济的特殊形式呢？长期以来，在农耕与游牧的两大力量之间，绿洲"能量级"较小，长期从属于游牧形态或农耕形态，是依附性的存在。不过，绿洲具有世界史上独一无二的意义。随着西方的地理大发现，李希霍芬提出"丝绸之路"的概念，绿洲作为"通道"的意义才受到重视。张广达先生深刻阐述了绿洲在"通道"环境下呈现的能量：草原游牧民族也好，农耕定居民族也好，都因为崇山峻岭和浩瀚沙漠之间存在着绿洲而获得了莫大便利。绿洲是广阔沙漠之中的绿色生命"岛屿"，这些"岛屿"的存在打破了流沙世界的"生物真空"。[3]绿洲的能量不能以宜农或宜牧的环境为尺度衡量，而应在沙漠尺度下体现其生物能量的意义和价值，由此也可以划定以绿洲为生计方式的"绿洲民"。

20 世纪上半叶，随着欧亚大陆地缘政治的进一步发展，中、苏、日等国在欧亚大陆的地缘竞争中高度重视中亚与新疆的地缘价

1　吴于廑：《世界历史上的游牧世界与农耕世界》，《云南社会科学》1983 年第 1 期。
2　〔苏〕阿纳托利·M.哈扎诺夫：《游牧及牧业的基本形式》，贾衣肯译，朱新审校，《西域研究》2015 年第 3 期。
3　张广达：《古代欧亚的内陆交通》，载氏著《西域史地丛稿初编》，第 381~382 页。

值。绿洲作为"通道"与"枢纽"的双重性质被拉铁摩尔、松田寿男等学者引入中国史与世界史之中。20 世纪 80 年代，中苏关系逐步缓和后，苏联的中亚地区与中国新疆地区的丝绸之路再次受到关注。民族学家谷苞先生提出西汉王朝将河西走廊绿洲改造为农耕区后，形成了与天山绿洲桥的连接，并进而与帕米尔高原以西的绿洲打通，共同促成丝绸之路开通，对中国史与世界史产生重大影响。绿洲具有作为历史空间单位的意义。[1] 20 世纪 90 年代，历史地理学家黄盛璋先生发表《论绿洲研究与绿洲学》一文，认为绿洲作为一种专门的食物生产经济类型是存在的，要将自然地理与人文历史两个层面结合起来研究，倡导将"绿洲学"作为一门学科进行研究。[2] 21 世纪初，谷苞先生撰文指出，西北地区文化有三个重要的体系：一是以蒙、藏、哈为代表的游牧文化；二是以维吾尔族为代表的绿洲农业文化（包括河西走廊地区）；三是以汉族为代表的黄土高原中西部的旱作农业文化。他明确将绿洲作为与游牧、农耕并立的三种文化之一。[3] 2011 年，人类学家崔延虎教授则提出绿洲生态人类学研究需要重视一个小型生态区域的生态环境过程，同时需要揭示相关小型社会的社会与文化变迁以及两者之间的复杂关系，正式提出社会学、人类学范畴下的"绿洲社区研究"。

　　绿洲作为历史空间单位被学界逐渐认可。美国史家芮乐伟·韩森的《丝绸之路新史》一书则提供了"绿洲史"研究的范例。从长安到撒马尔罕沿线不同的绿洲如吐鲁番、敦煌、和田等，出土了多语文献和实物，由此恢复了丝绸之路上"走卒商贩"等最普通人群的衣食住行、情感以及地方市场网络。这些看似烦琐细小的"日常生活"，其实反映了"丝绸之路"除商业贸易外，还有绿洲人群的

1　谷苞:《论正确阐明古代匈奴游牧社会的历史地位》，载中国民族学会编《民族学研究》第 8 辑，第 173 页。

2　黄盛璋:《论绿洲研究与绿洲学》，载史念海主编《中国历史地理论丛》1990 年第 2 辑。

3　谷苞:《关于西北历史文化的特点》，《兰州大学学报》（社会科学版）2003 年第 3 期。

存在，他们本应是历史在场者，可是过去史家重点关注的是"物"，这些普通人则被埋没了。[1] 在全球史家纳扬·昌达看来，世界全球化从未停止，普通人如商人、传教士、冒险家和武夫是几千年来四种对全球化起重要推动作用的人群，是他们把世界联系到一起。[2] 芮乐伟·韩森重视绿洲在丝绸之路时空中的节点作用，重视绿洲的日常生活，使该书获得较大的社会声誉。

"丝绸之路：长安—天山廊道的路网"申遗文本提出了对该区域性质的共性理解：中原、草原、绿洲三大异质性区域之间的关系并非简单的区域叠加，而是整体意义超过其所有组成部分的个体相加之和。在"长时段"视角下，形成这一区域的关键动力在于区域之间或地缘空间上的"共生互补"关系。[3] 这体现了丝绸之路区域研究与内陆欧亚区域研究之间的问题意识基本是同质的：关注点不在于国别、单一文明区域的独特性，而在于重视异文化群体的跨文化联动、交通与比较。[4] 在欧亚历史的叙述框架中，超越"内陆欧亚""东亚"这种传统的区域范畴。丝绸之路区域研究力图摆脱旧有史观的束缚，将问题意识转向草原、农耕、绿洲、森林、渔猎、采集等多元社会形态的整合、互动，强调异质性文明之间的共生，形成以地缘关系、地缘社会为中心的研究视角。

二 绿洲与丝绸之路：从区域史连接世界史与国别史

全球史家杰弗里·巴勒克拉夫指出："最好是把'地区研究'或

1 〔美〕芮乐伟·韩森：《丝绸之路新史》，张湛译，北京联合出版公司，2015。
2 〔美〕纳扬·昌达：《绑在一起：商人、传教士、冒险家、武夫是如何促成全球化的》，刘波译，中信出版社，2008。
3 中国建筑设计研究院建筑历史研究所：《丝绸之路：长安—天山廊道路网》，《中国文物报》2014年6月25日。
4 孙昊：《从"内陆欧亚"到"东部欧亚"——区域视域与契丹-辽史研究》，载魏志江等《欧亚区域史研究与丝绸之路》，社会科学文献出版社，2019，第16页。

'区域研究'看作通往规模较大的世界历史观念道路上的一个阶段，看作是一种把那些相互有关的研究单位中的历史知识组织起来的实际手段。"其意义在于"这些地区研究或区域研究补充了国别史的研究成果，而且在一定程度上纠正了国别史的错误"。[1]有学者发现：在晚清，面对来自海洋帝国的"冲击"，时人不仅发出"数千年未有之变局"的感叹，而且也重新审视中国与世界的关系，认为近代中国的历史过程即加入世界万国之林的过程（持此观点者以梁启超最具代表性）；自觉不自觉地将中国史视为世界史之外的历史进程。这种历史观的转变，实际上将传统中国史内含的"世界史"及其书写的主体性让渡出去了，同时将现代西方变成了一个近似"绝对他者"的角色。[2]现有的以"民族国家"为单位的知识体系进而形成了"中国史 + 外国史 = 世界史"或"中国史 + 世界史"的学科模式，这是早期的欧洲中心观与西方社会科学体系影响的后果，忽略了"中国"本来就是世界体系的一部分。

区域史研究是联系世界史与国别史的重要纽带，是不可或缺的一环。"丝绸之路经济带"倡议不得不让学界重视中国史与世界史的关系，"丝绸之路"作为国际化的路网、广义层面的"西域""陆上地中海"，说明历史中国始终是世界性文化空间的重要一维。过去在历史和现实的双重观照下，"丝绸之路：长安—天山的廊道路网"提供了一个实证性的文化遗产网络，体现了"周边与域外"曾经与"中国"共享一个历史空间的意义，围绕丝绸之路的"陆上地中海"展开。近代以来帝制中国的落后与崩溃趋势，不仅导致了日本对于中国东北、俄人对于中国蒙古与新疆、英人对于中国西藏的领土要求，也特别容易促成人们对于"中国"的重新界

1　〔英〕杰弗里·巴勒克拉夫：《当代史学主要趋势》，杨豫译，上海译文出版社，1987，第239~242页。

2　李如东：《民族国家与地方知识》，见《拉铁摩尔会议：边疆议题、知识焦虑与中国方案》，http://www.sohu.com/a/145448683_467440，2017年6月2日。

定。[1]这种话语权的丧失导致我们在叙述"域外"和"周边"的时候不得不采取"外国史"的立场,这无疑是退回到"欧洲中心观"中。我们不得不将中国历史研究的空间范围局限在主权国家边界内,形成"边疆史"或"民族史",而"边界外"则成为中亚史、南亚史等,成为"外国史"和"世界史"的研究范畴;中亚、南亚各民族成为世界民族的研究范畴。这就难以反映他们与中国历史曾经拥有共享的历史空间与历史过程。

通过区域史研究,我们或可打通世界史与中国史的内部关联。美国学者拉铁摩尔是区域研究的大师,他研究的"边疆"不是限定在主权国家边界内,而是广义的,具有"内亚"形态的中国利益边界一直延伸到欧亚腹地的黑海。[2]从政治地理的态势上看,中国内陆"边疆"与"边界"的定义并不重合,影响边疆的事件本身更远远溢出了现代国家边界。18世纪和19世纪中叶至少在黑海区域发生了若干深刻影响中国近代历史的重大事件。其一是18世纪中叶在黑海附近俄国与土耳其的战争,俄国征调土尔扈特部众为其征讨土耳其,引发不满。在伏尔加河流域游牧的土尔扈特部在首领渥巴锡带领下回归中国,并引起了欧亚草原的地缘形势的连锁反应:俄国与哈萨克对土尔扈特的围追堵截以及势力范围的变化深刻影响了欧亚腹地的地缘格局和民族分布。其二是19世纪中叶黑海地区的鞑靼新兴工商阶层发起的近代革新运动"扎吉德运动",对于中亚民族主义运动产生了深远影响。如果近代中国内陆边疆的问题源头不追溯到黑海附近欧亚大陆的博弈,那么仅靠国别史将无法深刻理解这些问题。其三是俄国与之后的苏联在其欧亚腹地开展的现代化进程,如铁路的修建、现代城市的建设、现代教育与现代社会阶层的形成

---

1 葛兆光:《从"西域"到"东海":一个新历史世界的形成、方法及问题》,《文史哲》2010年第1期。
2 〔美〕拉铁摩尔:《历史的疆域》,载张世明等主编《空间、法律与学术话语:西方边疆理论经典文献》,黑龙江教育出版社,2014,第373页。

等，对于中国内陆边疆地区形成了地缘空间优势和影响力，中国不得不被迫调整政策予以回应，这也直接或间接地影响了中国的疆域形态。这些影响中国近代史的重大事件，必须在欧亚史的区域视野中才能予以发现。

拉铁摩尔总结出"亚洲内陆研究法"："在研究整个中国社会全部所及区域发展和社会自身各阶段的演进过程中，我们将会发现，在地理单元的大小和占有并利用它的社会系统的结构和功能之间总是存在着一种平衡。"[1] 这种以"亚洲内陆"为单位的"区域研究法"借鉴了物理学和生态学的概念，是一种能量守恒状态：一个系统总能量的改变只能等于传入或者传出该系统的能量的多少。拉铁摩尔使用"平衡"一词，将其转化到以欧亚历史为背景的中国历史的观察中，这种共时性研究就带有了强烈社会科学的含义，不过，拉氏的研究范式中也蕴含着强烈的"结构－功能论"的意义。这种区域研究法，已经有了一种社会科学的意义。借助于上述研究视角，清代乾隆时期天山北麓"伊犁九城"，古城—乌鲁木齐城镇群，巴里坤的满、汉双城的开发体现了地缘空间的剧烈变化，表达了双重的意义——这不仅是中国史的重大事件，而且是欧亚史的重大事件。如果按照拉铁摩尔区域研究法的"平衡"原则，从中国史看，伊犁河谷的绿洲资源匮乏不能保障和维持数万驻防将士及其家属的巨大开支，只有通过北京调剂江南的财赋"协饷"输送才能维持军政费用，而当地军民也必须进行屯田贸易以补充财政费用，这就导致了"长城—天山走廊"的出现。[2] 从八旗驻防捍卫主权、威慑中亚的意义看，天朝"惠泽远方"的天下秩序观，更体现在伊犁将军的驻防之城——号称"小北京"的惠远城。这某种意义上是为了对冲和平衡俄国在欧亚腹地扩张的影响。正是因为清朝打败了准噶尔，才使得在黑

1　〔美〕拉铁摩尔：《历史的疆域》，载张世明等主编《空间、法律与学术话语：西方边疆理论经典文献》，第 407 页。

2　黄达远：《"长城—天山走廊"上的国家记忆》，《中国民族报·理论周刊》2017 年 12 月 29 日。

海附近伏尔加河流域游牧的土尔扈特部进一步坚定了东归的决心。

哈佛大学傅礼初（Joseph Fleteher）教授的遗作《整体史（Integrative History）：早期近代的平行现象与相互联系（1500~1800）》是以欧亚史为背景展开的，认为相对于此前各地区的独立性历史进程而言，欧亚大陆在16~18世纪的早期近代阶段终于具有了共同的一体化历史，而中国也在其中。他总结出内陆亚洲这一区域的相互联系性自16世纪以来明显加强，以新兴城市为基础的定居国家实力的愈加强大使以往由定居世界和游牧力量维持的势力均衡遭到破坏，传统的游牧人也越来越多地向定居化过渡。[1]傅氏提出的"异地共生"概念引起学界极大兴趣。

赵世瑜教授将"整体史"理论与中国研究做了重要尝试，他重新考察了明朝历史上的"北虏南倭"与隆万年间的族群关系问题：在明代的南部山区、西南地区，以及西部地区，都出现了不同程度的族群关系的动荡，其动因与前者是大体相同的，甚至是相互关联的。明朝隆万之际的主政者或许是被动地触摸到时代变化的脉搏，所以尽管是短暂的，他们仍采取了积极应对的策略，使此时期的国家边略具有了时代性和整体性。[2]这一成果意味着将"整体史"视野纳入明史研究，不同的异质性边疆、不同的族群关系和全球史、东亚史时空联系起来，寻求这一时期不规则的历史脉动，这是王朝史、区域史、民族史、全球史的融通之作，将边疆研究和民族研究的"边缘"视角转到全球史和中国史的"中心"视角，极大丰富了中国北方社会史的内容，是一次将边疆"内外"整合的极佳研究案例。正如作者在另一篇文献中解释了他的研究旨趣：与只关注游牧政权和王朝政权不同，他更关注游牧与农耕政权是如何营造出一个

---

1 〔美〕傅礼初：《整体史（Integrative History）：早期近代的平行现象与相互联系（1500~1800）》，载于沛主编《清史译丛》第11辑，商务印书馆，2013。

2 赵世瑜：《明朝隆万之际的族群关系与帝国边略》，《清华大学学报》（哲学社会科学版）2017年第1期。

（也许是多个）位于他们之间的地域社会，关注这个由两大力量板块"夹击"而成的地域社会是如何形成，或者说"结构"的。[1] 实际上，河西走廊、天山南北、中亚两河流域的绿洲都是在游牧与农耕两大板块力量的夹击下形成的，绿洲或是游牧力量占主导，或是农耕占主导，或是半农半牧的形态。绿洲因腹地的狭窄，物资的补充很大程度上依赖于远距离转运贸易，形成复合型的空间形态，也形成自己的特色。[2]

丝绸之路区域研究反映了全球史、整体史与区域史的关系，既是游牧与农耕关系的世界史（全球史）的一部分，又有相对独立的"整体史"或"专门史"的意义：丝绸之路汇聚了古老的中国文明、印度文明、波斯－阿拉伯文明、希腊－罗马文明、中亚文明以及其后的诸多文明，沟通了亚欧大陆上游牧民族与定居民族之间的文化交流，促成了人类历史上多元文化的发展。[3] 同时其也作为彼此关联的国别史的一部分，具有相对主体性的问题意识和区域意识，其中与欧洲史最具差异的部分就是绿洲史，丝绸之路区域特色就是草原、绿洲与农耕的交互性。

近代中国学术界在学习西方民族国家经验、按照西方社会科学体系构建中国民族国家史的时候，开始进行学科分类，"陆上地中海"从"历史世界"逐步变为主权国家的区域和边界，这就要重新划定时间、空间和社会，将其纳入主权国家可识别的时空范畴。这与历史书写、建构有关。从连续的时间长河中按照特定标准切出一段加以研究，是分期史的做法，例如古代史、中世纪史、近代史以及以王朝为单位的断代史等；将互相紧密联系的人类社会按照特定

1　赵世瑜：《如何深化中国北方的区域社会史研究》，载赵世瑜主编《长城内外：社会史视野下的制度、族群与区域开发》，北京大学出版社，2016。

2　黄达远、王鹏：《多重复合的绿洲空间：区域视野下的"内陆边疆城市"》，《云南师范大学学报》（哲学社会科学版）2019 年第 2 期。

3　中国建筑设计研究院建筑历史研究所：《丝绸之路：长安—天山廊道路网》，《中国文物报》2014 年 6 月 25 日。

标准分类研究，是专门史的做法；在绵延的地球表面上按照特定标准划出一定范围进行研究，是分区史的做法。[1]"陆上地中海"的"历史世界"被切割到不同学科的研究范畴中，仅仅是在历史学中以"民族国家"为单位研究的就有边疆史、民族史以及中亚史；超越"民族国家"研究单位之外的跨文化、跨社会、跨国家研究的有丝绸之路史、中西文化交流史等。边疆史和民族史从时间上又分成不同的断代史：汉代边疆史、唐代边疆史、清代边疆史等；从研究内涵上又分为经济史、社会史、文化史等。这些历史分析方法大多借助于西方的学科体系，没有兼顾历史的整体性。如果从"陆上地中海"的整体性和历史延续性看，其实无论汉、唐、元、清朝是否在场，自从张骞通西域以后，在农耕、游牧、绿洲的区域关系史中，"中国"一直都在那里，从未离开。对这一整体史的把握、对这一问题的认识，已经体现在学者们对不同层次空间关系的关注中。由于民族国家历史叙事的影响，以往的中国作为世界体系的一个重要维度，其重要性被淡忘了。如美国学者近期关注清朝在欧亚腹地投入的大量白银、茶叶和丝绸对周边区域经济的深刻影响，认为这是带动中亚区域经济市场的重要动力。[2]

采用区域视角研究边疆，并不是说国别史下的边疆研究不重要，而是说跳出线性的时空框架，以丰富和补充国别史视野下的边疆研究，形成更精细化的研究视角。诚如学者的反思，"在中国边疆史研究中，不能仅仅局限在边疆区域史范围来研究边疆史，更不能以静态的、粗放的方式来对待边疆史"。[3] 研究者需要考虑早期西方

1　董少新：《从"东亚"到"东亚海域"——历史世界的构建及其利弊》，载复旦大学文史研究院编《全球史、区域史与国别史——复旦、东大、普林斯顿三校合作会议论文集》，中华书局，2016，第 33 页。

2　赵佳文、张莉：《评 Borderland Capitalism: Turkestan Produce, Qing Silver and the Birth of an Eastern Market (By KWANGMIN KIM, Stanford: Stanford University Press, 2016)》，《历史人类学学刊》第 16 卷第 2 期，2018 年。

3　田澍：《互动与融通：新时代中国边疆史研究的客观要求》，《中国边疆史地研究》2018 年第 3 期。

社会科学体系的适用性，比如"绿洲"作为特殊的历史空间单位，并没有受到重视。

三　丝绸之路区域研究与社会科学视野的创新

　　20 世纪 60 年代，欧美的中国学研究发生了一次从"汉学"到"中国研究"（Chinese Studies）的一次重大"范式"转换。从重视语言文献考据的汉学转向了以问题研究为导向的区域研究——中国研究。区域研究是一种文化翻译，即"一种谋求通过一个跨学科的透镜来了解、分析和阐释外国文化的事业"。这首先要求外来的研究者努力理解另一种社会和文化的假设、含义、结构和动态，但也为他们创造了机会，去扩展甚至挑战他们对自己的社会和文化的理解。"跨学科的透镜"是不可或缺的，因为任何单一的学科都无法充分理解另一种社会或文化。[1] 长期以来中国在西方的知识体系中属于被研究的对象，这是一个从属关系，不是一个平等意义上的关系。[2] 丝绸之路区域研究很大程度上突破了静态的历史地理学和近代欧洲对于这片区域的定义：中亚、南亚的观念是一种僵化封闭的空间地理观念，"这种历史地理学和东方专制主义观念一起，塑造了作为正统印度史学基石的印度文明观念"。[3]

　　"丝绸之路经济带"的倡议使中国开始成为现代化的发动者，是实施新一轮扩大开放的重要举措。追求的是沿线各国政策沟通、设施联通、贸易畅通、资金融通、民心相通，这"五通"构成了新一轮开放的基本特征。实现五通之一的"民心相通"，就要破除欧洲中心观与中原中心观对丝绸之路沿线国家和区域的知识遮蔽，该

1　〔美〕D.L. 桑顿：《美国区域研究的起源、性质和挑战》，耕香摘译，《国外社会科学》2004 年第 1 期。

2　昝涛：《一带一路、丝路学与区域研究》，载魏志江等《欧亚区域史研究与丝绸之路》，第 18 页。

3　王立新：《从历史文明到历史空间：新印度史学的历史地理学转向》，《世界历史》2017 年第 4 期。

理论完全将其视为静态的地理空间，将域外和周边视为"外国"；或者将域外和周边视为"野蛮""边缘"之地。早期以西方民族国家为背景形成的社会科学知识体系对于周边与域外采取博物学、民族志的划分以安顿其世界秩序，这都是以欧洲为中心的安排，具有淡化和切断与中国的共时性联系的特征。[1]而从地缘关联性和地域社会的特征看，中国历史与周边、域外的影响持久而深远。因此，不能陷入近代欧洲区域研究陷阱中。区域研究不过是"东方学"的另一种表现形式，深含着西方的扩张"话语"。不管多么强调中国中心观，历史学家始终无法摆脱局外人的立场。[2]因此，需要以新的社会科学视野进行丝绸之路区域研究。

第一，考虑以当代的社会科学体系为基础，以中国与周边、域外共商、共建、共享的视野重建丝绸之路的社会科学体系。与传统的以民族国家为视角的将"丝绸之路"视为单一的自然区域和统一而封闭的文明区域不同，我们应将"绿洲""游牧"作为历史研究的空间单位，以农耕、游牧与绿洲的关系重新释放"通道""走廊"的意义，将"丝绸之路"建构为一个开放和多元的地理和历史空间。自史前至现代，不同的路网和通道以纵横交错的机动地带将亚欧大陆的东部和中部、西部等异质性区域联结在一起，由此我们可以发现不同区域的活力和内在的有机联系。

日本学者应地利明在耕种与畜牧关系中论述欧亚的生态、生存方式和民族的兴亡。其背景是"从网络建构原理的角度来看，沙漠与海洋甚至是同一类型，一个是广漠的沙砾世界，而另一个则是浩渺的水世界，都是人类不能居住的广袤空间"。绿洲和港口散落各地，连接绿洲与绿洲之间的线路是商路，连接港口与港口之间的线路是航线："此构造是把绿洲和港口作为点，把商路和航线作为边的

---

1 黄达远：《从鞑靼利亚到亚洲俄罗斯与中亚：17~20 世纪初的东方主义、地理考察与空间建构》，《青海民族研究》2019 年第 3 期。

2 Benjamin I. Schwartz, *Area Studies as a Critical Discipline*, Harvard University Press, 1996, pp.98–113.

网络。'沙漠的丝绸之路'和'海上丝绸之路'均属于'由点和边构成的网络和网络流量'构造，显示了百分之百的同型性。"[1]区域比较研究是跨文化解读的重要方法。

　　第二，重视不同层面的关联，特别是日常生活的空间关联。丝绸之路只是一个跨区域交往的贸易网络代名词，其实还有茶叶之路、大黄之路、瓷器之路、布匹之路等关系沿线民众日常生活的贸易往来；除了贸易之外，与日常生活连接的还有"医药之路""植物之路""动物之路"等。如从唐代开始，回回先民对香药推广应用颇多贡献，如用香药防治疾病、熏洗衣物、化妆美容、调味食品、祛邪防腐等。到唐末五代时，最负盛名的回回医药家李珣（人称李波斯）著有一本独具风格的药学著作《海药本草》，其所收录的药物多来自海外。[2]中医采用的芳香型药物用药方法大多是从古代丝绸之路的中亚和波斯传入的。

　　第三，重视人类学方法，开展海外民族志调查。丝绸之路区域研究面临的问题，一是持续的民族群体迁徙使这一地区历史发展轨迹曲折复杂，社会组织形态多样且缺乏稳定形态；二是语言文字文化多样起源和不均衡发展导致该地区缺乏统一持久的历史记忆和区域认同；三是各种宗教信仰以及相关文化传承的互渗并存使内亚地区各民族群体间价值体系保持着非常突出的异质性。[3]以文化人类学的社区调查方法来理解中亚、周边与域外的各民族群体、宗教群体的异质性，不失为一个好的方法。不过，除了专业的人类学训练之外，因为丝绸之路沿线的绿洲社会异质性极强，而且族群宗教群体相当复杂，所以还要辅以语言文化研究人才的储备。

1　〔日〕饭岛涉：《窪田顺平〈中央欧亚环境史〉》，欧文东译，《当代日本中国研究》2014 年第 2 期。

2　潘伯荣、刘文江、束成杰、张丹：《古丝绸之路对我国民族医药学的影响》，《中国野生植物资源》2016 年第 5 期。

3　王建新：《丝路发展视域下的内陆亚洲社会文化研究》，《陕西师范大学学报》（哲学社会科学版）2018 年第 1 期。

　　第四，考古学、人类学、历史学、社会学等研究方法的综合。我们所构筑的基于整体理解的中亚人类学框架与路径，必须与西方既有研究中的殖民学术色彩划清界限，与此同时，又必须汲取东方学认知中的合理要素，并整合既有的历史学、民族学资源，从而形成具有整体性特征的、中国的"中亚人类学＋"的研究路径与分析框架。[1]中国学者组织的"中亚游牧考古"率先取得了重大进展。长期以来，国内外学术界的游牧人群的生活状态是"逐水草而居，居无定所"的普遍认识，直接影响到考古实践，导致考古学主要进行墓葬的发掘与研究，忽视了居住遗迹和聚落遗址的存在及岩画与聚落遗址的共存关系。西北大学王建新教授团队在长期考古实践的基础上，提出对古代游牧文化遗存的基本要素——居住遗迹、墓葬、岩画进行"三位一体"的综合研究，极大丰富了古代游牧文化考古研究的内容，在理论和实践上具有国际领先水平。[2]提到游牧就要提到农耕与绿洲，因为单独的游牧是无法生存的，而这种共生互补的区域特色也是丝绸之路得以长期延续的基本经验。

　　丝绸之路区域研究需要超越线性的民族国家观念，把世界性的眼光重新寻找回来，认识到中国是内在于世界体系的单元，由此丰富对中国自身的认识，同时也要认识到中国的国家建构过程与欧亚体系其他国家相比亦有特殊性的一面。要建设具有中国主体性的社会科学体系，就要重建历史－文化和空间视野，必须考虑不同弹性的区域尺度和历史空间单位，并以此重新思考周边、域外与中国的关系。"在任何一个区域建立历史关联，都可以是全球性的，也可以是区域性的，我们应该在不同的区域历史过程中发现尺度不一的历史关联，以充满弹性的方式来对待全球性或者区域性。"[3]

1　袁剑：《固化与流动——中亚民族学与人类学研究的背景、演变与范式转型》，《西北民族研究》2019 年第 4 期。
2　王建新、席琳：《东天山地区早期游牧文化聚落考古研究》，《考古》2009 年第 1 期。
3　赵世瑜：《在中国研究：全球史、江南区域史与历史人类学》，《探索与争鸣》2016 年第 4 期。

总之，在"一带一路"背景下，中国只有加强对丝绸之路沿线国家的区域研究，对异质性社会形成新的理解，才可以更好地认识自身。"西北的非边疆化与中心化"这一命题包含着重新释放游牧、农耕和绿洲在中国史以及欧亚史中地位的意义。我们可以看到以历史上汉唐为中心书写的内陆"中国"与近代史上以西方为中心参照的海洋"中国"影像并不一致，今天如果将二者"重叠"为现代中国，就必须将知识视野放宽到欧亚腹地，而非局限在现代国家的边界之内，这就必须超越"中国史＋世界史"的知识体系。这就要求中国具有自身主体性的区域研究，成为"一带一路"的研究大国和知识大国，才能更有效获得沿线国家内部各民族各群体的支持与认同，以"民心相通"来更好地"筑路"，这有助于形成人类命运共同体。

感谢新疆师范大学崔延虎教授的绿洲社会研究与陕西师范大学李如东副研究员的中亚人类学调查的启发。

原载《陕西师范大学学报》（哲学社会科学版）

2020 年第 2 期

"一带一路"与区域研究

"一带一路"、"丝路学"与区域研究

昝 涛 *

2011 年，笔者曾发表过一篇长文，题为《地缘与文明：建立中国对中亚的常识性认知》。[1] 当时，还没有如今在国内外皆人气大旺的"一带一路"提法，笔者亦仅从历史上传统的陆上丝绸之路以及地缘政治的角度，尝试性地探讨了中国文明与中亚[其实也是内陆亚洲（Inner Asia）] 及伊斯兰文明的内在关系。在那篇文章中，笔者是从西汉张骞（公元前 164 年~前 114 年）的故事说起，也是以某种意义上"呼唤"新时代的"张骞"（尤其是其精神）收尾的。本文的落脚点则意在阐述，在"一带一路"

* 昝涛，北京大学历史学系副教授，区域与国别研究院副院长。
1 昝涛：《地缘与文明：建立中国对中亚的常识性认知》，载高全喜主编《大观》第 5 期，法律出版社，2011。

倡议的时代背景和需求下，中国知识人需要思考建设和发展中国的区域研究（area studies），尤其是与丝绸之路沿线地区和国家有关的研究。在这个方面，本文力图提供一个理论和宏观意义上的初步思路。

一　历史背景

自 19 世纪 40 年代的鸦片战争开始，中国被洋枪洋炮强迫着"睁眼看世界"。其实，在鸦片战争之前的半个世纪，这个初生的"现代世界"曾以所谓"马嘎尔尼访华"的形式来到乾隆帝统治下的大清王朝。不过，这一偶发的历史事件并未对中国造成什么实质性的影响。[1]结果，鸦片战争其实是把马嘎尔尼曾经主动送来而时人并没有意识到也没有主动把握和参与的事物，换了一个令人感到疼痛的方式呈现出来。中国近代史的这个所谓"睁眼看世界"，其实质无非是要加入全球化的世界秩序。简而言之，也就是被迫开放和学习西方。

"马嘎尔尼访华"可以被看成一个具有丰富象征意义的历史事件，即仍处于盛世的大清王朝统治阶层与以英国为代表、那个生长中的近代文明及全球秩序的零距离接触；同时，那确实也是一个历史性的、"不经意的"错过。历史地看，这个"错过"只是一个平淡的事件，不能成为后来者苛责古人的理由。大约半个世纪之后，国人终于开始严肃地对待那个秩序。在此意义上，马嘎尔尼就是一个较早叩响晚期帝制中国大门的外国人，至于他是否心怀良善，姑且不论。

近现代中国不只是在经济、军事和政治上遭受欺凌和压迫，沦为新生的世界体系的边缘，在文化上也遭受压迫。最为典型的是，与丝绸之路有关的敦煌等地的国宝级文献和文物遭到强盗式掠

1　关于马嘎尔尼使华，参见〔美〕何伟亚《怀柔远人：马嘎尔尼使华的中英礼仪冲突》，邓常春译，社会科学文献出版社，2002。关于该书所引起的争议，特别是其后现代取向的史观对认识中国近代历史的影响，笔者亦有所思考，对其否定现代性的立场笔者不敢苟同。限于篇幅，此处不展开讨论，已另具文论述。

夺。学术乃"天下之公器",没有学术和思想上的崛起与强大,一个国家难称强国。由此来看,黄文弼先生那一代学者筚路蓝缕的开创精神和拳拳爱国之志,[1] 是多么令人钦佩和感怀。[2]

直到今天,中国文明历经磨难,通过主动的改革开放,以前不见古人的气魄成为自由贸易与全球化的倡导者、捍卫者。2017年1月,习近平在达沃斯和日内瓦先后发表了两次演讲,其中多次提及并阐述他在2013年提出的"一带一路"倡议,[3]世界媒体把中国称为全球化和自由贸易的引领者。[4]历史地看,这其实是标志着中国在现代世界体系/秩序中角色的转换。所谓"此一时也彼

1　有人评论黄文弼先生说:"他不仅仅是新疆考古的拓荒者,也不仅仅是学识渊博的历史、地理学者,他首先是一位爱国者,把现代中国的印记深深嵌入祖国西部苍凉大地的伟大的爱国者。"以黄文弼为代表的中国学者积极参与 1927~1930 年的"中瑞西北科学考查团","这件事在中国学术史和文物保护史上都具有重大的意义,它标志着中国的知识界已经理解了国际科学规则,既捍卫国家权利,又参与国际科学合作,西方列强盗掘盗买中国文物的日子一去不复返了"。黄文弼在第一天的日记中,就明确写了自己被赋予的任务:"一者为监督外人,一者为考察科学。"参见李寻《黄文弼的多重意义》,http://blog.sina.com.cn/s/blog_67cc3b260102eebu.html。

2　2017 年 12 月 23 日,"北京大学与丝绸之路——西北科学考查团九十周年纪念展"和"北京大学与丝绸之路——西北科学考查团 90 周年高峰论坛"在北京大学开幕。主办方坦陈:"1927年,以北京大学为核心的中国学术团体协会,首次呼吁创立了中国历史上第一个由中外科学工作者平等合作的中国西北科学考查团,它也是中国学者开始科学意义的西北考察的里程碑,在维护中国主权、开展西北考察等方面,开中国学术之先河。首批 10 位中方团员,北京大学参加者达 8 人。他们从红楼发轫西行,显示着新文化运动在丝绸之路上引领中国学术潮流的重要信息……"新闻如是报道:"90 年后,为纪念这支科考队伍的不畏艰难、捍卫主权的奉献精神……北京大学中国古代史研究中心、历史学系、人文学部和新疆师范大学黄文弼中心在北京大学联合举办了以'北京大学与丝绸之路'为主题的高峰论坛。来自北京大学、中国社会科学院、西北科学考查团研究会、中国人民大学、山西省考古研究所、甘肃简牍博物馆、兰州大学、中山大学、西北大学、新疆师范大学和德国柏林勃兰登堡科学院、日本京都大学、日本东洋大学等国内外高校与机构的近百名学者参加论坛。"《"北京大学与丝绸之路"高峰论坛在北大举行》,http://www.zjww.gov.cn/news/2018-01-25/1222962678.shtml。

3　《习近平主席在世界经济论坛 2017 年年会开幕式上的主旨演讲》,中国新闻网,http://www.chinanews.com/gn/2017/01-18/8127455.shtml;《习近平在联合国日内瓦总部贡献"中国方案"》,http://www.chinanews.com/gn/2017/01-20/8130716.shtml。

4　《让思想之光引领世界前行之路——习近平主席 2017 年达沃斯、日内瓦主旨演讲的世界意义》,http://www.xinhuanet.com/2018-01/25/c_1122310687.shtml;《海外舆论解读习近平达沃斯演讲展现大国担当》,http://www.chinanews.com/gn/2017/01-18/8127875.shtml。

一时也"，中国自近代以来在世界历史中的地位正在发生重大的变化。

二 "丝路学"的当代特征

"一带一路"倡议的提出，在学科和学术研究领域的意义上，使得中国的"丝路学"开始进入新的历史发展阶段。这个新历史阶段最显著的特征就是共时性。也就是说，历史的丝绸之路研究与现实的丝绸之路设计／建设共存，这是史无前例的。质言之，通过使用一个具有丰富历史内涵的概念符号，当代"丝绸之路"的研究和建设呈现出显著的共时性。

第一，"一带一路"倡议的提出要求中国传统的丝绸之路研究更加深化。

丝绸之路是 19 世纪末由德国地理学家李希霍芬（Ferdinand von Richthofen, 1833-1905）提出来的一个描述性概念，它主要指陆上的中国与西方尤其是中东之间经过内陆亚洲的贸易路线。至今，世界范围内包括中国已然形成了一个有着深厚学术积淀、涉及多个传统基础学科的丝绸之路研究，包括欧洲东方学、中西交通史等多个领域。从中国学界的基础研究领域来看，伊斯兰化之前的传统丝路研究更为发达，在国际性的学术竞争中也有一定的地位。

但放眼世界，无论是日本还是欧美的丝绸之路研究，他们的研究重点集中在伊斯兰化以来直到今天的时代范畴（也就是 8 世纪以来），出版了大量的高水平研究成果。[1] 同时，打通丝绸之路历史研究的努力也大部分是由外国人做的。"一带一路"倡议提出后，很多优质、可读性强的丝绸之路研究成果陆续被翻译、引进，迅速赢

1　关于日本的伊斯兰－中亚研究，参见 Kazuyuki Kubo, "Central Asian History—Japanese Historiography of Islamic Central Asia," *Orient*, Vol.38, pp.135-152。

得了中文读者的青睐，韩森的《丝绸之路新史》[1]就是代表。另外，根据濮德培（Peter C.Perdue）近年一篇评论文章的介绍，美国的新疆研究已经迎来了第三波浪潮。[2]

转向伊斯兰化之后的历史和现状研究，意义在于，它跟我们所生活的当代世界息息相关。很多学者都讨论过中国与阿拉伯世界的关系，最大的共识似乎是"相互理解少、研究不足"，这正反映了我们的学术研究/传播与中国迅速发展的现实之间不匹配的格局。当然，这可能也是一个发挥后发优势、推进中国丝绸之路研究的机遇。"一带一路"倡议的提出，犹如一束强光，重新为我们照亮了这个领域。

第二，"一带一路"倡议的提出，使传统丝绸之路研究的"过去之学"成为"现实之学"，这要求当代丝绸之路研究者不断地在历史与现实之间进行往复对话。

今天的丝绸之路研究，将成为过去与现在不断对话的学问。过去的丝绸之路研究可以是纯粹的关于逝去之过往的研究，可以和现实关系不大；当然，在西方，除了作为学院中的高深学问，它也是配合帝国主义策略的"东方学"之一部分，这是它在当时的某种现实意义。但与今天不同的是，"东方学"的丝绸之路研究与现实意义上"一带一路"建设关系不大。也就是说，过去的丝绸之路研究，不是为了重建丝绸之路；而今天的丝绸之路研究，是因为有了中国的"一带一路"倡议，才变成了一门现实之学，而不再只是过去之学。

基础研究服务于民心相通，应用研究服务于倡议的具体落实，是与具体的项目、资金紧密结合的。所以说，我们进入了一个丝绸之路研究与建设同步进行、同时存在的时代，这是我们这一代学人丝绸之路研究的重要特征。

1　〔美〕芮乐伟·韩森:《丝绸之路新史》，张湛译，北京联合出版公司，2015。

2　Peter C. Perdue, "Xinjiang Studies: The Third Wave," https: //cross-currents. berkeley. edu/sites/ default /files/e-journal /articles/perdue_1. pdf.

一两百年后，今天这个时代就成了可被研究的历史。后人研究我们这一段历史的时候，"一带一路"可能是一个重要的研究主题，他们一定会发现"丝绸之路"这个词在一个历史时期内的出现频率突然暴增。他们会问为什么，尤其是这个时代的中国人是怎么看待和建设"一带一路"的？这个时期的丝绸之路与更久远的过去有什么关系？

这样的一个视角使我们发现，我们已经因为"一带一路"而把自身置于 2000 多年的丝绸之路历史之中。我们的研究和建设，将成为一系列绵延不断的丝路故事之中的一环或一幕。未来的叙述，或许还要从张骞"凿空"或更早开始，还会关心粟特商人的历史角色，会有怛逻斯之战、郑和，还有很多很多，一直延续到"一带一路"倡议。21 世纪的中国人，或许也会在未来的丝绸之路历史上占据一个篇章。如果说过去的人是丝绸之路历史的不自觉的工具，那么我们这一代人可能是自觉的。

统计显示，新的丝绸之路研究在中国已起步，但学科建设有待于完善和加强。当代的丝路学，不只是面向过去的，也是立足现实、发掘过去、面向未来的。

在今天，丝绸之路研究既是学术，也是实践。在这个意义上，当代中国学者应该倍感这个时代丝绸之路研究人才培养的紧迫性。"一带一路"建设需要很多了解和懂得当地情况的人才，既要有语言基础，也要有历史、政治、文化和社会等多方面的学科支撑；不只是东方学家那种象牙塔式、不与本地社会发生实际关系的学术研究，更需要具有实地经验、具备当地常识性知识结构（也就是熟悉和研究当地）的区域研究型人才。

三　中国的区域研究

学者的实践就是做好"天下之公器"。接下来，笔者将重点讨论"一带一路"倡议下中国的区域研究。[1]在正式进入主题之前，笔者想先讲一个日本的例子，或有镜鉴意义，这就是日本学者白鸟库吉（1865~1942）的经历。

白鸟库吉在33~35岁时即发表了北亚民族史方面的考证论文，得到了欧洲学界的认可；他在36~38岁用两年时间游历欧洲学界（1901~1903）。其间，白鸟发现欧洲学界已经在中国（包括蒙古）、中亚的研究上建立了权威，因而，他从"学战"的视角提出了日本学术战略的进路，即让日本学者转向欧美学者较少关注的"满鲜"历史地理研究，并提出了具体的任务规划：地理学调查、人类学调查、遗迹调查、文书记录及遗物调查。可见其立足于"学战"之雄心。

白鸟回国后到处奔走游说，力图实现自己的学术抱负。但在很长时间里并没有得到响应，直到他遇到了满铁总裁后藤新平，并得到后者的大力支持。后藤关注殖民政策的"生物学"基础，也就是在熟悉当地民俗习惯的基础上，制定和实施适当的政策。

1908年，满铁东京分社成立了以白鸟库吉为主任的"历史调查部"，后因机构改革降格为调查课。调查课网罗了一批历史学者参与其中，修撰不同时期的"满洲"历史地理，白鸟担任监修。白鸟在后来出版的多卷本著作的序言中强调其研究中国东北地区和朝鲜历史地理的必要性：一是学术的，二是"满韩"经营。1915年，调查课被撤销，但经过白鸟的努力，满铁把这个事业委托给了东京帝国大学，一直由满铁出资。截至1941年，一共出版了16卷的《满鲜地理历史研究报告》。此外，白鸟库吉还在机构建设、刊物建设、人才培养等相关领域做出了重大贡献。从学术的角度说，白鸟库吉在满蒙史研究上贡献巨大，其学术追求无非是要把

---

1 关于这个问题思考，还可参考昝涛《发展区域和国别研究，离不开基础学科建设和顶层设计》，《光明日报》2017年12月20日。

日本的东洋学研究（区域历史地理）提高到欧洲的水平。当然，需要注意的是，在政治上，白鸟的学术研究又与日本当时的"大陆政策"密不可分。[1]

现在，中国的高校和科研机构迎来了一个机会，"一带一路"倡议提出以后，在学术资源日益丰富的条件下，需要考虑如何做好中国的区域研究这一课题，或者说是"区域与国别研究"。区域包含国别，下面笔者只说区域研究（不是说不要做国别研究）。这个区域研究，首先是与丝绸之路沿线各国和地区有关的学术研究。

改革开放的意义，不仅在经济上，而且在法律、体制、教育、文化、思想等多个层面上，使中国开始接触和尝试性地加入西方所主导的世界体系／秩序，从而开始产生新的自身意义和价值体系。改革开放即这样一个过程，这个过程内含"合而不同"：在文明上，中国终将与世界合一；在文化上，中国当然还是自具特色。这是一个复杂的趋势。

在这个历史背景下，我们该如何审视自我？一方面，用中国领导人的话说，就是承认中国是全球化秩序的受益者；另一方面，就是努力调适自我和他者之间的关系。

中国长期是西方的他者，这个他者是从后殖民批评的意义上来说的。这里，自我和他者之间不是一个平等的关系，而是主体－客体的关系。实际上，中国在西方的知识生产体系中属于被研究的客体或对象，这是一个从属关系，不是一个平等意义上的关系。所谓他者，从来如此。

中国承认自己是全球化秩序的受益者，就意味着不是这个秩序的革命者，而是积极的参与者、潜在的改革者。西方说中国正在成为引领者，中国有志于成为改革者，但终归不是一个革命者。从这

1　参见 N. 哈斯巴根《白鸟库吉的满族史研究》，载赵志强主编《满学论丛》第 6 辑，辽宁民族出版社，2017。

个意义上说，西方不大可能成为前述意义上的中国的他者——像中国作为西方的他者一样，至少从短期来看不会如此。

笔者认为，在这个意义上，中国的区域研究，重点应该放在丝绸之路沿线地区。

近代以来，创造性地引领这个世界的思想、制度、文化的（当然也包括科学与技术），主要不是中国，未来一段时期也看不到中国全面引领性地位的确立。这需要清醒认识，此亦为不同学科的学者需要认真考虑的。当下，中国在技术、科学、思想、制度、法律、文化等方面的世界性影响，与中国是世界第二大经济体这样一个地位还不相称。这是很现实的。

当然，中国的崛起和"一带一路"倡议的提出，中国如此巨大的经济体量和人口数量，给中国在加入既有世界秩序／体系的过程中带来了很大不确定性。国人从自身的角度意识到了这个不确定性，西方也意识到了这个不确定性。对国人来说，这种不确定性是一种谨慎的忧虑，比如要有"中国特色"，为什么要提这一点，为什么要特别强调这一点？因为加入既有世界秩序／体系的过程，就是主动开放、融入全球化的过程，在制度、教育、法律、思想、文化包括科学与技术的创造上，很可能面临着被别人（主要是西方）"同化"的危险，这种危险带有很大的诱惑力，难免会产生某种忧虑意识。中国要加入而且也正在加入的这个世界秩序有着巨大的吸纳和同化能力，只不过，由于中国自身体量巨大、文化根基过深，这个吸纳的过程不会很快，中国希望加入这个世界秩序的过程是缓慢、可控的，同时也不能自绝于其外。

基于以上思考，中国提出"一带一路"倡议，就是更积极地对外开放、参与全球化的过程，同时也是其渐渐自我成长的过程。短期内，它不会被完全吸收，也不可能马上就出现一个中国所引领的新的世界秩序。所以，中国讲的"一带一路"，作为中国版本的全球化，是对原有世界秩序的一个补充，是一个潜在的改革，而不是一个革命的思路。现在参与"一带一路"的国家越来越多，其包容性越来越强，这就是表现。

在这个背景下，中国的区域研究需要意识到，我们还很难让西方成为我们的他者[1]，因为国人仍然在使用着几乎所有的由西方生产的知识框架、学科、理论和概念，这些都是现代科学（也包括社会科学）的体系。我们没有一个自主、不同于西方的知识和理论体系。"一带一路"倡议下的中国区域研究，仍然是一个积极学习西方的过程，研究西方也会存在，但实事求是、谦虚地说，主要还是学习西方，力争使我们的研究达到西方的水平，还是要加入那个变化中的秩序。

"一带一路"沿线地区和国家，虽然不是西方，但与我们密切相关。这是当下中国区域研究的重点。由于我们提出了平等、多赢的价值观，又由于我们主要仰赖西方供给的知识体系，中国的区域研究具有双重使命，既要学习西方，加入近代以来由西方主导的世界秩序，又渴望有所不同，比如尽量避免西方意义上（东方主义式的）对非西方的他者化。当然，这是中国的区域研究在方法上、概念上、理论上有可能进行创新的地方。这也是我们现在能够提出中国的区域研究在世界历史上占据某种位置的原因。

余 论

就研究对象看，中国传统的丝绸之路研究主要是中西交通史和唐中期（8世纪中期）之前的西域研究；就学科参与看，中国传统的丝绸之路研究主要是考古、历史、文献等学科唱主角。在新的时期，中国学者的丝绸之路研究或可在以下几个领域取得进展：第一，对伊斯兰化以来的丝绸之路进行深入研究（需要多语种资料和

1　并不是说"非我"即他者，这不是一个简单的关系。

多学科及跨学科的方法）；第二，在全球史的视域下同时研究海洋和陆地丝绸之路贸易；第三，从区域／国别、经济、金融、国际法、国际关系等角度研究"一带一路"涉及的重大现实问题，做智库工作；第四，在哲学／社会科学理论的高度上，研究"一带一路"倡议，赋予其能够为世界所理解和接受的学理内涵，服务于中国的软实力建设；第五，在比较研究的意义上，通过探讨"一带一路"暗含的"欧亚主义"理论，[1] 最终回归到关于建构中国自身的认同／身份（identity）的问题上来。

原载《新丝路学刊》2018 年第 1 期

---

1 布鲁诺·玛萨艾斯可能是第一批探究这一发展之重要性的作者之一。他指出中国和俄罗斯都已在使用欧亚术语进行思考——中国通过"一带一路"倡议，俄罗斯通过最近创造的"欧亚经济联盟"（Eurasian Economic Union）。Gideon Rachman, "Does the Rise of Eurasia Herald a New World Order?" *Financial Times*, January 17, 2018.

欧亚时空中的西北："一带一路"视域下的地缘区位观

黄达远

当代主流的历史叙述，总是不自觉地把中国历史等同于中原史或者汉族史。某种意义上，这就是现代性进入历史时空叙述的一个后果，现代民族国家往往形成以单一中心为时空坐标来叙述历史的话语体系与认知结构，这就导致了地理与区域观念出现了某种断裂。地理学家最易发现这一现象："近代中国史上一种最重要的地理事实，就是对于海洋的新关系。以前面向西北，而太平洋是后门。离长城不远的玉门就是中国的正门。对于亚洲内陆和西北诸省的接触，它在国家历史上克尽了重要的任务。但今日的情形都已改变了。中国的大门是朝着太平洋。上海、广州、天津取代了西安和北平的地位，玉门关只不过是供诗意的凭吊与回忆。"[1] 这一针见血地指出中国从以内陆为中心转向以海洋为中心的历史时空视野转换。这种转换长期影响中国的区域感。2003 年，民族学家谷苞先生在给《西北通史》写序时，针对长期以来人们观念中的"西北边疆"质疑说，人们对于西北的含义存在着不同理解，需要有一个统一的认识。不能把西北地区统称为西北边疆，在西北虽有边疆地区，但西北的很大一部分不属于边疆。他对西北文化的三个特征进行思考并提出不能把西北"边疆化"的观点：第一，西北地区的文化是形成中华民族文化的一个重要的源头；第二，西北地区一向是一个多民族聚居的地区；第三，西北地区是古代丝绸之路的主道所经过的地区。[2] 西北不是"铁板"一块的均质化区域，不是文化落后、野蛮的地方，也不具有地理、文化与行政边界重合清晰的"区域"。如兰州是国家几何地理中心，陇东一带是华夏文化诞生地，"嘉峪关外"还有举世闻名的敦煌——丝绸之路的文化中心。

　　在"丝绸之路经济带"的倡议视野下，国家提出以"新疆为核心区"的战略，"西北"战略定位也在同步发生变化。围绕着"化边疆为中心"的理论命题，学界已经展开了一些讨论，笔者的思考是"西北"作为一个多中心互动的历史空间，长期被另一种视角遮蔽，这对于认识"丝绸之路经济带"背景下的地缘策略具有相当的阻碍。

一　"欧洲中心观"与世界史的时空断裂：被遮蔽的"游牧史"

　　近代中国的时空转向与全球史（世界史）的产生密切相关，在全球史中产生了一种社会科学化的视野，就是将欧亚大陆划分为不同的区域，以便现代国家在地缘政治和国际关系的需要下识别出不

1　〔美〕葛勒石：《中国区域地理》，湛西达译，正中书局，1947，第 34 页。
2　谷苞：《关于西北的历史文化特点》，《兰州大学学报》（社会科学版）2003 年第 3 期。

同的文化 – 地理空间。正如华勒斯坦指出，社会科学实际上也是以
一种特殊的空间性观念为基础的。按照社会科学家的假定，人类生
活必须要通过一组空间结构来加以组织，而这些空间结构便是共同
界定世界政治地图的主权领土。这些政治疆界确定了其他关键的互
动领域——如社会学家眼里的社会、宏观经济学家眼里的国民经济、
政治学家眼里的国家、史学家眼里的民族——的空间参数。[1] 源于西
方的现代世界秩序与国家体系，是以西方的经验来重组世界秩序，
这就确立了以西方为中心的认知视角。基于对殖民主义地理与文化
传播论的反思，布劳特分析指出，西方对于欧洲以外地区认识的迅
速形成有着复杂的原因，但是最重要的原因就是殖民主义的发展，
它特别在两个方面产生了影响：一方面是获得了关于欧洲以外地区
人们的大量信息，尽管这些信息是被高度歪曲的；另一方面是关于
欧洲以外地区的世界和人民的情况，证实其哪些是真实的、哪些是
不真实的，这具有现实的政治和经济利益，这两个过程紧密地联系
在一起。[2] 按照西方殖民世界的需要，重新绘制世界地理，以海洋为
中心的构图成为一个大趋势，这就势必要"去大陆化"。在 19 世纪
和 20 世纪初的全球殖民体系中，"现代全球历史是作为在时间上彼
此为历时性关系的陆续的单独时刻被描述的，在空间上它们只与西
方有关，它们与地球其他部分的共性关系未被考虑"。[3] 著名社会学
家戴维·哈维则认为："世界的空间……都被去地域化了，剥去了它
们原先的意义，然后依照殖民和帝国主义政权的需要重新地域化。"[4]

1　〔美〕华勒斯坦：《开放社会科学》，刘锋译，三联书店，1997，第 28 页。

2　〔美〕J.M. 布劳特：《殖民者的世界模式：地理传播主义和欧洲中心主义史观》，谭荣根译，社
　　会科学文献出版社，2002，第 26 页。

3　〔美〕卡尔·瑞贝卡：《世界大舞台：十九、二十世纪之交中国的民族主义》，高瑾等译，三联
　　书店，2008，第 272 页。

4　David Harvey, *The Condition of Postmodernity: An Enquiry into the Origins of Cultural Change*, London:
　　Blackwell, 1989, p.264. 转引自〔美〕卡尔·瑞贝卡《世界大舞台：十九、二十世纪之交中国的
　　民族主义》，第 272 页。

这造成的后果就是时间与地域（空间）的分离。

　　中国学界对以欧洲为中心的世界史的局限表达了不满。[1] 20 世纪 80 年代初，世界史学者吴于廑先生提出纠正性的"整体史观"，将被"海洋史观"屏蔽的欧亚大陆的历史"空间性"释放出来。整体史观从世界历史的整体发展和统一性方面考察历史，认为人类历史的发展过程是从分散向整体发展转变的过程，主张世界各个民族、各种文明在各自和不断交往的发展中，逐步打破了孤立、分散状态，最终融合成密切联系的全球统一体。[2] 吴于廑先生的《世界历史上的游牧世界与农耕世界》一文认为，古代社会的主要矛盾存在于游牧文明与农耕文明之间，并非存在于奴隶与奴隶主、地主与农民之间。无独有偶，吴于廑先生发表这篇著名文章的次年，在天山南北深入田野实践数十年的民族学家谷苞先生于另一个学科领域中指出，在我国悠久的历史发展的进程中，广大的农业区和游牧区一直是同时并存的。农业区诸民族与游牧区诸民族的关系问题，一直是我国最重要、最持久的民族关系问题。因此游牧社会与农业社会之间的主流关系始终是互相依存、互相促进的。农业区经济与游牧区经济的结合，构成了我国古代封建经济统一的整体。[3] 两位不同学科的著名学者无意中形成了一种默契共识：农耕和游牧的关系是世界史上最普遍、最"日常"的一种关系，既是一种生产关系，也是一种地缘关系，更是一种交往关系。既要在更为广阔的欧亚大陆整体史、文明史基础上，也要从最普遍的"日常生活"中理解历史上的"国际关系"与"民族关系"。这也是古代欧亚世界体系中的"国与国""族与族"之间的基础。中国史、"民族史"也毫不例外，

1　马克垚：《困境与反思："欧洲中心论"的破除与世界史的创立》，《历史研究》2006 年第 3 期。
2　吴于廑：《世界历史上的游牧世界与农耕世界》，《云南社会科学》1983 年第 3 期。
3　谷苞：《论西汉政府设置河西四郡的历史意义》，《新疆社会科学》1984 年第 4 期。此后谷苞又在《关于西北的历史文化特点》一文中重申了这一观点，见《兰州大学学报》（社会科学版）2003 年第 3 期。

农耕与游牧的关系同样是理解其历史的基本线索，由此恢复出被海洋时间压抑的、遮蔽的游牧社会"空间"性意义。

中东史专家彭树智先生则在"整体史"的基础上阐发了"文明交往论"，在畜牧农耕的自然经济时期，交往的地缘关系上升为主导地位，地域空间的交往范围越来越大。游牧世界和农耕世界之间的各种形式的交往特别频繁。交往主体随着地域的扩展而表现为种族、民族乃至社会、宗教共同体，而等级制、宗法制、伦理道德体系成为文明交往的社会、政治和精神中枢。[1] 文明交往论强调地缘关系的重要性，同时也突破了对于游牧社会"野蛮"的想象。以往的"中亚史地研究"同样受到"欧洲中心观"的强大影响，具有"时空断裂性"。俄国学者巴托尔德将中亚衰退的原因归结为海路的兴起取代了陆上贸易以及乌兹别克游牧人瓦解了中亚帝国的完整性，这造成了中亚游牧力量终于被欧洲人所取代。这一传统经典论断近期遭到了中国学者质疑，褚宁和马建春认为，16~17世纪"布哈拉人"依旧奔走在欧亚大陆，这一时期以"布哈拉人"作为一个泛化的商业群体纽带，通过教缘与地缘关系，将中亚诸城镇、草原以及印度、波斯、俄国、中国联系在一起，构建起了一个颇具规模的欧亚内陆贸易网络。[2] 苏联时期的东方学家也并不否认这一点，M. 库特鲁科夫认为海路的开辟并没有破坏旧的商道，它继续使中亚、印度、俄国与中国保持联系，而中亚和叶尔羌的商人仍是这些国家之间贸易的中间人。他援引16世纪40年代访问过中国的土耳其旅行家赛菲的著作指出，"（叶尔羌汗国）开采玉石绝大部分运往中国。吐鲁番是各国商人云集之地，这里集结了数千名来自亚洲各国而准备去中国的商人，他们选出自己商队的首领，经叶尔羌汗批准后前往中国；因担心居住在此地的卡尔梅克人的抢劫，许多商队不能前

1　彭树智：《世界历史：人类文明交往的新自觉时期》，《史学理论研究》2011年第2期。
2　褚宁、马建春：《16~17世纪"布哈拉人"与欧亚内陆贸易网络的构建》，《世界历史》2016年第6期。

往中国"。[1] 不止一份穆斯林文献证实欧亚大陆之间的文化与商贸交流一直没有中断，从上述文献中也可以窥见，草原、绿洲与农耕区之间的相互关系对于这种商贸和文化交流有着深刻的影响。

中亚史地学者潘志平先生等认为，所谓 15 世纪后丝绸之路断绝的说法，很可能是受西方基督教传教士的说法影响。基督徒视之为畏途，并不能证明此路不通。如果将丝绸之路理解成东西文明的交流之路，则东西文明的交流不存在中断问题。[2] 他质疑李希霍芬提出的"丝绸之路"概念背后有一种基督教的文明观念在起作用，使得"丝绸之路"呈现出一种对东方的"想象"。由于 19 世纪是西欧的知识体系、价值观、国家观及文明观在全球化过程中的普及过程，因此对于西方中心观书写下的世界体系必须保持足够的警惕。"中央欧亚"——这一区域的游牧社会历史几乎被遗忘，如弗兰克指出的，中亚仍然是一个天文学观念上的"黑洞"。中亚对那些外围民众所在的文明而言，也处于中心位置，而这些民众的生活空间被吸入中心的黑洞当中。中亚也是所有那些外围民众及其文明彼此交会互动的地方。中亚真正成为欧亚和世界历史的"缺失一环"。[3] 华勒斯坦尖锐批判欧洲社会科学研究是以"区域研究"为基础的，而划分这一区域的方法确实是欧洲中心主义的。有学者反思，"我们对于世界历史与各大区域文明的认识与定位在某种程度上都是欧洲中心主义的，在对欧亚大陆的认识上也有鲜明体现，历史叙述的主要内容都给了欧亚大陆的东西两侧，而忽视了这一大陆的中间地带"。[4]

然而，要填补游牧社会历史的"黑洞"和历史的缺位，必须放

1　〔苏〕M. 库特鲁科夫:《15 世纪至 17 世纪叶尔羌汗国与中原王朝的关系》，苗普生译，《中国边疆史地研究导报》1990 年第 5 期。

2　潘志平、王智娟:《鸟瞰中亚宗教、民族之历史与现状——兼评亨廷顿的"文明模式"》，《西北民族研究》1994 年第 2 期。

3　〔德〕安德烈·贡德·弗兰克:《中亚的中央性》，袁剑译，载刘新成主编《全球史评论》第 11 辑，中国社会科学出版社，2016，第 17 页。

4　袁剑:《中央欧亚、游牧民与世界秩序》，《晶报》2014 年 9 月 7 日。

宽知识的视野，包括突破建立在西方知识范式下的"区域研究"。
而近代以来的中国人文与社会科学是被纳入西方的"区域研究"当
中的，"区域地理"就是典型的例子——这就出现了"西北"被如
何定义的问题："西北"作为中国历史上游牧民与农业民彼此交会
的力量中心，也是世界四大文明交流的中心，是被以大陆史观中的
"前门"为中心书写，还是被以海洋史观的"后门"——"边疆"来
书写？

二　两种世界文明交往体系的碰撞：作为区域的"西北"

两种不同的世界文明交往体系，一种是以游牧区与农业区互
动的欧亚大陆为主体的文明交往体系；另一种是自海路大发现时代
以来以欧洲文明为中心的全球化体系。在第一种欧亚大陆的文明交
往体系中，"游牧区"有了特指的"中央欧亚"[1]定义。中原农业区是
欧亚大陆最大的农业区，在游牧与中原农耕力量的互动中讨论"西
北"的区域中心性，日本都市史学者妹尾达彦做出了重大的知识贡
献。他高度重视生态与人文环境的互动性，特别是以农业与游牧力
量互动的欧亚大陆世界史的视野来讨论"西北"的中心性——聚焦
点是唐代长安城。他提出了几个重要观点，其中不乏启发性。

第一，妹尾达彦界定了人类历史文明的发源地之一就是以黄河
流域为中心的农牧交错地带，农牧区的物质交换刺激并促进了城市
的诞生。城市主要诞生在与农牧交错带接壤的农业地域的一方，功

1　"中央欧亚""内亚""中亚"地理范围讨论意见不一。以 1978 年联合国教科文组织第十九届
　　大会决定出版《中亚文明史》（History of Civilization of Central Asia）时的界定为准，对 Central
　　Asia 的研究应针对有关阿富汗、伊朗东北部地区、巴基斯坦、印度北部地区、中国西部地区、
　　蒙古和苏联的几个中亚共和国的文明。自远古时代起，该地区就是欧亚大陆人口流动的发生
　　地。尤其是古代和中世纪，其历史的形成在很大程度上取决于从里海到蒙古高原这片广大地
　　区延续不断来自草原、沙漠、绿洲和山区的各族人民。参见潘志平、石岚《新疆和中亚及有
　　关的地理概念》，《中国边疆史地研究》2008 年第 3 期。

能主要是交易和军事场所，由此发育出不少城市，"到了纪元前1000年时，联合起来形成了国家，遍布中国内地的城市网络由此诞生。由此而诞生的城市网络的至今3000年间的变迁，汇集在中国五个历代都城变迁的形式之中"。[1] 西安、洛阳、北京、南京与开封作为中国历史上的五大古都，也分别是城市网络的中心。

　　第二，妹尾达彦注意到，自4世纪至7世纪，北半球进入一个寒冷期，从而导致北方人口向游牧、农业的低纬度地带南迁，游牧民大规模越过农牧交错地带而进入以农业为中心的地域，人类与文化的移动导致历史时期的又一次显著性的变化，这就是建立了游牧人的"征服王朝"。长安恰恰处于这一次人口大迁徙之路的东端，正是这样跨越亚欧大陆的人口流动，加大了长安都市文化的国际意味。在南北方向上，长安地处农业区与游牧畜牧业区的交叉地带，有利于统合农业文化和游牧文化；在东西方向上，长安处于亚欧大陆人口迁徙之路的东端，是"西方"文化与中国文化的联结点。这两方面共同造就了长安的国际大都市地位。[2] 长安城作为欧亚大陆的十字路口，大规模人口流动带来的文化交流推动了长安国际化都市地位的形成。向达也说，"第七世纪以降之长安，几乎为一国际的都会。各种人民，各种宗教。无不可于长安得之"，"异族入居长安者多，于是长安胡化盛极一时，此种胡化大率为西域风之好尚"。[3]

　　第三，妹尾达彦还进一步指出中国都市网络体系并非一成不变，而是逐步转移，即到了9世纪以后，东亚的主干交通线逐渐由陆路向海路转移，主要游牧民的政治据点由中国内地西北部移向东北部，粮仓地带由中国北部移至中南部。这使中国的城市网络由内

1　〔日〕妹尾达彦：《东亚都城时代的诞生》，载杜文玉主编《唐史论丛》第14辑，陕西师范大学出版总社有限公司，2012。

2　〔日〕妹尾达彦：《东亚都城时代的诞生》，载杜文玉主编《唐史论丛》第14辑。

3　向达：《唐代长安与西域文明》，商务印书馆，2017，第44页。

陆的以长安为中心向沿海的以北京为中心转变。[1]这种城市中心的转变并不一定意味着长安在游牧与农耕社会的区域联系中意义的降低。

民族学家马长寿先生就意识到西北民族格局形成中的"吐蕃北上、蒙古南下"因素的重要性，周伟洲教授继承并发扬了这一观点，西北疆域特征受到四大文化区的相互影响：周秦文化区（即中原文化区，今陕西、甘肃东部及宁夏南部，黄河中游一带）、甘青文化区（即河西走廊与河湟地区，以游牧为主，农业为辅）、新疆北部天山文化区（也包括今天甘肃西部一直延伸到蒙古北方的游牧区）、新疆南部天山文化区（绿洲的农业定居生活为主，射猎生活为辅）。由此，这些区域在地缘上彼此互动，"西北"出现了不止一个"游牧－定居"的区域形态，不过以吐蕃与蒙古两股游牧势力影响最大，特别是蒙古，其是奠定今日西北地区民族分布格局的重要因素。民族互动也带来了文化的互动，汉族传统文化，中亚、印度的佛教文化，伊斯兰文化，北方游牧文化均从四周不断沁润着、影响着西北少数民族多元文化，促使其发生了两次重大的变异，而最终定型。[2]这说明以长安为中心的"西北"区域是由游牧与农耕、大小不一的绿洲空间统合而成的，这就突破了中原黄河流域单一性的"游牧－定居"形态分布视角。

地缘关联性不是断裂的，而是持续的。一方面，长安曾经长期作为东亚都城体系的中心，具有高度国际化的地位，其意义超出了"中国"；另一方面，即使在农牧交错的中心城市转到更大的北方中心城市北京以应对东北方向"游牧－森林"力量的崛起时，西安仍不失为一个具有国际中心意义的都市。从政治上看，西安始终保持着作为游牧与农耕交会地带的中心城市作用。"大中国"虽然是由

1　〔日〕妹尾达彦：《东亚都城时代的诞生》，载杜文玉主编《唐史论丛》第 14 辑。

2　周伟洲：《古代西北少数民族多元文化的发展及变异》，载朱士光主编《中国历史地理论丛》2003 年第 3 辑。

不同层次的空间统合而成，必须保持对农耕与游牧两种生产方式和文化类型的影响力，为了更为有效地同时控制这两个地区，王朝的都城必须设立在农业区与游牧区的交叉地带，所以从唐王朝建都长安就可以断定它是"大中国"，而只控制农业区，就可以称之为"小中国"。如洛阳、开封、南京、杭州等所对应的王朝，无一例外都是统治空间局限于农业区的。[1]无论是在"大中国"还是在"小中国"，西安联系周边游牧与农业区的地缘位置不会变化。即使在明清时期，西安依然是北方的统治中心之一。明季的西安是秦王的驻藩之地，而秦王的地位仅次于燕王，被称为"塞王"；而清代则在西安驻扎八旗，修筑满城，由西安将军节制，显示其军政地位的重要性。

从文化上看，西安仍然承担着部分中央政府维护大一统——"扶绥蒙藏"的功能。妹尾达彦指出大中国的统治者多来自游牧民族，或者具有非汉族血统，而这样的"大中国"，为了使政权正统化，需要能够包容汉族和非汉族两者的某种意识形态。所以，"大中国"的王朝，都特别重视不问民族、出身的世界宗教——佛教。长安就是整个欧亚大陆最大的"佛都"，起到了整合游牧民与农业定居民精神世界的作用。即使在明清时期，王朝的行政中心转移至北京，西安作为佛教中心城市的重要性依然受到统治者的关注。清康熙四十四年（1705），康熙巡视陕西时，拨专款敕建广仁寺，使之成为像灵鹫山一样的灵山圣境、香城净土，借以吸引"五陵六郡之众"和"外藩属国"，从而达到"助王化""锡民庥"，使边疆乃至整个国家"长治久安"的目的。修建广仁寺也是为长安"满城"内的蒙藏上层人士王爷贝勒等提供信仰服务，康熙皇帝赐名为广仁寺，同时又为之亲书"慈云西荫"横匾和撰写《御制广仁寺碑》文。[2]广仁寺位于西安明城墙内西北角，有中国唯一的精品千佛殿，

---

1 〔日〕妹尾达彦：《长安的都市规划》，高兵兵译，三秦出版社，2012，第72页。
2 《广仁寺：陕西唯一的藏传佛教寺院》，中国民族宗教网，http://www.mzb.com.cn/html/report/150432003-1.htm，2017年2月19日。

同时也是文成公主在长安的奉地。这一寺院也是达赖和班禅、西北康藏一带大喇嘛、高僧在西安的行宫和驻锡、朝觐之地，至今寺中还保留有达赖和班禅的住房。广仁寺为内地唯一绿度母主道场，也是陕西地区现存唯一的一座藏传格鲁派寺院，香火旺盛，体现了蒙藏汉满"四海一家"的大一统文化。

从经济上看，以西安为中心的商业市场辐射范围仍遍及藏、蒙，并通过河西走廊达到天山南北、七河流域。明代陕甘大道、清代陕甘—甘新大道仍然是以西安为中心形成的辐射整个西北的市场网络。以西安、泾阳、三原为全国性货品的加工与转运中心，以兰州为二级货物分销点，以西宁、哈密、宁夏、古城等地为三级批发市场，形成西北地区大宗茶叶、布匹、海鲜杂货以及毛皮、药材的东输西运中心。[1]明清时期，虽然以"嘉峪关"为界，有"关内"和"关外"的区分，出关还要有官府出具的"过所"，但实际上在官方视野之外，民间贸易一直存在，前往天山南北"走私"玉石、大黄的陕甘商贩始终不绝于途。无论"大、小中国"时期，西安始终是维系中国北方草原、西南藏区和河西走廊、天山南北相互联系的一个中心节点城市。

随着15世纪末16世纪初以来的海路大发现，西方殖民者带来的坚船利炮也冲击到欧亚大陆，原来游牧民与定居民的流动－定居共生体关系逐渐演变为一种更大的尺度与更复杂的结构。俄国不仅成为新的"草原帝国"，而且还具有新的工业技术因素支持下的武力和机动性，通过南下和东征使得欧亚大陆基本连为一体。同时，西欧国家的海上力量向东方世界扩展，其流动性是以流动的资本主义经济和海洋权力实现的，这更是一支全球性的力量，绝不限于一隅。[2]英国越过了印度一直扩张到阿富汗、帕米尔高原。清朝也通过

1　张萍：《官方贸易主导下清代西北地区市场体系的形成》，《清史研究》2016 年第 4 期。
2　施展：《西北望长安》，《领导者》2015 年第 6 期。

对准噶尔的战争，再次统一天山南北。拉铁摩尔指出，这三重进程标志着近代世界历史的汇合。[1]中国、俄国与英国势力交汇的轴心就是中国西域、俄属中亚与阿富汗。

英、俄殖民力量进入中亚，首先导致的就是中国西部朝贡体系瓦解。魏源记述说："盖新疆内地以天山为纲，南回（维吾尔）北准（准噶尔）；而外地则以葱岭（帕米尔）为纲，东新疆西属国。属国中又有二：由天山路而西北为左右哈萨克；由天山南路而西南为左右布鲁特（柯尔克孜），虽同一游牧行国，而非准非回非蒙古矣。逾葱岭而再西北为安集延（乌兹别克）；西南为巴达克山，为爱乌罕（阿富汗）；虽亦皆回教城郭之国，然岭以西之属国非岭以东之郡县矣。"[2]清朝西部朝贡体系其实也是一个内外之间有多重划分的防御体系，新疆与内地以天山为界，而"东新疆西属国"，则以帕米尔为界线，天山、帕米尔代表了不同层次的内外关系，可见晚清时期多层次多中心的疆域体系——行省、新疆、属国（外藩），在俄国和英国的殖民入侵下，"外藩"以及伊犁将军管辖的西域部分疆域被强行纳入了英、俄帝国的版图和势力范围。

殖民入侵过程打断了欧亚世界史中的"游牧－定居"原有的转换关系，在殖民主义和民族主义知识的传播和塑造下，"游牧－定居"关系被"民族主义化"。正如弗兰克评价说，自15世纪以来，中亚民众在两方面几乎都成为失败者。他们在自己的土地上输给了别人，而他们所在的中亚故土也不再是世界历史的中心。此外，这些损失迅速在彼此间关联起来：富有吸引力的世界历史中心转移到了外围、海洋和西方。[3]另一方面，在英、俄、日等国家的压力下，

1　Owen Lattimore, *Pivot of Asia, Sinkiang and the Inner Asian Frontiers of China and Russia*, Boston: Little, Brown and Company, 1950, p.16.

2　《圣武记》卷4，《魏源全集》，岳麓书社，2011，第175页。引文中括注为引者所加。

3　〔德〕安德烈·贡德·弗兰克：《中亚的中央性》，载刘新成主编《全球史评论》第11辑，第17页。

中国不得不进入新的世界体系当中，仿照西方体制实现民族国家的建设，现代地理边界被条约体系限定以后，"也正是在这种无奈的权力关系格局下，我们不得不学着用西方的概念来转述和表达我们自古沿袭的领土诉求，重整清帝国之后破碎的河山。而中国的国家建设进程也就是重塑民族、创制人民的过程"。[1] 国民政府定都南京，西北自然成为边缘、边疆。[2] 以东南的时空经纬为准绳，不自觉地降低了游牧与农业社会的互动关系对整个中国历史重要性的影响，"西北"文化被破碎化，区位被边缘化。

　　吴于廑先生指出，原来在游牧世界和农耕世界的接壤地区，并不存在一条明确的、不可逾越的界线。古代国家的疆界，离中心越远越模糊，不能用近代的有精密地图为据的国界线的概念去看古代国家的疆界。总有一个两方都可出入的、两不相属而又两皆相属的所谓边界。边界对于古代国家，是一个沿其领域而延伸的狭长的面的概念，而非线的概念。[3] 现代民族国家强调的是主权边界，"由边界定中心"取代了"由中心定边疆"。边疆与"华夷界限"的意义开始分离，转而成为"中外之防"的意义。现代民族国家书写的历史视角紧缩于被边界条约束缚的版图内，游牧社会的一维被碎片化，从而使游牧力量与农耕力量之间的互动历史也被"去空间化"。在这两种不同的世界文明体系中，"边疆"与"边界"的意义之间存在着某种张力，在民族国家的体系中"西北"区域意味着地理坐标、均质化的国土面积与人口；而在大陆史的"国家"与"民族"传统中，"疆域"依然存在着"面"的概念。

1　高杨：《主权的地理之维——从领土属性看中国民族国家之形成》，载许章润主编《历史法学》第 3 卷，法律出版社，2010。

2　有学者研究了"西北"一词在中国史研究中的使用情况，明清时代的水利论所用的"西北"往往指大运河段地区，有时包括北京周边。到了 19 世纪后半叶，清朝官僚为了对付回民起义或者处理伊犁问题，将陕西、甘肃、新疆地区称为"西北"。"西北"成为中国国内的地区名称是 20 世纪初期的历史现象，作为"方位"与"区域"结合起来。参见〔日〕吉泽诚一郎《明清以来"西北"概念的变迁》，《华东师范大学学报》（哲学社会科学版）2015 年第 4 期。

3　吴于廑：《世界历史上的游牧世界与农耕世界》，《云南社会科学》1983 年第 3 期。

三　接续中国处理"游牧社会"的历史经验

"日常"的历史地理学家和历史学家们很早就注意到：地域和空间是历史经验的基本概念。[1]中国的近代就是被纳入现代世界体系的过程，即被纳入全球史的过程。由此，中国从"天下观"转入"民族国家观"，按照民族主义的要求书写历史，显然这很容易落入西方的"时间优于空间"的历史书写"陷阱"。这种时空断裂性体现在中国史叙述中心上——从内陆的西安、北平和玉门关转向了上海、广州和天津。在以欧洲为中心的历史观念下，中国近代史基本上在"冲击－回应"理论框架下被写成回应海洋危机的历史，大陆史从而成为海洋史的附属。即使在"大陆史"的写作中，也是以居民（农民）为中心，而不是游牧－定居互动的历史。

"国族缔造"的核心就是"国史"建构，历史与区域差异造成的"中心－边缘""文明－野蛮""先进－落后"等二分的方式，无形中是以历史叙述的话语权重来表达的。费正清提出朝贡体系分为三圈，以"中国"为中心的、等级制的"中国"外交关系——汉字圈、内亚圈和外圈——形成了不同文化等级和亲疏关系，构成中国的世界秩序。[2]这种以儒家汉文化为中心形成的"环形"圈层无疑是西方"文化传播论"的翻版，同时也预设了文化的等级秩序。此外，近代以来从西方传入的资本、新技术、新知识与市场网络主要在沿海地区传播，也刺激了当地的经济的发展，导致地理区域中的不平衡性进一步加剧。铁路路网基本上集中在沿海和东北地区，广大的西北内陆地区到新中国成立前夕，除了正在修建的兰州—天水铁路外，兰州以西"无一寸铁路"。不仅造成西北经济严重落后

1　〔美〕卡尔·瑞贝卡：《世界大舞台：十九、二十世纪之交中国的民族主义》，第71页。
2　〔美〕费正清编《中国的世界秩序：传统中国的对外关系》，杜继东译，中国社会科学出版社，2010，第2页。

于沿海地区，而且更为重要的是加深了人们对沿海与西北的认知断裂。"沿海地区空间剧烈的缩减，在许多社会经济和政治现象里已反映出来。……但西北和西南地区的人事现象，并未反映出同程度的空间收缩。在地理上的距离，沿海地区之离新疆比离欧美近得多，然而沿海人民对新省边事，还不如对欧美事情了解的真切。"[1]民国时期的知识界大多接受了从西方引进的知识观念，如时人的见解："盖所谓西北，第一论其方位，当在中国全境之西北隅；第二目的在于开发；必须中国势力所能达到之地；第三非荒凉不需开发，所开发者必比地广人稀，经济文化落后之地，则西北之地域，当包括新疆、青海、甘肃、宁夏、陕西及绥远之地。"[2]国民政府高参蒋君章等人认为："我国领土的几何中心是在甘肃省之凉州（武威），其地之纬度为北纬 38 度，经度为东经 103 度，以此方位将中国分为东北、西北、西南、东南四个部分，蒙古西部和帕米尔的北部属于西北部，西北边疆则包括蒙古和新疆的全部。"[3]游牧－定居在西北土地上的少数族群也被"一视同仁"地视为落后和想象"民族"。"西北"被固化为一个地理－行政区域。不过，由于文化与行政边界的不一致，对于陕西、包括兰州是否应划分到"西北"区域中，一直存在争议。[4]

　　抗战前就来到中国考察的美国汉学家拉铁摩尔清醒地认识到这一现象，他形象地用"前门"与"后门"来比喻大陆观与海洋观下的新疆地缘角色，"新疆是中国的一个省份，其人口的绝大多

1　杨庆堃：《中国近代空间距离之缩短》，原广州岭南大学社会学系部分学生编印《纪念社会学家杨庆堃教授》，2005，第 74 页。

2　王金浅：《西北之地文与人文》，商务印书馆，1935，第 18 页。

3　蒋君章等编著《中国的边疆地理》，文信书局，1944，第 9 页。

4　彭南生、邵彦涛指出，抗战后期，知识界爆发了关于民国建都问题的第四次争论。北平与南京的南北之争多集中于政治斗争，而西部各地与南京的东西之争更多的是理念和原则的冲突。东西之争的表面是"陆防"与"海防"的冲突、开发西北与发展东南的争执，而其实质则是近代以来的"海国精神"与传统的"陆地中国"观念的对抗。参见彭南生、邵彦涛《陆地中国还是海洋中国》，《人文杂志》2014 年第 2 期。

数是非汉族的其他民族。它地处古老印度帝国的后门，现在在该地起作用的是印度自治领和巴基斯坦自治领新的政治、经济和社会势力。新疆又是苏联的前门之一——对于在美国外交政策支配下种种类型的势力、威望和影响来说，是最难以接近的前门。最后，新疆还处于连续几个世纪被认为是中国后门的内地边疆的一角的地位。但两千年前它就是中国通往亚洲心脏地带的前大门，而且今天又一次成为中国陆地最重要的前大门之一"。[1] 拉铁摩尔强调"亚洲心脏地带"的重要性，需要再次识别"中央欧亚"的历史空间性。"丝绸之路经济带"所通过的地区并不是西方所指单向意义的"中央欧亚"历史区域，而需要注意其与中原农业力量相互交汇的历史面向，注意其多中心互动的历史特征。以往单中心的"西北区域史"导致了这一疆域当中的空间多样性被淹没，导致了本文开篇中谷苞先生的质疑。民族学家费孝通先生在晚年的时候语重心长地提示我们，"在历史上的两个中心主义，汉族中心主义和西方中心主义，……一提就是汉族的东西，其实西部不仅仅是汉族；一提就提西方的力量，不重视本土的力量。在这两个中心主义之下把西部的这一广大地区的人文资源给掩盖起来了。西部是一个多民族的地区，我们要承袭它的文化的多元性，这些不同民族的存在，都是根据自己不同的自然环境和人文环境形成了自己的不同的民族文化。这些民族的文化历史和汉族一样长、一样重要和一样珍贵"。[2] 在游牧社会与中原农业社会的互动关系中理解费先生这段话再合适不过了。

历史上的地缘关联性——游牧、农业区和绿洲构成的大小不一的空间形成了"大中国"，其历史一直有其延续性的一面。"西北"历史是农耕、绿洲与游牧的族群关系史，它几乎等同于中国

1　Owen Lattimore, *Pivot of Asia, Sinkiang and the Inner Asian Frontiers of China and Russia.*
2　方李俐：《关于西部开发的人文思考：费孝通访谈录》，《中国文化》2001 年 Z1 期。

史，也是世界史的一部分。在中原农耕社会与游牧社会的力量交会处，才能看到西安（长安）的真正意义——中国大历史形塑的中心之一，而非与"东南"对应的"西北"——指向"落后"与"边疆"的意义。历史中国根本不缺乏与"中央欧亚"互动的经验，历史上的"大中国"在包容和处理不同异质性空间方面具有娴熟的经验，无论是游牧政权还是农业政权，都重视和使用佛教的象征性资源来弥合游牧民与农耕民之间不同的意识形态，便利了政权正统化。唐代长安城作为佛都来统合四方之民，清朝康熙在西安修建广仁寺抚绥满汉蒙藏就是生动的一例。"游牧社会"作为历史的一维早已深深融入中华民族的历史血脉中，只不过在当代民族国家历史的书写中被"淡忘"了。因此，正如弗兰克所提示的，"只有反思'欧洲中心观'，我们才能看到历史连续性远比任何不连续性重要得多"。[1]

西北长期是游牧文明与农业文明互动最为频繁的区域，形成了深厚的历史传统。尽管中亚历史上的游牧民不断南下，人群与文化的变动性很大，相当多的游牧人与农业人混合了，但是不变的是农业社会与游牧社会在物资上的相互补充与互相支援的关系。从地缘关系和文明交往看，这种空间延续性体现在农牧交错带人们的日常生活中。必须超越"欧洲中心观"对"西北""边疆""野蛮"文化等级的偏见，并在与欧亚大陆整体史观的互动中重新恢复"大中国"接续和处理游牧社会的历史经验，这就需要在欧亚时空中重新将"西北"定义为欧亚大陆的重心所在。一方面，这有助于在"整体史"视角中进一步思考"中华民族共同性"；[2]另一方面，农牧交错

1　〔德〕安德烈·贡德·弗兰克：《白银资本——重视经济全球化中的东方》，刘北成译，中央编译出版社，2000，第321页。
2　谷苞先生从游牧社会与农业社会互动角度的讨论较为完整，亦可参见黄达远《边疆的空间性：区域中国的一种阐释路径——对"中华民族共同性"论述的新思考》，《陕西师范大学学报》（哲学社会科学版）2016年第3期。

带的"日常生活"与文化交流的部分共性特征从西北延伸到中亚，借助历史经验讨论"一带一路"背景下的中国特色的地缘战略，其重要性不言而喻。

　　陕西师范大学周伟洲教授、李如东副研究员，四川大学韦兵副教授给本文提供了重要参考资料和意见，特此致谢。

原载《陕西师范大学学报》（哲学社会科学版）

2017 年第 3 期

世界历史视野下的"一带一路"倡议

施 展[*]

一 美国主导下的当代世界秩序

对"一带一路"倡议的讨论要从世界秩序谈起，因为任何政策都不是凭空，而是要在一个外部约束环境当中展开的，不理解外部环境，便难以理解政策本身。"一带一路"倡议首先是个经济方案，必须在马克思意义上的世界市场[1]当中落实其可行性。卡尔·波兰尼曾经提到现代世界的一大特

* 施展，外交学院外交系教授，世界政治研究中心主任。

1 "资产阶级，由于开拓了世界市场，使一切国家的生产和消费都成为世界性的了。……过去那种地方的和民族的自给自足和闭关自守状态，被各民族的各方面的互相往来和各方面的互相依赖所代替了。物质的生产是如此，精神的生产也是如此。……民族的片面性和局限性日益成为不可能。"参见《马克思恩格斯选集》，人民出版社，1994，第149页。

征，就是"脱嵌"。这一现实使得一切政治方案都要顺应经济的逻辑，否则便无法落实；所以政治 - 法权意义上的世界秩序也必须与世界市场的逻辑有同构性。这正是美国所主导的当代世界秩序的根本特征，也是我们讨论"一带一路"倡议时，绕不开的约束条件。

当代全球秩序是由美国所主导的，但它却不仅仅是美国的，而是超越了包括美国在内的任何单个国家之上的普遍秩序。它以世界市场作为其最基本的约束条件，以国际安全秩序提供最根本的保障，以全球几大经济组织为世界市场提供基本的法权架构，约束、引导着国际贸易秩序和国际金融秩序，这些法权架构又伴随着现实的国际商品、资本的流动过程而缓慢地调整着自己。国际价值观体系则为前述所有这些内容提供正当性辩护，同时作为外在的衡量标准，国际舆论依此对于现实状况加以评判。

放大一些历史纵深的话，我们可以看到，地理大发现以来的世界秩序，一直是由盎格鲁 - 撒克逊国家所主导的，它在缓慢变迁着，但是变迁中却总是可以看到类似前面所说的一种超越于主导国之上的普遍秩序特征。该特征一直持续到 20 世纪前半叶的英国主导阶段，以及嗣后的美国主导阶段。其间曾经有几次大陆国家对于这一秩序的反抗，包括拿破仑法国通过大陆封锁对抗英国、德国对抗英国、苏联对抗美国等，但其结果都是反抗者被主导者所主导的秩序所包围，而从未发生过主导者被包围的情况。

问题是，为什么拿破仑的大陆封锁与苏联的经互会体系都是一种自我封锁，而盎格鲁 - 撒克逊国家对于对抗者的封锁却能成为世界对它的封锁呢？仅仅用军力的强弱或得道、失道来解释，是远远不够的。这背后有着更深层的原因，那就是，海洋国家与陆地国家有着不同的国家建设历程及不同的法权叙事结构，它们带来了大不相同的政治空间观、财政汲取手段，以及国家与市场间的关系，从而在其内政、外交的贯通性上，以及其政治行为与世界市场的协调性上，都有着巨大的差异。

两种政治空间观在 1648 年建立起来的威斯特伐利亚体系中开始显现。

一种空间观是欧陆以主权国家为基本单位、多元并立的非连续政治空间。威斯特伐利亚体系第一次确立了国家主权平等的原则，主权国家成为国际法的主体。格劳秀斯（Hugo Grotius）在其指导着威斯特伐利亚诸条约的巨著《战争与和平法》中提出："为了使战争具备万国法所要求的形式，必须具备两个要件：第一，它必须是双方基于国家主权权力进行的；第二，它必须附带一定的形式。"[1]格劳秀斯力图通过对战争之正当性的论证，来克服中世纪以来的无序混乱状态，要为战争确立规则，从而为和平找到前提。在这个体系中，主权国家与战争是共生的，或者说是相互规定的，法权主体为主权国家，世界由多个对峙的实体构成，形成一种割裂的空间。各国的法律"是来自国内权力的。国内权力就是指国家的主权权力"。[2]个体的权利以主权权力为前提。这与此前欧陆思想家所构造出来的主权学说相匹配，是对于欧陆诸多主权实体这一现成事实的法权认可与规范。

另一种空间观是海洋上以个体自然权利为基本单位的连续性政治空间。在主权国家关系之外，格劳秀斯还提示了另外一个重要的面向，即主权并不是覆盖全球的。"根据自然，海洋似乎是抵制所有权的。"[3]因为不同于陆地，海洋无法被占有，而占有是主权存在的前提。海洋分隔开了大陆与大陆、国家与国家，格劳秀斯进一步提出，"我们称之为头等重要的法则或首要的原则，其精神不证自明且永恒不变，即每个民族均可与另一民族自由地交往，并可自由地与之从事贸易"。[4]那么，作为全球贸易所必需之通道的海洋，就不能

1　〔荷〕格劳秀斯：《战争与和平法》，何勤华等译，上海人民出版社，2005，第 83 页。
2　〔荷〕格劳秀斯：《战争与和平法》，第 38 页。
3　〔荷〕格劳秀斯：《论海洋自由或荷兰参与东印度贸易的权利》，马忠法译，上海人民出版社，2005，第 33 页。
4　〔荷〕格劳秀斯：《论海洋自由或荷兰参与东印度贸易的权利》，第 9 页。

服从主权国家的管理原则，而应依照自然法来进行管理。"自然法是正当理性的命令，它指示任何与合乎本性的理性相一致的行为就是道义上公正的行为，反之，就是道义上罪恶的行为。"[1] 各国主权权力所颁定的国内法律在此失效；人类在海洋上所拥有的是自然权利，这包括出于自然理性而非主权意志的自由权、财产权[2]等，这些权利的主体是无差别的人类个体。所以，海洋秩序与无差别的人类自由（权利）是天然结合的，海洋的自由本性同时也就意味着秩序的个体性基础。这是一种区别于陆地上的主权国家秩序的海洋自由秩序，其所构造出来的是一个连续的、无差别的均质空间，以全球为单位，国际法权依托于个体以及个体自由结合起来的诸种共同体而存在。

这样一种连续性的空间秩序与威斯特伐利亚体系以来割裂性的欧陆主权国家秩序并立。盎格鲁－撒克逊传统，通过普通法实践理性构造出来，国家在其叙事结构中表达为一种司法过程，而不是一个绝对意义上的实体。在其顶层蕴含着一种超越主权国家的普遍性取向，在其底层则是通过陪审团一案一议的方式，将权利落实到个体与个案上来理解，恰与追求连续空间与个体自由的海洋秩序相匹配。在美国国际政治学者鲁杰看来，海洋秩序是超越于单个国家之上的多边秩序最早的起源，[3]这种所谓的超越，会使规则超越其制定者，消解掉主权的硬度，使得在某种意义上去国家化的一种普遍秩序，亦即连续空间成为可能。

从这些差异中我们可以看到，欧陆传统的非连续性陆地空间观，其思考是国家－政治本位的，主权的意志决断是其基础，主权

1 〔荷〕格劳秀斯：《战争与和平法》，第32页。
2 格劳秀斯认为，"根据自然法，在财产权被引入之前，每个人都有权使用他所发现没有被占有的任何东西；在法律被制定之前，每个人都有权通过武力报复他所受到的人身伤害"（《战争与和平法》，第35页）。自然法之下人们可以有某种对于人与物的权力，但它与成文法意义上的那种财产权和自由权并不是一回事。
3 参见〔美〕约翰·鲁杰《多边主义》，苏长和等译，浙江人民出版社，2003，第16~17页。

者的垄断暴力为其提供支撑；盎格鲁 – 撒克逊传统的连续性海洋空间观，其思考则是个体 – 法律本位的，规则的一般实施过程是其基础，贸易的广泛扩展为其提供支撑。

对于任何国家来说，其政策最终都要通过某种财政方案获得落实，而财政方案又是基于该国具体的经济状况制定的。但一国的经济状况却不是这个国家自己的政策能够直接控制得了的，它基于这个国家内部的经济与世界经济之间的互动关系而运转。这就意味着，一个国家的内政，面对着一个非常硬的外部约束条件，就是世界市场；而世界市场又是超脱于任何国家的控制力之外的。世界市场本身就构成了一个最大的"自生秩序"，在其中活动着的既有国家，也有个体。各种各样的力量都在为自己所认定的利益而努力着，但是所有的活动都会在一个超越于所有人、所有国家之上的网络当中才得以展开。于是，其结果便无法事先预料与规划。因为对于特定的行为主体而言，其他主体的行为是在自己的规划能力之外的，而后者的行为恰好成为前者行为的外部约束条件。

相应地，这也就要求，对于世界秩序的主导国家来说，其诸种政策制定与战略规划，必须与世界市场的运转之间有着内在的契合关系，从而使得它们在内政层面的各种政策都与世界市场的变化近乎同步地波动，其外交政策也就能够依托于世界市场的波动而借力打力，四两拨千斤，形成前述的对于对抗者的包围。

对主导国来说，这样一种与世界市场的契合关系，一方面在政治空间观上需要前面谈到的那种合作式的、连续性的海洋空间观，而非对抗式的、断裂性的陆地空间观；另一方面，它也需要基于特定的法律技术而衍生的政策生成机制。

对盎格鲁 – 撒克逊国家来说，由于其政治思考规则是个体 – 法律本位的，因此其国家利益便不可以预先定义出来，而是其社会内部各种各样的微观力量、利益、矛盾等彼此冲突博弈磨合出来的，每一次的磨合结果都被识别为当下的国家利益。磨合过程需要

一个共通的规则平台，就是普通法法律平台；同时其最高层面的
博弈，体现在国会的辩论当中。各种利益集团都可以去雇用院外游
说公司去替自己游说国会议员，使自己的利益在议会当中得到表
达。[1]游说公司可以受雇于任何人。而作为主导国，其经济利益遍
及全世界，世界市场上的各种声音都可以通过游说的方式在主导国
的政策制定过程当中发声，使政策的生成反映世界市场的变化；同
时，外国政府也可以雇用游说公司来做游说，这种游说也要参与到
其他各种力量的辩论、博弈过程当中。这就使得主导国——在今天
就是美国——的政策生成过程，已经内在地包含着其他国家的政策
在内。这些政治过程便几乎是对世界秩序的一种模拟，美国的内
政、外交因此便打通起来，并且对于世界市场的变化有着最敏感的
反应。这就是为什么美国会作为世界秩序的主导国存在的最根本的
原因。

当然，这种主导国的政策生成机制，相对于其他国家而言，经
常是走后手棋——不是它刻意要走后手，而是其政策生成过程中独特
的"刺激－反应"机制，使得其政策的变化很多时候是以其他国家
的政策变化为前提的，从而使其在面对突如其来的挑战时，往往显得
应对很缓慢、笨拙。但只要给其一段足够长的时间，则其应对又一定
是恰如其分的，在比拼耐力的过程中落实自身的主导地位。[2]

1　参见〔美〕奥恩斯坦、埃尔德《利益集团、院外活动和政策制订》，潘同文、陈永易、吴艾美
　　译，世界知识出版社，1981。
2　比如人们曾经批评张伯伦的绥靖政策对二战的爆发负有不可推卸的责任，但是如果我们把情
　　境还原到局中人的位置，则张伯伦的政策实际上正反映了各种微观博弈的均衡结果，也反映
　　着当时英国人的普遍心态。在德国还没有真的燃起战火的时候，英国的政策生成机制不会做
　　出超出刺激力度之外的反应，于是看起来英国对于德国的应对便是极为笨拙而又迟缓的。但
　　我们更应看到，一旦德国真的发动了战争，刺激力度陡然提升，则英国也能迅速地选择出丘
　　吉尔来形成新的应对政策；一俟德国失败，则丘吉尔又被选下了台，反应仍然是与刺激相匹
　　配的。在人们感叹英美总能在正确的时间把正确的人放到正确的位置上的时候，也必须看到，
　　丘吉尔与张伯伦，不过是同一体制面对不同世界环境时的两种不同呈现而已。颂扬丘吉尔的
　　伟大抑或贬斥张伯伦的糊涂，都不是对于英国体制的恰当理解；赞美其应对的得当，便必须
　　接受其应对的缓滞。

二　断层国家的困境与海洋国家的不足

从其政治－法权逻辑上来说，美国主导的世界秩序是具有普遍取向的。但在迄今为止的现实世界当中，它却无法普遍地覆盖所有人。

美国战略学家托马斯·巴尼特在 21 世纪前十年里相继出版了两本姊妹著作《五角大楼的新地图：21 世纪的战争与和平》[1]和《大视野大战略：缩小断层带的新思维》[2]，在书中他提出了理解世界秩序的一种新视角。巴尼特将世界分为两类国家，一类是充分参与到全球化进程当中的"核心国家"，包括西欧、北美、日本等"老核心国家"，以及"金砖四国"、东欧国家等"新核心国家"，这些国家的内部规则与正在出现的全球性的民主规则、法治以及自由市场接轨，从而可以保证产品、资本、信息、人口等的有序流动。另一类国家则是由未能参与全球化进程的"断层国家"构成，它们集中在中东、中亚、东南亚、非洲、中美洲以及安第斯山脉，在那里，几乎一切都与核心国家相反。一个国家究竟属于核心抑或断层，与意识形态和政体无关，只与其对全球化的参与程度有关。

基于这种思路，巴尼特绘制出以下"五角大楼的新地图"。

通过自己对于世界的新划分，巴尼特建立了在根本上区别于冷战原则的新战略。他认为：未来世界真正的威胁在于断层国家中隐匿的极端势力与恐怖组织，它们想要使得断层国家永远隔绝于全球化的世界，方法就是通过各种恐怖活动来打击核心国家，以及威吓断层国家的居民。那么，美国的战略就应当是努力帮助断层国家融入全球化进程中，其方法就是要帮助断层国家建立有效率的政府，

1 〔美〕托马斯·巴尼特：《五角大楼的新地图：21 世纪的战争与和平》，王长斌、汤学武、谢静珍译，东方出版社，2007。
2 〔美〕托马斯·巴尼特：《大视野大战略：缩小断层带的新思维》，孙学峰、徐进等译，世界知识出版社，2009。

形成明确的、与全球秩序接轨的内部规则，吸引资本的流入，实现断层国家与全球化地区在政治、经济、安全秩序等方面的全面融合，从而掏空极端势力的生存土壤。最终"要把'我们人民'变成'我们这个星球'"。[1]"我们这个星球"这个说法，便是对普遍秩序的一个绝佳隐喻。

对照这个"新地图"可以发现，"一带一路"倡议所覆盖的地区，基本上都是断层国家，尤其是"一带"，覆盖了差不多整个中亚地区，这是亚欧大陆的最深处，世界上离海洋最远的陆地。而这块地方，正是美国推动的普遍秩序最难以有效落实的地方，或者更准确地说，亚欧大陆深处的秩序建构，超出了美国这个海洋国家的能力范围。事实上巴尼特也明确承认，建设"我们这个星球"这一工作不是仅凭美国一国便能够完成的。

要清楚地讨论这个问题，还得再回到对于政治空间的讨论。前面谈到过的非连续性的陆地空间观与连续性的海洋空间观，会进一步导致两种不同的财富积累与财政汲取手段。[2]

对陆地国家而言，陆军和中央政府的财政能力是其生存的关键。陆军因自卫或征服而生，以对土地的有效占领为制胜原则。在历史上，绝对主义国家的中央财政则是以对土地和农民的强制，以及对城市特权的售卖来汲取财政资源的。农业生产天然地分散经营，这就必须有大量的官员来完成税赋征收，从而强化了其中央集权机构，这为后来的民族主义政治提供了制度基础。后来的陆地强国，是以制造业为主导，而不像海洋国家一样同时也主导着国际金融秩序。制造业是以能够带来规模效应的区域性集聚为前提的，基于非连续性政治空间观的民族主义政治不会太过影响制造业的效率。金融资本则天然地以全球为单位，倘若是民族主义政治，则无

---

1 〔美〕托马斯·巴尼特：《五角大楼的新地图：21世纪的战争与和平》，第30页。
2 下面对于陆地国家与海洋国家之差异的叙述，是一种纯粹想型的叙述，真实的历史过程要比这复杂得多，这里不过是为了指出一些关键的原则性差异而做的极简化处理。

法有效地主导金融秩序。对民族主义的陆地国家来说，陆军的行动是纯消耗的，经济过程与军事手段并不足以互为促进，需要中央集权机构高效地完成财政汲取来支撑军事行动。这就带来一个后果：陆地国家的财政半径以中央集权机构的效能半径为前提，其军力控制半径不可能大大超过财政半径，因此陆地国家所能有效调动的资源、其政治意志的有效范围一定是有限的，无法扩及全球。

对海洋国家而言，海军和海外贸易是其生存的关键。海外贸易所需即海上航线的畅通，此亦海军的制胜原则，于是海洋国家的经济过程与军事手段互为表里。[1] 海外贸易就是商业和金融资本的全球流动，它们是天然地具有普遍性取向的，不依托于任何特定的国家和土地，与农业和制造业大不相同。盎格鲁－撒克逊传统之海洋国家的普遍特性，与这些经济、军事特性在原则上是同构的，可以相互促进。海军也需要很大的财政支撑，在近代早期的历史上，大规模的远洋贸易是海洋国家的重要税基，特许公司经营权的售卖是早期海洋国家的另一个重要财政来源，东印度公司之类的特许公司与远洋贸易又是互为促进的。这两种税赋易于征收，无须强大的中央集权机构便可实现，[2] 因而在其开端处便不会像陆地国家那样生成民族主义所必需的制度基础。远洋贸易及获得特许公司许可往往是由私人性质的企业或团体来完成的，它们在大海上顺应格劳秀斯

1　斯密便曾经说过，"通过扩展殖民地渔业来增加我国航运业和海军的力量，似乎是我国议会经常怀抱着的一个目的"。参见〔英〕亚当·斯密《国民财富的性质和原因的研究》下卷，郭大力、王亚南译，商务印书馆，1972，第 149 页。

2　"我们也许可以想象一个从帝国俄罗斯到荷兰共和国的连续体，从俄罗斯成长出臃肿的国家机构来从庞大的但没有商业化的经济中谋取武装人员和军事资源，而荷兰共和国在很大程度上依赖海军，拥有在由城市为主的省份临时批准基础上的自己的武装力量，容易从海关和国产税上收取税款，而且从来不需创立庞大的中央官僚机构。在这两者之间，我们可以放入像法国和普鲁士的例子，在那里，国王们有权利用农业和商业资本主义，但是为了获得对其军事活动的支持，不得不和强大的地主们讨价还价。从长远来看，军事对人力、资金和供应的需求增长如此之大，以致统治者们也要和大多数人口讨价还价。"参见〔美〕查尔斯·蒂利《强制、资本和欧洲国家（公元 990~1992 年）》，魏洪钟译，上海人民出版社，2007，第 105 页。

所提出的海洋自由主张，是自然权利之运用的现实体现。这一切都带来一个后果，就是海洋国家的财政半径不以中央集权机构的效能半径为前提，而以国民自由活动的范围为前提。国民的商业和金融资本，其基本原则是要以全球为单位的，于是海洋国家的军力半径原则上来说便是以全球为单位，其财政原则可以支持这样一种军力半径。

由于前述的海洋国家之政治叙事传统——法律高于政治，故从原则上来说，这样一种全球军力覆盖并不以本国的政治意志之强力推行为目的，而以一种普遍规则的维系为目的。这种普遍规则直接表现为全球的自由贸易规则，19 世纪的大英帝国就是这种自由贸易规则的推动者与执行者，[1]到了20世纪，则是由继承了英国地位的美国来推动这一秩序。

但重要的是，我们在前面谈到的海洋国家主导的普遍规则的全球性特征，都是"原则上"的。在现实当中，该普遍规则的覆盖范围，必定与海洋国家的贸易、金融活动的覆盖范围直接相关。海洋国家建立秩序的努力也难以超出此范围太多，否则会超出其财政能力，违背其自身的生存原则。

也就是说，海洋国家意图主导的是一个普遍秩序，但是由于海洋国家特定的财政约束，该秩序无法以它为主导而深入亚欧大陆的腹地深处，从而在事实上又成为非普遍的。从 19 世纪后期的英俄中亚"大博弈"，可看出这一点。主导世界的英国将阿富汗变为自己事实上的保护国，但它自己的力量却局限在欧亚大陆的沿海地区，中亚秩序就留给沙俄和清朝来处理了。冷战时期的中亚是由苏联来掌控秩序的，但苏联的陆地空间观，使得它无法有效应对世界市场，而只能通过经互会的模式来拒绝世界市场，这种经济方案反过

---

1 参见 R. Robinson and J. Gallagher, "The imperialism of Free Trade, 1814–1915," *Economic History Review*, 1953。

来强化了其陆地空间观。对世界市场的拒绝会带来严重的伦理与财政压力，无法长时间持续，苏联最终解体。但针对苏联解体后的中亚地区，美国也并未实质性地进入其中来主导秩序，除了它要顾虑俄罗斯以及中国的反应之外，更根本原因还在于，深入中亚在根本上违背其财政逻辑。美国对于阿富汗的战争只是个特例，但财政逻辑的约束决定了它不会在此地持久存在，最近美国筹划的从阿富汗撤军便已说明了问题。

于是，后冷战时代的中亚便陷入断层状态，这有多重原因：第一，由于地缘上的特征，中亚难以凭借自己之力有效地融入世界秩序，而必得倚仗外力，但是外力或因其生存原则（如美国）、或因其自身的经济特征（如俄国）而无力提供融入的路径，又或因其战略模糊而未曾意识到此种需要（如中国）；第二，中亚的绿洲地理，使其在经济上具有比较优势的是能源产业，但是能源产业获得的巨额财富，倘不能通过一种有效的分配机制转化为一般国民的福利分享，则会带来巨大的贫富分化，从而引发社会问题，这正是中亚所面临的现实；第三，这些社会问题在激进主义教派的解释下，会被转化为一种对既存世界秩序的敌视，从而构成极端主义、恐怖主义活动的温床，这会令中亚越发困于断层状态之中。实际上，这种演化在苏联统治的后期便已开始出现，如今越发具有更大的动能。[1]

而世界秩序的稳定是不能脱离开中亚秩序来考虑的。一方面，任何人都应该享有有尊严、有保障的生活，这正是我们一直在讨论的普遍秩序所承诺的，倘若它始终不能覆盖中亚，则将彻底堕入虚伪当中，限于自我否定的逻辑。另一方面，恐怖主义的活动也不会自我局限在特定的地方，而是以全球为单位的，倘若中亚秩序不能安定，则外部世界的秩序也必定无法真正地获得安定，本·拉登最

---

[1] 在国内几个期刊网上检索"中亚""极端主义"几个关键词，可以见到大量关于这方面的研究，这提供了相当多的实证思考。但是既有的研究多还是就中亚来论中亚，未能将视野展开到一个更大的背景之下，这是其不足之处。

终落脚于中亚便是一个例证。而美国擒杀本·拉登，对打击恐怖主义而言只不过是个治标不治本的办法，并且由于其在中亚的撤退，很可能会带来混乱，这更坐实了前面所说的外部世界对其所主导的秩序的虚伪性的指责。

　　所以，中亚正是亟待重建的大陆秩序的轴心地区，它是世界秩序这个木桶上的短板。而任何安顿中亚秩序的努力，倘不依托于世界市场，则该努力在财政上便是不可持续的。海洋国家主导着世界市场，却无法主导中亚秩序的建设，民族主义的大陆国家则无法真正通过世界市场形成一整套可行的方案。有可能担负起此种历史责任的，只能是大陆国家，但又必须是一个超越了民族主义的大陆国家。我们在政治哲学的意义上可以说，这是个海洋化了的大陆国家，它深刻地融入世界市场，并积极地作为世界市场之自生秩序演化当中的能动性要素来活动。只有这样，中亚秩序的建设才有可能获得一个可欲又可行的路径。[1]

　　"一带一路"倡议，就其在大陆方向上的努力而言，在此种视野下，才能真正揭示出其历史意义。

三　"一带一路"倡议与世界秩序

　　前面述及的需要海洋化的大陆国家，就是中国。所谓海洋化，是指中国需要更加深刻地融入世界市场，基于此而定位自己的内政 – 外交战略；同时，在对世界市场的深入参与中，获得各种战略的财政基础，使战略本身成为可行。

　　这个过程，实际上在 19 世纪后期我们就已经可以看到。19 世纪后期的回民起义之际，阿古柏也进入了新疆，这个时候差不多整

1　于此可见，所谓陆地国家抑或海洋国家，并不单纯是指其地缘状况，同时更是指其国家的世界秩序观。所以，即便是岛国，也可能是个陆地国家，比如二战前的日本；即便位于大陆，也可能是个海洋国家，比如 16、17 世纪的荷兰。

个西北都已经脱离了清朝的管制，喀尔喀蒙古一时也岌岌可危。60
年代中期，左宗棠开始谋划平定西北，而清朝国库空虚，军费不
足。在历史上，每当逢此大乱，朝廷拿不出军费，西域也就脱离而
去，汉唐故事皆是如此。但是在晚清，东南方面海上贸易力量的到
来提供了另一种可能性。朝廷批准左宗棠在 1867 年向通商口岸的
各大洋行贷款以充军费，以关税作为抵押，筹得款项安定了陕甘局
势。1877 年，左宗棠再次向汇丰银行贷款，仍以海关关税为抵押，
汇丰银行则向社会发行债券以筹措向左宗棠提供的贷款，依凭这笔
贷款，左宗棠击溃了阿古柏政权，安定了新疆的局势。[1] 想象一下，
倘若没有这样一种基于东南海疆贸易的融资手段的出现，则西北必
将不保；没有一个有效率的海关的存在，融资的成本必将大幅上
升，恐怕西北也将不保；而海关却是在英国人赫德的掌管之下才能
高效率运转的。

这一系列条件，都提示着我们，在海洋时代，作为传统的大陆
国家的中国，必须通过海洋秩序汲取力量才能够稳定中亚。传统的
大陆秩序与海洋秩序需要以一个开始向海洋转型的大陆国家作为中
介，由此中亚才能得以安顿，整体的世界秩序才能得以完成。今天
的中国与百年前不可同日而语，但当时的历史所揭示出的世界秩序
之构成性特征，还是值得今人思考的。

巴尼特对于断层地区也做出过类似的思考。他提出，后冷战时
代美国的敌人不再是有形的国家，而是散落于无形的极端势力与恐
怖组织，它们通过"第四代战争"来打击核心国家的力量。因此，
未来的军力安排应分为两个部分：一部分用来打垮支持极端势力的
"无赖国家"；另一部分则是在铁血战争结束后，用来帮助建设新
国家、引领其步入全球化的和平力量。后一部分力量的基础仍是军

1　参见〔美〕费正清、刘广京编《剑桥中国晚清史（1800~1911 年）》下卷，中国社会科学院历
　　史研究所编译室译，中国社会科学出版社，1993，第 264~285 页。

力，但它实际上更多地类似于一种警察力量。于是，包括金砖五国在内的"新核心国家"的重要性就显示出来了。巴尼特说，美国有足够的力量去打赢战争，却没有足够的力量来建设和平。"我们必须明白断层带内地理状况决定着国家的命运。"[1] 新老核心国家应该携手合作，由美国提供铁血部队打败"无赖国家"，由新核心国家来提供宪警部队，支持对其的改造。"老核心国家推动了新核心国家的起航，未来很有可能是新核心国家推动断层国家的起航。"[2]

中国之所以成为巴尼特意义上的"新核心国家"，正是由于中国于改革开放之后加入了美国所主导的世界秩序。这标志着作为大陆国家的中国再度转向海洋视角，中国因此而实现了迅猛的经济崛起。此过程带来国际大宗商品价格的上涨，中国以这种方式拉动了以非洲为代表的断层国家在 21 世纪的经济增长。但是这个过程也伴随着断层国家新问题的出现，尤其引人注目的是近年来极端主义势力的发展。

极端主义无法为现实问题提供任何可行的解决方案，但是它的出现却揭示了一个事实，即一种在当下框架内无法获得有效化解的普遍怨恨的存在。为什么一种普遍性的世界秩序，却会在断层国家诱发无法化解的普遍怨恨呢？原因在于，美国所主导的普遍秩序，是以形式正义作为其基本追求的，因为只有形式正义才能让各种不同的信仰共同体找到共存的基础。但是由于美国独家垄断了这一形式正义秩序的执行权——既包括它在安全层面上的各种单边行为，也包括其在经济层面上的垄断性行为如国际货币基金组织的否决权等，这种垄断地位使得它能够掺杂一些自利的行为，从而导致形式正义之下蕴含着一系列的实质不正义。这是当下的一种制度性矛盾，是诱发普遍怨恨的原因之一。那么，如何克服这种实质不正

---

1 〔美〕托马斯·巴尼特：《大视野大战略：缩小断层带的新思维》，第 198 页。
2 〔美〕托马斯·巴尼特：《大视野大战略：缩小断层带的新思维》，第 189 页。

义，使得形式正义真正地成为形式正义，或者说，让形式正义与实质正义最终形成一种合题呢？

　　这需要通过国际政治中的均势才有可能实现。问题是，这是在何种意义上的均势呢？19 世纪的欧洲列强之间曾经有过一种均势结构，英、法、德、俄等国通过不停地变换结盟关系来寻找势力均衡。对它们来说，寻找到均势结构就是其终极目的，没有什么超越于均势之外的秩序可以追求。但在 20 世纪中期，尤其在冷战以后，我们又看到了另一种均势的可能性，那就是，在执行机制层面形成一种均势。此时的均势只是工具性的，这是与 19 世纪均势的根本区别。但新的均势也必须以实力的对冲为基础，这又是与 19 世纪相同的地方。尽管美国在当下垄断着对于普遍秩序的执行权，但是我们已经看到，一方面，由于其生存逻辑，美国的执行权在有些地方力有不逮；另一方面，更重要的是，对执行权的垄断便无法避免美国的自利行为，这反过来会使得其所推动的普遍秩序的公共性受到伤害。倘若在执行机制的层面上形成了势力均衡，令任何单个国家的自利行为能够在此结构中受到有效的约束，便有可能使得所有这些大国的自利行为最终达成类似于亚当·斯密所讲的每个国家在追求自身利益最大化的过程中增进了国际社会的福利。

　　在这个背景之下我们再来看近期在国际政治上引人注目的一些事情：无论是中国所推动的"一带一路"倡议、金砖银行、亚投行等，还是美国的各种活动，如推动 TPP、重返亚太等，再比如日本或俄罗斯的活动，所有这些活动都是各国基于自己的国家利益而推动的，同时所有这些活动也都是在作为"自生秩序"的世界市场以及国际政治互动当中展开的。自生秩序的一个根本特征就是如哈耶克所说的，是人的行为而非人的设计的结果。

　　那么我们就可以说，任何一个国家的战略之最终结果，都不会按照它最初的设想展开，因为它始终要面对其他国家所形成的外部约束条件。在各种约束彼此互相冲突博弈的过程当中，我们会看到达成某种新的势力均衡的过程逐渐展开。如果从一个短时段来看，均衡的过程可能会呈现为各国之间的关系不友好或过度友好，而如果从一个更长的历史时段来看的话，所有这些看上去不友好或者过分友好的行为，都只不过是要达成执行机制层面的均势所必需的历史过程而已。

巴尼特也意识到美国的单边主义行动所存在的问题，所以他提出，在前述的新老核心国家合作的过程当中，要积极地把制定规则的程序向新核心国家开放。全球化进程就像一列火车，"旧核心国家要引导，断层国家要跟随，但是必须由新核心国家掌握节奏，使得整列火车保持完整"。[1]

在这样一个背景下再来看"一带一路"倡议，其实际的展开过程，因国际政治的博弈与互动，也许会与人们起初的设想有很大的差别。但其更重要的意义在于，在此过程当中，中国的活动逐渐推动着世界秩序的普遍化，克服现有国际秩序形式正义之下掩盖着某种实质不正义的缺陷，从而最终真正实现超越单个国家利益之上的普遍秩序，增进国际社会的普遍福利。

这就是"一带一路"倡议的历史哲学意义。

原载《俄罗斯研究》2015 年第 3 期

---

1 〔美〕托马斯·巴尼特:《大视野大战略:缩小断层带的新思维》，第 164 页。

丝绸之路、地方知识与区域秩序
——"丝绸之路"的概念、话语及其超越

袁　剑[*]

一　问题的提出：欧亚互动的旧世与新时

回望过去的人类文明史，世界四大古老文明都诞生在欧亚大陆，到大航海时代为止，欧亚大陆始终是世界历史的中心。在这片土地上，既成就着赫赫君王的帝国霸业与征服雄心，也演绎着芸芸众生的日常生计与爱恨情愁。地理大发现之后，随着海洋力量的崛起，始终占据历史主导的欧亚陆上力量逐渐受到压制，并在之后的殖民帝国时代被排挤到世界舞台的边缘位置，以海洋、西方和外围为核心与主轴的世界体系逐渐形成。这种体系影响深远，

* 袁剑，中央民族大学民族学与社会学学院副教授，(教育部基地)中国少数民族研究中心边疆民族研究所所长。

它不仅形塑了大国力量格局，更深入我们的生活实践中，并使"丝绸之路"在长时期内成为一个极富历史感而基本上不具有未来感的词汇，它所代表的是欧亚大陆曾经的荣光。

政治地理学的视野提醒我们，不管时代如何改变，欧亚大陆将始终是一个无法绕开的角色。且不论本身就强调欧亚大陆中心地位以及陆权的英国学者麦金德等人的看法，即便是强调海权的美国学者马汉也同样敏锐地意识到亚洲东西划分与南北运动之间存在的交织关联，他在著名的《亚洲问题及其对国际政治的影响》一书中指出，亚洲在地域上分为东部和西部，而其内在的运动则是南北向的，而就相关争夺的程度和地域稳定性而言，则往往会有持续性的调整，直到新的稳定状态达成为止。在他看来，如果我们画一条南北分界线，撇开西部来思考亚洲东部的情况，实际上只会在具体实践中割裂一方与另一方的重要关联，而实际上，两者之间形成了一个巨大问题的有机组成部分，两者都使纷繁复杂问题中的因素得以增加。故而，必须思考一方与另一方以及双方与整体之间的关系。[1]可以说，正是通过"中亚"这一节点，欧亚大陆东西方、南北方之间彼此互动，形成了一张具有文化与政治张力的联系网络。而与此同时，在中国广阔的内部空间下，借助着边疆这一重要的中介性区域，外域与中原的文明与文化交流联系互动，这成为认识和理解中国历史演进以及欧亚文明交往的重要视角。

正是在这张整体性的联系网络中，由于相关文献记载中对某些重要交流通道有意无意的重复与强调，逐渐在当时及后来民众的知识空间中形成了对于欧亚之间互动所形成的历时性通道的概括与认知，在这之中，"丝绸之路"在某种程度上就成为其中的一大标志。"丝路所经之地，许多国家和帝国之间不知发生过多少腥风血雨的

---

1 〔美〕阿尔弗雷德·塞尔·马汉:《亚洲问题及其对国际政治的影响》，范祥涛译，上海三联书店，2007，第14~15页。

战争，但是，和平往来却并未因此而中断，因为大家都懂得，这条世界贸易中最伟大、最丰富多彩的大动脉是最有利可图的，是极端重要的。"[1]随着"一带一路"倡议的提出，"丝绸之路"在继续保持历史感的同时，正在展现出全新的未来感，而这种未来感不仅直接提升欧亚大陆在整个世界体系中的地位，而且还将在更深的层面形塑所经地区的地方知识与区域秩序。

二　作为事件、传统与名称的"丝绸之路"

"丝绸之路"并不是一个固化而生硬的词，它是在历史中逐渐生成和展开的。如果从知识建构的角度分析，"丝绸之路"本身就是一个欧亚东西方交流的多种意义的集合，存在着从事件、传统到概括名称这样几个递进的层次，而在各个层次当中，又形成了各自的意义空间与指向。这些多级的意义空间与指向，从不同层面上塑造了我们头脑中的"丝绸之路"观，并以之与历史、当下和未来形成关联。而在这当中，我们也将面临一个对既有范式的回应与反思的问题。

（一）作为事件的"丝绸之路"

从中国历史的角度来看，两汉时期是中原王朝对于边疆和域外知识需求迅速拓展的时期，正是在这个时期，西域知识与文化在某种程度上成为汉朝实现国家整体利益以及对外战略的紧迫需求。从西汉建元三年（前138）起一直到元鼎二年（前115），受汉武帝"断匈奴右臂"之命，张骞在西域活动了二十余年，通过不懈努力，"其后岁余，骞所遣通大夏之属者皆颇与其人俱来，于是西北国始通于汉矣"，[2]进而完全打开了汉朝通往西域的道路。这不仅有助于汉

---

1 〔瑞典〕斯文·赫定：《丝绸之路》，江红、李佩娟译，新疆人民出版社，2010，第230页。
2 《史记》卷123《大宛列传》。

朝在西域地缘政治力量的展开，而且还有力地拓展了当时中原对于西域的知识视野。[1] "孝武之世，图制匈奴，患者兼从西国，结党南羌，乃表河西，列四郡，开玉门，通四域，以断匈奴右臂，隔绝南羌、月氏。单于失援，由是远遁，而幕南无王庭。"[2] 到隋唐时期，东西方之间的交流更为密切。在蒙元时代，随着蒙古人在欧亚的大力征伐与蒙古世界帝国的形成，欧亚中心大片地域统一在蒙古政治军事力量之下，"圣朝既平宋，经画遐迩，大都小邑，枝疏脉贯，际天所覆，犹身焉。政令之宣布，商旅之通迁，水浮陆驰，舟格梁济，荒陬僻壤，无远不达"，[3] 在此基础上，欧亚东西方的商贸交流进一步扩大，所交流的商品已经不再局限于丝绸，而是拓展到更为广泛多样的商品门类，如瓷器、漆器、香料、宝石等。

（二）作为传统的"丝绸之路"

当然，欧亚大陆东西方之间的整个贸易商道往往并不是由一批商人全程走完的，而是分段、分批进行，在各个阶段由当地不同的族群主导。以汉代为例，"一般来说，我们可以把沿途交易设想为三段进行：在最东方的是中国人，他们一直到达蒲昌海（罗布泊），也可能只到达敦煌；在最西部的是希腊人、叙利亚人和犹太人，他们从罗马帝国到叙利亚；从叙利亚到贵霜帝国，甚至一直到达帕米尔一段，则是波斯人；从波斯—印度边境穿过整个西域，一直到达甘肃边境的是贵霜人，在特定情况下，贵霜人可能是指粟特人"。[4] 总体而言，在不同的时期，欧亚大陆东西方之间的文化与经济交往以沿线各族群"接力"的方式一直在进行着，并且逐渐成为维系东

1　中国科学院自然科学史研究所地学史组主编《中国古代地理学史》，科学出版社，1984，第360~361 页。

2　《汉书》卷 96《西域传》。

3　许有壬：《圭塘小稿》，台湾商务印书馆，1983，第 625 页。

4　〔法〕布尔努瓦：《丝绸之路》，耿昇译，山东画报出版社，2001，第 79 页。

西方互动的一种历史传统。

随着航海大发现以及西方殖民时代的到来，丝绸之路尤其是陆上丝绸之路已经失去了当初的作用，其作为东西方交流通道的传统也逐渐成为历史。"侵略成性的欧洲不断派遣他们的舰队和海军陆战队，侵犯从孟加拉湾一直到日本的东方国家的海岸，而派向西域的仅仅是一些空想家、诗人和文人等等。丝绸之路——它已不复存在——此时进入了传奇故事的时代。这些传说又会把一些云游四方的骑士吸引到那里去，以寻求新的冒险，而一些寻找新鲜趣闻的人，如考古学家、记者和旅行家，也会涌向那里。"[1]一批批的西方探险家取代了曾经繁盛的骆驼商队，传奇与探险逐渐成为书写欧亚互动尤其是西域故事的新途径。

（三）作为名称的"丝绸之路"

恰恰就是在传统的"丝绸之路"走向没落之时，作为名称的"丝绸之路"开始凸显，并反过来成为概括和书写之前欧亚东西方之间交流史的最重要标志。

1877年，德国地质学家李希霍芬（Ferdinand von Richthofen）在其著作《中国》中首次使用了"丝绸之路"（Seiden strassen）的名字，并为其下了这样的定义："指从公元前114年至公元127年之间，连接中国与河中地区以及中国与印度的，以丝绸贸易为媒介的西域地区交通线路。"[2]他将丝绸之路的起始时间定在西汉张骞出使西域之后，正是因为张骞的活动开辟了汉朝通往西域的通道，并进一步与外部世界有了关联。在这之后，德国学者赫尔曼（Albert Hermann）在其《中国与叙利亚之间的古代丝绸之路》一书中，进一步阐释了"丝绸之路"的内涵，他写道："我们应把该名称的含义进一步拓

1　〔法〕布尔努瓦：《丝绸之路》，第255页。

2　Ferdinand von Richthofen, *China, Ergebnisse eigener Reisen und darauf gegründeter Studien: Bd.1*, Berlin: D.Reimer, 1877, p.454.

展到通往遥远西方的叙利亚。总之，在与东方的大帝国进行贸易期间，叙利亚始终没有与它发生过直接的关系。但是……尽管叙利亚不是中国生丝的最大市场，但也是较大的市场之一。而叙利亚主要就是依靠通过内陆亚洲及伊朗的这条道路而获得生丝的。"[1] 这一名称之后为欧美学界所广泛使用。[2] 日本则从昭和十九年（1944）开始使用"丝绸之路"这一名称。这些事件本身在后来的意义被进一步认知，从而逐渐形成历史上的"丝绸之路"传统，进而在事件与传统的基础上提出概括性的称谓。

在某种程度上，作为名称的"丝绸之路"将之前的中西交流史重新加以标记，成为西方对于从中国出发到达欧亚大陆西段的商贸事实、传统以及具体内容的一种指称。而值得注意的是，由于缺少其他文明维度的观察视角，这种指称又反过来将曾经多样和丰富的欧亚东西方之间的互动与交流纳入一种西方式的观察视野当中，并在事件、传统和名称等三个维度上形成了欧洲关于"丝绸之路"的基本话语。

三　"丝绸之路"的主体性反思

值得注意的是，尽管李希霍芬早在 19 世纪下半叶就提出"丝绸之路"这一名称，之后逐渐被西方学术界所采纳并沿用，但中国学界本身却并没有直接沿用这一概念。不但传统的中国古籍中没有这个称谓，而且直到 20 世纪 30 年代，在当时中国学者的一些重要中西交通史作品，如张星烺编注的《中西交通史料汇编》、向达所

1　Albert Herman, *Die alten Seidenstrassen zwischen China und Syrien*, Berlin: Weidmannsche Buchhand-lung, 1910, p.10.

2　例如在法国学者格鲁塞 1939 年出版的《草原帝国》（*L'Empire des Steppes*）一书中就有一节题为"丝绸之路"。瑞典学者斯文·赫定就有一本以"丝绸之路"为名的书。

著的《中西交通史》当中，也没有使用这个词。[1] 直到 20 世纪 60 年代尤其是 80 年代之后，国内媒体与学术界才逐渐接受并使用这个名称。中国学术界最早使用"丝绸之路"这一术语的可能是夏鼐先生，他于 1958 年在《考古学报》第 1 期上发表《青海西宁出土的波斯萨珊朝银币》一文，其中就使用了"丝绸之路"一词；此外，他于 1963 年发表在《考古学报》第 1 期上的文章《新疆新发现的古代丝织品——绮、锦和刺绣》更是多次使用了这个词。孙培良先生在 20 世纪 70 年代末指出："'丝绸之路'一词，通常是指汉唐间我国丝绸经中亚、伊朗西运至地中海东岸各地的那条陆路交通线而言。这条陆路交通线在中途歧出若干支路，分而复合，合而复分，并不是仅仅一条路。再者，还有一条陆路交通线是沿天山山脉北麓西去，经中亚沙漠地带和东南俄草原至黑海，那也是一条丝绸之路。作为丝绸之路，在特殊情况下，它起着代替前者的作用。在较晚的时期，这一条路上甚至商旅络绎不绝，十分兴旺。"[2] 到 80 年代初，有学者进而认为丝绸之路早在张骞出使西域之前就已经出现了，[3] 并开始出现了海上"丝绸之路"的提法。[4] 进入 20 世纪 90 年代，随着对外经济和学术交流的进一步深入，这一名称的使用也更为普遍与频繁。可以说，"丝绸之路"这一指代符号进入中国学术与社会语境的过程并不是一蹴而就的，而是经历了一段较长的时间。

从西方学者提出"丝绸之路"概念到中国学界接受并使用这个名称之间的这段时间，不能看作信息滞后性的后果，而应该看作西方对作为事件、传统和名称的"丝绸之路"及其相关知识的分类与定义被处于丝绸之路历史与现实地域的中国所采纳的过程。也就

1　贾应逸：《丝绸之路初探》，《新疆大学学报》（哲学社会科学版）1980 年第 4 期。

2　孙培良：《丝绸之路概述》，《陕西师范大学学报》（哲学社会科学版）1978 年第 3 期。

3　卢苇：《丝绸之路的出现和开通》，《史学月刊》1981 年第 4 期。

4　陈炎：《略论海上"丝绸之路"》，《历史研究》1982 年第 3 期。

是说，在这一过程中，中国本身接受了西方对于"丝绸之路"及其所附属的历史脉络的叙述。但是，这种接受并不是没有问题的。约翰·戴维斯在反思欧洲话语对于非欧洲地区历史事件与过程的标记与概括时提醒我们："制作知识的方式必然会影响到知识的本身——其形式与内容——而如果知识又会影响到人们的决定，那么在我们企图解释某个社会群体是如何演变成它们今日的面貌时，我们势必得去了解这群人是以什么样的方式认识过去……在欧洲这个情境脉络中所产生出来的那种对于过去的看法，大致是由一组欧洲式的概念和想法所主宰。一般来说，我们指望我们的历史学家所推出的历史，总是要以因果关系做纪年排列，而且其中有一个逐渐发展的故事，而这似乎是一条直线时间（linear time）的观念。这些主要的因素——因与果、纪年次序、直线时间、一个故事——不一定以同样的混合形式出现在所有的历史思维中。"[1] 如果我们考察"丝绸之路"概念及相关叙述的接受过程就会注意到，从 20 世纪 60 年代开始，国内在对"丝绸之路"话语的运用中，一方面在某种程度上忽视了中国本身在欧亚大陆东西方交流过程中主体作用的展现以及主体视角的凸显；另一方面，在使用"丝绸之路"这一名词的过程中往往不自觉地将之用作整个欧亚东西方交流的代名词，并将其历史范围和地域范围进一步往外拓展，从而成为涵盖整个历史时期和欧亚地域范围的概念，将这个原本具有一定时空边界的概念泛化了。应该清楚的是，"丝绸之路"这一概念本身就是在西方认识论视野下形成的对于欧亚东西方交流的一种认识，而这种认识是由欧洲概念语境下的"事件"、"传统"和"名称"综合构成的，并在具体的叙述中纠缠在一起，难以截然划分。而欧洲之外其他国家如日本对于"丝绸之路"这一概念的使用，一方面是对这种欧洲语境和叙述的接受

---

1 〔丹麦〕海斯翠普编《他者的历史——社会人类学与历史制作》，贾士蘅译，中国人民大学出版社，2010，第 16~17 页。

和采纳，另一方面，又存在一个对这一概念进行重新定义和补充的过程，并且将欧洲"丝绸之路"话语中的"事件"、"传统"与"名称"以新的形式加以编织。因此，我们在梳理欧洲学者的"丝绸之路"论述的时候，必须时刻对其话语当中蕴含的知识霸权进行反思，在此基础上，才能确立起中国自身的"丝绸之路"叙述话语，进而确立起"丝绸之路"的中国主体性，并在此基础上形成更为宏大和全面的关于欧亚乃至整个世界的认知框架。

四　关于边疆的地方知识："丝绸之路"话语的重要基础

　　如前文所述，我们在反思既有"丝绸之路"话语的过程中，还有必要注意到其中所隐含的西方既有的"丝绸之路"研究视角。对这种视角的认知一方面固然可以节省研究精力，能够较为迅速地确立起对于"丝绸之路"研究的认识基础，并在短期内建立起某种整体论述；但在另一方面，由于这种视角缺少其他研究主体的参与，所观察到的整体场景是不全面的、单薄的。

　　总体认知都是建立在对地方知识的综合掌握基础之上的，关于"丝绸之路"的认知以及整体图景的形塑都因之而成。随着当代通信与相关研究技术的高度成熟，在对"丝绸之路"的重新关注与研究当中，离不开对历史与现实的观照，其中既关注历史时期围绕着东西方文明交流互动所呈现的丰富图景，也必将涉及当代欧亚大陆及其内部各文明、各文化、各国之间的关系建构与维系。在这样的历史与现实语境中，我们必然会面对"丝绸之路"的地理基础问题，那就是，在中国古代王朝位于中原的政治中心与域外进行交流互动的历史语境中，当时中国的边疆区域在其中实际上扮演了东西方互动的现实中介者的角色，并在某种程度上成为决定和维系欧亚大陆东西方交流互动的关键区域。而在当代的世界地缘政治格局下，"丝绸之路"话语尤其是"一带一路"倡议的展开，也必然需要处理如何认知广阔的中国边疆地区在其中所扮演角色的问题。这不仅是因为边疆地区在地理层面上是丝绸之路经过的区域，而且在"一带一路"人类命运共同体的构筑过程中，还必须认识到中国边疆与中国内地之间在社会、文化和现实发展等方面所存在的异同，进而更好地形成关于中国内部结构和中国－周边关系的系统性认知。可以说，在对沿线国家的整体性知识加以把握的基础上，了解和认识关于边疆的地方知识，将有助于我们更好地认识中国内部以及各国内部文化和民众认知层面所具有的独特性，处理好中国内部的中心－边疆结构关系以及中国与外域的国际性结构关系，进而避免以一种文化单一性的思维去思考和想象"丝绸之路"的整体图景，在体认"多元一体"的中国基础上，构筑"和而不同"的"丝绸之路"整体认知。对这一议题，笔者将另外撰文专述，在此不一一展开。

五 "多点互动"的区域秩序："丝绸之路"话语的当代呈现

"史之为态，若激水然，一波才动万波随。""丝绸之路"这一指称所带来的不仅是一种关于互动与交往的历史与现实，其当代内涵更是对整个欧亚东西方交流与互动的一种整体建构，构成了一种新的区域秩序。这种区域秩序既有别于传统中国在东亚世界的朝贡秩序，更不同于殖民时代列强在欧亚诸殖民地所形塑的帝国秩序，它无法用单一的实例来加以描述，而必须通过对其所经过地域族群、社会与文化当中更多事例的描述与分析，方能一层层地"编织"出完整的历史图景。

这种区域秩序的构建，不仅是对"丝绸之路"这一词语的沿用，还需要我们走出既有的知识范式，实现丝绸之路的"在地化"，进而迈向更具互相理解性的"丝绸之路"观念，在"丝绸之路"的延续性之外强调其内部与外部的连续性，并在此基础上形成具有多元视野的"丝绸之路"空间与网络。梁启超在《中国历史研究法》中曾言："世界各部分人类心能所开拓出来的'文化共业'永远不会失掉，所以我们积储的遗产的确一天比一天扩大。"[1] 一方面，中国视角下的传统"西域"，作为边疆的重要区域和资源，正被纳入对"丝绸之路"的新思考中，并在新的观念图景中形成与当下"中亚"乃至"西亚"的互动与关联，进而形成更具整体性的知识图景；而与此同时，丝绸之路周边地带的社会与文化也正在进入相关的观察视野，在以往研究主要关注历史时期西域社会文化的基础上，这一区域的当代社会与文化生态特征也得以进一步揭示，并在当下的时代维度上得到全新的思考与关注。

除此之外，"丝绸之路"研究也需要通过多点互动，避免相关学科研究间的隔阂，更全面地整合学科研究与区域研究的长处，从而更好地挖掘和研究"丝绸之路"内部的学术与思想资源。日本学者长泽和俊早在 20 世纪 70 年代就指出："东西关系史和中亚史，本来是应该互相合作的领域，作为以东西关系史为中心主题的'丝绸之路'的研究，是愈来愈重要的问题。在要求东西方文化相互理解，要求世界各民族文化相互理解的现代，对东西关系史及其核心问题丝绸之路史的研究，今后会愈来愈受到重视。"[2] 有鉴于此，对于欧亚东西方之间交流的关注就不应局限于对"丝绸之路"本身的关注，应该更为多样而全面地关注与"丝绸之路"相关的各种材料和各块地域，形成一种基于"路"（link and road）的连续性、关联性互动认知网络。

在材料方面，考虑到目前丝绸之路相关研究材料的分散，如研究者所言，"事实上，丝绸之路的材料包括雕塑、巨大的壁画、旗幡、木俑，尤其是 17 种不同语言和 24 种不同字体的经文（手写的

1　梁启超：《中国历史研究法》，华东师范大学出版社，1995，第 182 页。
2　〔日〕长泽和俊：《"丝绸之路"研究的回顾与展望》，冯佐哲译，《国外社会科学》1978 年第 5 期。

和印刷的，完整的和残缺的）！这些材料分散在世界各地（巴黎、伦敦、柏林、哈佛、列宁格勒、新德里、汉城、日本等等）的博物馆和收藏家手中"，[1]因此，其研究必然是多点的，而由于每种语言都代表了当时写作者的主观视角，因此在对这些语言材料进行研究的时候，又必然是多视角互动的。在相关地域研究方面，随着东亚、中亚、西亚、南亚等相关区域研究的深入，各区域研究之间围绕"丝绸之路"逐渐形成新的互动与对话。林梅村先生指出："今天，我们对丝绸之路的认识固然比李希霍芬时代深入得多，虽然他和赫尔曼对丝绸之路的经典定义已不能概括目前所知丝绸之路的全部内涵，但是他们提出的基本概念并未过时。他们把丝绸之路的研究放在中国文明和地中海文明之间的文化交流的基点就是不可动摇的。要想解决这个问题，只研究中国和罗马是不够的，必须兼顾两者之间的中亚、印度、伊朗和欧亚草原游牧人所起的中介作用。"[2]这就提示我们，在新地缘格局展开的当下，既要重新去认识和思考丝绸之路在中国历史乃至欧亚历史中所构筑的时空与观念，也要更好地确立起对于欧亚大陆内部结构与网络的新认识、新的时空哲学。

新的时代正展现新的知识图景，这种知识图景既是对之前知识结构的一种超越，也是对之前历史场景的超越，更是对之前欧美"丝绸之路"话语及其叙述背景的超越。斯文·赫定在关于20世纪二三十年代西域考察的回忆中，向我们展现了丝绸之路古道上一幅破败没落的场景："见不到一点生机，商业已是奄奄一息，一路上的村镇，除了废墟，还是废墟。在一贫如洗和朝不保夕的惨境中，人口越来越少。只有通过想象，我们才能看到过去那一幅幅丰富多彩、辉煌繁盛的画面，那川流不息的商队和旅行者为每抵达一个新

1　〔苏〕R.J. 兹维·韦布洛夫斯基:《大陆间的交往：丝绸之路》，冯韵文译，《第欧根尼》1989年第2期。

2　林梅村:《丝绸之路考古十五讲》，北京大学出版社，2006，第4页。

的绿洲而雀跃欢腾的景象。"[1]"丝绸之路"曾经的辉煌令他嘘唏不已，而他也期待："人们会去探索比起今天要容易理解得多的新领域，最落后的亚洲也会再次进入文明和发展的新时代。中国政府如能使丝绸之路重新复苏，并使用上现代交通手段，并将对人类有所贡献，同时也为自己树起一座丰碑。"[2]时代契机正在为这种努力展现最大的可能，而借助于视角的转变与多点互动研究的推进，我们将有可能形成对这一历史空间与区域的新知识框架，并在此基础上确立起全新的中国欧亚秩序框架与话语，同时进一步深化我们对中国本身的认识以及世界对于中国的认识。在这里，"丝绸之路"为我们创造了重新认识中国与世界的可能。

原载《陕西师范大学学报》（哲学社会科学版）

2017 年第 4 期

---

1 〔瑞典〕斯文·赫定：《丝绸之路》，第 227 页。

2 〔瑞典〕斯文·赫定：《丝绸之路》，第 230~231 页。

试论区域关系史视域下的"西域"

李如东 *

一 有关"西域"的"单向历史叙述"

学界对今日中国新疆与古代"西域"的历史表述存在两种不同形式的单向叙述。不少国外学者从近代地缘政治眼光自西向东将近代中国新疆与古代"西域"置于"中亚史"中来叙述。反之,部分中国学者则以"中原中心观"从东往西看"新疆",将其历史表述为古代"西域史"的延续;持前论者如美国学者约瑟夫·弗莱彻(也译傅礼初,Joseph F. Fletcher, 1934–1984)、米华健(James A. Millward)等。在弗莱彻看来,1800 年前后清政府

* 李如东,陕西师范大学"一带一路"建设与中亚研究协同创新中心副研究员。

的政策是将新疆和"中原"分隔开来；清廷"征服亚洲内陆是出于战略而不是利润的考虑，目的是想防止敌对强国的兴起"。[1] 弗氏对"西域"与"中原"之间关系的表述虽有"内陆亚洲史"视觉的观照，但其论述中的地缘政治基调还是比较明显。这说明弗氏并没有完全摆脱"西方中心观"的影响。此后，弗氏的"征服论"被米华健进一步发挥。米氏认为，1759~1864 年，"清朝根据新疆的情况逐步在新疆发展了清帝国主义"，今日中国人的"大中国观"即源于"清帝国主义"。[2] 米氏以美国的西部"拓边史"为参照考察"清"在"西域"的经济与民族政策，其"西方中心观"和地缘政治眼光不难被发现。[3]1978 年联合国教科文组织则将中亚划分为西部中亚和东部中亚，前者指今中亚五国，后者指中国新疆。[4] 对"中亚"的这种地理划分无疑受到近代西方地缘政治思想的影响。

　　显然，弗莱彻、米华健等西方学者是以混杂了地缘政治眼光及或隐或显的"西方中心观"自西向东论述历史上之"西域"的。与之相反，部分中国学者在表述新疆历史时则受到王朝国家时代表述"西域"的"中原中心观"之影响。1923 年，陈垣先生在北京大学《国学季刊》陆续发表了其《元西域人华化考》前四卷。书中，陈垣先生认为虽然"西域人"受到希腊、印度、波斯、阿拉伯等诸多文明之影响，但他们"复曾睹中国文明之一线，其渴望身亲见之之情可想也"。[5] 陈垣先生此处并没有掩饰其"中原中心观"。1936 年，

1　〔美〕约瑟夫·弗莱彻：《1800 年前后清代的亚洲腹地》，载〔美〕费正清、刘广京编《剑桥中国晚清史（1800~1911 年）》上卷，中国社会科学院历史研究所编译室译，中国社会科学出版社，1985，第 98~99 页。

2　〔美〕米华健：《嘉峪关外：1759~1864 年新疆的经济、民族和清帝国》，贾建飞等译，国家清史编纂委员会编译刊印，第 22~25 页。

3　〔美〕米华健：《嘉峪关外：1759~1864 年新疆的经济、民族和清帝国》，第 22~25 页。

4　A. H. 丹尼、V.M. 马松主编《中亚文明史》第 1 卷《文明的曙光（远古时代至公元前 700 年）》，芮传明等译，中国对外翻译出版公司，2002。

5　陈垣：《元西域人华化考》，上海古籍出版社，2008，第 3 页；该书后四卷发表于 1927 年，木刻全本在 1934 年出版。参见《元西域人华化考》，陈智超前言，第 11 页。

顾颉刚、史念海先生以"中原中心观"为基调写就《中国疆域沿革史》一书，试图论证中国版图的历史延续性。[1]1937年，曾问吾在论述"中原王朝"与"西域"的关系时，更是结合《史记》《汉书》等文献中的"西域"界说与现代地理学知识将"西域"分为山北（天山以北）、山南（天山以南）和岭外（葱岭以西）三部分，逐一论述中原王朝在此区域的经营史。[2]当然，陈垣、顾颉刚和曾问吾诸先生的表述与近代"民族－国家"观念的流布和日本侵华的时局也有密切关系。陈垣先生曾说他是在"中国最被人看不起之时"以及"全盘西化论"甚嚣尘上的背景下写作《元西域人华化考》的。[3]而顾颉刚、史念海二先生则直接表明他们写作的动机是"检讨历代疆域之盈亏"，以使时人明晓"先民扩土之不易，虽一寸山河，亦不当轻轻付诸敌人"。[4]这说明民国知识分子在表述新疆时，"中原中心观"与"民族－国家"观念相互同构，他们的论述同时也多少具有地缘政治的观照。此种复杂的态度在何子复论述中国"边疆危机"的文字中流露得更为明显。在声明其时（1937）中国边疆包括东三省、外蒙古、新疆、西藏以及西康、云南和广西之后，何子复认为邻近的"强国"与中国"不是因为界限的划分发生纠纷，就是因为要想强占某一块土地，以扩张他们自己的疆界而发生战争。现在我国既然是站在这样的情形之下（指抗日战争——引者注），我们应该赶紧注意边疆的问题才好。并且我们还应该积极的开发边疆，省得外人再来觊觎"。[5]在新疆史叙述中，"中原中心观"被不自觉地沿用下来。如杨建新指出的那样，在近代国家观念成为常识的今天，对中国与中亚的认识仍然混杂着来自传统的"中国"（中原）

1　顾颉刚、史念海：《中国疆域沿革史》，商务印书馆，2004，第3页。
2　曾问吾：《中国经营西域史》，商务印书馆，1937。
3　陈垣：《元西域人华化考》，陈智超前言，第1页。
4　顾颉刚、史念海：《中国疆域沿革史》，第3页。
5　何子复编纂《中国的边疆》，商务印书馆，1937，第4~5页。

和"西域"观念。[1]

　　不难看出，自西向东表述"西域"与从东向西表述中亚、中国新疆均有其局限。从文化地理与历史过程来看，今日之中亚、中国新疆在历史上与周边诸人群和文明有着持续的互动；"中国"与"西域"在不同历史时段有不同所指，具有流变性。[2] 人们在认识和表述"西域"历史时所蕴含的"文化中心主义"（"西方中心观"与"中原中心观"）恰好体现出"民族国家"时代历史表述的困境。在"民族国家"时代，人们常不自觉地以单一民族为单位思考历史，并以民族或"民族国家"为主体对历史展开叙述。此种历史观以西方的分类思维为基调，在认知表述"多民族国家"和"多文明区域"的历史时，都有其局限，且容易进入"文明冲突"的话语之中。如王铭铭教授所言："在过度分类依旧引发矛盾的今天，立足于一个新的平台，以专注于'融合'的文明人类学为技艺，对既有的关注历史与关系的宏观人类学研究加以'招魂'，已成为必要。"[3] 如此，欲全面展示"西

<hr/>

1　杨建新：《"西域"辨正》，《新疆大学学报》（哲学社会科学版）1981 年第 1 期。

2　从西周到民国，"中国"一词的内涵大概经历了五个阶段的变化，其所指逐渐从具有"华夷之辨"的文化等级观念、多主体的政权方位感、"正统"或"非正统"之国的辨析转为一个近代意义上的国家观念；与之相类，"西域"也有一个从"方位"、辖区流变为"边疆"的过程。据杨建新的研究：（1）历史上大部分时期，西域均具有明确的地理含义；（2）"在'西域'一词还在流行的时代，'西域'从无专指现在的新疆之义"；（3）在汉、唐、清，西域不仅是一个地理概念，也具有地方行政单位的含义；（4）应该将西域的使用和不同时期的历史语境结合起来；（5）为了避免对此"西域"一词使用的混乱，将清代西域所指的范围（也即新疆地区）作为其含义或许为"最好"。另据魏长洪、管守新的研究，"西域"有广义和狭义的区分。"广义西域指阳关、玉门关以西地区，包括今新疆和中亚、西亚、南亚、北非、中东欧等地；狭义西域指天山南北及帕米尔、巴尔喀什湖地区，大体相当于今日的新疆"。荣新江的研究则认为，"西域"在唐朝有两次西移，其所指分别从"敦煌以西"变为"高昌以西"，再从"高昌以西"变为"于阗以西"。参见杨建新《"中国"一词和中国疆域形成再探讨》，《中国边疆史地研究》2006 年第 2 期；杨建新《"西域"辨正》，《新疆大学学报》（哲学社会科学版）1981年第 1 期；魏长洪、管守新《西域界说史评》，《新疆大学学报》2004 年第 1 期；荣新江《"西域"概念的变化与唐朝"边境"的西移——兼谈安西都护府在唐政治体系中的地位》，《北京大学学报》（哲学社会科学版）2012 年第 4 期。

3　王铭铭：《超社会体系——对文明人类学的初步思考》，载王铭铭主编《中国人类学评论》第15 辑，世界图书出版公司，2010，第 48 页。

域"、中亚和中国新疆历史的内在丰富性及其与诸文明复杂的历史关系，我们有必要在"区域关系史"视域下来认识和表述"西域"。

二　对"单向历史叙述"的诸种反思

"单向历史叙述"较为明显的特征是以自我文化为中心，并将表述对象的历史过程单一化。这种遮蔽论述对象内部丰富性及其与外部多元互动关系的叙述方式已受到不同层面的反思。我们将先讨论几本反思自我中心主义与封闭性历史叙述的代表作，然后再转入对单向"西域史"叙述反思论述的梳理（从而避免将其视为孤立性的学术反思）。在 1982 年出版的《欧洲与没有历史的人民》中，埃里克·沃尔夫（Eric R. Wolf）对"西方中心主义"的历史叙述和人类学界将社会（文化）整体性视作民族志书写"最大单位"的倾向展开反思。[1]沃尔夫的研究显示，那些在"西方中心主义"的叙述中被认为"没有历史的人民"实际上也参与到了 1400 年之后现代世界体系建构的过程中。这说明，"人类世界是一个诸多彼此关联的过程组成的复合体和整体，这就意味着，如果把这个整体分解成彼此不相干的部分，其结局必然是将之重组成虚假的现实"。[2]沃尔夫的论述为我们呈现了一种不同地区如何参与到世界体系建构过程中的历史图景；稍有遗憾的是，因其论述的世界体系由西方资本主义生产方式主导，他并没有完全摆脱"西方中心观"的束缚。[3]1996 年，杰克·古迪（Jack Goody）对"西方中心观"做出更为彻底的反思，他将欧亚大陆作为一个关系性整体来考察，认为应把看待历史的眼

1　〔美〕埃里克·沃尔夫:《欧洲与没有历史的人民》，赵丙祥、刘传珠、杨玉静译，上海人民出版社，2006，第 7 页。该书英文版 1982 年出版。
2　〔美〕埃里克·沃尔夫:《欧洲与没有历史的人民》，第 7 页。
3　〔美〕马歇尔·萨林斯:《资本主义的宇宙观——"世界体系"中的泛太平洋地区》，赵丙祥译，张宏明校，载马歇尔·萨林斯《历史之岛》，蓝达居等译，上海人民出版社，2003，第 362 页。

光放到超越 1600 年之前的时空中，对西方固有的二分思想（欧洲—非欧洲、理性—非理性、现代—传统等）进行检视；展示东方世界（印度、中国、近东）对西方文明的影响和彼此间的关联性。[1] 显然，沃尔夫与古迪将世界史作为政治经济或文明关系体的表述，检讨的正是"西方中心观"的历史叙事模式。差不多同时，从事"中国研究"的美国学者也对"中国研究"既有研究范式的"西方中心观"和"中原中心观"展开了反思。

　　美国"中国研究"的两个影响深远的范式分别是费正清（John King Fairbank）开启的"儒家中国"和拉铁摩尔（Owen Lattimore）开创的"边疆中国"模式。前者集中论述传统中国对外关系（具体表现为对朝贡制度的研究），后者则从"长城过渡地带"来审视中国整体史。[2] 1977 年，施坚雅（G. William Skinner）提出用以区域经济大区为基础的城市体系来理解传统中国。[3] 他将中国分为九个地文区，认为每个主要地文区都发展着"一个合理的分离的城市体系"，并成为配置该区资源的中心；对每个区域城市的时空变化进行的分析是理解中国历史及其空间演变的关键。施氏的区域研究取向和将中国研究"社会科学化"的努力，间接对费正清的"中国研究"学术传统中"传统—现代"两分的"西方中心观"做出了反思；但他无力处理各区域文化地理因素的差异对其模型构成的挑战，而且在施坚雅的论述中，"边疆中国"未得到应有的讨论。1986 年，柯文（Paul A. Cohen）提出"在中国发现历史"的号召则更为直接地反思

1　〔英〕杰克·古迪：《西方中的东方》，沈毅译，浙江大学出版社，2012，第 10~12 页。

2　〔美〕费正清编《中国的世界秩序：传统中国的对外关系》，杜继东译，中国社会科学出版社，2010，第 1~17、277~293 页；〔美〕拉铁摩尔：《中国的亚洲内陆边疆》，唐晓峰译，江苏人民出版社，2005。

3　〔美〕施坚雅主编《中华帝国晚期的城市》，叶光庭、徐自立等译，陈桥驿校，中华书局，2000，第 244~248、251~252 页。在书中，施坚雅将中国划分为华北、西北、长江上游、长江中游、长江下游、东南沿海、岭南、云贵以及满洲九个农业地文区，并对除满洲之外的八个农业地文区进行了讨论。

了费正清"中国研究"传统；他认为从事"中国研究"的学者应当注意中国内部的差异，尤其是东西部差异。[1] 柯文的努力将美国的中国研究导向了区域研究取向，并使费正清（农业）"中国研究"的学术传统与拉铁摩尔"边疆中国"研究传统逐渐汇流。1995 年，杜赞奇（Prasenjit Duara）提出以复线历史代替单一主体的"民族史"叙述，这加速了费正清传统与拉铁摩尔传统的合流。[2] 以"清"为叙述中心的研究者对中国研究（含美国学者和中国学者）的"中原中心观"进行最为直接的调整，并以"新清史"学派的面貌出现于学界。[3] 不过，如米华健的论述所体现的那样，新清史不仅没有清除"地缘政治眼光"，也没能摆脱"单向历史叙述"的窠臼。故此，我们有必要梳理中国学者对"西域"叙述的建设性讨论。

1992 年，张广达先生认为研究古代"西域"历史文化应该像布罗代尔研究地中海世界一样，"进行一番架构，进行综合研究"。[4] 此后，"陆上地中海"的"西域"研究路径被一些学者引入讨论。如葛兆光先生就提出将地中海、"西域"与东海视作"文明交错的空间"，进行历史比较研究。[5] 潘志平在梳理国内外中亚研究的大致脉络时也提倡"地中海式的区域史"研究，认为应从区域史视角来论述中亚史。[6] 昝涛则认为地缘与文明两个视角（他尤其强调了后者）可能有助于人们摆脱历史上形成的"中原中心观"的中亚认识，建立起

1　〔美〕柯文：《在中国发现历史：中国中心观在美国的兴起》，林同奇译，中华书局，2002。

2　在对启蒙历史的反思中，杜氏认为此种历史叙述以"民族史"的面貌出现，试图以单一历史主体的线性演进为表述对象，消弭了"民族 - 国家""内部他者"之历史，有很强的历史目的论；应当"将民族国家理解为一种有意义的实体，理解为对于社群的不同看法和不同表述"，以之反思那种强调主权、领土、人民的结合亘古至今的民族国家形式；以复线的历史叙述来释放民族实体叙述中蕴含的多重历史。见杜赞奇《从民族国家拯救历史：民族主义话语与中国现代史研究》，王宪明等译，社会科学文献出版社，2003，第 226、229 页。

3　关于"新清史"学派的更多论述，请参考党为《美国新清史三十年：拒绝汉中心的中国史观的兴起与发展》，上海人民出版社，2012。

4　张广达：《西域史地丛稿初编》，上海古籍出版社，1995，第 1 页。

5　葛兆光：《宅兹中国——重建有关"中国"的历史论述》，中华书局，2011，第 254~255、257 页。

6　潘志平：《区域史研究的考察——以中亚史为例》，《史学集刊》2011 年第 2 期。

对中亚的常识性认知。[1]近来，对民族国家话语和"中原中心观"的
"西域"认知较为集中的反思出现在 2013 年《学术月刊》的一组笔
谈文章中。[2]在笔谈中，学者们对民族国家视域下的"边疆观"进行
了反思，认为当从区域内部和多元视角认识和表述"西域"（新疆）；
提出以"多史叙述"讲述中国，架构以"天山史"为中心的"西域
史"叙述等建设性观点。[3]此后，于逢春撰文呼应了此次笔谈，认
为当站在边疆立场体察边疆，以"文明板块"的视角破除既有"西
域"叙述中的"中原中心观"，勾勒包括边疆在内的中国历史画卷。[4]
我们将沿着上述学者的论述取向，在"区域关系史"的视域下进一
步认识和表述"西域"的内在丰富性和外在开放性。

三　多元互动：区域关系史视野下的"西域"

　　在"区域关系史"视野下，作为"陆上地中海"的"西域"既
是一个地理空间也是一个历史世界。张广达先生在讨论古代亚欧陆
上交往时指出，历史、社会的变化速度远超地理环境，后者解释不
了"历史现象变化的终极原因"。[5]葛兆光先生则认为："'西域'虽
然是汉代文献中就已经有的地理词，但是，作为一个有意识地连接
各国历史、语言和宗教来研究的历史世界，却是近代的事情。"[6]二

1　昝涛：《地缘与文明：建立中国对中亚的常识性认知》，载高全喜主编《大观》第 5 期，法律
　　出版社，2011。
2　关凯、纳日碧力戈、王东杰、韦兵、黄达远等：《边疆中国：从地域族群到文化政治（专题讨
　　论）》，《学术月刊》2013 年第 6 期。
3　王东杰：《多文明共生的中国与"多史叙述"之可能》，《学术月刊》2013 年第 6 期；黄达远：《区
　　域史视角与边疆研究——以"天山史"为例》，《学术月刊》2013 年第 6 期。
4　于逢春：《边疆研究视域下的"中原中心"与"天山意象"》，《新疆大学学报》（哲学·人文社
　　会科学版）2013 年第 5 期。
5　张广达：《古代欧亚的内陆交通——兼论山脉、沙漠、绿洲对东西文化交流的影响》，载氏著
　　《西域史地丛稿初编》，第 388~389 页。
6　葛兆光：《宅兹中国——重建有关"中国"的历史论述》，第 254~255、257 页。

位先生对“西域”的论述提示我们在选择“区域关系史”视域的同时，不能以“地理决定论”为基础来表述“西域”。我们将综合历史地理学、文明史等相关的研究成果来呈现“西域”诸文明多元互动、彼此交融的历史面相。

据日本学者羽田亨的研究，以帕米尔（Pamir）高原为中心，“西域”可分为东、西、北三个区域进行文明史的论述；东面是天山以南的塔里木河流域，西面是楚河（Chu）、怛罗斯（Talas）河和注入咸海（Aral）的河流流域，北部是伊塞克湖（Issik kul）、巴尔喀什湖（Balkashnor）、阿拉湖（Ala-kul）流域，也即伊犁、准噶尔盆地等天山北路地区。[1] 从地理学来看，这一被称为“中央亚细亚”的地区似乎构成一个封闭的内流河区域，但若综合地理、人种、文化等因素来看，则可视为三个开放的区域中心。即“第一为天山南路地方；第二为葱岭以西，以锡尔、阿姆两河之间为中心的地方；第三为天山北路和俄属七河省地方”。[2] 三个中心彼此关联，与周边诸国密切互动。如此一来，它既成为周围诸大国的缓冲地带，又是各大文明的联结地带，使它们“建立了互相不可分离的关系”。[3] B.A.李特文斯基与张广达也认为，“西域”是一个“文明的交汇地”，并指出该区的社会形态“可分成三个部分——城镇和城市人口，村庄和乡村农业人口，以及草原（有时是山地）及其游牧人口”。[4] 草原和半荒漠地带以游牧社会为主，绿洲地带则以乡村和城镇社会为主，在绿洲与游牧社会中间又存在不少大城市。[5] 综合羽田亨与张广达

1 〔日〕羽田亨：《西域文明史概论（外一种）》，耿世民译，中华书局，2005，第79~81、103~118页。
2 〔日〕羽田亨：《西域文明史概论（外一种）》，第79~81、103~118页。
3 〔日〕羽田亨：《西域文明史概论（外一种）》，第79~81、103~118页。
4 〔俄〕B.A.李特文斯基主编《中亚文明史》第3卷《文明的交会（公元250年至750年）》，马小鹤译，中国对外翻译出版公司，2003，第409、411页。
5 〔俄〕B.A.李特文斯基主编《中亚文明史》第3卷《文明的交会（公元250年至750年）》，第409、411页。

等先生的论述，我们不难发现"西域"存在"三个区域中心"，它们以城市、村庄和游牧"三种社会形态"为基础，构成彼此关联的整体；作为"文明交汇地"的同时，又在与周围诸文明的互动中形成了一种"复合式文明"。我们将在"三个区域中心""三种社会形态"的基础上进一步呈现"西域"文明互动的情景。

历史上，天山以南的"西域"以塔里木河流域的绿洲为基础，形成了高度文明的"城市国家体系"。[1]"陆上丝绸之路"以绿洲为基础，传播着来自各文明的物质、技艺、经典与宗教；源于波斯的琐罗亚斯德教、摩尼教，源于印度的佛教以及源于阿拉伯半岛的伊斯兰教皆由西向东传播。同时，中原的汉文明也自东向西传播；无论是汉唐的西域经略，还是回鹘的西迁，都促成（或促进）了中原文明的西向；[2]葱岭以西，锡尔、阿姆两河间的"西域"受两河流域的农业文明影响颇多。除此之外，公元前 4 世纪亚历山大东征则为这一地区带来了希腊文明因素。"这个马其顿世界帝国，虽在亚历山大死后不久即告崩溃，然而希腊的影响，却仍成为土耳其斯坦地方最为重要的因素，如此逾二百年；至其间接影响中亚细亚之文化生活，则更多若干世纪。"[3]古代印度文明也曾广泛地影响了"西域"，佛教一度成为"西域"最为主要的宗教；天山北路的"西域"是典型的游牧文明形态。麦高文（William Montgomery McGovern）根据考古与历史文献的研究表明，中亚北方游牧的斯基泰人与萨尔玛提亚人向欧洲与中国传播了他们的骑马术、裤子、弓箭等技术与器物；[4]而其多色艺术（即在一块金板上镶嵌各种颜色的彩石，构成一幅图画）则对后世的印度、波斯和欧洲的艺术形态产生了重大影

1　〔俄〕B.A. 李特文斯基主编《中亚文明史》第 3 卷《文明的交会（公元 250 年至 750 年）》，第 239~256 页。

2　〔日〕羽田亨：《西域文明史概论（外一种）》，第 79~81、103~118 页。

3　〔美〕W. M. 麦高文：《中亚古国史》，章巽译，中华书局，2004，第 35~64、77~78 页。

4　〔美〕W. M. 麦高文：《中亚古国史》，第 35~64、77~78 页。

响。[1] 俄国学者巴托尔德（Vasily Vladimirovich Bartold，曾译"巴尔托里德"）根据语言学和考古学资料的研究证实，伊犁地区的乌孙与阿姆河的大月氏（也称大月支，大小月支也被统称为吐火罗）在公元前 2 世纪与公元 7 世纪间进入中亚后，也对该地区历史与东西方文明产生了深远影响。[2]

通过以上描绘不难看出，以彼此关联的整体参与到诸文明多元互动关系中的"西域"，逐渐形成了一种"复合式文明"。羽田亨对此文明样式有非常形象的比喻："文明传播，当然依据交通。这西域犹如自来水的水管，介在水源和龙头之间。水源的水经过水管时，看水管的性质如何，总不能不受某种影响。"[3] 显然，诸文明的多元互动（包括物质文明、宗教甚至战争）在"西域"持续展开的同时，也塑造了一种"复合式"的区域文明。尽管历史上"西域"历经"突厥化""伊斯兰化""俄罗斯化"过程，[4] 但这"三化"无疑也是在诸文明多元互动关系中渐次展开的历史过程。即便是从"西域"中分化而来的今日中亚（含西部中亚与东部中亚），也依然有着其历史上作为"文明交会地"和"复合式文明"的特点。[5]

结　语

历史上，"西域"处于诸文明互动的关系之中；而在当代，地

1　〔美〕W. M. 麦高文：《中亚古国史》，第 35~64、77~78 页。

2　〔俄〕维·维·巴尔托里德：《中亚简史（外一种）》，耿世民译，中华书局，2005，第 4~5 页。

3　〔日〕羽田亨：《西域文明史概论（外一种）》，第 79~81、103~118 页。

4　昝涛：《地缘与文明：建立中国对中亚的常识性认知》，载高全喜主编《大观》第 5 期。

5　如有学者指出的那样："这里（中亚）既有早已融合、同化了古代中亚不同民族文化的本土文化及社会力量，还有新近进入的外来文化因素及社会力量，如西方文化、伊斯兰文化和俄罗斯文化及其引导的社会力量……未来中亚社会的发展将可能同它昔日的历史出现许多相似之处，同样可能成为该地区社会发展一定阶段中各种重要文化和社会力量交流与冲突的一个复杂过程，成为多种文化和社会力量的集散之地。"见汪金国《多种文化力量作用下的现代中亚社会》，武汉大学出版社，2006，第 226 页。

理层面的"西域"已被划分到不同的国家领土之中。如果我们仅以"民族国家"眼光去看历史上的"西域"，则难免将其历史表述为不同政治体之间的冲突史（如部分西方学者的中国征服"西域"论）。与此同时，我们也要小心历史叙述中的"文化中心主义"，避免将"西域"表述为某种文明要素的"播化史"，从而忽略西域多文明互动的历史面相。因此，以"区域关系史"视域来认识和表述"西域"显得必要。在"区域关系史"视域下，"西域"内部在生态、社会形态和文明要素的多样性及其与周边文明的互动关系等方面，将被更好地呈现；我们对"西域"诸文明的互动过程，及其在互动中所形成的融合内部丰富性与外部多元性为一体的"复合式文明"，也将得到更为直接的认知。显然，"区域关系史"视域不仅有助于将"西域"的历史叙述与世界史关联起来，也有助于揭示"西域文明"的"本地要素"。

原载《新疆师范大学学报》（哲学社会科学版）

2014 年第 6 期

重思"中亚"

地缘与文明：建立中国对中亚的常识性认知

——"世界历史上的中亚"会议发凡

昝 涛

中国向西就是狭义上的中亚，也就是我们现在通常所说的中亚。为了行文上清晰起见，需要从地理上界定一下中亚。广义的中亚就是古代的"西域"，狭义的中亚就是现在的中亚五国：哈萨克斯坦、乌兹别克斯坦、土库曼斯坦、吉尔吉斯斯坦、塔吉克斯坦（均加入了独联体）。广义的中亚具有文明史的重大意义，狭义的中亚是由民族国家构成的。中亚五国的范围是：西到里海和伏尔加河，东到中国的边界，北到咸海与额尔齐斯河的分水岭，并延伸至西伯利亚大草原的南部，南到伊朗、阿富汗的边界。五国面积共约400万平方公里，人口近6000万。

认识一个对象，经常难免将其客体化、他者

化。若对此认识过程的局限性没有一个反思，那么，基于这种认识
所生产出来的知识，就很有可能反过来成为蒙蔽认识者自身的障
碍。因此可以说，认识一个"他者"的过程，在很大程度上亦是认
识和反思"自我"的过程。从国人对中亚的认知来说，与"自我"
有关的问题就是：为什么"我"对中亚如此无知？"我"认识中亚
的主要局限性是什么？我们认为，这种自身的局限性主要就在于我
们的认识总是从狭隘的"自我"（中原）出发，没有把我们对中亚
的认识置于"世界历史"的高度和进程中。

引子：从"张骞凿空"说起

西汉时，张骞分别于公元前 138 年和公元前 119 年两次通西域，
历经千辛万苦对西域的情形进行了详细考察。在张骞"凿空西域"
之前的情况是："自周衰，戎狄错居泾渭之北。及秦始皇攘却戎狄，
筑长城，界中国，然西不过临洮。""西域诸国大率土著，有城郭田
畜，与匈奴、乌孙异俗，故皆役属匈奴。"[1]

班固说："汉兴至于孝武，事征四夷，广威德，而张骞始开西域
之际。"[2]张骞因功被汉武帝封为"博望侯"。博望侯"大大地开阔了
我们古人的地理视野，改变了汉朝以前的地域观念，使人们知道了
新的天地"。[3]在中国史、亚洲史，尤其是在东西交通史上，张骞"凿
空"有着深远的意义和影响，历史学家翦伯赞甚至将其与哥伦布
"发现"美洲相提并论："张骞在公元前 127 年发现西域，其对于当
时中国人的刺激，就像后来哥伦布发现美洲对欧洲人的刺激一样。"

没有张骞，很难想象汉朝能够成功经营西域。公元前 102 年，
汉将李广利远征位于中亚费尔干纳盆地的大宛。公元前 60 年，汉

1　《汉书·西域传上》。

2　《汉书·西域传上》。

3　冯惠民：《张骞通西域》，中华书局，1979，第 14 页。

设西域都护府，辖区包括今中国新疆及巴尔喀什湖以南、帕米尔和费尔干纳盆地。"都护督察乌孙、康居诸外国，动静有变以闻。可安辑，安辑之；可击，击之。"[1]张骞死后，汉朝派出的使者"皆称博望侯"。汉朝与西域邦国之间"驰命走驿，不绝于时月；商胡贩客，日款于塞下"。"当时，汉朝派出的使节，每批多者数百人，少者百余人；一年之中，多则十余起，少则五六起；路程远的往返要八九年，路程近的也要三五年。西域的使者和商人，也跋山涉水，披星戴月，云集汉朝边塞。"汉宣帝不仅亲自接见、宴请匈奴贵族和使者，还把汉朝官属侍御上百人集中在上林苑，专门学习乌孙语言。[2]

张骞通西域具有世界性的历史意义，同时也是中原—华夏文明在欧亚大陆中西部进行经营的开始。在近代欧西强势文明渡海而来以前，中原文明的对外交流主要就是通过西域陆路进行的，对中国历史产生了重大影响的佛教和伊斯兰教皆循此路而来。后文将提到，中原文明向西的经营，与其在东亚的典型的"朝贡贸易"体系具有不同意义。

在游移中前行了很久之后，人往往会迷失自我，为了更清醒地认识自己，我们必须回到起点。对于需要讨论的中亚这个主题来说，两千多年前的张骞应是我们的起点。时过境迁，谈论张骞不仅是为了发思古之幽情，而且是为了探寻张骞身上所投射出来的某种穿透历史的力量和魅力。这不仅仅是指张骞与"蛮夷"交往的个人魅力——如司马迁所言，他"为人强力，宽大信人，蛮夷爱之"，[3]更重要的是他体现了那个时代华夏精英阶层自信的精神、魄力与气象。

在中国主流知识界存在一个知识上的盲区，那就是希腊以东、中国新疆以西这块大区域，即中东与中亚。这种"无知"状态既是

1 《汉书·西域传上》。
2 冯惠民：《张骞通西域》，第30~31页。
3 《史记·大宛列传》；《汉书·张骞李广利传》。

历史、语言、文化、地缘等方面的，更是将那里变成了"东方学"意义上的异域情调，对主流知识界而言，那里不仅是地理上的边疆，而且也是心理 – 文化上的边疆与边缘地带。人们一方面在膜拜着欧西，一方面又没有突破那个知识盲区的动力和主观意愿。在这种状态下，就难以生产出关于这个地区的有效知识，更谈不上建立关于中亚的常识性认知结构。

一　地缘：东—西格局的演变

论当代之形势，不可独拘泥于现世，尤不可不察上下数千年之历史大势。对中原王朝而言，西域问题其实就是草原帝国与农耕帝国长期南—北对峙 / 并立格局下出现的"西向战略"问题。近代以来，历史上的草原与农耕对峙的传统南—北问题已转变为中俄两个大陆性国家并立的局面，这是新的南—北问题。从历史的长时段来看，应将西域问题置于南—北对峙下的西向战略框架内审视。迄今，中国历史上至少出现过三种类型的"东—西格局"，分别为"西高地—东平原"、"西域—中原"以及"中国—中亚"。"东—西格局"的层层外扩，反映出中原华夏文明 / 政治体的壮大与拓展。

1. 西高地—东平原

自夏商周三代至秦灭六国，华夏 / 中原王朝的朝代更替属于典型的"西高地与东平原对峙"。对此问题，著名历史学家傅斯年有过非常精妙的论说。傅先生早就在其名篇《夷夏东西说》（1933）中指出："东西对峙，而相灭相争，便是中国的三代（夏商周）史。"傅斯年还申论说，中国古史自三代至东汉时期，主线为东西对峙。"秦灭六国是西胜东，楚汉亡秦是东胜西……曹操对袁绍是西胜东。不过，到两汉时，东西的混合已很深了，对峙的形势自然远不如三代时之明了"，"到了东汉，长江流域才普遍的发达。到孙氏，江南才成一个政治组织。从此少见东西的对峙了，所见多是南北对峙的局面"。

　　傅斯年说的"西高地与东平原对峙"，这里的东与西是以太行山和豫西群山为界，把中国的版图分为东西两大部分。这主要是根据地形差别划分的。东边是大片的冲积平原，西边是夹在山中的高地，傅斯年分别称之为"东平原区"和"西高地系"。东平原区"是绝好的大农场而缺少险要形胜，便于扩大的政治，而不便于防守"。西高地系是几座大山夹着几条河流造成的一套高地系，其中以关中高原最大，这里主要就是今天的山西、陕西，在经济上不如东平原区，但也不是很差，关键是地形好，"攻人易而受攻难"。另外，这个地方虽然不便于农业，但水草利于畜牧，"这样的地理形势容易养成强悍部落"。"西高地系还有一个便利处，也可以说是一种危险处，就是接近西方，若有文化自中央亚细亚或西方亚细亚带来，他是近水楼台。"[1]

　　"西高地与东平原对峙"的结束标志着中原地区华夏族群主体融合的完成和定型。

　　2. 西域—中原

　　在西汉时期，西域的范围不仅包括现在的中国新疆地区，而且还包括跟这一地区山水相连的葱岭以西，一直到巴尔喀什湖一带，甚至更西、更远的地区，故广义的西域是指我国玉门以西的广大地区，包括中国新疆及中亚等地。西域进入国人视野，源自汉与匈奴的对立。从史书记载来看，"西域"一词最早出现在《史记》的《司马相如列传》和《大宛列传》中。

　　在汉代前后时期，巴尔喀什湖以东以南、中亚两河流域至帕米尔到塔里木盆地的今中国新疆大部分地区以及河西走廊地区，"覆盖状地活动着四大支塞人以及大月氏人和乌孙人等，他们均为欧罗巴

1　以上论述参见傅斯年《民族与古代中国史》，河北教育出版社，2002，第54~57页。

人种，操印欧语"。[1] 这些人都属白种人，另外，由于广大北部草原地区也一直活跃着游牧的操阿尔泰语系不同语言的蒙古人种，两者也一定存在交流和渗透，只是仍以印欧人为主。战国时期的秦国在西边所要防御的就是印欧人。

关于这片大的区域带的自然地理特征，亚洲史研究专家墨菲说："世界最大的半干旱及沙漠地区覆盖着欧亚大陆的中央部分，它从乌克兰及今土耳其开始，跨越前苏联南部、伊朗大部、阿富汗和今巴基斯坦、蒙古人民共和国以及满洲辽河中段以北和东京约 75° 以东的中国领土的大部。从气候和植被方面看，西藏也属于同类型干草原－沙漠范畴，尽管它的自然环境主要由它的高海拔决定。在欧亚大陆的这片广大地区的大部分，永久性耕地的农业只在几处拥有可用于补充灌溉的水源的有利地区才有可能，比如分散很远的绿洲。"[2]

"西域—中原"时代的到来是以南—北对峙的加剧为背景的。傅斯年把南—北对峙说成东汉以后的事，自有他的出发点；但如果把南—北问题看作北方草原游牧帝国与中原农耕帝国的对峙，就可以发现，从公元前 3 世纪至公元 3 世纪，匈奴帝国就活跃于北亚草原，其给南方的农耕－定居帝国以不断的压力。这一草原－游牧与农耕－定居的南—北对峙模式是一条贯穿中国古代历史的主线。张骞"凿空西域"表面上看是一个东—西问题，而实际上其最直接的动因在于解决南—北问题。当时，西汉人从战俘的口中偶然得知西域诸国与匈奴间的复杂关系，遂有联合西域国家以对抗北方匈奴的战略考虑，即"断匈奴右臂"。这也是张骞第一次出使西域的直接原因。

拉铁摩尔曾提出理解草原与农耕民族关系的一个关键，即他们对西域绿洲地带的竞争与控制。他指出，汉代人对中亚不是"为征

1　马曼丽主编《中国西北边疆发展史研究》，黑龙江教育出版社，2001，第 252 页。
2　〔美〕罗兹·墨菲：《亚洲史》，黄磷译，海南出版社，2004，第 273 页。

服而征服"，而是一种政策考虑："或者是控制中亚的绿洲及部落，以建立对抗草原游牧民族的同盟；或是对绿洲进行防御性占领，以免游牧民族利用它们作为根据地。"拉铁摩尔认为，这两种政策考虑都不是一般意义上的"征服"，"中国政治家们真正需要的……是造成一种情势，使绿洲小国王们认为依附中国要比做游牧民族的附庸更有利"。[1] 基于此，"了解绿洲本身的政治独立性，以及汉族与草原游牧民族对绿洲的不连贯的统治，了解了绿洲孤立的特殊性以及与中国和草原的交通的可能性，就不难描绘这个中亚世界的一般历史状态"。[2]

张骞"凿空西域"后所形成的东—西与南—北互动模式一直贯穿此后的王朝时期：南—北对峙总是与"西域"分不开，南与北都以争夺"西域"（尤其是绿洲地带）为重要的战略目标；西域对于南—北问题的解决往往又是关键。对中原王朝而言，争夺和经营西域的战略意义在于：对方的包围和己方的反包围，生死攸关。

唐朝在北方先解决了东突厥问题，将大漠南北并入唐朝版图，置安北都护府；公元 640 年大败高昌国，在西域交河城设立了安西都护府；659 年，大败西突厥，使唐朝得以据有西域，统归安西都护府管辖；702 年，唐又设立北庭都护府，主理天山北部诸地事务。唐中期开始，西突厥复强大，严重威胁到唐在西域的统治。此时，大食（阿拉伯）帝国正向中亚地区东扩，与唐王朝的矛盾日益激化。751 年，唐将高仙芝的军队与大食军队在怛逻斯一带遭遇，唐军败，中亚广大地区归属大食。755 年，"安史之乱"爆发，唐朝控制西域的军事实力减弱。后来，西域不少地方又落入吐蕃之手。宋时国力较弱，西部和北部都为游牧帝国。蒙古帝国的版图非常辽阔，西域地区多受辖于察合台汗国。元朝重用西域来的穆斯林，使

1　〔美〕拉铁摩尔：《中国的亚洲内陆边疆》，唐晓峰译，江苏人民出版社，2005，第 315 页。
2　〔美〕拉铁摩尔：《中国的亚洲内陆边疆》，第 127 页。

伊斯兰文明在中国获得空前发展与繁荣。明朝国力又变弱，国威不过长城以北，向西只能达到西域的东部部分地区。当时，西域的察合台汗国已分裂为东、西两个汗国，西边的后来演化为帖木儿帝国[1]，东边为东察合台汗国（亦力把里），后又叫叶尔羌汗国。

典型的是清朝，先解决南—北问题（蒙古），后解决西部问题（新疆）：从定都北京至康熙中期的近五十年间，清廷平三藩以定南方，后用兵北遏沙俄，无暇西顾；而1696年，清军在漠北击溃噶尔丹军；1757年，乾隆派兵收复北疆，乘胜南进，平定南疆叛乱，完成了对天山南北的统一，"自13世纪以来，从西安到伊犁这片土地第一次由一个单一的政府来管理"，此时的清朝感受到天山以西以阿富汗的杜兰尼王朝为主的伊斯兰教的威胁，决定停止西进。[2]19世纪后期，左宗棠驱逐来自中亚浩罕的阿古柏势力，收复新疆，1884年新疆设省。

清朝解决了传统的南—北对峙问题。在政治上针对北方的草原部族建立盟旗制度，以"发展了的部落联盟形式"联合起长城内外，使清朝皇帝居于最高盟主地位，遂使长城逐渐失去了边界意义。在清代，长城内外的贸易往来更为密切，长城内外在经济上日益一体化；更多的汉民移居关外，在内蒙中南部开垦，部分牧民也开始了定居化，转而从事农、工、商业，逐渐失去了移动性。[3]但就本质而言，与其说是有着同时治理游牧、森林和农耕经验的满族解决了传统的南—北问题，不如说是现代技术变革几乎一劳永逸地解决了"游牧"问题。[4]

1　帖木儿是突厥化的蒙古人。其帝国鼎盛时期疆域包括今天从格鲁吉亚一直到印度的西亚、中亚和南亚地区，1507年亡于突厥的乌兹别克部落。帝国末期，帖木儿五世孙巴布尔兵败逃至印度，建立莫卧儿王朝。

2　〔英〕艾兹赫德：《世界历史中的中国》，姜智芹译，上海人民出版社，2009，第298页。

3　王明珂：《游牧者的抉择：面对汉帝国的北亚游牧部族》，广西师范大学出版社，2008，第228~229页。

4　〔法〕勒内·格鲁塞：《草原帝国》，蓝琪译，商务印书馆，1998，第7页。

西域总是与南—北对峙问题纠缠在一起。左宗棠说："中国强盛之时，无不掩有西北。"但在工业时代之前，经营西域耗资巨大，几乎完全属于"烧钱"型，因为那里的自然地理条件决定了其在传统社会中的经济价值不大，仅具战略价值，故可以理解汉唐以来，中国经营西域的典型战略就是"以夷制夷"。而西域对传统中国来说，也成了一个可以随时放弃的"负担"："为了获得回纥以及后来的阿拔斯王朝的帮助，（唐）肃宗放弃了中华帝国的中亚地区，因为地方反对朝廷经营西域耗空国库，总的说来，西域是一种负担，而不能给中央提供任何收益。"[1] 可见，传统中国对西域的经营主要不是开疆辟土的"帝国扩张"，而是综合地缘战略和经济因素的理性考虑。

清朝基本上解决了南—北问题之后，才使中国人首次严肃地对待西北（西域）问题，亦即不再将其仅作为战略上的边疆，而是作为一块自己的土地经营。然而，历史并没有给中国太多机会。平定大小和卓之乱后，1759~1820 年，清廷虽然在新疆维系了约六十年的和平，但此后又是中亚给清廷带来长达六十年的祸患。19 世纪 20 年代后，清朝内部叛乱日增，军力不足，张格尔乘机作乱。平定张格尔后，清朝就面临着浩罕汗国的直接威胁。由于国力日衰，清廷采取守势，欲以中亚贸易笼络浩罕，可惜收效甚微，直到新疆建省，清王朝才逐渐恢复新疆的秩序。但此时，中国面临的是新的南—北问题了：俄罗斯已南下而据有中亚。

二　文明：东—西文明格局下的中亚

在南—北对峙／并立的格局下，西域对中原王朝而言，主要还是向西的地缘战略问题，但其中亦逐渐具有了文明碰撞的元素。从

---

1 〔英〕艾兹赫德：《世界历史中的中国》，第 116 页。

中国的角度说，它先后遭遇了两种从西方而来的、带有帝国政治扩张特征的大文明形态：伊斯兰文明与欧洲现代性文明。[1] 故在近代之前所谓的文明碰撞就是：世俗的华夏文明与一神信仰的伊斯兰文明的接触。

1. 西域（中亚）的伊斯兰化与突厥化

在文明史的意义上，"西域—中原"的东—西格局可以分为两个重要阶段：大体以公元 751 年为界。751 年之前的一千年是华夏文明的进取期，中间数百年的分裂期亦是民族大融合的时期，不知多少族群同化于华夏文明之中，这一时期以汉唐盛世为其两端。751年后，华夏力量回撤至葱岭以东，而伊斯兰文明越过葱岭，逐渐覆盖了西域的大部分地区。

751 年的象征意义大于实质意义，文明史的意义高于政治史的意义。在 751 年以前的一千年中，华夏文明在西域几乎没有碰到过堪与匹敌的文明－政治力量，西域人了解中原王朝的强盛和繁荣，莫不仰慕华夏文明。在被伊斯兰征服的过程中，西域人渴求中原王朝的救援。阿拉伯人征服波斯时，波斯王曾多次向唐乞援。705~720年，阿拉伯人开始蹂躏整个中亚地区，西域诸国纷纷向唐廷求救。在一封给唐玄宗的表文中说："从此年来，被大食贼每年侵扰，国土不宁。伏乞天恩慈泽，救臣苦难。"此类表文，言辞恳切，然此时的唐朝军力虽未衰退，却面临前所未有的挑战，吐蕃、西突厥和大食同时强大，尤其是吐蕃的军事威胁近在眼前，唐军无法给予中亚属国切实的援助。[2]

"回教之传入中国，始于唐而盛于元。"伊斯兰教传入新疆，是在 10 世纪末及 11 世纪初喀喇汗（即黑汗）王朝时期，后逐渐向东

1　佛教的传播并不以帝国的政治扩张为推力，故未列入考察范畴。

2　〔法〕张日铭：《唐代中国与大食穆斯林》，姚继德、沙德珍译，宁夏人民出版社，2002，第3~14 页。

扩展。[1]唐代长安已多见西域穆斯林商人往来、定居。《甘宁青史略》记载："终唐之世，甘、凉、灵州有回族。"元朝是伊斯兰化在西域发展的重要时期。蒙古征服西域诸国后，众多穆斯林归附蒙古。随着蒙古军队的西征，中亚陆路畅通无阻，被征服的中亚操伊朗语族语言和操突厥语族语言的各族人民中，有不少人被派到中原各地开荒、屯田，也有不少穆斯林军士和工匠东来，充当炮手、工程技术人员或天文学专家，也有少数人到中原任政府高官。这些信仰伊斯兰教的中亚各族人（当时都被称作"回回"）在中国定居下来，分布于全国各地，他们中许多人娶汉女为妻，或同其他民族通婚，生息繁衍，人口日渐繁盛。《明史·西域传》说："元时回回满天下，及时居甘肃者多。"

蒙古入主中原后，为统御汉人和南人，故借助于文明水平较高的色目人（主要为穆斯林）的帮助。色目人的地位仅次于蒙古人而在汉人、南人之上。伊斯兰文化高于蒙古，故蒙古人同化于伊斯兰者日多。至明代，在中国形成了一个新的族群——回族。明朝回族与其他各族穆斯林更严格地区别开来，居住地域稳定下来，经济上有了发展，通用汉语言文字，吸收了汉族文化，充实了自身的文化，生活习俗已经定型。明代虽以种族之别立国，强调华夏与夷狄之分，但其建国有赖于回民者甚多，开国大将即有很多回民，故在有明一代，伊斯兰教颇受礼敬。至清朝，满族在政治上借重于蒙、藏佛教势力，又自命为中国道统的继承者，在此情况下，作为回族、维吾尔族的宗教信仰，伊斯兰教的地位无法与儒、佛、道相比。不过，清政府自始至终都没有禁止过伊斯兰教，尤其是清前期诸帝还是比较尊重伊斯兰教的。

中亚处于古代世界四大文明的中心地带。在伊斯兰化之前，在古代中亚影响最大的是佛教。根据巴托尔德的观点，中亚在13世纪

1　冯今源：《中国的伊斯兰教》，宁夏人民出版社，1991，第18~19页。

时完成了伊斯兰化。[1]"中央欧亚的历史就是一部蛮族的历史"，[2]蛮族注定要被它所征服的更高级的文化所征服。当突厥人被伊斯兰化以后，它比阿拉伯人更虔诚。现在，中亚五国中操突厥语族和伊朗语族语言的各民族以及"东干人"都信仰伊斯兰教，多数属逊尼派，部分塔吉克族属什叶派。

突厥化也是中亚历史上的大事，并具有世界历史的意义。中亚是北方游牧民族南下的必经之地，这里也自然地成为不同种族会聚融合之地。公元 6~13 世纪是中亚突厥化的时期，蒙古人的到来和统治是突厥化实现的关键，因为跟随蒙古人来到这一地区的大部分游牧部落都是突厥人。突厥化主要是指语言上的同化。按照近代语言学的分类，突厥语是阿尔泰语系的一个语族，该语族下又包含很多不同的方言，现代土耳其语就是突厥语族的重要方言之一，其他的突厥语族方言还包括吉尔吉斯语、乌兹别克语、土库曼语、阿塞拜疆语、维吾尔语等数十种。语言的相近使这些讲突厥语的不同民族之间交流起来障碍比较小。在中亚地区，只有塔吉克人躲过了突厥化的进程，成为中亚当地主要民族中唯一操印欧语系的现代民族。

突厥化是游牧的突厥人在军事上征服，并在语言和习俗上同化中亚至小亚细亚本地民族的过程。这个过程与伊斯兰化合流后就更为迅速了。因为共同皈依伊斯兰教以后，方便了突厥人与其他民族的通婚、混血。我们无法确定在当时的历史过程中到底有多少"突厥人"，但历史学家一般认为这个过程并不是多数的突厥人同化少数的其他民族的过程，而是突厥人凭借其军事的强大和统治，使其治下的各民族被同化的过程。操突厥语各族在军事和政治上曾对世界历史产生重要影响，与其有关的大的王朝 / 帝国有：以伊朗为中

1　〔苏〕威廉·巴托尔德：《中亚突厥史十二讲》，罗致平译，中国社会科学出版社，1984，第200 页。

2　〔美〕丹尼斯·塞诺：《丹尼斯·塞诺内亚研究文选》，北京大学历史系民族史教研室译，中华书局，2006，第 3 页。

心的塞尔柱王朝（1037～1194）；作为雇佣军进入了阿拉伯帝国的
核心，并在埃及建立的马穆鲁克王朝（1250～1517）；突厥化的蒙
古人帖木儿创造的帝国（1370～1507），以及帖木儿后代创建的印
度莫卧儿帝国（1526～1857）；伊朗的萨法维帝国（1501～1736）；
小亚细亚的奥斯曼帝国（1299～1923）。从突厥化的结果来看，它
造成了一块从中亚至中东的操突厥语各民族连在一起的大区域。

2. 伊斯兰文明与中华文明的遭遇

伊斯兰文明在西域的扩张和传播造成了两大不同性质的文明的
遭遇：世俗的儒家与宗教信仰的伊斯兰。对中原王朝来说，它所遭
遇的第一个大的神圣宗教文明－政治体不是近代基督教的西方诸国，
而是来自中东的伊斯兰。

中亚的伊斯兰化具有世界历史意义。"阿拉伯人是在亚历山大
后从西方侵入中亚的第一个民族。"[1] 在伊斯兰到来之前，中亚是东
西方大国扩张的终点与极限。无论是亚历山大帝国还是汉唐，都在
中亚达到了它们对外用兵的最后终点。无论建立城市还是设置都护
府，东西方的大国都没有真正地在文化／文明上彻底征服过中亚。
唯有来自中东的伊斯兰在文明上比较彻底地征服了整个西域，并且
使此后的一千多年再也没有任何一种文明能够取代伊斯兰文明。伊
斯兰已经内化于西域文明的骨髓与血液之中。伊斯兰力量为什么能
够在中亚胜出？

首先，从生产力角度来说，伊斯兰帝国的创立者阿拉伯人大规
模地使用骆驼，"在摩洛哥到药杀水（如今中亚的锡尔河——引者
注）之间的地区，骆驼已经代替马车成为最便宜、最高效的交通工
具，就是在这个地区，伊斯兰帝国的基础得以最快捷、最完整、最
永久地建立起来"。直到中世纪，骆驼在帕米尔以东都不是主要的
交通运输工具，在帕米尔以西则相反，前述汉将李广利远征费尔干

---

1 〔苏〕巴尔托里德：《中亚简史》，耿世民译，中华书局，2005，第13页。

纳时，主要的运输任务是由 10 万头牛完成的。唐朝时期骆驼并不是
穿越戈壁的主要运输工具。伊斯兰教在中亚的成功，部分地可以通
过大规模地使用骆驼来解释，也就是说，在西域，伊斯兰的骆驼战
胜了甘肃马车，对此，后来的左宗棠有深刻认识。[1]

其次，最重要的是文明拓展的路径。为什么希腊、波斯和汉唐
文化这些古代文明的伟大文化代表纷纷在伊斯兰文化面前退出了西
域的历史舞台？代表伊斯兰文化的阿拉伯帝国，统治中亚不过短短
两三个世纪，却使中亚发生了全盘的伊斯兰化，有学者指出："主要
是积极进取并以先进经济为基础的伊斯兰优质文化对缺乏主体意识
的附属性中亚政治文化的胜利，也是对虽具有悠久古文明，但在进
取性及先进经济结合方面却相对保守的当时希腊、波斯、汉文化的
局部胜利。……希腊、波斯、中国汉唐等文明古国，却恰恰只有自
身文明的一般性传播与辐射，而像伊斯兰文化那样自觉地以大规模
积极的覆盖性手段来弘扬悠久的文明传统，却是十分缺乏的。这对
中国来说，教训十分惨重。关键性原因之一，是中国历代虽重视边
疆的民族政策与适应当地民族要求的羁縻式的仁政管理体制，但未
能有效增强与发挥儒家文明竞争力的决策与文化经营。原因之二，
是中国在中亚的行政管理没有明确纳入中国古代版图的国家结构。"[2]

上述学者对伊斯兰文明扩张的成功提出了经济的和文化策略的
两个维度的解说，但并未触及文明的"内核"因素。对文化策略方
面的强调，只是指出汉唐等文明在伊斯兰文明面前的退缩是政策上
的失败。这其实只看到了问题的表面。

汉—唐儒家文化乃是一种世俗的、依托于特定农耕 – 定居社会
的人 – 地关系的文明形态。儒家文明的天下观与大同主张，体现出
其普遍性；但是由于它对具体的地理空间的依附——儒家天下观只

1　〔英〕艾兹赫德：《世界历史中的中国》，第 140~141、376 页。

2　马曼丽等：《中国西北跨国民族文化变异》，民族出版社，2003，第 101~102 页。

有在中原汉地才可展开其所必需的物理空间的想象，脱开这里则难以落实——其学理上的普遍性在现实政治中又是"欠普遍"的，具有特殊性。而伊斯兰教是与犹太教、基督教同源的一神教信仰，它是不以特定的现世空间秩序为依托，而以对超现世的唯一真神（安拉）的信仰为号召和旨归的文明形态，其绝对意义上的普遍性要大于儒家学说——当然，这与文明的优劣无关。从启示宗教的角度说，伊斯兰教也是发展最为完善、形式／逻辑最为简约的一神教信仰，它在宗教自身的逻辑内达到极致。且不管伊斯兰文明复杂的实质是什么，儒家文明与伊斯兰文明之间的根本性区别就在于：一个是世俗的，一个是一神教信仰的。这两个文明对社会影响和塑造的不同，实质是世俗与信仰的不同。[1]

　　儒家文明是产自中原黄河流域定居－农耕社会的一种文明形态。冯友兰曾就中国儒家文明的经济基础说：中国是大陆国家，华夏民族以农业为生；农民只有靠土地为生，土地是不能移动的，作为士的地主也是如此；由于经济的原因，一家几代人都要生活在一起，这样就发展起来了中国的家族制度……儒家学说大部分是为论证这种制度合理，或者是对这社会制度的理论说明。儒家的五常就是这种社会－经济制度的反映。[2]由于同样的原因，祖先崇拜也发展起来了，经济条件打下了它的基础，儒家学说说明了它的伦理意义。由于儒家文明以特定地理空间下农耕－定居社会的人－地关系为依托，只要这种经济－地理基础存在，它就有顽强的生命力；也只有打破儒家文明的经济基础，才有可能改变其存在形态。对于游牧者来说，他们的生存方式本就是流动性的，与儒家的定居性相反。征服了中原的游牧帝国最终通过定居化接受了儒家文明。

---

[1] 我在此所做的有关宗教与世俗的两分，只是为了突出两者之间的本质性差异。并没有否定和贬低儒家文明自身亦具有"神圣性"的意思，只是儒家以天道、宗庙、仁、义、德、理、性等为主要内容的"神圣性"，基本上还是以对现世的人伦、政治关怀为旨的。

[2] 冯友兰:《中国哲学简史》，涂又光译，北京大学出版社，1985，第 27 页。

　　三大启示宗教（犹太教、基督教和伊斯兰教）从根源上说都产生于中东沙漠的游牧民之中。沙漠与草原的环境有很大的相似性，即头顶是天，四周是开阔空旷的贫瘠土地，几无屏障。伊斯兰教是一神教发展的顶峰，它形式简约，反对偶像崇拜，且由一个充满活力、文化层次较低的游牧民族以征服性的"圣战"形式扩张开来。"圣战"与游牧民族劫掠传统的结合，使伊斯兰教更易于被游牧民族所接受。在广大中亚地区伊斯兰教的传播是通过苏菲神秘主义的渠道进行的，苏菲主义强调与神的直接沟通，更适合文化层次较低、放荡不羁的草原游牧民族。

　　在伊斯兰势力征服西域之前，这里盛行佛教。伊斯兰教取代佛教也经过了非常残酷的、长期的政治和军事斗争。伊斯兰教对待"有经人"（即拥有《圣经》的犹太教徒和基督教徒），是宽容其宗教社区的存在，条件是缴纳一定数额的税，而对佛教则视之为偶像崇拜，必欲彻底铲除之。所以，伊斯兰教在西域取代佛教，不能单凭历史的结果就说伊斯兰教比佛教更具有吸引力。同样都是游牧民族，西边的蒙古人接受了伊斯兰教，而北边的就接受了喇嘛教。历史上，征服了中原的游牧民族最终都被汉化，而作为"落后民族"的阿拉伯人却没有被它所征服的高级文明（如波斯）所征服。

　　通过以上对比可以清楚地看出，华夏要理解西域，就必须正视历史上不同文明"覆盖"西域及彼此竞争的结果。要理解伊斯兰文明征服西域，不能仅仅看到经济的、政治的和军事的策略，也要看到文明的"内核"因素。

　　伊斯兰是理解一千年来西域历史的关键。西域伊斯兰化之后，传统的东—西格局中已经加入了一个至关重要的文明因素，故非常有必要了解这一文明的历史及其特征。伊斯兰教对中亚的意义就在于使这里的人民建立起一种主体性意识。不过这种主体性与近代民族国家的主体性不同，前者是弥散性的，以对超自然神的信仰和皈依而获得一种文化和精神上的高贵、自信与骄傲为主要内容，它不以特定的人－地关系为依托；而后者恰恰相反，尤其强调建立以人－地关系（民族／人民－疆域）为基础的政治实体，并在此基础上形成对自我认同的肯定。这是历史地认识中亚的一个重要视角。迄今为止，"中原史观"还没有严肃地对待和处理过这个问题，这也是当代国人认识中亚的常识性知识障碍。

在发生学的意义上，我们可以举出很多实际的、偶然性的历史事件来解释西域的伊斯兰化这个问题。但从历史的长时段来讲，伊斯兰文明已成为该地区一种本土化了的文明。要深层次地理解中亚问题，就必须把伊斯兰文明与当地人民的主体性结合起来。唐玄宗时，阿拉伯使者来进献贡品，见到玄宗皇帝时，"立而拒跪拜"，由此差点引起一场外交风波，这不免使人联想起近代史上英国使者马嘎尔尼拒绝在乾隆面前下跪的场面。到了明代，西域的伊斯兰化已经基本完成，此时的西域人已获得了对中原王朝的"蔑视资格"，亦即因为皈依了一神信仰而产生了一种无比的高贵感。当明朝把主要精力放在长城以北的蒙古身上时，中亚人也并没有认真注意过明朝。"到明亡为止，中亚人多把中国视为一个遥远的帝国，一个在一定程度上依赖中亚商品的市场，拥有数量庞大的异教徒，而总有一天他们将成为穆斯林。中亚人认为，中国的文化虽然很发达，但比中亚文化逊色，而且他们发现中国人对世界一无所知。"[1]

从东部海洋秩序的角度说，朝贡体系是以中国为宗主的（文化－政治意义上的），但不能用这一完全想当然的框架来理解中国与西域的关系。实际上，10 至 13 世纪，中国的官员们已经放弃了传统的朝贡系统，开始奉行一种现实有效的外交政策，即将邻国作为平等的对象。然而，对诸多强大邻国的现实评价，并不能阻止官员们将外国人视作"野蛮人"。"与这些国家外交关系中的互惠原则

---

1 〔美〕费正清编《中国的世界秩序：传统中国的对外关系》，杜继东译，中国社会科学出版社，2010，第 219~220 页。

不过是一种被迫的让步，而这一让步只是由于宋王朝军事上的软弱才勉强赐予的。"国内的官方记载和私人信件里充满了仇恨的情绪，外国人被说成低等的民族、"野蛮人"、"卑鄙的人"或者"禽兽"。[1] 已有研究指出：明、清与中亚的关系，实际上是一种对等的关系。其实，这只不过是宋代传统的一种延续罢了。而中亚人甚至非常瞧不起中原人，这一点应与西域的伊斯兰化密切相关。但在中国的内部，仍然要维持一种"世界宗主的神话"，明代设立"回回馆"，是专门负责接待来自西域各地穆斯林客人的机构，而回回馆属"四夷馆"，就是说，尽管明代君主在实际中承认中亚穆斯林君主的平等地位，如永乐大帝在给帖木儿后裔的信中说"西域乃伊斯兰地界，大智大善之人颇多，然无有超越苏丹者"，[2] 但在国内仍然以"夷"称之。对古典国家而言，在其自我叙事结构中坚持对于其他文明的自傲是一种必须，并且从理论上来说这种自傲与对其他文明的研究未必矛盾——一为叙事结构，一为现实政策，两不冲突。至于现实中是否总是愿意低下头来研究是另一个问题，但至少我们的古典国家曾经做过相关的思考。

更进一步，我们今天还面临着另一个问题。古典帝国的理念已经被我们今人放弃了，以至于我们面对基督教文明时经常丧失自我，失去自傲，这是文明自立的深重危机；而中原叙事的思维结构在另一个角度仍深入我们的骨子里。思考西域问题，有必要重温中国古人的智慧，再探求古典帝国的奥秘，这方面的努力，其重要性不亚于我们努力去理解现代国家之建构理念的工作。

3. 中亚的俄罗斯化

18 世纪中叶开始，沙俄不断向中亚地区扩张，不少部落被先后"合并"进了俄国，希瓦、布哈拉、浩罕三个汗国也先后被征服。原先属于我国管辖的巴尔喀什湖以东以南的广大地区以及帕米尔的

---

1 〔英〕冯客：《近代中国之种族观念》，杨立华译，江苏人民出版社，1999，第 21 页。
2 〔美〕费正清编《中国的世界秩序：传统中国的对外关系》，第 211 页。

某些地方，在沙俄与清朝政府签订了一系列不平等条约后也被沙俄占去。到19世纪70年代时，沙俄已经征服了整个中亚地区。另外，以印度为基地，英国也介入在中亚的博弈。

沙俄为什么要吞并中亚？过去的研究从沙皇帝国开疆拓土、地缘安全等角度来认识这个问题，甚至认为沙俄有南下印度洋寻找出海口的考虑。但从实际历史的进程来看，俄国对中亚的兴趣主要是出于经济利益的考虑，[1]俄国是把中亚地区当作自己的殖民地来经营的。这种经营不光是在经济上获取利益，而且还在政治、人口和文化方面进行了广泛的殖民化。

有学者最近指出，单一型经济生活的地理学特征决定了帝俄的地理扩张方式，这种单一性经济生活的地理学特征就是俄罗斯族人的生活区域与联邦财政收入区域是不一致的。[2]如果说早期俄人在西伯利亚的扩张是为了寻找皮毛，那么，进入近代工业化阶段以后，帝俄在中亚的扩张则主要是为了满足其对原材料及商品市场的需求。在这一点上，帝俄对中亚的殖民与西欧人的海外殖民是相似的。

中亚的费尔干纳谷地土地肥沃，于1884年移植美国棉花获得成功，遂使棉花成为这一地区的主要产品，用来满足俄国和波兰纺织工业对廉价棉花的需要。为了满足俄国的需求，当地植棉业的勃兴致使农业畸形发展，棉产量增长的同时，粮食产量锐减，粮食从自足变为日益依赖从俄国输入。植棉业促进了当地商品经济的发展，为中亚向俄国商品打开大门奠定了基础。由于无法同西方的商品竞争，俄国就将中亚地区作为一个保护性市场，倾销谷物、糖、木材、钢铁制品和其他制成品。[3]中亚遂成为俄国商品的倾销市场。后来的中亚穆斯林民族主义者提出了停止种植美国棉花的要求，亦即要摆脱俄罗斯的殖民主义，使中亚从对俄国的经济依赖中解放

1 〔美〕迈可尔·刘金：《俄国在中亚》，陈尧光译，商务印书馆，1965，第5~7页。
2 于向东：《关于俄罗斯问题的对谈》，载高全喜主编《大观》第5期，法律出版社，2011。
3 〔美〕迈可尔·刘金：《俄国在中亚》，第15~16页。

出来。[1]

俄国是典型的大陆型帝国，它的扩张是在陆地上连续进行的，它所征服的土地都与母国相连。按学者的解释，这一大陆型帝国的特征决定了俄国对所征服之地的殖民化程度之深（将每一块扩张而来的土地及人民都尽可能地"同化"）。[2]除了经济方面，帝俄对中亚的殖民化主要表现为大量欧洲移民的涌入以及对本地土地的剥夺和占有。中亚地区地广人稀，尤其是哈萨克草原、吉尔吉斯斯坦和土库曼斯坦有大量"剩余土地"，随着俄国农奴制的废除，大量无地农民进入中亚，俄国移民人数激增，而本地人受到了排挤。此后，俄国开始有序地对中亚地区进行殖民化，并制订了剥夺当地人土地的计划和法令。从人口学的观点看，俄国在中亚的移民已经改变了那里的民族成分。欧洲血统的民族人口的总数最终超过了当地任何一个本地民族集团的人数。欧洲人在总人口中所占的比例，在哈萨克斯坦是65%，在苏维埃中亚约为25%（1959年普查）。[3]

沙俄造成了中亚经济的单一化以及对母国的依赖。苏维埃政府虽然指责沙皇政府的经济殖民政策，但其在中亚所执行的政策是一样的。这也是由前述俄罗斯人"单一型经济生活的地理学特征"决定的。诚如季诺维耶夫在1922年所说，虽然俄国已经抛弃了剥削附属国的政策，但"……我们若没有阿塞拜疆的石油或土尔克斯坦的棉花是不行的，我们不是作为过去的剥削者而是作为手持文明火炬的老大哥，来取得这些我们所必不可少的产品的"。[4]

苏联在中亚推行的政策是强化地区专业化分工，"它把俄罗斯联邦经济的单一性与其他联盟主体的经济单一性相互结合成一个自洽

1　〔美〕迈可尔·刘金：《俄国在中亚》，第20、22页。
2　于向东：《关于俄罗斯问题的对谈》，载高全喜主编《大观》第5期；〔美〕迈可尔·刘金：《俄国在中亚》，第64页。
3　〔美〕迈可尔·刘金：《俄国在中亚》，第61—62页。
4　〔美〕迈可尔·刘金：《俄国在中亚》，第137页。

的经济组合体，从而克服了沙俄帝国的传统特征。其实，这种联盟经济后来发展为经互会体系，是对未来终极的共产主义社会经济体的一个模拟"。[1] 苏联把乌兹别克、吉尔吉斯、塔吉克、土库曼四个共和国划为一个经济区，称中亚经济区；把哈萨克共和国划为一个经济区，称哈萨克斯坦经济区。根据苏联的专业化分工，中亚地区主要生产矿物、燃料、谷物、棉花、羊毛、肉类等初级产品。这些产品主要运往苏联的欧洲地区，因此，中亚各共和国之间经济交流并不密切，而与俄罗斯联邦的物资交换很紧密。

帝俄在中亚的对内政策是，维持这一地区的和平与秩序，尽可能多地获得经济利益，而对该地的风俗习惯和生活方式尽量少加干涉。到苏俄时代，一种新的政治形式被引入中亚。在布尔什维克获得胜利之后，中亚成为其未来社会主义联盟布局中的一部分。列宁所设想的"苏联"，建立在一套完全不同于任何国家和帝国的"国家理由"之上：无产阶级的共同利益以及这个共同利益在全世界范围内的实现——世界无产阶级共和国，在其中实现了各联盟主体的平等。列宁对自己的理想设计是乐观的。而到斯大林，他以"共产主义新人：苏联人"作为苏联的灵魂。[2]

苏俄首先是对中亚进行了民族划分，以加盟共和国的形式统辖中亚，其实质是以（社会主义版本的）"现代性文明"对中亚进行覆盖与重新整合。首先，对当时的布尔什维克党人而言，中亚五国这一"创造"是其"苏联"理想的过渡阶段，在这个框架下，中亚各国首先就在理论上从落后的部落／部族时代"跑步"进入资本主义阶段（根据斯大林的民族观，民族是资本主义上升阶段的产物）。这是一个先进入"现代性"，再达到社会主义的方案。其次，民族划分也具有打击泛突厥主义的重要战略考虑。加盟共和国体系的建

1　于向东：《关于俄罗斯问题的对谈》，载高全喜主编《大观》第 5 期。
2　于向东：《关于俄罗斯问题的对谈》，载高全喜主编《大观》第 5 期。

立，击溃了泛突厥主义在中亚的政治诉求。中亚新民族国家的创建，培植了一批新的民族主义精英，并成为新的既得利益者。通过宣布效忠于共产主义的苏联，他们立刻拥有了一个民族国家，尽管当时是形式大于内容。

俄国吞并中亚后，对中亚进行了一定程度的俄罗斯化，主要是两个方面：移民和推广俄语。苏联继承了帝俄的俄罗斯化政策，实行的是分而治之：划分民族 + 俄罗斯化。他们用"苏联人"即忠于莫斯科的、讲俄语的人来取代众多的民族，最终导致了中亚地区社会结构的改变。在苏联以前，中亚主要有三种语言：波斯语、阿拉伯语和突厥语。苏联通过多种措施改变中亚地区的语言结构，其中最重要的是将西里尔字母强加给中亚人，这种做法不仅打击了中亚的本土语言，确保了俄语的"超民族"语言的统治地位，使俄语成为苏联公民的交流工具，而且还割断了中亚人的历史，割断了中亚人与其他地方讲波斯语和突厥语人的联系。苏联时期，俄罗斯人、乌克兰人和伏尔加的德意志人被安排到中亚定居，俄罗斯人又被政府安排到领导岗位上，让他们训练年轻的中亚人，努力造就一批俄罗斯化的本地精英。[1] 俄罗斯化是成功的，它的影响不只是体现在大量俄罗斯人口在中亚的存在，也不只是此后俄罗斯以保护中亚俄罗斯族人利益为借口来干涉中亚事务，而且体现在俄罗斯化造成了一批具有亲俄意识的当代精英，他们直接决定了当下中亚与莫斯科之间的关系。

俄罗斯加之于中亚的实际上是俄罗斯化与苏联化（即社会主义的现代化）。俄罗斯化最终是服务于苏联化的，苏联化的最终理想是要在此岸建立一个以共产主义新人为主体的神圣共同体。总体而言，俄罗斯化取得了较大成功，而苏联化实际上只是部分地成功，

1　石婧：《中亚历史进程中伊斯兰化、突厥化和俄罗斯化及影响》，《新疆师范大学学报》（哲学社会科学版）2001 年第 1 期。

并停留在其社会主义化的初级阶段，即民族划分与建构的阶段。苏联解体后，中亚的民族国家建设实际上就是从这个初级阶段开始搞起的。这也正是中亚不稳定的根源，因为，俄化和不成功的苏联化已经直接冲击和动摇了它的历史主体性。

结　语

"世界历史上的中亚"是一个文明逐渐纵向沉积、地域逐渐横向缩小的地方。西域是"大中亚"，中亚五国是"小中亚"。要理解中国的西北、现在的中亚，就需要有一个"大中亚"的概念，这个"大"不仅是指空间 – 地理意义上的大，还包括时间意义上的历史长时段。要理解当代中亚，就必须做几次合与拆：西域是合，民族国家是拆开西域、划定人为的疆界，中亚又是拆去疆界、合起来看。合是历史，是深度；拆是现实，是表层。两种思路不可偏废。这就如同剥洋葱一样，要一层层深入。中亚文明有其内核，中亚又是地缘战略的内核与枢纽。

1. 中亚的主体性问题

到底中亚是什么？这只是我们习惯性发出的一个疑问，在真正了解中亚之前，我们甚至都无法确定这是不是个伪问题。在这里我们大胆断言：中亚是一个主体性不稳固的、依附性较强的存在。主体性是自我认同，是超越理性的激情，是紧抓住历史深处某种灵魂本质的冲动，是自信的源泉，是创造性的发动机。这些正是中亚在其历史中失去的东西。

主体性不稳固与依附性较强两者互为因果。中亚的历史命运就是在文明和政治上被大的力量所控制、掌握和引导。外部力量多次塑造中亚。从文明的角度说，当代中亚文化深受外来"三化"的影响，即突厥化、伊斯兰化与俄罗斯化。历史上，中亚地区一直是周边强大政权统治者们的争夺之地，先后有希腊、波斯、古代中国、阿拉伯、突厥、蒙古等王朝或汗国的统治者管辖过这里；西汉时，楼兰国王说出了其处于汉与匈奴之间的两难境地："小国在大国间，不两属无以自安。"[1]古代国王的这句话点出了整个西域诸小国的历史命运。

当代中亚延续着其特殊的历史命运：内部不稳定，外部有多个国家试图影响、控制该地区。近代以来，俄罗斯掌控中亚命运一百余年。一百年前沙俄与英国为争夺中亚展开"大博弈"（big game），如今已经换了一个主角：美国取代了英国。

独立后的中亚力图重建其历史主体性。由于其独特的历史命运，这种重建带有很强的悲情色彩。苏联解体后，吉尔吉斯斯坦获得独立。独立被民族主义的悲情叙事赋予了新的意义。1992年8月29日，全世界吉尔吉斯人代表大会在吉尔吉斯斯坦首都比什凯克召开。总统阿卡耶夫发表讲话说："由于历史上遭受众多不幸事件，吉尔吉斯人口数目越来越少。最后成为定居在亚洲中央的一个小民族。但是，我们最大的遗憾是自伟大的吉尔吉斯汗国从历史舞台上消失之后的1000年之内，未能再建立一个独立的国家……"[2]可以说，中亚的历史悠久绵长，但中亚国家却太年轻了。

如果说苏联的解体与中亚国家的"被独立"是（美、苏所代表的）两种不同现代性竞争的结果，那么，在这样的一场现代性竞争的大游戏中，1990年后获得独立的中亚国家才刚刚起步。工业化方面苏联时期片面的地区专业化分工体系，致使其至今未建立起能够满足自我需要的轻工业体系，因此，它非常需要中国的电子产品、配件、纺织品等。独立的中亚国家正借助于虚弱的国际法意义上的民族国家来重建其主体性，而其复杂性就在于长期主体性的缺失与重建之间的矛盾。在这一切都还没有被搞定的情况下，中亚又引入

1　《汉书·西域传上》。
2　潘志平主编《中亚的民族关系：历史、现状与前景》，新疆人民出版社，2003，第78页。

了竞争性选举的民主制度，它是建立在以部族主义和地方主义为底色的国家基础上，而不是建立在较为稳健的市民社会基础之上的。这一切便是中亚认同危机所在，亦是当代中亚政治危机的根源。

2. 中国面对中亚的挑战

布热津斯基预言过中国与中亚地区关系发展的可能模式："目前，中国的作用比较有限，它的目标也不那么明朗。有理由认为中国更希望在其西部面对一群相对独立的国家，而不是一个俄罗斯帝国。"但就算是这已经成为现实，中亚对中国在根本的政治问题上似乎依然是"铁壁铜墙"。

今天，中国的南—北问题已经从过去的游牧帝国与农耕帝国的对峙，转变为中俄并立。对中国而言，尽管仍然有过去的南—北和东—西格局的影子，但其意义已经非常不同。新的因素已经加入进来，这就是来自南部的美、印，西部和西南的突厥－伊斯兰（土耳其、伊朗）。这里面，突厥、伊斯兰因为与中亚的历史主体性相关，而有一种软力量，弹性极大；北部的俄罗斯因为有帝俄和苏俄经营中亚的大陆型帝国经验，而拥有无与伦比的优势；美国以强大的全球军力布局、资本帝国和自由民主的意识形态，而具有软硬两方面的实力，它在此地不断掀起种种"颜色革命"。[1] 甚至连日本人都在构想从日本经太平洋、印度洋到中亚的对中国的所谓"民主包围圈"。

中亚对于中国的地缘战略、能源安全、交通运输、西部贸易、陆权以及战略纵深等方面的重要意义，是毋庸赘言的。但是，作为一个大国，中国不能成为"买卖国家"，也就是说，不能轻易地认为，似乎只要有了强大的经济，就可以享有相应的国际地位（这曾经是二战之后日本的梦想）。在新的格局下，仅有一个经济－资源的头脑是不够的。尤其是在俄罗斯转型以后，其对于"俄化"中亚

1　陈达：《颜色革命：中亚面临的现实抉择》，兰州大学出版社，2007，尤其参见第三章。

所具有的软实力，以及目前在形式上的体制优势和地缘优势，使俄罗斯可以在中亚与美国一决高低，这都是我们需要进一步思考的根本性问题。

作为中亚博弈局中的一个新来者，中国的优势限于世俗成就，即经济方面。如何避免政治因素剥夺技术带来的进步，是两千年来中亚交通和贸易历史的最大教训。[1]中亚不仅是曾经的苏联和现在的俄罗斯的软肋，也是中国的软肋。在承认区域合作的良好前景和巨大经济利益的前提下，如何建立一个"内在地克服了分离主义倾向的区域政治过程"（于向东语）需要被提上议事日程。

文明的因素亦不可忽视。儒家文明的普遍性消解于其依赖于特定的中原地理这一特殊性。在古典帝国时代，其或可容纳西域问题，但是随着全球视野的展开，以儒家文明来统合对西域的理解则捉襟见肘。更何况，经 20 世纪不间断的革命洗礼，现在的中国已经彻底世俗化了。在认识和理解中亚时，我们需要对自身有一个比较清醒的反思。

历史并非仅仅发生在过去的事，而是一种积淀和惯性，它存在于当下，并且是当下不可或缺的一个组成部分。历史存在于地理和人文之中，地理者，乃是地表的自然环境；人文者，则是文明的传统。在地图上，西北是中原的边疆，中亚是中国的边缘，但它们又同时是内亚大陆的核心，是麦金德意义上的地缘枢纽。如果只是从中原的立场上去理解和认识中亚，那是不够的。我们同时需要地缘和文明的视角，而后者可能是更为重要的。重读西域历史，让我有了以上千思万绪的追索。今天，我们需要再出发，就像两千多年前的张骞一样。

原载高全喜主编《大观》第 5 期，法律出版社，2011

---

1 〔英〕艾兹赫德：《世界历史中的中国》，第 374 页。

历史哲学视域下的西域—中亚

施 展

一 边疆何以成为问题?

新疆古称西域，这两种称呼都内含着一种边疆性。但是，何谓"边疆"？这个问题需要首先被理解。"边疆"身份的意涵，在古代与现代有着很大的区别，这是我们理解新疆－西域问题时所要面对的第一个问题。[1]

---

[1] 就一个给定的政治体而言，其正当性基于两种理论叙事的构建。一是政治哲学的叙事，它会为该政治体确立其所要追求的正义之目标；一是历史哲学的叙事，它会确立该政治体的心理边界，确认何者为自己人，何者不是自己人。两种叙事加在一起，会带来政治体的精神凝聚力。本文首先会讨论政治哲学当中关于正义／正当秩序的古今之变，提出现代国家对于正义／正当秩序的理解框架；接下来会讨论在现代国家的秩序观念框架下，政治共同体的心理边界是如何确定的，这就过渡到本文的核心关注——历史哲学视角。

　　在古典帝国的视野下，世界秩序首先不是一种政治秩序，而是一种文明秩序。帝国是文明之道德理想的世俗担当者，其眼中的世界秩序呈现为一种中心—边疆—蛮荒的差序格局。帝国中心区是文明的制高点，"边疆"既是一个地理概念，更是一个文明概念，正是通过边疆，文明从帝国中心不断向外流溢，传播向蛮荒之地，边疆是文明向外扩展的前沿。在这种差序格局下，诸区域的等级高低是从中心向蛮荒逐层递减的。但是，边疆的地位虽然比中心要低，却并不会使边疆的尊严被剥夺。相反，在整体的秩序结构中，各个部分都有着各不相同、彼此无法替代的功能，都不可或缺，各自的尊严都来自这种不可或缺性。等级差异所带来的不是尊严的区别，而是责任的区别。在这种情况下，只要帝国中心肯承认边疆的"成比例的"尊严，边疆是可以接受自己相对于中心的次等地位的。在古典帝国的视野下，个体的意义与价值也必须在超脱任何个体——包括作为个人的君主在内——之上的整体秩序中才能获得体认，整体秩序是世界的根本意义框架，是思考政治正当性的出发点。

　　但是，在现代国家中，那种对于世界秩序的差序性理解被普遍的平等置换掉了；思考政治正当性的起点，也从整体秩序转换为个体的主体性。在现代国家的叙事结构中，不再有什么基于等级差异的比例性尊严，尊严是寄托在每一个平等个体身上的，基于个体彼此之间对对方之主体性的普遍承认。从国家的空间结构角度来看，古典帝国时代，帝国中心不认为边疆有独立于自己之外的主体性，边疆只有通过中心才能获得自己的价值和意义；到了近代一系列的革命之后，不管对于个人还是区域群体，不需要通过任何人为中介，每个人和每个区域群体都拥有自足的价值和意义。[1]

　　正是经历了政治正当性的这种"古今之变"后，边疆开始成为一个问题。由于现代叙事中，预设了所有人、所有地区的平等，边疆不

---

[1]　列奥－施特劳斯曾对这样一种古代与现代的秩序观念的差异做过极为深刻的讨论。参见〔美〕列奥－施特劳斯《自然权利与历史》，彭刚译，三联书店，2003。

再像古典时代一样首先是个文明概念，而是被还原为一个纯粹的地理概念。边疆的主体性应该是自足的，国家的政治叙事也承认这一点，从而在文明意义上不再有边疆；但是此种叙事却在事实上取消了边疆的历史主体性，将边疆与国家中心地区的平等性表达为边疆同化于中心，以及由于各种历史与现实的原因，国家的中心区对于边疆具有各种优势，以至于中心区在政治实践中总是有着不自觉的对于边疆的居高临下之感。那种有着等级之分的"边疆"又被隐性地继承了下来。

于是我们便可以说，在古典时代，是有边疆、无问题。边疆在整体秩序当中的地位名实相副，对边疆来说不存在什么生存困境。在现代性诞生之后，则是无边疆、有问题，与中心地区有着高低之分的"边疆"在理论上不存在，在实践上却隐性存在。理论的承诺与现实的感受之间的张力，在现代世界构成了边疆地区的生存困境。这种生存困境并不是物理意义上的，而是精神意义上的——边疆地区的主体性，在现代国家的政治叙事和历史叙事当中，虽在原则上被承认了，但在事实上却迷失了。

对大国来说，边疆的存在是一种必然。但倘若边疆不能在国家的叙事当中获得一种主体地位的承认的话，则前述的生存困境将无法获得化解，而国家对于边疆的治理也很有可能会处置失当。从西域视角来看，对其主体地位的承认，首先意味着重新定位其在中国历史当中的意义。一个国家的历史叙事是有整体性的，对于边疆的历史意义的重新定位，必定意味着对于国家的历史叙事的一种深刻反思，或者说，对于"何谓中国"的反思，这是我们重新思考西域历史意义的一个前提。[1]

---

1 由于边疆问题近年来具有越来越大的关注度，所以在"何谓中国"这个话题上，近几年也有很多的研究成果浮现出来。例如葛兆光先生的《宅兹中国——重建有关"中国"的历史论述》《想象异域——读李朝朝鲜汉文燕行文献札记》等著作，赵汀阳先生和许纪霖先生关于"天下体系"的诸多思考，姚大力先生和罗新先生的一系列关于草原史的论述，王明珂先生从边疆着眼的历史人类学研究，等等。海外的新清史研究在这方面也做了大量的尝试。这些研究对于我们思考"何谓中国"的问题会有很多启发。不过我们也可以注意到，它们所打开的新领域，主要是从草原与中原的互动这一视角展开，对于西域的讨论相对较少，仅有的一些也未上升到历史哲学的高度。本文就是要从这个角度做一些尝试。

　　任何历史都是在具体的地理空间当中展开的。不同的地理空间，可能有非常不同的自然条件，约束生活在当地的人群只能选择特定的生产－生活方式，进而产生大不相同的对于秩序的想象。这里面最重要的变量就是山－水分布与人们的生产－生活的关系。

　　一旦进入这样一种地理空间视角，我们就会发现，中国的历史所发生的空间，并不是一个单一均质的空间，而是一个多元复合的体系。它包含着因 400 毫米等降水线（大致重合于长城）的划分而形成的游牧生态经济区与农耕生态经济区、因连续的沿海丘陵导致相对隔绝于中原的破碎地理所形成的海洋生态经济区、因极度远离海洋的干旱地理形成的不连片的绿洲生态经济区、因平均海拔的高度而形成的高原生态经济区，等等。这些彼此差异甚大的经济区，其生产－生活方式的差异首先是因为不可克服的自然生态原因，但由此会进一步产生这些地方对于不同的文化资源与秩序想象的亲和性差异。比如，基于稳定的人际关系结构才得以展开的儒家之伦常秩序，在草原游牧区居无定所的生态下，是不可能落实为日常的伦理实践的；儒家未明言，但内在隐含的"中原正统论"，[1]使得西域也不大可能无条件地接受儒家的秩序想象。伴随着不同的文化资源与秩序想象的，便是不同的自我认知。所以，这些地区差异化的主体性有着其深刻的地理－历史基础。

　　此外，我们也可以看到，所有这些区域，在历史上逐渐演化为深刻的相互依赖关系，其相互间的互动过程改变着彼此。[2]此一

1　历史证据之一是，三国末年，邓艾攻蜀时，先致书于蜀国君臣曰："王纲失道，群英并起，龙战虎争，终归真主，此盖天命去就之道也。自古圣帝，爰建汉、魏，受命而王者，莫不在乎中土。河出图，洛出书，圣人则之，以兴洪业，其不由，未有不颠覆者也。"参见《三国志·蜀书三·后主传》，此信实言出国人共享的隐含信念：苟非地据中原，则正统不与焉；出身皇族同宗并不更具优势。
2　拉铁摩尔、巴菲尔德等人对于草原与中原的历史互构关系的研究，相当具有启发性。参见〔美〕欧文·拉铁摩尔《中国的亚洲内陆边疆》，唐晓峰译，江苏人民出版社，2005；〔美〕托马斯·巴菲尔德《危险的边疆：游牧帝国与中国》，袁剑译，江苏人民出版社，2011。

互构历程，形成了一种超越于诸多亚区域之上的共享的历史记忆。这样一种共享的历史记忆，正是共同体之心理边界的基础；但是它需要通过恰当的历史叙事被表达出来，才能化作共同体的精神自觉。这样一种历史叙事应当能够呈现出，中国历史并不是汉族中心的一元实体不断扩大为今天的领土与人口的过程，相反，它是一部由诸多亚区域互动的历程所构成的体系史。这个体系在不断寻找一种均衡的政治存在样态，它有时表现为准列国体系的外部均衡，如汉–匈、宋–辽关系；有时表现为多元帝国的内部均衡，如元、清。这个体系的生老病死起承转合，才是完整的中国历史。

中国的自我意识的充实与成熟，必须以对于自身作为一个体系的理解，以对于自身与世界之相互关系的理解为前提。而我们对于西域的关注与思考，在这样一种体系史的视角下，便会呈现出一种全新的历史意义。

二 作为自由通道的西域—中亚

要探究西域的历史哲学意义，首先还是要来看一下其历史赖以展开的地理空间。西域属于地理意义上的广义中亚，广义中亚大致包括今天的中国新疆地区、中亚几个"斯坦"以及阿富汗等地。在中亚地区沿着天山—锡尔河大致画一条线，这条线以南是定居性地区，兼营农耕与商业，以北是游牧地区；这条分界线向东大致可以与分隔游牧、定居区的长城连起来。中亚与东亚的游牧–定居之共生体关系有个重要区别，就是东亚的农耕区的规模足够大，从而足以支撑农耕区与游牧区的长期对峙，或者在游牧者入主中原以后，可以用中原的庞大财富赎买游牧部落当中的军事贵族，从而破解了因游牧帝国周期性继承危机所致的"胡虏从来无百年"。但是中亚地区的散落绿洲，既不足以独立对抗游牧帝国，又不足以让入主的游牧者能够完成对军事贵族的赎买，于是其历史节奏便会与游牧帝国周期性的继承危机有共振关系。大致以帕米尔高原为界，大中亚亦可进一步区分为东、西两个亚区域，这两个亚区域在历史上很少处于同一王朝的持续统治下。因为帕米尔高原的存在，使得跨越高原进行统治的行政成本居高不下，难以持久。强大如西突厥，重心在西部亚区域，其统治中心位于七河流域，却也难以持久地占据帕米尔以东。后来一度囊括几乎整个大中亚的喀喇汗王朝、察合台汗国等，都是统治没多久，便分裂为东、西两个部分。重心在帕米尔以东的准噶尔汗国、大清，则都没有持久地统治帕米尔以西的中亚地区。可以说，帕米尔高原构成了帝国的天然疆界。高原的东、西两边，各形成一个次级的游牧－定居共生体。

中亚的地理因此是很破碎的，但中亚的历史哲学意义，正是出自其破碎性。就中亚的游牧地区而言，破碎性基于草原帝国无法克服的周期性继承危机，可以说是时间意义上的破碎性；就中亚的定居地区而言，破碎性则完全是地理所决定的——绿洲彼此是不相连的，中间都被大漠戈壁所隔开，同时每个绿洲的规模又都很小，这是一种空间意义上的破碎性。

中亚的破碎性使得其定居地区无力保护自己，总是需要外部力量的某种进入，以在当地形成政治秩序。外部力量的进入，可能来自北部的游牧地区，但是这又不断遭到时间破碎性，绿洲城市仍处在周期性的失序之下；也可能是来自更远地方的轴心文明所形成的帝国，如中国、波斯、俄罗斯等，周期性失序或可化解。但是对远方的轴心文明帝国而言，中亚本就遥远，再加上其空间破碎性，使得在中亚的统治成本居高不下，而且必定是入不敷出的。所以，远方轴心文明帝国对于中亚的统治，若欲持续，必定要采行间接统治方式，这样才能够把统治成本最小化。

于是可以说，无论外部力量是如何来的，它都要服从大中亚的一种亚区域特征，即它在政治上有着不同于周边区域的主体性——间接统治实际上就意味着承认了当地进行自我治理的必要性，从而就是对当地的主体性有了一种承认。这并不是周边的轴心文明帝国有着足够的雍容乐于承认中亚的主体性，而是轴心文明帝国面对政治地理所带来的硬约束，所不得不接受的统治原则。即便轴心文明帝国派遣自己的人马去征服当地，欲做某种直接统治，前去完成征服的大将军也会迅速地从该帝国中自我剥离出来进行割据，再次形成一种事实上的自治。前秦大将吕光，曾被苻坚派去征服西域，结果吕光到了龟兹（今库车）一度就不想回来了，意图割据当地，即为一例。[1] 至于帕米尔以西的中亚，我们可以看到，它被阿姆河以南来的轴心文明帝国进行统治的时间更是有限。公元前 300 多年的亚历山大大帝时期曾经出现过一次，8 世纪初期的阿拉伯帝国时期也曾经出现过一次，这两次持续的时间都很短暂，此后的再次出现就要到来自北方的俄国征服中亚的时期了。

中亚的地理破碎性，使得不仅外部难以持续地统治它，在其内部也始终保留着欧亚大陆东、西部的传统帝国中被消弭掉的自由。这种自由集中体现在中亚定居地区的诸多城市，彼此互不统属，也不长久地被外部世界直接统治上。集权秩序在这里难以持续，一个个互不统属的自治共同体推动着一个超越单个绿洲城市之上的自生秩序。这不是在政治哲学意义上建构出来的自由，而是一种社会 - 风俗意义上的源初自由。

中亚地区的自由特征，天然地适合于贸易对自由秩序的要求，可以说，"自由通道"就是中亚地区的世界历史命运，其破碎性成就了它的这种命运。中亚因此有了一系列以经商而闻名的定居城

1　"（苻）坚闻（吕）光平西域，以为使持节、散骑常侍、都督玉门已西诸军事，安西将军、西域校尉，道绝不通。光既平龟兹，有留焉之志。时始获鸠摩罗什，罗什劝之东还。"见《晋书·吕光载记》。

市；中亚的商人群体在古代到中世纪大有能量，虽然他们要依赖于游牧帝国的保护。比如中古时代最重要的中亚商人群体粟特人，他们依赖于突厥的保护，但正是他们的商业活动才使得突厥各种基于商业过程的军事后勤运输工作乃至战争融资活动成为可能；唐朝也经常以同样的方式受惠于粟特人的活动。以至于，粟特人成为突厥人最重要的参谋，他们帮助突厥人制订外交方案，规划军事战略，因自己的商业需求，而试图引诱突厥去与拜占庭帝国建立联盟关系以打压萨珊波斯帝国，或是帮助回鹘策划如何压榨安史之乱后国道中落的大唐，等等。[1] 在中亚逐渐伊斯兰化之后，信奉摩尼教、祆教等波斯宗教的粟特人渐渐淡出历史舞台，继之而起的是中亚的萨尔特人。据巴托尔德的研究，11 世纪，萨尔特人形成庞大的商人团体，其发行的支票甚至比政府支票的信用度还要高，以至于 check（支票）这个词最初是在这里出现并作为外来语传入欧洲的。[2]

这个庞大的商人群体，不受中亚走马灯般的政治变换之影响，一直在进行跨境的商业活动。丝绸之路上，运输的商品可能很多是产自中原，但真正从贸易上控制这条道路的，是中亚商人。这种基于贸易的世界史，更呈现出历史在政治与战争之外的一种深层结构，让人们意识到，轴心文明地区以及游牧帝国与中亚之间深刻的相互依赖关系。

从文明传播的角度讲，中亚有着更加深刻的历史哲学意义。中亚绿洲地区贸易发达，人均财富量很大，但由于其太过破碎，总财富量却很少。于是，它无法成为轴心文明的生发之地，轴心文明只能生发于大片农耕区域财富总量很大的地方。但是这些轴心文明生发之地又一定会建立起轴心帝国，集权秩序的政治力量

---

1 〔法〕魏义天：《粟特商人史》，王睿译，广西师范大学出版社，2012，第 127~168 页。
2 〔苏〕威廉·巴托尔德：《中亚突厥史十二讲》，罗致平译，中国社会科学出版社，1984，第 134 页。

会对文明本身发展的逻辑构成一种压制，使得文明内在的各种可能性无法被充分释放。中亚地区同样有对文明的需求，伴随着贸易和战争等，各种轴心文明都会传播到作为自由通道的中亚地区，这为中亚带来了世界性的眼光，较大的人均财富量也让中亚人有余裕来思考这些文明所提出的问题。[1]诸文明在这里各施解数自由竞争，同时由于中亚无法被强大的轴心文明地区持久地直接统治，这又使诸文明在这里都可以在相当程度上摆脱政治性的压力，从而充分释放出各种可能性，这对于人类的文明发展有着至关重要的意义。

比如，诞生于印度本土的佛教，是通过中亚才传播到中国的，而它在中亚的发展却呈现出与印度本土的诸多不同，呈现出更多的可能性。这些鲜活的精神要素传入东亚地区，对东亚的影响与改造是全方位的。再如，公元3世纪诞生于伊朗高原的摩尼教，在波斯帝国本土命运多舛，无法摆脱与政治之间的复杂纠缠，忽而被捧杀忽而被打杀，始终不得其正。摩尼教逐渐传播到中亚的河中地区，在公元6世纪后期，中亚摩尼教宣布与巴格达的总教会脱离关系，独立出去，号称电那勿派，[2]这只有在中亚这种注定自由的地方才有可能。嗣后的摩尼教反倒在东方获得了更大的世界，以至于成为回鹘的"国教"——当然，这又重新与政治形成勾连了，但我们毕竟还是在中亚看到了另一种可能性的出现。

最具象征性的是伊斯兰教。它在8世纪开始传播于中亚，到10世纪形成了较大的影响力。据巴托尔德的研究，世界上最早的独立伊斯兰经文学院，不是出现在作为伊斯兰教大本营的中东，

---

1 值得一提的是，中亚先后流行佛教、祆教、摩尼教、景教（基督教）、伊斯兰教等，唯独儒教未曾流行，虽然耶律大石建立的西辽曾经努力过，甚至在当地开科取士，但最终还是未能成功。回想到前面曾经提到过的儒教对地理的依赖性，这可为又一例证，嘉峪关差不多就成了儒教向西北传播的地理极限。

2 王媛媛：《从波斯到中国：摩尼教在中亚和中国的传播》，中华书局，2012，第25页。

而是出现在中亚。[1] 除了这里在佛教时期便有着经文学院的传统之外，更重要的一个原因是，它远离伊斯兰教的中心，不受哈里发的控制。哈里发由于其统治的正当性完全系于对《古兰经》的解释，便不能容许解释权外落到他人手中，所以有可能形成独立解经力量的经文学院便会受到压制，只有官方学院才能成立。再一次，只有在中亚这种注定自由的地方，伊斯兰教更加丰富的可能性才浮现出来。正是伊斯兰教在中亚的这种自由发展，结合于此地流传已久的古希腊哲学，才孕育出了几位历史上最伟大的伊斯兰哲学家，如阿尔法拉比、阿维森纳等。这些伟大思想家的工作后来辗转传入西方世界，对阿奎那等经院神学家产生深刻影响，奠定了后来欧洲文艺复兴的基础。美国学者斯塔尔评论道："在数世纪的文化繁荣中，中亚是世界的知识中心。……在约公元 1000 年的前后四五个世纪中，是中亚这个地区推动了世界上所有其他文化中心走上前台。"[2]

虑及此，可以说，中亚正是以其无，成其有。中亚虽然不产生轴心文明，但它却构成轴心文明的挪亚方舟，轴心文明的精神力量在这里真正获得释放与壮大，并在轴心文明的母邦因帝国的衰朽而陷于颓靡之际，予其反哺，为人类的文明重新带来活力。

更有趣的是，作为"自由通道"地区，中亚需要一种稳定的秩序，这在很多时候是靠外部轴心文明的帝国来提供的。但是只有在外部轴心文明帝国对中亚不表现为直接统治（而是间接统治）的时候，中亚对于轴心世界的价值才最充分地体现出来。其功利性的价值体现在中亚作为贸易通道的高效率上。贸易的高效率依赖于一种自由的环境，只有在中亚不被外部轴心世界直接统治（而是间接统

1　〔苏〕威廉·巴托尔德：《中亚突厥史十二讲》，第 61 页。

2　S. Frederick Starr, *Lost Enlightenment: Central Asia's Golden Age from the Arab Conquest to Tamerlane*, Princeton University Press, 2013. p.4.

治）的时候，一方面有了秩序，另一方面更重要的是，自由才能存续；一旦它被直接统治，自由不再，则其贸易的效率受损，而轴心帝国还得投入大量资源去进行吃力的统治，所有的价值都变成负数了。这也是为什么轴心文明对于中亚的直接统治往往得不偿失、难以持久。就非功利性的价值而言，"自由通道"地区可以呈现出轴心文明的更多可能性，这可以反过来构成对于轴心地区的文明启示。在这一点上，中亚与东南亚有着可以类比之处——两个地方都有着天然的地理破碎性，从而注定要担当起"自由通道"的历史命运。多种轴心文明在此处的延伸与碰撞乃至变化，可以构成该文明之母国的世界历史意义的某种启示。

三　近代西域与大陆帝国

　　包括西域在内的大中亚地区，在近代以前，一直是东西方贸易、交通的重要通道，因此积累起丰厚财富，使得中亚地区的文化极为兴盛。但地理大发现扭转了这一切。海洋将东西方直接联系了起来，通过海上进行远途贸易比通过中亚更有效率，原本在某种意义上还是处于世界中心的中亚地区，被剥离到了世界的边缘，伴随贸易而来的滚滚财富不再可持续。随着经济格局的变迁，中亚的游牧－定居共生体的财政逻辑完全改变了，这终于使中亚地区的游牧力量对于秩序的建设性意义大幅缩水，不再有如喀喇汗国、西辽一般的文化之盛，中亚的政治、经济、社会都开始进入一种失序的状态，中亚如同回鹘西迁之前一般，又一次需要外部世界帮助提供秩序。大清与俄罗斯入主中亚，将其重新整合进东、西边两大帝国的秩序当中，便成为嗣后的历史主线。这样一种变化是不可逆的，嗣后的任何中亚秩序都必须在这样一个不可逆的新的秩序逻辑之下才能获得理解。

　　再纳入陆权、海权这个视角，可以看到，19 世纪中期以后，亚洲大陆上也发生着陆权－海权极其复杂的博弈，博弈的主战场之一就是中亚，主角是英属印度、俄罗斯两国，还有个介于主角与配角之间的角色中国。在这个博弈中可看出陆权帝国与海权帝国的行事差异。俄国对于中亚是步步蚕食，占住就不放弃。英国则担心俄国会威胁到英属印度，于是向北抵御，几次入侵阿富汗，将其变成自己的保护国以形成对俄国的缓冲。这也可以说是对阿富汗进行的一种间接治理，然后英国就撤回印度，并不以占领中亚的更多土地为目的。[1]

　　前文曾经述及，中亚以帕米尔高原为界，可以区分为东、西两个亚区域，即使在现代治理技术下，这种东西疆界也天然存在，但可能有更复杂的因素掺杂进来。在"大博弈"的过程中，还发生过来自中亚浩罕汗国的阿古柏攻占中国新疆的插曲。他一路进占南疆，在即将席卷北疆之际，俄国人不愿再旁观了，在1871年攻占了伊犁，阻止了阿古柏控制这块七河地区的战略要地。但俄国又不说要割走伊犁，只说是替清朝暂时守住伊犁，因为它还有另外一重战略考虑。阿古柏进入中国新疆的使命原本只是护送白山派和卓的后裔抢夺南疆，但是他迅速架空了后者，谋得宗教身份，独掌南疆大权，接下来又以"圣战"的名义攻入由来自陕甘的回族"东干人"所占据的北疆，指责后者的哲合忍耶派是异端。基于这种宗教热情，阿古柏的力量在南北疆几乎所向披靡。俄国很担心阿古柏的宗教热情会促使他反过来去支持俄国正在力图征服的中亚国家，一旦中亚的伊斯兰力量因此大盛，则会加大俄国入主中亚的难度。所以它一方面不能让阿古柏占据伊犁，一方面又不愿独自面对伊斯兰力量，一定要把清朝拉上以分担风险。在它看来清朝收复新疆无望，那么以代管为名做个顺水人情，又把清朝拖在这摊浑水中不让

---

[1]　英国对印度的占领，某种意义上可以看作对于一个特殊岛屿的占领，因为南亚次大陆是个独立的地理单元，高山的阻隔使英国对这里的占领并不会构成其蚕食亚欧大陆主体领土的前进基地。

它走，便是最佳策略。正是因为俄国对中国新疆采取了一种相对保守稳健的政策，清朝才有机会在后来又收复伊犁。

进一步挖掘的话，我们在这里又可以看到政治秩序当中的定居性与两种不同的流动性的对比。区别于大陆帝国，海洋帝国的力量来自流动性，商品的流动、资本的流动、人员的流动、知识的流动、海军的流动等，但所有这些流动都有一个基本的约束条件，就是法权秩序。法权秩序使得所有的流动打破了定居性，打破了传统，却不会产生混乱，而是产生巨大的活力与生机，并形成一种有巨大扩张力的现代秩序。而中亚地区有着另一种流动性，就是阿古柏为代表的带有某种宗教性质的流动性，它有着高度机动的骑兵队伍，有着沿丝绸之路行进的商人，有着不固着于特定土地的信仰，这种信仰跨越国界、族群，有着普遍的动员力，但是这些流动性背后却没有一套法权秩序来形成约束条件。这就使这种流动性本身不能带来秩序与生机，而是带来混乱。这样一种流动性在古代中世纪也存在，但是那个时候中亚还是世界贸易的中心通道，其绿洲城市地区富裕繁荣，从而有能力在精神上对锡尔河北部冲过来的游牧者进行驯化，使中亚成为高度文明的地方。到了地理大发现之后，中亚沦为世界的边缘，巨量的贸易财富不再，对游牧者的精神驯化也很难再做到，于是中亚就进入了比较长期的文明退化阶段，并逐渐陷于混乱之中。

这从另一个角度证明了，近代以来的中亚无力自立，而是需要外部世界的大陆帝国来帮助提供秩序。中亚混乱的流动性需要先被大陆帝国的定居性所克服，形成秩序，然后才谈得上进一步融入现代流动性。由于伊斯兰这种普遍性精神要素的存在，对深入中亚的大陆帝国来说，另一种样式的"分而治之"——由两大帝国来分别面对它——不啻是一个更优选项，如此方可摆脱伊斯兰力量全部针对自己的危险，否则大陆帝国将被卷入一种具有普遍属性又充满了动员力量的反抗当中。[1]

于是，理解中亚的另一条线索便浮现出来了，这就是中亚的大陆命运。这种命运仍然是地理条件的硬约束所致，它使得中亚难以参与到海洋帝国的自生秩序当中，海洋帝国也无力深入内陆去做太多的事情。而中亚则反过来在一种消极意义上对周边的轴心文明帝国构成启示，它启示着轴心文明帝国必须作为一个能够安顿中亚秩序的大陆帝国存在，如果它不能安顿中亚，它甚至无法成就自己。左宗棠在清末的塞防－海防之争中谈到的"重新疆者，所以保蒙古，保蒙古者，所以卫京师"，就是此意。倘若不能安顿中亚秩序，则清朝作为以北京为中心而构建起来的东亚大陆多元一体的体系化结构，将难以成立，东亚的普遍帝国难以成就它自身。

但需要指出的是，中亚通过大陆帝国的秩序输出获得安顿，而大陆帝国之所以能够做到这一点，是因为依靠了源自海洋的力量。典型的例子便是，左宗棠平定西北，其军费是依靠来自汇丰银行的贷款；这一笔贷款的担保物是清朝的海关税收，而关税之所以能成为大规模贷款的担保物，是因为清朝被迫打开国门加入了世界经贸秩序，从而大大提高了海关税收的规模；汇丰银行也不是依靠本金发放此项贷款，而是通过到伦敦金融市场发行债券。[2] 如此一来，海

1　对伊斯兰世界来说，一个非伊斯兰的政府统治并不是不可接受的。这种可能性早在公元800多年阿巴斯王朝的马蒙哈里发时期就已萌生了。由于马蒙哈里发得位不正，便试图通过对于经义的控制来正当化自己的统治，这意味着要用权力来干涉信仰，他为此还进行了大规模的异端审判。异端审判失败了，但是它却带来了意外的影响，在主流的神职人员乌里玛中，此后没有任何集团还想利用国家来强化信仰了（参见〔英〕弗朗西斯·鲁宾逊主编《剑桥插图伊斯兰世界史》，安维华、钱雪梅译，世界知识出版社，2005，第176~179页）。乌里玛对于国家干预信仰的拒斥，形成了一种知识的自治，他们确信这种自治是使得信仰纯净的一个前提，他们甚至由此发展出对于哈里发权威的质疑。这样，对于穆斯林来说，只要允许信仰层面的自治，则外在秩序是一个可以让步的东西。乾隆朝对于新疆的统治政策，也证明了这一点（参见王柯《民族与国家：中国多民族统一国家思想的系谱》，冯谊光译，中国社会科学出版社，2001，第173~175页）。

2　参见〔日〕滨下武志《中国近代经济史研究——清末海关财政与通商口岸市场圈》，高淑娟、孙彬译，江苏人民出版社，2006，第75~80页。

洋帝国建立起来的全球性的经贸秩序和金融秩序，以大陆帝国为中介而转化为向中亚内陆输出的政治秩序。就沙皇俄国来说，其得以入主中亚，也是有赖于 1861 年农奴制改革以后，西方资本进入俄国刺激其经济发展，从而获得了向中亚扩张的财政基础。整个世界秩序在此过程中形成了深刻的一体联动。

结　语

前述大陆帝国、海洋帝国与西域—中亚深刻的一体联动关系，不仅仅在近代世界是如此，在当下同样是如此。甚至如果我们对"一带一路"倡议进行深入思考的话，也会发现此一历史逻辑的延续。"一带一路"倡议的展开，依托于既存的世界秩序这一外部约束条件，并与世界秩序之间会有相互构成性的关系。作为海洋国家的美国主导下的全球秩序，有着较为完整的政治哲学论证以及经济、安全等方面的制度安排。但由于美国的生存原则，其所主导的秩序却无法有效覆盖亚欧大陆的内部地区。对这些地区的有效覆盖，需要有海洋化的大陆国家来完成。这个过程会重新定义世界秩序，同时也伴随着对于相关各国的重新定义。[1]

通过历史哲学层面的反思，我们对于西域—中亚这片土地的历史意义产生了更深刻的理解。它在古代以积极的方式参与到整个欧亚大陆秩序的生成中，在近现代则以消极的方式激活出大陆帝国的历史意识。可以说，这片土地就像一面镜子，大陆帝国正是在这里才能看清自身的本质。

原载《俄罗斯研究》2017 年第 2 期

---

[1]　参见施展《世界历史视野下的"一带一路"战略》，《俄罗斯研究》2015 年第 3 期。

从"西域"到"中亚"
——中国的中亚认知及其历史变迁

袁　剑

"如果用近现代眼光来看亚洲腹地这块广阔的地方,其政治和经济方面的作用几乎微不足道,特别是自然资源和物质资源等方面更是不值一提……(但在)过去一千多年的岁月里,由于中国、印度以及西方文明的交互影响,在这片天广地阔的历史舞台上曾经演出了无数重要的历史剧目和民间故事。"[1]斯坦因的这段叙述,概括了中亚在过去曾经扮演过的衔接与贯通欧亚文明及其交融互动的中介特质。而在如今"一带一路"倡议所构筑的新地缘背景下,作为欧亚板块地理中心区域的中亚,将在大国政治的外部环绕下扮演怎样的角色、获得怎样

1　〔英〕奥里尔·斯坦因:《沿着古代中亚的道路》,巫新华译,广西师范大学出版社,2008,第2、18页。

的认知甚至是世界历史书写地位，将是一个值得深入探究和思考的问题。

不管是从历史层面看，还是从认知内容上看，在中国对外部世界区域的认知中，中亚空间的呈现方式表现出更多的波动性。这在很大程度上要归因于欧亚大陆本身数千年来的历时性变迁，尤其是在地理大发现时代前后所经历的世界地缘格局转变，长期以来作为世界历史舞台的欧亚—非大陆及其代表的陆地文明逐渐被海洋力量超越，曾经作为欧亚大陆东西端文明交流中介区域的中亚也逐渐丧失其长期以来的中心性，世界历史的主角开始转向外围、海洋与西方，在这样的背景下，我们必然面临一个如何重新发现和认识中亚的问题。

"中亚认知"的重新确立并不是个简单的过程，在其背后存在着一些理论和实践层面的困境，需要我们去分析和思考当代中亚发展过程中存在的一些连带性问题。张蕴岭先生曾经指出，中国历史上"长期积累和发展的这种区域性互动关系对于中国区域观的形成具有非常重要的意义。我们至少可以从以下三个方面归纳它的重要性：一是区域的地缘视野，始终把周边地区作为基础；二是把周边地区作为利益攸关区；三是与周边国家和地区形成一套相处的规则和行为方式。所谓'君临天下'，其核心价值是要对与中国密切相连的周边国家负责"。[1]可以说，不管是从中国本身，还是从世界角度出发，中亚都在事实上成为中国区域观的重要组成部分，并以近代以来从未有过的方式影响甚至改变着中国。

中国古代对于中亚区域的认知有其历史记述层面上的丰富性，但同时也必然打上了历史和时代的烙印，存在着单一"中原"观的角度限制，因此在回望的时候有必要结合其他文明对中亚的叙述来综合分析和思考，才能对中亚本身有更为清晰的认识。而到了近

1　张蕴岭：《中国的周边区域观回归与新秩序构建》，《世界经济与政治》2015 年第 1 期。

代，随着中亚进入帝国主义争夺的舞台，这一区域的政治、经济与社会变迁也就更多地成为国际关系的关注议题。随着中亚大部分区域成为俄国以及后来苏联的组成部分，我们对于这一区域的看法又成为俄国研究和苏联研究的一部分。如今随着中亚各国的独立，我们在新的环境下重新认识这一地区，就有必要超越原先的历史叙述以及国际关系认知，以更为全面和连续性的视角去看待和认识中亚，在此基础上形成我们新的"中亚认知"。[1]

一　中国视域与"西域—中亚"框架

　　一个国家对外认知框架的形成，需要时间的沉淀，更需要适应周边地缘环境的整体变迁，至少需历经近百年的过程。它既是本国知识界域外视野日渐深化的过程，同时也是该国与周边及域外邻国政治、经济和文化关系逐步推进的过程。作为一个拥有众多邻国的东亚大国，中国在认识自身内部区域的同时，也逐渐形塑了对于外部世界的认知。在古代，中国对于域外的认知较为有限，对域外世界的了解从总体上服从于国内政治与思想秩序的需要，存在一种内部秩序决定外部行为方式的传统。顾颉刚、童书业先生曾撰文指出："战国以前中国人的世界观念是非常狭小的，他们不大理会四边的情形；在那时只有一种空泛的'九州'和渺茫的'四方'的世界观念。到战国后才有具体的'九州'和'四极'说出现，这种'九州'和'四极'所包括的世界约同宋明两代的中国差不多大。直到战国晚年，才产生出理想的大世界说——'大九州说'和'大四极说'与'海外三十六国'等记载——来，那是受了域外交通和哲学思想，以及天文学等的影响而成立的。古代的域外交通以

1　袁剑：《"一带一路"知识视野下的"中亚认知"——关于边疆、周边与外域认知空间关联性的思考》，《北方民族大学学报》2016 年第 2 期。

东西两方为盛，因域外交通而构成了昆仑和蓬莱两个神话里的地名，更因此而反映出上古西方交通的一件大故事——周穆王西游的故事——来。"[1]

但总体而言，中国在欧亚大陆东侧所处的独特环境因素，使得中国在域外认知方面形成了自身的特色与传统。如邹振环先生所言："中国古代关于域外的文献大致可以分为以《山海经》为代表的幻想系统和以《诸蕃志》为代表的藩属系统。《山海经》在海外南、西、北、东经中所罗列的交胫国、反舌国、三首国、三身国、一臂国、奇肱国、一目国、深目国、无肠国、大人国等，尽管国人深知该书属于幻想的产物，但对后代的创作影响深远。宋代赵汝适的《诸蕃志》堪称第一部较全面地反映世界地理的著作……而这一系统的关于域外的著述都是由国人根据道听途说的材料，在'天朝中心主义'的'虚幻环境'内完成的——是以中国为中心、周边藩属为边缘所形成的藩属系统的地理沿革考订和风土人情的记述。因此，在上述两个系统的文献中，很难找到一个真实和具体的'异域'。"[2]而与此同时，在这一时期历代正史的叙述中，对于域外的认知则主要服从于大一统秩序的现实需求，往往围绕中原王朝与周边政权的相互关系展开。"现实关联性"构成了中原政权关注周边力量的最主要动力，并在正史叙述中得以展现。

这种"现实关联性"，在古代的周边地缘政治方面，还以其他的形式得以呈现。以唐朝-吐蕃关系为例，陈寅恪先生指出："李唐承袭宇文泰'关中本位政策'，全国重心本在西北一隅，而吐蕃盛强延及二百年之久。故当唐代中国极盛之时，已不能不于东北方面采维持现状之消极政略，而竭全国之武力财力积极进取，以开拓

---

1 顾颉刚、童书业：《汉代以前中国人的世界观念与域外交通的故事》，《禹贡》第 5 卷第 3~4 期，1936 年。

2 邹振环：《晚明汉文西学经典：编译、诠释、流传与影响》，复旦大学出版社，2011，第 286~287 页。

西方边境，统治中央亚细亚，借保关陇之安全为国策也。又唐资太宗、高宗两朝全盛之势，历经艰困，始克高丽，既克之后，复不能守，虽天时地势之艰阻有以致之，而吐蕃之盛强使唐无余力顾及东北，要为重大原因。此东北消极政策不独有关李唐一代之大局，即五代、赵宋数朝之国势亦因以构成。"

可以说，唐代乃至之后历朝的西南、东北政策取向，都与其先前的西北（西域）政策有着直接的关联。

进入元代，随着成吉思汗及其子孙在整个欧亚大陆的军事胜利，传统中原王朝在对外政策层面既有的这种"现实关联性"结构被彻底重置。中亚在蒙古力量的控制下，有效地扮演着欧亚之间人员、货物来往枢纽区域的角色："在蒙古统治中亚这段时期里，商业和贸易发展的整体状态已经是经济全球化兴起的表现。丝绸之路再次复兴，沿途出现许多重要的商业贸易中心，边陲小镇也能够通过集市与遥远、陌生的外部世界建立联系。在蒙古宗主国的庇护下，各种各样的商业团体在亚洲、欧洲诸国设立营业点和代理商，沉浸在一片繁荣的商业活动之中。"可以说，"亚洲和欧洲遥远的陆地上的货物交换为商人和他们的蒙古保护神带来了繁荣。蒙古这个游牧民族很快体验到城市定居生活的益处，并最终选择了这种生活方式。最终，蒙古帝国分崩离析形成不同的新兴帝国，其中以乌兹别克斯坦、莫卧儿和奥斯曼帝国最为强盛"。[1] 之后的明清两代，随着帖木儿帝国、奥斯曼帝国和俄罗斯帝国的渐次崛起，欧亚大陆之间曾经的频繁互动逐渐消退。但与此同时，新的世界态势正在形成，乘着西方殖民帝国大扩张的步伐，传统的世界力量重心历史性地由内陆转向外围，从陆地转向海洋。它从根本上打破了传统中国视野下游牧与农耕力量之间的周期性关系框架，进而也影响到了以这种

---

1 〔印度〕古拉提：《蒙古帝国征服中亚史》，刘瑾玉译，魏曙光审校，社会科学文献出版社，2017，第150、164页。

周期性关系框架为基础的外围想象和认知，其中就包括中亚区域。

从作为现实地域存在的中亚本身，到中国视野下的"中亚问题"的凸显，19世纪是一个重大转折。正如笔者曾经撰文指出的，清朝后期经历了一个对西域认知的分化过程，即开始将囊括河西走廊以西直至欧洲的广大区域的广义西域认知，转变为更为明晰化的狭义西域（新疆地区）以及作为域外的中亚地区的认知，并最终随着近代民族国家的成型，关于疆域空间的理念日益深入，传统的"西域"认知在新的时代背景下逐渐消解，继而转变为关于作为国内组成部分的中国新疆地区和作为国外区域的中亚的分类认知。[1] 在这个时代，曾经作为中国对外秩序基本结构的朝贡网络日趋解体，取而代之的则是在东南、西北、东北等各个地理方向上，经由政治、军事等博弈而被迫承认和接受的近代民族国家与国际关系框架。

在这一过程中，一方面，中亚地区成为英、俄帝国力量的重要争夺区域，最终大部分区域被俄国吞并，成为俄国连贯性疆域版图的一部分，从而形成了近代中国周边区域的独特现象，即，中国的其他周边区域基本上成为列强的殖民地，而中亚则成为与俄国本土连成一体的区域；另一方面，当时的中国西北地区因阿古柏之乱等，处于政治与社会动荡当中。两相对照，就形成了更为明显的"彼""我"认识图景，中亚尽管已经退出了丝绸之路大辉煌的舞台，但在当时的地缘政治背景下，却成为中国对外认知的一面镜子，折射出近代中国在面对自身困境时，对周边区域历史走向的关注与思考。从这时起，"西域"话语退回到历史文献中，"中亚问题"在现实政治中全面呈现。这是中国中亚认知过程中的第一次整体性断裂。

1　袁剑:《"中亚"在哪里？——近代中国人笔端下的"中亚"范畴变化》,《文化纵横》2017年第2期。

二　纠结的"他者"：近代语境下的中国中亚认知语境

认知问题，本质上是一种分类问题。到了近代，随着西方地理学知识的传播以及殖民探险的推进，人们对于世界各大区域内部空间的认知逐渐充实，在西方既有知识框架下那些曾经的"空白地带"被一块块填满。近代中国在域外认知上也逐渐受到这些西方"域外者"观念的影响，开始对周边和域外各国的情况有了更多基于西方式分类的认知。这种情况，正如钟叔河先生在"走向世界丛书"总序中所写的那样："林、魏之后，中国才开始有读书人走出国门，到欧美日本去学习、访问和工作。容闳、王韬、郭嵩焘、黄遵宪和严复等人，要算是最早的。接着出国的人渐渐多了起来，尽管其中不少是奉派而去的政府官员，但既然去了，就不会不接触近代——现代的科学文化和政治思想，也就不可能不在中国发生影响。"[1] 在这一过程中，受外部知识引介渠道的影响，国内近代知识界对外域的认知主要围绕当时的欧美列强展开，对于俄国主要关注其欧洲部分的情况，此外，对其他周边国家的国情介绍则主要集中于朝鲜、日本、暹罗（泰国）、阿富汗等国，其他区域国家则较少。

我们注意到，在殖民时代认知世界的过程中，一方面，西方殖民者逐渐形成了对于东方世界的认知，并确立起"西方"高于"东方"的分类倾向。"东方问题"在这个过程中，既被用来指称欧洲内部的巴尔干问题，也被用于指称俄国问题。由于俄国在整个近代都被看作欧洲的一个"他者"，而富有连带性的是，在英俄争夺中亚的"大博弈"过程中，随着俄国逐渐掌握主导权并最终吞并中亚大部分区域，中亚也从一个历史意义上的"东方"转变为一个欧洲"他者"的边缘性组成部分。在当时中国的对外知识视野中，这一区域既附属于俄国，又与中国历史有紧密关联。对此，1894~1895 年受命出使俄

1　钟叔河：《从东方到西方——走向世界丛书叙论集》，岳麓书社，2002，第 4 页。

国的王之春就曾这样描述俄属中亚的情况:"其里海部地本膏腴,然陆地四塞,人民五方,鞑靼里之遗孽今虽衰替,然蒙回情性易变,非绥之以德意,柔之以文教,未易治也。喀复喀斯部本匈奴遗种,即唐突厥之可萨部,颇长武力,亦如我中国之锡伯、索伦,而部众顽梗,犹未尽洽于海米勒之治化……俄其尚知此意乎?"[1]可以说,这一区域对当时的近代中国而言形成了一种既与历史相连,又成为域外列强一部分的内在紧张,构成了一种所谓中国的"他者"形象。在这种欧洲与中亚、中国与中亚的对视中,作为"他者"的中亚成为既折射欧洲和西方,同时又衡量近代中国的重要对象。

　　此外,我们还应注意的是,近代中国的政治和思想转型,在文化层面改变了知识阶层的认知框架,专业化开始具有更高的地位。正如列文森所指出的:

> 当国家代替文化而开始成为中国人关切的焦点时,要求废除科举制度(1905 年终于被废除)的呼声也不断增长起来。作为一种占统治地位的、并使官吏不能获得保卫国家所需要的有用的专业知识的文学形式,八股文越来越受到人们的批评。中国作为国家的概念正在发生变化,即从原来官绅文化繁荣时期的"天下"概念变成了一个民族的概念。随着国家概念的变化,官僚教育的目的也相应地发生了改变。这意味着在韦伯看来与资本主义以及职业化取向相对立的美学价值和儒家君子"自我满足"时代的结束。[2]

　　由此而来的是,近代真正意义上处理外交事务的专门机构——总理各国事务衙门正式创立,并取代理藩院处理对俄事务,一批受

1　王之春:《使俄草》,岳麓书社,2016,第 121 页。

2　〔美〕列文森:《儒教中国及其现代命运》,郑大华、任菁译,中国社会科学出版社,2000,第36 页。

过专门培训的官员开始进入对俄事务处理过程。

　　1917 年相继爆发的俄国二月革命和十月革命，使中亚的这种"他者"角色产生了某种意义上的激变。作为俄国范围内被动反应的区域，包括民族 - 加盟共和国划界在内诸多新知识与新分类对包括欧洲和中国在内的外部世界产生巨大影响，后续影响甚至波及英法等国在亚洲的殖民地改革事务（如印巴分治等）。与此同时，中亚在苏联建设中的高速发展以及对苏联卫国战争的巨大支持，也成为当时中国知识界广为关注的议题。这个急速变动的"他者"、令人纠结的"他者"，形塑着近代中国对中亚认知的基本图景。

三　连续性断裂：从"旧中亚"到"新中亚"

　　中国总是在关注周边的过程中反观自身，也始终以周边的经验教训来回望自身的时代。美国著名学者孔飞力提醒我们：

　　　　中国作为一个统一国家而进入现代，这被我们视为一个显而易见的事实，结果，其背后的意义反而为我们所忽略了。尽管很多人谈到过"中国的分裂"或中国被列强所"瓜分"，然而，由中央政府统治的单一中国国家的现实和概念，却经历了军阀混战、外国侵略和内战而生存了下来。在早期地方自治实验的整个过程中，各省份和都市的许多政治活动家们是用民族危亡的语言来表述自己的行动的。甚至在军阀混战的动乱岁月中，从来没有什么将某一省份分离出去的行动或建立邦联的建议，能够同中国人民关于国家统一的压倒一切的向往相匹敌。[1]

1　〔美〕孔飞力：《中国现代国家的起源》，陈兼、陈之宏译，三联书店，2013，第 121 页。

　　这种对本国疆域与政治的统一性认知，使中国知识界在对 20 世纪以来中亚的社会与政治转变的认知中形成了自身的特性，并塑造了认识框架中的"旧中亚"与"新中亚"的断裂性格局。

　　所谓"旧中亚"，这里指的是俄国尤其是苏联治理时期的中亚，这是一种附属于苏联统一体的，具有内部联系畅通性的 20 世纪 20 年代至 1991 年的中亚结构。这种认知结构，附属于对苏联的认知，并以"苏联问题"的形式被囊括进来。在二战结束，尤其是 1949 年新中国成立之后，随着国际关系格局的巨大变革和中苏关系的后续演变，"苏联问题"也从一个世界革命阵营的问题转变为一个与"第三世界"问题相对的议题，与之相应地，中亚也从苏俄革命话语下连接俄国本土革命及远东被压迫民族与殖民地之间的桥梁和纽带，转变为某种程度上影响中国西北局势的"工具"，更成为使苏联深陷阿富汗战争泥淖的跳板与通道。

　　1991 年底，中亚五国（哈萨克斯坦、乌兹别克斯坦、吉尔吉斯斯坦、土库曼斯坦、塔吉克斯坦）的相继独立，不仅折射着"二战"后地缘政治格局的重大转变，而且作为世界两强之一的苏联以联盟国家彻底解体的方式，将一个世纪之前英俄"大博弈"的胜利果实几乎全数吐出，这意味着原本从属于苏联内部秩序的中亚区域越出了国内秩序层面，开始进入世界秩序领域，作为与包括俄罗斯在内的新周边国家的中亚议题，体现在中国的认知框架中，形成了某种程度上依然在发展的"新中亚"。如果我们观察中亚五国庆祝独立的时间点（1991 年底）和同样脱离自苏联的波罗的海三国庆祝独立的时间点（1917 年或 1918 年），就可以发现，这种"新中亚"的出现，实际上代表着中亚五国国际政治时间"开始"于 1991 年底，而不是 1917 年或 1918 年，它是以中亚五国作为独立政治单元的正式出现以及统一中亚社会、经济和政治空间的瓦解为前提的，是以脱离苏联统一经济空间和内部分工格局进而全面参与全球分工体系为方向的。我们对中亚认知层面的连续性断裂，正是在这一历史过程中得以显现。

结　语

对中国而言，中亚五国的独立，意味着原本附属于中苏关系的中国与苏联中亚地区的关系正式转变为新的对外关系，同时，由于中亚五国与中国西北边疆地区存在漫长的边界线以及民族、宗教方面复杂微妙的联系，所以在原先的"苏联问题"基础上，形成了以中亚国家为主体和对象的新的"中亚问题"。可以说，这是中国在二战后所面临的一种全新的区域性周边态势，与原有的"东北亚问题""东南亚问题""南亚问题"等相区别，而折射到中国的对外认知领域，则形成了鲜明的特殊性：一方面，作为与中国西北边疆相邻的区域，其在中国的历史认知层面曾被长期关注，甚至在某些时段其部分区域还被纳入中央王朝的边疆治理范围，因此具有某种历时性的认知延续性与传统认知图景；而在另一方面，由于中亚古代、近代与现代的政权区域范围并不重合，也往往不存在一以贯之的延续性，尤其是苏联在中亚进行的民族划界，将原有的汗国结构彻底打碎，结果在区域民族语言文化基础上形成了新的中亚各共同体认同。因此可以说，中亚区域的历时性变迁以及当代中亚各国本身历史（民族国家史）的历时性变迁无法形成一种具有整体连续性的叙述，进而使其在与中国关系的外部表现方面，呈现出一种复杂的表现形式，即其"在当代政治事务中的新生性与其在历史传统中的古老性并存，以此就不同于那些国名一直延续至今的老牌国家，如英国、法国、德国、日本等，也不同于二战之后摆脱被殖民状态，实现独立的国家，如印度尼西亚、马来西亚、非洲的诸多国家等，更不同于与中国长期共享历史并逐渐形成自身主体性的国家，如蒙古等国"。[1] 其在中国古代历史的部分互嵌性[2] 及中国现当代历史的完全脱嵌性[3] 之间形成了历史认识与现实认知之间的新"断裂"，这也成为我们如今在面对中亚五国的历史与现状时，在认知层面所展现的基本特征。[4]

中亚历史依旧在发展，未来的道路如何，取决于其外部环境与内部机制，但可以肯定的是，中国倡导的超越以往任何地缘和政治纽带的"一带一路"倡议，已经史无前例地影响了苏联解体后的中亚各国，并在某种程度上让我们看到了新"中亚"的新可能。

原载《文化纵横》2018 年第 2 期

1　袁剑：《中国近代知识视野中的哈萨克斯坦——以清末民国时期国内报刊的记述为例》，《西北民族研究》2016 年第 2 期。

2　所谓部分互嵌性，意指中国古代历史（1840 年以前）记述中所涉及的位于如今中亚五国区域的相关边疆治理与实践方面的内容，从历史空间上说，这些内容与中亚历史的部分内容形成了部分重合。

3　所谓完全脱嵌性，意指中国现当代历史中的中亚叙述在 1991 年之前实际上是对苏联这一整体叙述的组成部分，在 1991 年之后则是对中亚五国的叙述，因此从总体上看，这是对现当代外国区域及历史的叙述，为避免可能导致的争议，话语叙述中的中亚空间与中国空间是完全分隔开来的。

4　对于中国知识视野下的中亚区域及国家认知变迁状况，笔者已有部分文章发表，如《连续性与断裂性——近代中国知识视野下的"中亚"范畴流变》，《青海民族研究》2016 年第 4 期；《中国近代知识视野中的哈萨克斯坦——以清末民国时期国内报刊的记述为例》，《西北民族研究》2016 年第 2 期；《近代中国的吉尔吉斯斯坦认知：背景、过程与特征》，《西北民族研究》2017 年第 3 期；《国运的镜子——近代中国视野下的阿富汗形象变迁》，《西北民族研究》2018 年第 1 期。可供参考。

从鞑靼利亚到亚洲俄罗斯与中亚：17~20 世纪初的东方主义、地理考察与空间建构

黄达远

中亚的地理范围并没有统一的规定，"作为一个地理概念，中亚很难有一个明确的定义"。[1] "中亚" 概念的含混性成为一种知识理解障碍。近年来空间研究的兴起，揭示了空间的等级性，启示"中

---

1 〔美〕加文·汉布里主编《中亚史纲要》，吴玉贵译，商务印书馆，1994，第 1 页。关于"中亚"（英文通常为 Central Asia）至少存在以下三种定义：（1）苏联官方定义，即"中部亚洲"（Средняя Азия），大体包括锡尔河、阿姆河流域，以及乌兹别克斯坦、吉尔吉斯斯坦、塔吉克斯坦、土库曼斯坦和哈萨克斯坦南部；（2）通常的定义，即今天的中亚五国，现行俄文文献写作"中央亚洲"（Центральная Азия）；（3）联合国教科文组织定义，包括今阿富汗、中国新疆、东北伊朗、蒙古、巴基斯坦以及苏联诸中亚共和国境内的各个地区。上述前两种定义仅着眼于帕米尔以西地区，可称狭义的"中亚"，而第三种定义包括帕米尔东西广大地区，可称广义的"中亚"。参见潘志平、石岚《新疆和中亚及有关的地理概念》，《中国边疆史地研究》2008 年第 3 期；李琪《"中亚"所指及其演变》，《新疆师范大学学报》（哲学社会科学版）2015 年第 3 期。

亚"作为"地域"，其中内含着一种等级结构。"域"这个字，不只
是地理，而是具有文化意义的某个范围。决定这个范围的，是生活
在那个特定区域之内的人的社会，是族群，是文化，是某种生产方
式与社会组织方式，甚至是某种特定的意识形态。因为这个"域"
的存在，完整的地理便有了种种人为的界限。[1]顺着这个所谓的"人
为"界限，无外乎就是掌握了知识与权力的人群。对于东方主义与
中亚知识建构的反思，才刚刚开始。[2]笔者也拟从这个视角对"中亚"
的概念进行知识社会学的分析。

一　地理大发现与俄国对"鞑靼利亚"的科学考察

理解"中亚"，必然要从理解"亚洲"的意义开始。亚洲概念
的生成离不开地理大发现或大航海时代。新航路的开辟是 15 世纪
到 17 世纪的一件划时代的大事。那两三百年，欧洲经历了知识系统
的大破大立大重建，知识系统的变化正是传统社会与现代社会最鲜
明的分水岭。[3]对欧洲以外的国家和民族而言，地理大发现带来的影
响是复杂而矛盾的，是一场对原土著居民的掠夺和屠杀。不过，航
海大发现作为"双刃剑"对于人类历史发展的影响，也有促进的一
面，特别是物资交换与全球世界体系的形成，带来了世界知识的重
大革新。

首先，地理大发现破除了欧洲当时将印度洋作为"伊斯兰之
海"的认知。哥伦布的航行是以哥白尼太阳中心说为起点，航海大
发现则更进一步证明了地球乃一自转球体的主张，遂引发人们对欧

1　阿来：《地域或地域性讨论要杜绝东方主义》，载氏著《当我们谈论文学时，我们在谈些什
　么——阿来文学演讲录》，陕西师范大学出版社，2017，第 228 页。
2　恽文捷：《19 世纪初俄国对新疆和中亚汗国的探索及其影响》，《社会科学》2018 年第 5 期。
3　杨照：《新世界与老亚洲》，载〔德〕于尔根·奥斯特哈默《亚洲的去魔化：18 世纪的欧洲与
　亚洲帝国》，刘兴华译，社会科学文献出版社，2016。

洲传统教会观念的强烈质疑。"新大陆"（美洲）印第安人的存在以及东南亚诸国的发现与认知，对基督教《旧约圣经》"创世记"有关人类起源的说法提出了挑战，冲击了基督教对于历史表述的垄断性。欧洲人以各种方式表达他们对于新的全球空间和各种文明的想象与观感。地图和地理书就是其中一种独特的工具。[1] 其次，在新大陆发现的大量气候海洋交通等资料、搜集到的大量动植物标本、民族志资料传入欧洲，随之而来的是人们对陆地和前所未知的生物描述，这刺激了博物学的发展。大量新发现的动植物以及民族志资料要被分类和识别。英国剑桥大学约翰·雷最早提出了有机体分类方法，以及植物分类法的大纲，同时其著作中还提出动物分类法。[2] 洪堡与李特尔则是 19 世纪地理学方面的开创性学者，作为新地理学的重要人物，他们都试图阐述一套"人类家园"的知识，而非神学体系的知识，新的科学世界观正在替代旧的神学世界观。再次，欧洲学者在将"神的世界"改造为"人的世界"的过程中，要对这个"世界"进行重新解释和认识，这就要提供一整套的知识框架，从而促进了"东方学"的发展。东方学素来被西欧人视为对异己者的研究；它不是研究某个传统学科（如法律）的学问，而是以"东方"这一有别于西方的地理区域为认知对象。一般而言，东方学的学者可以是任何对中东或亚洲的某个地区或国家有深刻认识的人，内容包括地理、历史、语言、民族、宗教、哲学、文学、艺术、天文、医学等。[3] 18 世纪至 20 世纪初是欧洲殖民主义的高峰期，也是"东方学"得到长足进展的时期。

　　欧洲学者对于世界体系的认识成为主导性的知识体系，取代了

1　吴莉苇：《欧洲人等级制世界地理观下的中国——兼论地图的思想史意义》，《中国社会科学》2007 年第 2 期。

2　〔美〕杰弗里·马丁：《所有可能的世界》第 4 版，成一农、王雪梅译，上海世纪出版集团，2008，第 123 页。

3　《张信刚谈东方学、区域研究、丝路探索》，https://cul.qq.com/a/20170406/039483.htm，2018 年12 月 1 日。

神学的世界体系。值得注意的是，在建构这一知识体系的过程中，"欧洲中心论"被潜移默化地移植进来。如黑格尔认为，地中海是世界历史的中心，号称光芒的"希腊"就源于此，没有地中海，世界历史就无从谈起。[1] 这种地中海中心论，体现了以欧洲文明作为中心，距离地中海文明越近的区域就是文明程度越深的区域的观点，由此形成一个文化等级的差异区。如以欧洲为"西方"和非欧洲地区为"东方"进行划界，形成现代地区/发达地区/发达社会和非现代地区/欠发达地区/传统社会的分野，这构成社会科学的二元图景，也是进化论观念展开的后果，形成了线性的历史观念。对于"西方人"来说，东方属于"其余"者（the others）；在"西方人"建构的世界地理格局中，"东方人"的身份地位属于政治上及文化上的异类。由此，欧洲进步之快，不仅远超古人，而且将东方伟大的文明（中国、印度与伊斯兰）远远甩在了后面，西方建构了现代性。[2] 这种现代性渗透到历史写作和地图绘制的空间之中。

17 世纪末，欧洲学者已经开始将"文明"欧洲与"野蛮"亚洲互为参照，里海北边、多瑙河西边及奥克苏斯河东边的地带，以古代宇宙志学者的"西徐亚"来称呼，是历史的源头。到 19 世纪，历史学家兰克将这种二元历史观视为一种历史原则。[3] 随着进化论的普及，与文明欧洲相对的"蛮族"成为处于转型与定居、开始建构制度之中的游牧民族，以及没有文字与高等艺术，只具备"近代社会与国家体制之雏形"的农业民族。农业民族没有长途奔袭到欧洲，游牧民族则多次深刻影响了欧洲。13 世纪，欧洲人以"鞑靼人"来称呼分布于西亚、中亚和北亚的许多游牧部族。Tar-tar 原是对古代一些游牧民族的部落称呼，Tartarus 则是希腊神话中的幽冥地府"塔尔塔罗斯"，13 世纪中叶当蒙古人兵临欧洲之时，英国本笃会士编

1　〔德〕黑格尔：《历史哲学》，王造时译，上海世纪出版集团，2005，第 85 页。
2　〔英〕齐亚乌丁·萨达尔：《东方主义》，马雪峰、苏敏译，吉林人民出版社，2005，第 44 页。
3　参见〔德〕于尔根·奥斯特哈默《亚洲的去魔化：18 世纪的欧洲与亚洲帝国》，第 337 页。

年史家马修·帕瑞斯怀着恐惧与憎恨之情创造性地把这两个词联系在一起，称这些蒙古人是"撒旦麾下令人厌恶的民族，像来自塔尔塔罗斯的恶鬼一样不断涌现，所以他们该被称为鞑靼人（Tartars）"。从此，"鞑靼人"成为欧亚大陆草原地区各游牧民族的通称，于是在随后几个世纪的地理学想象中，鞑靼地区都扮演着一个重要角色——威胁文明世界的蒙昧主义的温床。[1] 17~18 世纪欧洲人绘制的世界地图和亚洲地图上，鞑靼地区都占据一个主要部分，由独立鞑靼（西鞑靼）和中国鞑靼（东鞑靼）组成。这块占据欧亚大陆一半以上面积的广袤空间在当时欧洲人的观念中没有政权归属，纯然是个文化区域。[2] 鞑靼的"野蛮"形象深入欧洲的历史观中。鞑靼人居住的区域被称为"鞑靼利亚"（拉丁文为 Tataria，词根是 Tatar，该词最早出现于唐代的阙特勤碑）。据考证，中世纪犹太人拉比和旅行家图德拉的便雅悯（Benjamin of Tudela）于 1173 年在其著作中首用 Tartarie 一词称呼蒙古人及其地方。[3] 13 世纪前期蒙古西征后，欧洲开始以拉丁文 Tartares 称呼蒙古人，以 Tataria（鞑靼利亚）称呼东方蒙古人发源地及其势力范围。

　　1719 年，彼得大帝建立俄国官方制图局。18 世纪 30 年代，沙皇的地理顾问才将这一条线向东划至乌拉尔山区。乌拉尔河至里海最后才约定俗成为欧洲与亚洲的分界线。这个划分具有重要意识形态意义，西伯利亚被亚洲化，成了彼得大帝转向西方寻求认同，也就是在国家机构、统治意识形态领域及精英文化细化下的"欧陆"俄国的殖民储备空间。这结合了从西方知识体系中借用而来的"大鞑靼"概念。[4] 如果俄国想要被认定为一个西方国家，那它需要构建

1　吴莉苇：《欧洲人等级制世界地理观下的中国——兼论地图的思想史意义》，《中国社会科学》2007 年第 2 期。

2　吴莉苇：《欧洲人等级制世界地理观下的中国——兼论地图的思想史意义》，《中国社会科学》2007 年第 2 期。

3　恽文捷：《19 世纪初俄国对新疆和中亚汗国的探索及其影响》，《社会科学》2018 年第 5 期。

4　参见〔德〕于尔根·奥斯特哈默《亚洲的去魔化：18 世纪的欧洲与亚洲帝国》，第 250 页。

一条更清晰的文化界线将其和亚洲其他东方国家相区分，所有归降沙皇的非基督教部落都被划为"鞑靼人"，不管他们原有的信仰是伊斯兰教、基督教或是佛教。[1] "作为一种人为的地理区划，古希腊人最早使用亚洲一词，原意指太阳升起的东方（the east, Orient），当时主要指波斯帝国。18世纪以来，伴随着西欧诸国的全球殖民扩张，以及与此相应的地理学发展，构建出'欧洲文明'与'落后'非欧洲的地理学，因而欧洲与亚洲的'界限'也逐渐被固定化：以乌拉尔山、乌拉尔河、高加索山作为欧洲与亚洲分隔的想象界线，自此成为人们区划欧亚两洲的公式。"[2] 欧洲列强在欧亚腹地探险的过程，就是化"鞑靼利亚"为可识别的现代地理的过程，最早就是从西伯利亚开始。[3]

18世纪初地理学家菲利普·布亚赫（Philippe Buache）发展出一种地形学的描述方法，主要用于归纳山脉特征与河川网络。地理学家发现构成亚洲中央的不是无尽的草原，而是不适合人居住的沙漠、盐湖及寒冷的高原。亚洲的中央有一个河流遍布的高原，亚洲的大型山脉从这里扩散开来，主要河流也发源自其边缘。这个贫瘠的地区确是大河文化的自然源头，这种空间观产生了一种新的北亚、中亚及南亚的自然划分。原先统一的"鞑靼地区"被分割为中亚及北亚、南亚，西伯利亚在地理上被分割出去。[4] 另外，广袤无垠的鞑靼地区有了更为细腻的面貌，中央高原的知识逐步被欧

1　〔英〕奥兰多·费吉斯：《娜塔莎之舞：俄罗斯文化史》，郭丹杰、曾小楚译，四川人民出版社，2018，第443~445页。

2　张锡模：《圣战与文明：伊斯兰与西方的永恒冲突》，三联书店，2014，第115页。

3　英国学者约·弗·巴雷利在1919年完成的《俄国·蒙古·中国》一书中以相当详尽的篇幅介绍了有关从鞑靼利亚地图向亚洲地图的转变过程，如引用了詹金森1562年的鞑靼地图、亚·奥特利乌1570年的鞑靼地图、约·艾恩森1657年的鞑靼地图、戈都诺夫1667年地图、北亚民族志地图（1673）、施莱辛地图（1693）等多幅地图，对"鞑靼地图"如何转变为现代地图进行了讨论。参看据伦敦麦克米伦有限公司1919年版本译出的氏著《俄国·蒙古·中国》第1册上卷"地理部分"，吴持哲、吴有刚译，胡钟达校，商务印书馆，1981。

4　参见〔德〕于尔根·奥斯特哈默《亚洲的去魔化：18世纪的欧洲与亚洲帝国》，第345页。

洲学者接受，巨大的喜马拉雅山脉及兴都库什山脉作为世界屋脊成为亚洲的一个地理标志，受到了关注。这种新的空间图像对历史哲学的鞑靼论述有影响。欧洲的历史哲学家开始将信仰喇嘛教的藏人从鞑靼人中区分出来。[1]17 世纪至 20 世纪初东方学家、地理学家共同绘制了"亚洲俄罗斯"，其中出现了一个地理考察与空间建构的过程。

　　随着沙皇俄国对西伯利亚的殖民考察，西伯利亚不再是一个垦殖地区，而是帝国之内与欧洲领土相对称的部分，依据帝国意识形态来扮演自己的角色，区分帝国的版图为亚洲及欧洲部分，首次成为地理上及政治上的问题，将顿河（古希腊罗马地理学家笔下的"塔内斯河"，Tanais）及和黑海相间的亚速海视为欧亚间界线的古希腊罗马传统，在 17 世纪仍具影响力。俄国 1701 年出版的《列麦佐夫地图集》中收入的第 23 幅地图名为《关于托博尔斯克城、其他城镇、居民区和草原以及整个西伯利亚的领土与边界现状地图》，该图是在西伯利亚大主教科内利乌的指导下于 1673 年绘制的。这幅图精度虽然不高，但是已经将东部俄罗斯、中亚、北亚地区居住的各民族部落的地点、区域、领土标志清楚。这幅地图正如研究者指出的最大的特征是民族志的标注：如博格多（满洲人）、使用马和驯鹿的基里亚克人和布里亚特人、拉穆特人、堪察加人、科里亚克人、楚克奇人、尤卡吉尔人、雅库特人、通古斯人、达呼尔人、乌梁海人、奥斯佳克人，以及土尔扈特、和硕特、准噶尔与杜尔伯特等部。图上还标出车列米西人、沃佳克人、沃古尔人、楚瓦什人、巴什基尔人、卡拉卡尔帕克人、捷普佳尔人等。这幅图中的地理标注错误很多。[2]不过，"鞑靼利亚"已经具体化了，变成了众多民族的居住地。

1　参见〔德〕于尔根·奥斯特哈默《亚洲的去魔化：18 世纪的欧洲与亚洲帝国》，第 347 页。
2　〔英〕约·弗·巴雷利：《俄国·蒙古·中国》，第 260 页。

二 东方学与地理建构："亚洲俄罗斯"与"中亚"的形成

俄国将欧洲俄罗斯与亚洲俄罗斯分成两个不同的领土部分。"亚洲俄罗斯"指的是俄罗斯的亚洲版图，在绘制地图过程中，就是"俄罗斯"借用西方的眼光描述亚洲。乌拉尔山以西俄国是基督徒，而山脉以东是野蛮人。为了使其更加亚洲化，俄罗斯采取西方对西伯利亚的称呼"大鞑靼"（Great Tar-tary）。大草原被塑造成一个荒野粗蛮之地，这是一块与欧化俄罗斯截然相反之地，等着俄罗斯去开发。[1] 这就决定了"亚洲俄罗斯"文化等级低于欧洲俄罗斯，比如地理学家谢苗诺夫指出，"在亚洲俄罗斯，在乌拉尔和阿尔泰之间的幅员辽阔的西西伯利亚南部低地上，我所看见的完全是另外一种类型的草原。西伯利亚草原和南俄罗斯黑土草原，有着共同之处，即：在它们的整个幅员上，没有一点山地，它们同样也有着极其丰富的草本植物，它们的植物群和我们草原的植物群有极大的相似之处。但是它们也有不同之处，不同之处是，虽然西伯利亚草原也有着富饶美丽的草地，而这些草地经常交叉着面积相当大的小森林地带（小树林）。这些小树林是由宽叶树（桦树、白杨树、杨树等）构成"。[2] 亚洲与欧洲在景观上呈现出很大差异，亚洲俄罗斯与欧洲俄罗斯具有不同的生态学特征。

亚洲俄罗斯的另一个重要特征体现在多元化的宗教上，特别是与基督教世界相对立的伊斯兰世界。18世纪以前基督教世界的人民首先用宗教的名称而非民族名称来称呼他们的邻居，一般土耳其人及摩尔人等民族名称也具有和"穆斯林"相同的宗教意味。[3] 亚洲不是基督教传统的地区，在克里米亚半岛，欧洲学者又对奥斯曼的东

---

1 〔英〕奥兰多·费吉斯：《娜塔莎之舞：俄罗斯文化史》，第443~445页。
2 〔俄〕谢苗诺夫：《天山游记》，李步月译，新疆人民出版社，1989。
3 〔日〕羽田正：《"伊斯兰世界"概念的形成》，刘丽娇、朱莉丽译，上海古籍出版社，2012，第85页。

方专制制度和克里米亚鞑靼汗国进行了研究，鞑靼人不信仰萨满教和佛教，而是伊斯兰教，这个克里米亚的汗国有一个中央政府，一个结合了奥斯曼及中亚部分的法律体制，一个有大量城市人口的阶层区分的社会制度，一个活络的外貌，一个并不逊于奥斯曼及莫斯科公国的教育体制。甚至还有"鞑靼"的编年史学家为伊斯兰史学做出重要的贡献，由此可证明克里米亚鞑靼人并非"野人"，俄国和奥斯曼不比他们的文明强多少。[1] 欧洲与奥斯曼土耳其的长期对立，已经使欧洲将其近邻视为伊斯兰世界的核心区域，而且这一原则深刻影响了包括俄罗斯在内的各国学者。日本学者羽田正已经分析了东方学家们何以将伊斯兰世界作为与欧洲对立的部分，而且证明了俄国东方学家巴托尔德同样采取了将伊斯兰世界与欧洲对立的学术观点。[2]

"亚洲俄罗斯"的第三个特征是"黄种人"为主的居住区。[3] 16世纪欧洲人认为亚洲居住的主要是蒙古人与鞑靼人，都是"蛮族"，也就是"黄种人"。似乎从西徐亚人、匈奴人到土耳其人、蒙古人，再到征服中国的满族人等所有历史上的"上帝之鞭"，都来自那个"亚洲"内陆的可怕大地。[4] 俄国科学院院士 B.B. 拉德洛夫，曾在西伯利亚、阿尔泰山区、中亚各地、蒙古鄂尔浑河流域进行了长达十年之久的考古发掘和民族学田野考察。在他的倡议之下，俄国成立了中亚和东亚研究委员会。俄国著名学者 Д.Н. 阿努钦利用人类学、民族学和原始考古学等方面的材料撰写了上百种历史著作。他创造的"三位一体法"即综合利用民族学、考古学和人类学材料解决历

1　参见〔德〕于尔根·奥斯特哈默《亚洲的去魔化：18 世纪的欧洲与亚洲帝国》，第 350 页。

2　〔日〕羽田正：《"伊斯兰世界"概念的形成》，第 110~111 页。

3　19 世纪的俄国地理学家谢苗诺夫说："早在 16 世纪中期，欧洲和亚洲在人种学上的界限，与今天所适用的欧亚两大洲的地理学线全然不同……在发现美洲的时代里，也是喀山陷落的同一时期，欧洲的俄罗斯才开始在欧洲的东边接连不断地开发亚洲，这种殖民化首先使欧洲占据了人种学上的属于亚洲的大片土地，然后从整个北极地区扩展到太平洋。"

4　参见〔德〕于尔根·奥斯特哈默《亚洲的去魔化：18 世纪的欧洲与亚洲帝国》，第 334 页。

史民族学和当代民族学的问题。

生态、宗教与种族是构成"亚洲俄罗斯"的重要特征。随着调查和统计的开展，人口密度、区域划分、气候、水文、土地资源、降水量、海拔、植物等标注取代了原来的"鞑靼利亚"地图。中亚三汗国作为原鞑靼利亚的"西鞑靼"地区也被纳入新的地理科考范围中。

随着19世纪世界地理轮廓的日益清晰，西方强国围绕新的战略要冲的竞争日益白热化。俄国与英国、奥斯曼土耳其围绕着黑海进行博弈，俄国失败后，将目光转向了亚洲内陆腹地，对于哈萨克草原与中亚浩罕、布哈拉、希瓦这三个汗国提出战略利益诉求，俄国驻奥伦堡的总督则致力于扩大从奥伦堡经锡尔河的咸海入海口和克孜勒库姆沙漠到布哈拉进行贸易，巩固俄国与布哈拉的外交关系，并深入了解中亚三汗国的自然、人文和社会状况。[1] 各路考察队员的考察报告为俄国的中亚扩张奠定知识基础，并使欧洲学界认识到：中亚和新疆贸易路线的开辟和发展可促使下诺夫哥罗德和阿斯特拉罕成为亚欧大陆桥的贸易枢纽，以联通里海、黑海和波罗的海贸易网，加强欧亚与黎凡特地区的商品流通。俄国报告亦引起英法东方学界的关注，不仅激发了英俄的中亚竞争，更推动了欧洲东方学界"中央亚细亚"概念的确立及其知识体系建构。[2] 由于俄国的地缘优势和极力南扩，因此，它对这一区域的地理考察走在了前列。

1856~1879年，俄国地理学会出版了德国地理学家李特尔著、谢苗诺夫翻译的《亚洲地学》1~4卷，其中第4卷内容主要涉及东西伯利亚地区的开发和居住史，并将原来最不为人知的"西鞑靼地区"各种地理要素和民族志描绘出来。1888年，地理学家谢苗诺夫完成了外里海及费尔干纳盆地考察旅行。在谢苗诺夫、格里戈里耶

1　恽文捷：《19世纪初俄国对新疆和中亚汗国的探索及其影响》，《社会科学》2018年第5期。

2　恽文捷：《19世纪初俄国对新疆和中亚汗国的探索及其影响》，《社会科学》2018年第5期。

夫等人的建议下，俄国地理学会理事会拨款给另一位地理学者拉德罗夫，支持其进行中亚地区的考察。谢苗诺夫等人亲自为此次考察写了详细的指南手册，并将考察的重点放在中亚民族学研究上，而对当地"鞑靼人"的研究也成为该次考察的一个重要组成部分。由于得到当时当地总督的支持，拉德罗夫在考察过程中到达了之前从未有旅行家踏足的地区，并走遍了整个布哈拉汗国的东半部地区。[1] 俄国地理学会还委托哈内科夫绘制有关亚洲腹地地区的地图。哈内科夫与另一位地图绘制专家波洛托夫一起绘制中亚西北地区图，哈内科夫将该地区分为咸海和希瓦汗国地图、伊塞克湖及其周边地区图、北波斯地图、里海地图四部分，逐一绘制并分别出版。第一部分咸海和希瓦汗国地图一经发表就引起了地理学界的关注，被法国巴黎地理学会翻译成法语出版。而哈内科夫本人也因此图被普鲁士国王授予二等红色英雄勋章。[2] 除了搜集和整理地理信息外，俄国考察报告对布哈拉、希瓦和浩罕汗国的种族构成、政治体制、社会经济、军事力量和文化习俗进行了详细研究，为俄国政府及其驻高加索和西伯利亚的总督们提供了重要参考资料，为俄国对中亚汗国的征服奠定知识基础。1911 年的亚洲俄罗斯划分为西西伯利亚、东西伯利亚、远东区、草原区与"突厥斯坦区"，土地面积为 1453.2 万平方公里，人口约 1969.34 万人。[3] 1914 年，俄国官方出版的"亚洲俄罗斯地图集"的族群统计，有吉尔吉斯人 450 万人，萨尔特人近 200 万人，乌兹别克人 60 万人，塔吉克和土库曼人 150 万人。此外，还有希瓦人和布哈拉人 250 万人。他们都是从"鞑靼 – 突厥人"中

---

1 张艳璐：《1917 年前俄国地理学会的中国边疆史地考察与研究》，博士学位论文，南开大学，2013，第 46 页。

2 张艳璐：《1917 年前俄国地理学会的中国边疆史地考察与研究》，第 29 页。

3 Глафного Управления Землеусгройства и Земледелия. Атлас Азиатской Рассия. Издание Переселенческого Управления. Г. Петерпург. 1914. No.8.

被识别和标记出来的"民族"。[1]

　　俄罗斯东方学家塑造的"中亚"属于亚洲俄罗斯部分，在文明等级上低于"欧洲俄罗斯"，由于中亚三汗国复杂的社会结构，使得中亚的文明等级又高于西伯利亚地区。正如俄国学者巴托尔德指出，"突厥斯坦与西伯利亚不同，俄罗斯政府在突厥斯坦完全有可能实现自己的政策。国家疆界向西伯利亚的扩张是与人民群众的自发活动相连的"，西伯利亚是一块"无主地"，俄罗斯人的扩张是"合理"的，"人口比较稠密、文明水平相对比较高的突厥斯坦不能以西伯利亚那样的方式并入俄罗斯，占领突厥斯坦是根据政府当局的命令来进行的，被占领地区及其居民的命运也是根据政府的命令来进行的"。[2] 这就为俄罗斯文明统治"落后"的中亚进行了政治辩护。梅彦多夫认为，曾经跻身世界知识中心的布哈拉文化没落，教条主义盛行，社会发展仍处于低级阶段，需要用欧洲文明来启蒙，并通过布哈拉带动中亚的进步。"俄国文化启蒙的发展进步使这个大国有责任促使那慷慨的观念成为现实。俄国有义务给中亚各汗国带来有益的促进，在这些国家推广欧洲文明的成果。"[3] 这也为俄罗斯统治中亚地区提供了政策依据。

　　俄国考察报告清晰地展现了欧洲东方学从侧重语言、历史和民族志的研究模式向对中亚区域自然状况、政经制度和社会文化进行多学科全面和实用研究的演进趋势。在一批学者如纳扎罗夫、穆拉维约夫、梅彦多夫、克拉普罗特和洪堡等人的推动下，术语"中部亚细亚"（Средияя Азия, Middle Asia, Asie Dumilieu）和"中央亚细亚"（Центральная Азия, Central Asia, Asie Centrale）开始取代流行了

1　Глафного Управления Землеусгройства и Земледелия.Атлас Азиатской Рассия. Издание Переселенческого Управления.Г.Петерпург. 1914. No.25.

2　〔苏〕瓦西里·弗拉基米罗维奇·巴托尔德：《中亚历史》，载氏著《巴托尔德文集》第 2 卷第 1 册，张丽译，兰州大学出版社，2013，第 322 页。

3　恽文捷：《19 世纪初俄国对新疆和中亚汗国的探索及其影响》，《社会科学》2018 年第 5 期。

数百年的"鞑靼利亚"，成为俄国和欧洲学界用以称呼亚洲内陆地区的地理和地缘政治概念。[1] 来自东方学的知识填补了对内陆亚洲的地理环境和族群、人群认识的空白，但这不过是以西方或俄罗斯的"镜像"来认识中亚。"虽然这种具有一致性，但又经常被重写的理论和实践只是存在于西方之东方的荒诞故事、神话，以及对现实的有目的的再创造，但是，对于西方而言，这是一种常态（normality）与理性（reason）的循环。这种理论和操作模式就是东方主义。"[2] 这种具有浓厚的东方主义色彩的知识建构长期主导了人们对于"亚洲"和"中亚"的认知。

三 反思东方主义：空间建构背后的文明等级观

"亚洲俄罗斯"以及"中亚"的出现，既是欧洲列强扩张乃至地缘竞争的后果，同时也是西欧诸国展开所谓的"地理大发现"而创造出的近代主流地理观的后果，"世界作为一体"的观念之前，不同区域人类社群所抱持的观念，是普遍存在复式世界（worlds）或复数世界体系（worlds-systems）。[3] 而现在只有一个以欧洲为坐标的世界体系了。"地理大发现"其实就是一场"文明"大发现。欧洲人在海外探险的过程中，将分布在不同空间的人群的差异整理为历史的差异，也就是把空间的分布诠释为时间的分布，又将时间的差异解释为文明进化程度的差异。[4] 欧洲列强开化和启蒙半野蛮地区就有了冠冕堂皇的理由。"俄国在中亚所处的地位，是一个不得不与一些半野蛮、不拥有稳定的社会组织的游牧民族打交道的文明国家

---

1 恽文捷：《19 世纪初俄国对新疆和中亚汗国的探索及其影响》，《社会科学》2018 年第 5 期。

2 〔英〕齐亚乌丁·萨达尔：《东方主义》，第 86 页。

3 张锡模：《圣战与文明：伊斯兰与西方的永恒冲突》，第 115 页。

4 刘禾：《今天的世界秩序是从哪里来的？》，载刘禾主编《世界秩序与文明等级：全球史研究的新路径》，三联书店，2016，第 22 页。

所处的地位。在这种情况下，文明程度较高的国家不得不为了其边界的安全和商贸关系利益，而对其不安分的、不受欢迎的邻居保持一定的优势。对袭击和劫掠行为必须镇压。为此，边界地区的部落必须保持时刻服从的状态。"[1]

1858 年，俄国哈萨克青年军官瓦里汉诺夫作为中亚探险队的一位重要学者，在中国新疆进行过相当详细的调查。这位接受过"西方"近代知识教育的知识分子，对中亚就采取了东方主义者的傲慢："如果这个地区不是古代所说的那种一味的神秘莫测，而关于中亚地区的民族，我们几乎是一无所知的……现行的社会制度使中亚变得极其忧郁荒凉，呈现出发展中的病态危机……撒马尔罕、塔什干、费尔干纳、希瓦、布哈拉和其他城市的图书馆和撒马尔罕的天文台都一去不复返的毁于鞑靼破坏文物和布哈拉的暴行中了……或确切地说，中亚与文明隔绝，因此，俄国与英国想进一步了解她的不开化的邻居的企图总是难以实现的。"[2]其实，瓦里汉诺夫看到的只是中亚的一面，在一个世纪前，浩罕汗国才迎来了它的鼎盛时期。而清朝同样在西部获得了巨大成功，体现出勃勃生机，不仅挡住了俄罗斯的东进步伐，同时对天山南北进行了有效的行政管辖。这一成功的景象，被传教士用大捷的绘画图像记录了下来。[3]具有嘲讽意义的是，这位游牧民出身的东方学家已经对自己的世居地域感到完全"陌生"，完全没有考虑本土时空的连续性。

地理学家所谈的世界，是他们对世界的主观再现（representation），而不是客观反映，而主观再现的凭借手段只有语言，世界

---

1 Alexis Krausse, *Russian Asia: A Record and a Study, 1558-1899*, Henry Holt and Co., 1899, p.224.

2 〔俄〕乔汗·瓦里汉诺夫：《准噶尔概况》，王嘉琳译，载魏长洪、何汉民编《外国探险家西域游记》，新疆美术摄影出版社，1994，第50~51 页。

3 〔美〕范发迪：《知识帝国：清代在华的英国博物学家》，袁剑译，中国人民大学出版社，2018，第212 页。

是在语言讲述中浮现出来的。[1] 亚洲历史的建构可以看作全球化历史进程的产物。现代全球历史是作为时间上彼此有历时性关系的陆续的单独时刻被描述的，在空间上它们只与西方有关，它们与地球其他部分的共时性关系未被考虑。[2] 地域作为一种显性的空间、一种隐形的疆界，只是文本的一个背景。但是，当这种书写不是发生在文化中心，而是转移到那些被视为边疆的、蒙昧世界的地带，书写的对象变为某个少数族群那里的时候；人们会有意无意地开始强调地域这个概念，这时，它的意思已经悄然转换，变成了"异域"。这个"异域"，正是萨义德所指称的东方主义的两个特征之一。[3] 中亚的"异域化"，就是东方主义与东方学的后果，只建立了与西方的单边联系，是空间重新建构的过程，而切断了与周边特别是与中国的共时性关系。必须指出，近代"中亚"的建构是沙皇俄国的"亚洲俄罗斯"的组成部分，具有强烈的俄式东方主义色彩，也具有某种地理民族主义的含义。美国学者、中国研究专家拉铁摩尔将被污名化的"鞑靼－蒙古"从东方主义的历史观中恢复出来，给予游牧社会以应有的历史主体性，对于"东方"的历史和亚洲历史予以新的解释，这种开创性的研究视角给学界带来了很大的启示。[4]

中国在被动进入世界体系之时，原有的朝贡秩序也逐渐退出历史舞台。近现代的世界整体格局改变了中国的对外视野，逐渐形成了更为明晰的周边与域外概念。近代中国接受了"亚洲"的概念，也就是接受了欧洲的分类体系。近代民族国家的构筑，关于疆域空

---

1 唐晓峰、李平：《文化转向与后现代主义地理学——约翰斯顿〈地理学与地理学家〉新版第八章述要》，《人文地理》2000 年第 1 期。

2 〔美〕卡尔·瑞贝卡：《世界大舞台：十九、二十世纪之交中国的民族主义》，高瑾等译，三联书店，2008，第 272 页。

3 阿来：《地域或地域性讨论要杜绝东方主义》，载氏著《当我们谈论文学时，我们在谈些什么——阿来文学演讲录》，第 230 页。

4 参见以下学者的讨论：唐晓峰《长城内外是故乡》，《读书》1998 年第 4 期；姚大力《拉铁摩尔的"内亚视角"》，《读书》2015 年第 8 期；黄达远《边疆、民族与国家：对拉铁摩尔"中国边疆观"的思考》，《中国边疆史地研究》2011 年第 4 期。

间的认识日益深化，传统的"西域"认知在新的时代背景下逐渐分化，转变为对作为国内组成部分的中国新疆地区和作为国外区域的中亚的分类性认知。[1] 在东方主义的知识体系中，"中亚"已经不再与中国具有共时性的联系。"中亚"曾经长期作为中国天下体系中的组成部分被大量记录在清代以"西域"为题的官修私修的史志中，不过这种记录也带有明显的"华夷之辨"特征。

今天在"一带一路"倡议中重新理解作为异域的"中亚"，需要在知识上超越俄式的"东方主义"，同时，也不能简单回到传统的"天下秩序"中去理解"中亚"。而是要基于大量域外民族志研究，通过扎实的社区研究和专题调查，或可更深入地理解中亚的人文与社会，以与中国共时性的视野来实现政策沟通、设施联通、贸易畅通、资金融通、民心相通，形成"人类命运共同体"。需要注意的是"丝绸之路"也是一个东方学的概念。不过，它今天可以被赋予新的含义，它是亚洲内陆从不间断的内部空间联系的路网，从关中平原、河西走廊、天山南北到两河流域经伊朗高原直到地中海，它作为巨大商路网络连接起游牧、农耕与绿洲世界。丝绸之路其实完全可以作为欧亚世界体系的代名词。

总之，中国需要一套超越东方主义的世界体系知识，来理解自身以及周边与域外。

原载《青海民族研究》2019 年第 2 期

---

[1] 袁剑：《从"西域"到"中亚"：中国的中亚认知及其历史变迁》，《文化纵横》2018 年第 2 期。

从1897年全俄人口普查看俄罗斯帝国穆斯林的社会阶层状况

汪金国[*]　洪丽萍[**]

1897年的全俄人口普查，无论从其客观性还是准确性来看，都堪称俄罗斯历史上最好的一次人口普查。[1]本文将根据这次普查的相关信息，对有关罗曼诺夫王朝统治下的俄国穆斯林社会阶层状况进行比较系统的探讨和分析。

一　俄罗斯帝国穆斯林的总体概况

1897年全俄人口普查资料显示，穆斯林是俄帝国继东正教信仰群体之后的第二大宗教群体，当

*　汪金国，兰州大学政治与国际关系学院教授。

**　洪丽萍，时为兰州大学中亚研究所硕士研究生。

1　参见 Арапов Д. Ю. Ислам в Российской империи: законодательные акты, описания, статистика. М., ИКЦ "Академкнига," 2001.С.27。

时其人口已接近 1390 万人，占全国总人口的 11.6%。事实上，俄帝
国的穆斯林人口一直呈现不断增加的趋势，截至 1917 年，其境内的
穆斯林人口已经达到了 2000 万人。[1]

从宗教派别上看，俄帝国的绝大多数穆斯林属于伊斯兰逊尼派。
从地区分布上看，欧俄地区的穆斯林数量仅约占当地总人口的 4%，
他们主要生活在乌法、喀山、奥伦堡、阿斯特拉罕和萨马拉诸省；
西部各省和西伯利亚的穆斯林人口微不足道；高加索地区的穆斯林
人口约占当地居民总数的 1/3；而中亚地区则有 90% 以上的居民是
穆斯林 (见表 1、2、3、4、5)。

1897 年全俄人口普查资料还显示：整个俄帝国的穆斯林人口中
男性明显多于女性。欧俄地区的男、女穆斯林之比为 100 : 95，高
加索为 100 : 88，中亚为 100 : 86。有学者认为，这种状况是由穆
斯林社会普遍存在的宗法制度所决定的，因此在人口普查中存在着
明显的瞒报妇女人口信息的现象。在农村地区，由于大部分居民是
文盲且不懂俄语，所以统计员根本无法与他们直接交流，只能从当
地行政机关那里获取人口信息。

表 1　俄罗斯帝国欧俄地区的穆斯林人口

省和边疆省	男性（人）	女性（人）	占该省人口总数的比例（%）
阿尔汉格尔斯克	48	7	0.01
阿斯特拉罕	160729	146279	30.60
比萨拉比亚	632	53	0.03
维尔纽斯	2584	1803	0.28
维捷布斯克	647	14	0.04

1　据 В. И. 列宁估计，1910 年俄罗斯已有 2000 万穆斯林，В. В. 巴托尔德援引了该数据。参
见 Барьольд В. В. Записка о печатном ислам оведческом органе в России. СПФ АРАН, ф.68,
оп. I, ед. х.433 л.I。

续表

省和边疆省	男性（人）	女性（人）	占该省人口总数的比例（%）
弗拉基米尔	353	32	0.03
沃洛格达	94	9	0.01
沃伦	4675	168	0.16
沃罗涅日	242	24	0.01
维亚特卡	65186	64342	4.27
格罗德诺	4140	1797	0.37
顿河军外省	2224	861	0.12
叶卡捷琳诺斯拉夫	1567	331	0.09
喀山	307833	318014	28.75
卡卢加	144	28	0.02
基辅	2818	287	0.09
科夫诺	1299	470	0.11
科斯特罗马	459	298	0.05
库尔兰	572	22	0.09
库尔斯克	413	28	0.02
利夫兰	497	33	0.04
明斯克	2551	1975	0.21
莫吉廖夫	854	781	0.10
莫斯科	4567	995	0.23
下诺夫哥罗德	17438	22968	2.62
诺夫哥罗德	326	151	0.03
奥列尼奥克	53	19	0.02
奥伦堡	190123	172676	22.66
奥廖尔	373	29	0.02
奔萨	26588	31958	3.98
彼尔姆	78940	69520	4.96
波多利斯克	5080	1873	0.23

续表

省和边疆省	男性（人）	女性（人）	占该省人口总数的比例（%）
波尔塔瓦	610	23	0.02
普斯科夫	26	9	0.01
梁赞	2132	2729	0.27
萨马拉	143833	141180	0.37
圣彼得堡	4712	1387	0.29
萨拉托夫	46616	47761	3.92
辛比尔斯克	63958	67915	8.63
斯摩棱斯克	307	52	0.02
塔夫里达	103785	86729	13.14
坦波夫	6897	8781	0.58
特维尔	401	44	0.02
图拉	132	2	0.01
乌法	561205	537777	50.03
哈尔科夫	1305	90	0.06
赫尔松	2003	459	0.09
切尔尼戈夫	471	11	0.02
爱斯特兰	55	14	0.02
雅罗斯拉夫尔	243	61	0.03
合计	1822740	1732869	3.80

资料来源：Арапов Д. Ю. Ислам в Российской империи: законодательные акты, описания, статистика. C.324 - 327。

表2　俄罗斯帝国维斯瓦河沿岸边区省的穆斯林人口

省和边疆省	男性（人）	女性（人）	占该省人口总数的比例（%）
华沙	1514	59	0.08
卡利什	160	—	0.02
凯尔采	59	4	0.01

省和边疆省	男性（人）	女性（人）	占该省人口总数的 比例（%）
沃姆扎	461	9	0.08
卢布林	425	3	0.04
彼得罗科夫	288	16	0.02
普沃茨克	240	5	0.04
拉多姆	28	—	0.01
苏瓦乌基	735	74	0.14
谢德尔采	620	26	0.08
合计	4530	196	0.05

资料来源：Арапов Д. Ю. Ислам в Российской империи: законодательные акты, описания, статистика. С.324 - 327。

表3　俄罗斯帝国高加索地区的穆斯林人口

省和边疆省	男性（人）	女性（人）	占该省人口总数的 比例（%）
巴库	372584	305768	82.05
达吉斯坦	263567	277394	94.69
伊丽莎白波尔	309170	243678	62.96
卡尔斯	76450	69331	50.16
库班	53371	49942	5.38
库塔伊西	64115	53512	11.12
斯塔夫罗波尔	22219	16176	4.39
捷列克	252381	234081	52.18
第比利斯	104805	84852	17.98
黑海	2080	1030	5.41
埃里温	190097	162254	42.47
合计	1710839	1498018	34.54

资料来源：Арапов Д. Ю. Ислам в Российской империи: законодательные акты, описания, статистика. С.324 - 327。

表4 俄罗斯帝国西伯利亚地区的穆斯林人口

省和边疆省	男性（人）	女性（人）	占该省人口总数的比例（%）
阿穆尔斯克	532	119	0.54
叶尼塞斯克	142	1760	0.86
外贝加尔	2312	714	0.48
伊尔库茨克	4979	2552	1.48
滨海	1192	89	0.57
萨哈林岛	1625	209	6.52
托博尔斯克	33991	30161	4.47
托姆斯克	22618	18215	2.12
雅库茨克	1269	607	0.70
合计	68660	54426	2.20

资料来源：Арапов Д. Ю. Ислам в Российской империи: законодательные акты, описания, статистика. С.324 - 327。

表5 俄罗斯帝国中亚地区的穆斯林人口

省和边疆省	男性（人）	女性（人）	占该省人口总数的比例（%）
阿克莫林斯克	230706	208957	64.43
外里海	178720	156211	88.07
撒马尔罕	458415	380254	97.62
塞米巴拉金斯克	330465	285771	89.71
七河	479406	413614	90.18
锡尔河	764294	648820	96.37
图尔盖	217165	195671	90.99
乌拉尔	253131	225564	74.15
费尔干纳	844329	717147	99.09
合计	3756631	3232009	90.29

资料来源：Арапов Д. Ю. Ислам в Российской империи: законодательные акты, описания, статистика. С.324-327。

此外，尽管沙里亚法（伊斯兰教法）允许穆斯林男性有组建一夫多妻家庭的权利，但由于经济条件的制约，只有极少数人有能力享受这一权利。识字率低在俄帝国穆斯林中也是一种极为普遍的现象，到 1897 年，识字的穆斯林仅约 100 万人，其中 2/3 为男性。

应该指出的是 ,1897 年的全俄人口普查资料仍然按照中世纪的阶层标准进行划分，既没有考虑到 19、20 世纪之交俄社会出现的新情况，也没有顾及穆斯林社会制度的传统特征。此次人口普查的分类主要集中在信仰和语言两个方面，而不是居民的民族属性。绝大多数穆斯林在 1897 年被确定为突厥－鞑靼语居民和高加索山地语居民，他们约占被研究对象总数的 90%。

二　俄罗斯帝国的穆斯林贵族

穆斯林贵族是俄帝国穆斯林的最高特权集团，许多世袭贵族及其他名门望族的后裔身居穆斯林世俗上层高位。1784 年 2 月 22 日，沙俄女皇叶卡捷琳娜二世颁布法令，赋予鞑靼穆斯林公爵和贵族享有俄贵族的一切特权，但不包括管理基督徒农奴的权力。[1] 该政策实施的结果是，到 19 世纪末，俄帝国共计约有 7 万名穆斯林贵族、贵族后裔和高官，占全俄贵族总数的 5% 左右。[2] 需要指出的是，并不是全俄所有的穆斯林贵族都能够享有这类特权，因为他们中的大部分人并不富裕，有些人甚至连申请加入省城名门贵族谱系的能力都没有。这种情况在塔夫里达省乌拉尔附近和鞑靼－巴什基尔人贵族中非常普遍，他们居住在农村，"既无知识又无职业，无异于庄稼

1　参见 Арапов Д. Ю. Ислам в Российской империи: законодательные акты, описания, статистика. С.48。
2　参见 Арапов Д. Ю. Мусульманское дворянство в Российской империи.- Мусульмане. 1999. № 2-3. С.48。

汉"。[1] 另外，由于穆斯林贵族绝大多数没有"名门贵族"的出身证明，所以俄帝国于 1816 年和 1840 年分别颁布法令，赋予穆斯林贵族确认贵族的权利。[2] 事实上，担任军职或文职是穆斯林晋升和巩固贵族阶层的最可靠途径。例如，1814 年，乌法省贵族会议一次就承认了 64 位参加反拿破仑远征军的穆斯林的贵族资格。到 20 世纪初，欧俄地区的穆斯林贵族，如阿克丘林家族、叶尼科耶夫家族、捷夫科列夫家族等都积极参与了俄帝国的政治生活，为俄帝国的发展发挥了重要作用。

18 世纪下半叶至 19 世纪初，立陶宛和波兰的部分领土被并入俄帝国版图，这给那里的鞑靼贵族开创了法律特例，因为俄法律规定穆斯林不允许拥有基督徒的财产。但是，在确信西部鞑靼贵族（约有 200 个家族）的忠诚之后，俄帝国通过了专门决议（1840 年），赋予这部分穆斯林贵族拥有对基督徒农奴特殊的、例外的合法管理权。[3] 难怪穆斯林政论家伊斯玛依尔·伽斯普林斯基认为，20 世纪初的西部穆斯林贵族是俄穆斯林社会中最欧化的一个群体。[4]

高加索和突厥斯坦穆斯林贵族的社会状况则呈现出另外一番景象。高加索、突厥斯坦的农业区和游牧区贵族基本上保持了对土地、牲畜的所有权，他们担任军职或文职，获得赐封的官职、勋章和名誉，最后取得贵族地位。获得享有世袭贵族权利的官职或勋章的那些人，经协调可以参加自己领土之外遴选贵族组织的生活。

1　Корелин А. П. Дворянство в пореформенной России. М., 1979. С.48.

2　参见 Арапов Д. Ю. Ислам в Российской империи: законодательные акты, описания,статистика. С.68,127,130。

3　参见 Арапов Д. Ю. Политика Российской империи по отношению к славянским и неславянским группам дворянства на территории бывшей Речи Посполитой. - Межславянские взаимо-отношения. М., 1999。

4　参见 Арапов Д. Ю. Ислам в Российской империи: законодательные акты, описания, статистика. С.29。

穆斯林贵族在俄军队服役是其生活的重要方面。在 1904~1905 年日俄战争中，守卫旅顺的萨马德别克·梅赫曼达洛夫和阿里·阿加·什赫林斯基就以英勇而闻名，两人后来都晋升为将军。[1] 可以说，穆斯林贵族基本上成功进入了俄帝国的国家管理机构体系。

三　俄罗斯帝国的穆斯林商人

在俄穆斯林的传统社会生活中，商业活动占据着非常重要的地位。1897 年人口普查资料显示，俄帝国约有 7000 名穆斯林商人。这个数目仅包括官方统计的一等、二等或三等商人，毫无疑问，从事商业活动的穆斯林人数远比这个数目多得多。积极加入这个行列的还有小市民群体（1897 年人口普查资料显示，其人数约为 30 万人）和穆斯林其他阶层的人员。当然，大部分穆斯林的商业活动没有超出传统的小商品交易范围，他们的收入相当微薄。但是，在穆斯林圈内还是可以找到拥有雄厚资本的商人或企业家。18 世纪末，伏尔加河流域和乌拉尔附近就已有近千名拥有几万卢布资本的鞑靼大商人，尤其是那些在俄帝国同中亚地区的贸易中从事中介活动的阿斯特拉罕、奥伦堡、鄂木斯克的鞑靼人。到 19 世纪末，俄国出现了一些真正的穆斯林商业家族，如奥伦堡的胡赛因诺夫家族（拥有资本约 500 万卢布）、乌法的捷别尔杰耶夫家族、喀山的阿克丘林家族等。

随着俄工业在民族地区的迅速发展，制革、肥皂制造、饮食和毛制品行业成为欧俄地区穆斯林企业家的主营领域。[2] 许多突厥斯坦

1　参见 Абасов А. Т. Генерал Мехмандаров. Баку, 1977; Ибраимов С. Д. Генерал Али Ага Шихлинский. Баку, 1975。

2　参见 Хасанов Х. Х. Формирование татарской буржуазной нации. Казань, 1977. С. 42,92,92,115。

穆斯林企业家积极参与采摘、加工和销售中亚棉花的组织。[1] 穆斯林商人及其雇员的俄国籍，不仅保障了他们的人身、财产权利在俄帝国境内不受侵犯，而且也保护了他们在相邻领土上的权利。俄附庸国布哈拉的商人们千方百计地想取得俄国籍，就是因为拥有俄国籍可以使其人身及财产免受布哈拉官僚的盘剥与压榨。

　　19、20 世纪之交的俄经济领域中，石油开采、冶炼中心巴库的地位非常突出，大量穆斯林石油大亨会集于此。其中最著名的是穆斯林首富（拥有资本约 1600 万卢布）加志·泽伊纳拉布丁·塔吉耶夫。此人从一个穷苦的学徒跻身千万富翁、慈善家和学术艺术庇护人之列。塔吉耶夫被俄帝国当局授予最高勋章、四等文官官衔。1910 年，沙皇尼古拉二世提升塔吉耶夫为俄帝国世袭贵族。[2]

四　俄罗斯帝国的穆斯林"哥萨克"

　　哥萨克是俄帝国的一个特殊军人阶层，许多异族和异教徒与信仰东正教的斯拉夫人一起加入各种各样的哥萨克军行列中。1897 年的全俄人口普查显示，大约有 4.5 万名穆斯林被编入哥萨克军中服役。高加索山地居民主要在顿河、库班河和捷列克河哥萨克军中服役，鞑靼人、巴什基尔人、哈萨克人在顿河、乌拉尔、奥伦堡、七河和西伯利亚的哥萨克军中服务。[3] 为此，俄制定了保证哥萨克军队中穆斯林（当然也包括所有在俄军中服役的穆斯林）宗教权利的专门细则，其中规定了征召入伍的穆斯林军人宣誓、祈祷的方式，以及按照沙里亚法仪式安葬的权利等。[4]

1　参见 Арапов Д. Ю. Бухарское ханство в русской востоведческой историю графии. М., 1987. С.62。

2　参见 Ибраимов М. Дж. Предпринимательская деятельность Г. З. Таиева。

3　参见 Казачьи войска // Опыт военно-о описания. СПб., 1881. С.149-151。

4　参见 Арапов Д. Ю. Ислам в Российской империи: законодательные акты, описания, стастика. С.190,262,263,265。

五 俄罗斯帝国的穆斯林平民

毫无疑问，大部分俄帝国穆斯林属于平民百姓阶层。在 1897 年的全俄人口普查中，90% 以上的穆斯林被确定为农民和异族，其中后者包括西伯利亚的吉尔吉斯人、斯塔夫罗波尔省的游牧异族、内盟[1]的哈萨克人以及阿克莫林斯克、塞米巴拉金斯克、七河、乌拉尔和外里海等边区省的异族。这些农民和异族主要从事农业、畜牧业，还有相当多的一部分人从事手工业和商业活动。20 世纪初，一部分穆斯林还成为当时为数不多的产业工人群体中的一员，他们主要在伏尔加河流域和乌拉尔附近的制革及肥皂制造工厂、突厥斯坦的净棉企业、巴库的石油作业场等工作。

六 俄罗斯帝国的穆斯林宗教界

尽管 1897 年的全俄人口普查基本上厘清了俄帝国穆斯林社会的人口状况，但却忽视了穆斯林最重要的一个阶层，即在官方文件和文献中被称为"穆斯林宗教界"的那个群体。对没有教阶组织的伊斯兰教来说，使用"宗教界"这个概念无疑是不准确的。 但是，在俄帝国伊斯兰学文献中经常把基督教和伊斯兰教相关的社会阶层相提并论，把伊斯兰教的"宗教界"确定为"一个社会阶层，其功能包括保存宗教知识并对教友社团实行宗教与道德领导"。[2]18 世纪末，伴随着一系列法律文件的出台，俄逐渐确定了穆斯林宗教机关神

1　内盟或布克汗国（Внутренная Орда / Букеевская Орда）是 19~20 世纪初哈萨克的一个汗国，俄国的藩属，名称取自布克·努拉利莫夫苏丹的名字，由来自乌拉尔河与伏尔加河之间的小玉兹的 5000 户移民组成，后归并于阿斯特拉罕省。

2　Ацамба Ф. М., Кириллина С. А. Религия и власть: ислам в Османском Египте. XVIII - первая четверть XIX вв. М.,1996. С.137.

职人员（所谓的"法定毛拉"）和供职人员的范围。他们可以获得国家薪俸、免除徭役赋税、免服兵役、有权享受来自相关教区的收入、房屋免受军队宿营等权利。[1] 而在登记穆斯林宗教机关名单时未注册的那部分神职人员，则不享受任何特殊权利。据俄帝国异教信仰事务司统计，1912 年 1 月 1 日，俄帝国正式登记在册的穆斯林教区有 24321 个，礼拜寺（大清真寺、冬夏清真寺和祈祷堂等）26279 座，穆斯林神职人员（伊玛目、毛拉、海推布、穆安津等）45339 名。[2] 总而言之，随着俄帝国的不断发展，越来越多的穆斯林神职人员被纳入其国家管理体系。他们中的许多人尤其是穆斯林穆夫提[3]官员荣膺俄帝国功臣称号，不止一次地获得俄帝国最高勋章奖励。如首位穆斯林将军库特尔－穆哈迈德·捷夫科列夫的曾孙谢里木－基列伊·捷夫科列夫于 1865~1885 年担任奥伦堡穆夫提，他因功勋卓著而荣获安娜和圣斯坦尼斯拉夫一级勋章等。③

　　总之，通过以上分析，我们可以看出，在俄帝国不断发展和扩张的过程中，越来越多的异域领土被并入其庞大的版图，越来越多的异域穆斯林成为其臣民。与此同时，穆斯林，尤其是穆斯林贵族，在为俄国家建功立业的同时，也获得了与其贡献相当的各种权利和特权，并逐渐融入俄贵族行列和国家管理体系。

　　　　　　　　　　　　　原载《世界民族》2006 年第 1 期

1　参见 Арапов Д. Ю. Ислам в Российской империи: законодательные акты, описания, стастика. С.190-254。
2　参见 Рыбаков С. Статистика мусульман в России. Мир ислама., 1913, т.2, № 11. С.762。
3　指熟谙《古兰经》、"圣训"及其他教法典籍的伊斯兰教教法释解者。

19世纪初俄国对中国新疆和中亚汗国的探索及其影响

恽文捷 [*]

19世纪前期正是英法俄等欧洲资本主义新兴强国创建亚洲学会和地理学会、培养学者、出版学刊、鼓励以欧洲为中心的世界文明知识建构、推动全球殖民扩张事业的高峰期。殖民扩张不仅激励了欧洲各国对亚洲内陆地区的探索和考察,更促成东方学的学术发展和转型。在亚洲内陆研究史里,俄国在1810~1820年对中国新疆和中亚汗国的探索和考察活动是促进近代欧洲亚洲内陆研究学术转型的重要因素之一。19世纪初,建立在中世纪晚期旅行者旅行记、伊斯兰突厥蒙古文献和15~18世纪基督教传教士作品基础上的中北亚研究向基于近代"科

* 恽文捷,深圳大学中国经济特区研究中心副研究员。

学主义"（scientificism）的中亚研究转变，欧洲近代地理学、语言学、人类学、地缘政治学和军事学等学科成为东方学亚洲内陆知识建构的重要工具，科学实证主义研究的理论和实践开始取代道听途说的旅行记录和传教士的文献翻译。其具体标志，便是欧洲学界指称亚洲内陆的术语从基于蒙古历史文化的"鞑靼利亚"（Tataria, Tartarie, Tartary, Татария）[1] 演变为基于近代地理学和政治学的"中央亚细亚"（Asie Centrale, Central Asia）。本文拟对 19 世纪初俄国的中亚探索考察及其对欧洲东方学学术转型的影响进行研究。[2]

1　鞑靼利亚（拉丁文为 Tataria）词根是 Tatar, Tatar 一词最早出现于唐代的《阙特勤碑》。据考证，中世纪犹太拉比和旅行家图德拉的便雅悯（Benjamin of Tudela）于 1173 年在其著作中首用 Tatarie 一词称呼蒙古人及其地方。13 世纪前期蒙古西征后，欧洲开始以拉丁文 Tartares 称呼蒙古人，以 Tataria 称呼东方蒙古人发源地及其势力范围。此后，该词在英、法、德等文字中的变体被欧洲学界普遍使用，并进行相关知识建构，直至 19 世纪中期被"中亚"取代。参见南京大学元史研究室编《韩儒林文集》，江苏古籍出版社，1985，第 401 页；J.P.Baratier, translated and enriched the notes, *Voyages de Rabbi Benjamin, fils de Jona de Tudèle, en Europe, en Asie et en Afrique, depuis l'Espagne jusqu'à la Chine,* Tome1, Amsterdam, 1734, p.190; Marcus Nathan Adler (ed.), *The Itinerary of Benjamin of Tudela, Critical Text, Translation and Commentary,* London: Oxford University Press, 1907; Eccard, Corpus Historic., ii, 1451, referred in Henry Yule, trans.et al (ed.), *Cathay and the Way Thither, Being a Collection of Medieval Notices of China,* Vol.1, London: Printed for the Hakluyt Society, p.175; Svetlana Gorshenina, *L'invention de l'Asiecentrale: Histoire du concept de la Tartarie à lEurasie,* Genève: Rayon Histoire de la Librairie Droz, 2014 等。

2　我国学界对"俄罗斯馆"、中俄《恰克图条约》所规定的俄国派赴北京的使团与传教团的活动、近代浩罕等国与新疆的关系进行过较为深入的研究，对中亚近代史和 19 世纪中期俄国征服中亚的历史著作也进行了一定程度的翻译和讨论。不过，对 19 世纪早期俄国与中亚汗国和中国新疆的关系，对中亚汗国政治经济状况的考察仍有较大的拓展空间。参见蔡鸿生《俄罗斯馆纪事》，中华书局，2006；阎国栋《俄国汉学史——迄于 1917 年》，人民出版社，2006；叶柏川《俄国来华使团研究（1618~1807）》，社会科学文献出版社，2010；潘志平《浩罕国与西域政治》，新疆人民出版社，2006；潘志平《中亚浩罕国与清代新疆》，中国社会科学出版社，1991；潘向明《清代新疆和卓叛乱研究》，中国人民大学出版社，2011；王治来、丁笃本编著《中亚国际关系史》，湖南出版社，1997；王治来《中亚通史》近代卷，新疆人民出版社，2004；马曼丽《中亚研究——中亚与中国同源跨国民族卷》，民族出版社，1995；马大正、冯锡时主编《中亚五国史纲》，新疆人民出版社，2005；庄鸿铸等《近现代新疆与中亚经济关系史》，新疆大学出版社，2000。

一　1811~1820 年俄国对中国新疆伊塔地区和中亚汗国的探索与考察

18 世纪初，彼得一世改革把"贸易强国"的理念扎根在俄国精英阶层，富饶的印度和中国成为俄国商人期盼的贸易对象，俄中印之间的广袤地区遂成为俄国军政学界研究与接触的对象。1722 年，彼得大帝在阿斯特拉罕说："尽管吉尔吉斯人[1]是迁徙不定的民族，但南部大草原是通往东方所有国家的锁钥和门户。"[2]其后，俄国在中亚大草原和西伯利亚不断创设哥萨克村落，以之为核心构建往东南方向推进的"堡垒线"（要塞线，ЗасечнаяЧерта），从而建立了一套稳步挺进、压制和分割游牧民的有效扩张方式。[3]1718 年，俄国在额尔齐斯河畔修建了塞米巴拉金斯克堡；1734 年，又修建了"通向东方的窗口"——奥伦堡。至 19 世纪初，俄国势力范围已经扩张至里海西岸、北岸和咸海北部，并向东延伸至巴尔喀什湖。俄军基本完成对哈萨克大草原北部的征服，控制了哈萨克的中小玉兹和毗邻归附中国的哈萨克大玉兹。[4]阿斯特拉罕、奥伦堡和塞米巴拉金斯克三座要塞遂成为俄国挺进中亚的大本营。[5]

此时，拿破仑战争的消耗和战后经济的发展急需俄国拓展东

1　在 18 世纪和 19 世纪初的俄文、法文和英文文献中，"吉尔吉斯人"（киргизы）和"哈萨克人"（казах）两术语时常混用，直到沙俄占领中亚汗国并进行民族识别后才分开。

2　An Indian Officer, *Russia's March towards India*, Vol.1, London: Sampson Low, Marston & Company, 1894, p.36.

3　Jules-Henri Klaproth, *Magazin Asiatique, ou Revue Geographique et Historique de L'Asie Centrale et Septentrionale*, Tome1, Paris: La Librairie Orientale de Dondey-Dupré Père et Files, 1825, p.3.

4　Martha Brill Olcott, *The Kazakhs*, Hoover Institution Press, 1987, pp.28–58; Paul Georg Geiss, *Pre-Tsarist and Tsarist Central Asia, Communal Commitment and Political Order in Change*, Routledge Curzon, 2003, pp.179–185.

5　Michael Khodarkovsky, *Russia's Steppe Frontier, The Making of a Colonial Empire, 1500-1800*, Indiana University Press, 2002, pp.132, 168–171.

方贸易。管理俄国西伯利亚堡垒线的将军们并不满足于《恰克图条约》所规定的俄商从恰克图经库伦和张家口至北京的贸易路线。他们希望开辟塞米巴拉金斯克与中国新疆塔尔巴哈台、伊犁之间的贸易。正在进行高加索战争的俄国总督也希望建立和改善同里海东岸土库曼部落与希瓦汗国的外交和贸易关系，保护俄国商队的安全。俄国驻奥伦堡的总督则致力于扩大从奥伦堡经锡尔河的咸海入海口和克孜勒库姆沙漠到布哈拉的马帮贸易，巩固俄国与布哈拉良好的外交关系，并深入了解希瓦、布哈拉和浩罕三汗国的自然、人文和社会状况。当时，有专家提出构想，如果与中亚汗国的关系保持稳定，俄国商队就有望从阿斯特拉罕渡过里海，沿阿姆河旧河道，或从奥伦堡经咸海走阿姆河新河道，再经希瓦和布哈拉沿阿姆河溯源而上，通过阿富汗进入印度西北部，部分实现彼得一世和保罗一世的印度梦。1811 年，俄国军官普提姆雪夫（M.Poutimtsev）受命化装随中亚商队对塔尔巴哈台和伊犁进行秘密调查，意图侦测当地情报并评估开辟俄中新疆贸易的可能性；1813~1814 年，因浩罕派赴俄国的使节在归途中去世，菲利普·纳扎罗夫（Philippe Nazarov）受政府之命赴浩罕汗国向爱玛尔汗（Muhammad Umar Khan）解释并递交国书；1819~1820 年，尼古拉·穆拉维约夫（Николая Н. Муравьев）受命经土库曼地区赴希瓦汗国，向拉吉姆汗（Mahomed Ragim Khan）递交俄国格鲁吉亚军区总司令叶尔莫洛夫（Алексей Петрович Ермолов）的亲笔信以建立外交和贸易关系；1820 年，沙皇委派国务顾问内格里（M.de Négri）率团出访布哈拉并觐见该国埃米尔海达尔（Haydar Torabin Shah Murad）以促进两国贸易，同时调查中亚贸易路线和布哈拉汗国及周边地区情形。他们的考察报告刊发后迅速被英法德学者翻译，在欧洲东方学界引发巨大反响。

（一）1811 年俄国翻译官普提姆雪夫乔装探查伊塔地区

1811 年，为了探索额尔齐斯河上游中俄贸易的前景，西伯利亚堡垒线司令官格拉森纳普将军（Glasenap）命其副官兼突厥语翻译普提姆雪夫化装成西伯利亚鞑靼商人，在斋桑泊附近额尔齐斯河支流布赫塔尔马河畔的布赫塔尔明斯克（Буктырминск）加入鞑靼商人聂尔品（M.Nerpin）的马帮商队赶赴伊犁，沿途搜集新疆的地理、商业和社会情报。该商队由布哈拉人热希德（Rechid）之子拉希姆伯克（Rahim-bek）管理[1]。

1811 年 6 月 4 日，商队渡过中俄界河——额尔齐斯河支流纳雷姆河（Nartym），沿着卡尔巴山（Kalbin）经乌斯季卡缅诺戈尔斯克（Oust-Kameogork）走上通往塔尔巴哈台（Tchougoutchak）和伊犁（Gouldja）的道路。6 月 6 日，马帮在被称为"吉尔吉斯巴特"（KirghizBat）和"辉迈喇虎"（Khona-mailkhai）的中国卡伦处交了"十一税"，进入中国国境。

6 月 19 日中午，马帮抵达哈萨克部落卡姆巴尔苏丹（Sulthan Kambar）处。卡姆巴尔为马帮写了一封致塔城"参赞"（Keb）和"协办领队（Batyr）大臣"[2]的推荐信，以朝贡贸易为名推荐商队赴塔城和伊犁。

7 月 15 日，普提姆雪夫打扮成塔什干商人带部分商队前往塔尔巴哈台。到达塔城外的卡伦后，普提姆雪夫把推荐信交给卡伦侍卫。[3] 次日，普提姆雪夫和 4 名塔什干商人入城拜见塔城的两位驻防大臣，并到管理商贸的抚民同知和管理马帮商队的笔帖式（Bachi）处验货缴税，再到巴扎卖货。普提姆雪夫借买卖的机会搜集了塔城

1　"Voyage de Boukhtarminsk a Gouldja ou Ili, Capitale de la Dzoungarie Chinoise.Entrepris en 1811 par M.Poutimstev, interprête du gouvernement Russe," Jules-Henri Klaproth, *Magazin Asiatique, ou Revue Geographique et Historique de L'Asie Centrale et Septentrionale,* Tome1, pp.173-176.

2　此处为普提姆雪夫的道听途说。参赞大臣满语为 Khebeiamban，办事大臣为 Baita icihiyara amban。1811 年 3~10 月，塔尔巴哈台参赞大臣为那彦实。参见章伯锋编《清代各地将军都统大臣等年表 1796~1911》，文海出版社，1979，第 161 页。

3　相关卡伦信息参见《大清一统志》卷 589《塔尔巴哈台》，《四部丛刊续编》第 29 册，上海书店，1984，第 4 页。

的相关情报，调查了城墙的结构、高度和厚度，以及塔城的城市规模、人口构成、民族和商贸状况等。[1]

8 月 10 日，商队离开塔城前往固勒扎。8 月 22 日，商队来到伊犁边界卡伦。他们的货物因未提前申报和当地接到伊犁将军禁止走私的命令而被留在卡伦处，只让牲畜通行。于是，商队成员先到绥定城（Khachemir），再到惠远城（固勒扎古里，Gouldja-kourè；又名将军城，Dziangghiun-khotò）里向各处官员和通事送礼以打通关节。9 月 3 日，普提姆雪夫等人在固勒扎以卡姆巴尔苏丹商队的名义拜见伊犁将军，接受问询并馈赠礼物。不久，他们取回货物进行买卖，利润比中国政府的官营贸易大得多。普提姆雪夫一行在伊犁停留 45 日，他有完全自由，没有暴露身份。他全力搜集当地各种情报，详细了解伊犁的军府制度、城市建设、社会经济和商业状况。10 月 14 日，商队启程返回俄国。11 月 6 日抵达斋桑泊，同月 18 日返回布赫塔尔明斯克。据普提姆雪夫计算，商队来回走了两条路，其中一条从布赫塔尔明斯克到塔尔巴哈台的路有 446 俄里，再有 731 俄里到固勒扎；另一条长度分别是 595 俄里和 870 俄里，后者障碍较少，适合车辆通行。[2]

普提姆雪夫的伊犁之行被整理为考察报告《1811 年从布赫塔尔明斯克至中国准噶尔都城伊犁旅行记》出版。

（二）1813~1814 年纳扎罗夫出使浩罕汗国

1812 年，浩罕汗派遣两位使节赴俄。他们在归途中于彼得巴甫洛夫斯克（Петропавловск）停留，其中一位病死，另一位被谋财害命。为了对此事进行解释以消除误会，俄方翻译菲利普·纳扎罗夫自

1　Jules-Henri Klaproth, *Magazin Asiatique, ou Revue Geographique et Historique de L'Asie Centrale et Septentrionale*, Tome1, pp.184~188.

2　Jules-Henri Klaproth, *Magazin Asiatique, ou Revue Geographique et Historique de L'Asie Centrale et Septentrionale*, Tome1, pp.210~229.

荐承担赴浩罕说项之使命，并获鄂木斯克（Омск）要塞司令官授权。

　　1813 年 5 月 16 日，要塞司令官将俄国皇帝致浩罕汗的书信交给纳扎罗夫，命其携带书信和礼物，在一小队哥萨克士兵的护送下同浩罕使团以及一支驮运了价值 20 万卢布货物的俄国商队赶赴浩罕都城，以便与浩罕建立商贸关系，并设法获得浩罕汗给俄国皇帝的回信。

　　纳扎罗夫一行从鄂木斯克出发，经彼得巴甫洛夫斯克和中亚大草原前往浩罕。他选择从一条叫作"阿布赉汗"（Ablai-khan）的穿过中玉兹的古道前行。他边走边观察，详细记录了沿途的山川、地形、气候、居民和土产等信息，尤其详细描述了被俄国人称为"吉尔吉斯—哈萨克"的中亚草原游牧民的宗教、风俗、经济、社会组织、政治形态和周边关系等。穿过草原后，商队将经过浩罕的苏扎克（Suzak）、图尔克斯坦、奇姆肯特、塔什干和霍占特等城市。[1]

　　彼时浩罕国势正蒸蒸日上。浩罕汗四处征战、不断扩张，刚刚吞并图尔克斯坦。俄国商队在向导的帮助下，绕行楚拉克（Tchoulak-achi），翻越卡拉套（KaraTau）山脉，以避免纠纷。自奇姆肯特起，商队由 200 名浩罕士兵护送至塔什干。塔什干的官员扣下了商队和部分哥萨克护卫，只让纳扎罗夫与浩罕使团成员赴浩罕城。抵达霍占特后，纳扎罗夫沿锡尔河东行，终于在 1813 年 10 月初来到浩罕城，在离王宫 15 俄里的花园中搭起帐篷入住。

　　浩罕汗的维齐尔在当夜拜访了纳扎罗夫，询问俄方来意。纳扎罗夫向其阐明护送浩罕使团回国、两位使节死因以及与浩罕建立贸易关系三大任务。11 天后，他终于得以觐见浩罕爱玛尔汗——"埃米尔·瓦利·米阿尼"[2]。

1　"Voyage à Khokand, entrepris en1813 et 1814, par Philippe Nazarov, interprête au service du gouvernement Russe", Jules-Henri Klaproth, *Magazin Asiatique, ou Revue Geographique et Historique de L'Asie Centrale et Septentrionale*, Tome1, pp.1–35.

2　原文拼为 Amir Valliami，克拉普罗特根据阿拉伯字母拼法改为 Amir Valimiani，意为"中央的王公守护者"（Prince Protecteur du Milieu），这里指浩罕爱玛尔汗。

爱玛尔汗年方 25 岁。纳扎罗夫向他递交了俄国国书和礼物。他看到王廷上还有来自"中国、希瓦、布哈拉、萨尔萨乌斯（Sarsaous）和山地波斯的使节"。[1] 当时，浩罕北部边界已经与俄国势力范围接壤。爱玛尔汗有意试探纳扎罗夫。觐见后让其留在浩罕，以打猎为由带他到浩罕重镇、与中国相邻的地区和浩罕新征服的国土上旅行，以便向俄国展示浩罕的军力和成就。纳扎罗夫因此得以赴玛尔噶朗、安集延、那木干和亚纳库尔干（Yana Kourgan）等地周游观察。事后，他返回浩罕城，经乌拉退帕、霍占特和治扎克（Tchirtchik）到塔什干。1814 年 8 月 1 日，纳扎罗夫一行与浩罕赴俄使团会合后，终于在同年 10 月 15 日返回彼得巴甫洛夫斯克[2]。

纳扎罗夫的记录被整理为考察报告《1813 和 1814 年浩罕旅行记》出版。

（三）1819~1820 年穆拉维约夫出使土库曼和希瓦汗国

俄国通过高加索战争扩张到里海西北岸后，需要对里海东岸地区进行调查，以便在东岸设立港口、建筑要塞，供俄国商人和军方使用。同时，俄国也有意拉拢居住在东岸地区的土库曼部落以制衡希瓦并扩大俄国的利益。1813 年，俄国驻格鲁吉亚总督拉提谢夫（Николай Федорович Ртищев）派遣杰尔宾特（Дербент）商人、亚美尼亚人伊凡·穆拉托夫（Армянин Иван Муратов）出访正率领土库曼各部与波斯作战的苏丹汗，意图提供支持并建立关系。苏丹汗立即组建由数部首领和长老组成的访俄使团赴高加索寻求俄国的支持和庇护。然而，彼时俄方刚与波斯国王全权代表签署和平条约，

---

1 克拉普罗特认为，纳扎罗夫所见之人并非中国皇帝的钦差，应是伊犁将军为处理中国西部藩属事务而派往浩罕的官员。见 Jules-Henri Klaproth, *Magazin Asiatique, ou Revue Geographique et Historique de L'Asie Centrale et Septentrionale*, Tome1, p.45。

2 Jules-Henri Klaproth, *Magazin Asiatique, ou Revue Geographique et Historique de L'Asie Centrale et Septentrionale*, Tome1, p.79.

明确承诺不与土库曼部落发展政治关系。总督遂将土库曼使团遣回。此举使土库曼人陷入被动，被迫对波斯让步，并寻求希瓦统治者拉吉姆汗的保护。俄国与土库曼的关系陷入危机。

1819 年 6 月，曾担任驻波斯大使的俄国驻格鲁吉亚总督阿列克谢·彼得罗维奇·叶尔莫洛夫正在指挥高加索战争。他决定尽快发动对波斯的战争，还打算将领土扩大至阿拉斯河一线，并准备占领埃里温和纳希切万。[1] 为了牵制波斯并扩大里海东岸的贸易，他派遣伊丽莎白托波尔（Елисаветпол）的指挥官珀诺马列夫上尉（Майор Пономарев）重启与土库曼人的政治谈判。其参谋官即懂得鞑靼语的格鲁吉亚军区总参谋部上尉穆拉维约夫负责协助其对里海东岸进行测绘，由伊凡·穆拉托夫担任翻译。不久，穆拉维约夫受命只身赴希瓦汗国，尝试通过破冰之旅与希瓦汗结盟，并沿途秘密搜集所经土库曼人居住区和希瓦汗国的情报，争取希瓦与俄国互派使团并建立外交关系。[2]

穆拉维约夫于 6 月 18 日离开第比利斯，20 日抵达伊丽莎白托波尔。7 月 1 日，他和珀诺马列夫上尉启程。7 日抵达港口巴库，率 1 名军官和 30 名士兵搭乘装备 18 门炮的海防舰喀山号和商船圣波利卡尔普号沿着里海西岸向南航行。他们在里海南岸一带对土库曼地区进行了详细调查和测绘。9 月 10 日，航行至里海东岸克拉斯诺沃茨克（Krasnovodsk）湾。15 日，俄方与巴尔坎湾一带土库曼部落首领们缔结互助协议。

9 月 17 日，穆拉维约夫携带叶尔莫洛夫和珀诺马列夫致希瓦汗的两封信启程奔赴希瓦城，请希瓦汗派遣访俄使团，并保护穿过土

1　Count Meyendorff, *Journey of the Russian Mission from Orenbourg to Bokhara,* trans.by Colonel Monteith, Madras Engineers, Madras: Printed at the Spectator Press, 1840, p.74.

2　Н.Н.Муравьев, Путешествиев Туркмениюи Хивув 1819 и 1820 годах, гвардейскогогенеральногоштабакапитана Николая Муравьева, посланноговсиистраныдляпереговоров, Ч.1-2, Москва, Вь Типографіи Августа Семена, 1822, с.I–VII.

库曼到巴尔坎湾登船赴阿斯特拉罕的俄国和希瓦商队。他从巴尔坎湾北部出发，经过铁木真（Demour-djem）、图尔（Touer）、贝什—迪奇克（Bech-Dichik），穿过乌浒河旧河道，于 10 月 5 日抵达希瓦城附近。10 月 6 日，有传言说俄国正派军队为曾被希瓦人杀死的亚历山大·比科维奇—切尔卡斯基（Александр Бекович-Черкасский）复仇，穆拉维约夫可能是间谍，希瓦汗遂命手下将穆拉维约夫安置在和卓马尔加姆（Khwaja Margam）的亚尔·卡尔迪堡（Yal Kaldi）内软禁。

　　穆拉维约夫被软禁了一个半月，饱受惊扰，多次面临被处死的危险。他通过观察和交流获取了大量有关希瓦的信息并记录下来。11 月 4 日，珀诺马列夫派人给希瓦汗和穆拉维约夫各送了一封信。11 月 15 日，穆拉维约夫计划逃跑。次日，他得到希瓦汗要召见他的消息。

　　1819 年 11 月 20 日，穆拉维约夫在希瓦城觐见拉吉姆汗。希瓦汗身高超过 1.8 米，胡须短而红，嗓音甜美，吐字清晰、流畅，颇有威严。穆拉维约夫呈递了总督的信件，表达了俄方希望与希瓦建立外交和商业关系，开辟从阿斯特拉罕至克拉斯诺沃茨克湾，再到希瓦的贸易路线的意愿。希瓦汗回答说，尽管里海东北岸经曼格什拉克的传统商道缺水且绕路，但周边部落都臣服于希瓦，而巴尔坎湾至阿斯特拉巴德的沿岸部落则受卡贾尔人（Kajars）支配。新商道无法保证浩罕商队的安全。穆拉维约夫遂建议两国结盟。希瓦汗同意派遣使团赴俄协商。[1]

　　11 月 21 日，穆拉维约夫和希瓦使团启程返回高加索。12 月 14 日，使团在里海边与珀诺马列夫和俄国船只会合。1820 年 1 月 21 日，希瓦使团在杰尔宾特与叶尔莫洛夫总督会面。2 月 24 日使团抵达第

1　Н.Н.Муравьев, Путешествиев Туркмениюи Хивув 1819 и 1820 годах, гвардейскогогенеральног оштабакапитана Николая Муравьева, посланноговсиистраныдляпереговоров, Ч.1-2, с.131-138.

比利斯。4 月 22 日希瓦使团启程返回。[1] 穆拉维约夫随之再度访问希瓦，意图解决俄国奴隶问题，未获成功。

穆拉维约夫此行的记录和研究被整理入《1819 至 1820 年土库曼与希瓦旅行记》一书。

（四）1820 年俄国使团出访布哈拉汗国

18 世纪后期，俄国与布哈拉之间的贸易关系得到大幅拓展。1775~1819 年，布哈拉先后向俄国派遣了 11 个使团。1820 年，访问圣彼得堡的布哈拉使团以布哈拉统治者的名义向俄方表达了邀请俄国使团访问布哈拉的意愿。俄皇亚历山大一世不仅想巩固两国之间的贸易关系，更想进一步了解布哈拉的相关信息，获取更多情报，于是命其国务顾问内格里（M.de Négri）担任使团秘书率团出访布哈拉。内格里为希腊人，曾在叶尔莫洛夫使团中担任翻译。内格里使团成员还包括：皇家学院议员雅克甫列夫（M.de Jacovlew）、著名自然学家医生潘德尔（Pander）、三名奥伦堡的翻译、负责搜集地理和统计数据的瑞典裔男爵梅彦多夫（Егор Казимирович Мейендорф / Georg Wolter Konrad von Meyendorff）上校及其助理参谋副官福尔孔斯基（M.M.Volkonsky）、谢莫斯伊尔夫（Simosryrf）等人。因受沙皇钦点，且路途对后勤补给要求较高，还可能受到哈萨克和希瓦游牧部落的抢掠，所以俄国组建的使团规模较大，包括 200 名哥萨克士兵、200 名步兵、25 名巴什基尔骑兵、2 门炮、358 匹驮运行李的骆驼和 400 匹马。[2]

1820 年 10 月 10 日，使团在奥伦堡大广场受总督检阅，整装出

1　N.N.Muraviev, *Muraviev's Journey to Khiva through the Turcoman Country, 1819-1829*, trans. from the Russian (1824) by Philipp Strahl, Ph: Doc: & C., Bonn; and from the German (1871) by Captain W.S.A. Lockhart, F.R.G.S., Calcutta: The Foreign Department Press.

2　Georges de Meyendorff, *Voyage d'Orenbourg à Boukhara fait en 1820, à travers les steppes qui s'étendent à l'Est de la mer d'Aral et au delà de l'ancien Jaxantes*, revu par M.Le.Chevalier Amédée Jaubert, Paris, Dondey-Dupré Père et Fils, 1826, Préface de L'Auteur, pp.ix-xii, 235.

发。使团所走的奥伦堡和布哈拉城之间的商道分为 3 段。第 1 段是从奥伦堡到穆戈贾尔山之间的山脉和森林地带；第 2 段是从穆戈贾尔山到锡尔河的戈壁地带；第 3 段是从锡尔河到布哈拉的沙漠地带。使团必须穿越克孜勒库姆大沙漠。

1820 年 12 月 20 日，使团进入布哈拉城。布哈拉埃米尔海达尔携其两子在宫廷中接见了俄国使团。内格里用波斯语同布哈拉人交流，呈递了俄皇致布哈拉汗的信件。海达尔大约 45 岁，黑眼睛、橄榄色面庞，蓄了全须。看外貌甚为虚弱、缺少智慧。整个觐见过程持续大约 20 分钟。

俄国使团在布哈拉城停留至 1821 年 3 月 10 日。3 月 25 日离开布哈拉国境。[1] 其间，俄国使团对布哈拉及其周边地区进行了颇为详细的调查研究，相关资料被整理入《1820 年奥伦堡至布哈拉旅行记》一书。

二　俄国考察报告对中国新疆和中亚汗国的研究及其影响

上述俄国使团的出访目的地虽各有不同，其使命却有诸多交集：首先，是开辟俄国与相关地区的贸易和外交关系；其次，是全面搜集这些地区的人文地理信息；最后，是考察相关国家和地区的政治局势与军事防御状况，探讨俄国进一步扩张的可能性。他们的考察报告不仅极大丰富了俄国人对中国新疆和中亚汗国的了解，为日后俄国征服中亚奠定初步知识基础，更因其出版和翻译引起英法东方学界的兴趣，激发了英属印度和欧洲学界加强中亚探索的愿望。

就内容而言，俄国考察报告除了刊布调查搜集的中国新疆和中亚汗国山川地理与人文社会信息外，还特别对相关地区的政治、经

1　Georges de Meyendorff, *Voyage d'Orenbourg à Boukhara fait en 1820, à travers les steppes qui s'étendent à l'Est de la mer d'Aral et au delà de l'ancien Jaxantes,* Préface de L'Auteur, pp.84–87.

济和军事状况进行了较为深入的研究和评论。这些信息和评论属于当时欧洲东方学亚洲内陆研究最前沿的学术领域，也展现了 19 世纪初期俄国对中亚地区知识建构的特点。它们与 17 和 18 世纪的传教士东方学有很大不同，是英法学界迫切需要了解的实用知识。于是，在俄国学术的启发下，英法东方学界开始构建"中央亚细亚"的自然地理、地缘政治、民族文化和社会经济知识体系。19 世纪 30年代，英属印度和印度事务部的专家阅读了俄国报告后，开始发掘英国早期中亚探索者如摩尔克罗夫特（William Moorcroft）等人的档案文件，着手建立符合其国家利益的中亚战略。

因此，俄国对中国新疆和中亚汗国的研究报告展现了 19 世纪初欧洲对相关地区的认识水平，其关注点亦颇富时代色彩，值得深入探讨。

（一）俄国考察报告对中国新疆的调查研究

普提姆雪夫和梅彦多夫的报告均提供了有关新疆天山南北直接或间接的信息。他们搜集的信息集中在以下几点：（1）新疆内外的商道和商贸信息；（2）南北疆诸城社会经济状况；（3）诸城驻军与军事防御情报；（4）清政府在新疆的统治体系。兹简述如下。

普提姆雪夫调查得知，塔城城墙用砖石构建，设有角楼和由两条河流改道而成的护城河。城里有 600 间房屋，整座城市就是一个大兵营。大多数居民因贸易从中国各地而来，主要为商人、工匠和农民。他们只是暂时居住，唯有流犯是常住居民。塔城的商人主要是中国的卡尔梅克、土尔扈特和厄鲁特臣民。普提姆雪夫认为，清政府对这些游牧民族并不放心，每年都从伊犁调兵 1500 名以守卫边疆。

塔城与科布多、乌鲁木齐、南疆等地保持贸易关系。货物主要以牛车和马车运输。到科布多要走 20 天，到乌鲁木齐则要走 32 天。科布多的贸易量较小，乌鲁木齐则因生产纺织品和日用品而非常富裕。塔城商人还经常赴喀什噶尔、和阗和叶尔羌贸易，贸易额也非常可观。普提姆雪夫在塔城和伊犁都没有找到好茶，只看到被俄罗斯称为"克尔比乔伊"（Kirpitchno）的砖茶。塔城附近种有大麦、小麦、小米以及质量不佳的稻米。他只看到很少的苹果树，但当地每年收获的蔬菜和烟草较多。[1]

伊犁将军驻地惠远城（固勒扎古里）坐落于伊犁河畔，为新疆首府。汉人（Kara-Kitai-Nogo-ntouk[2]）和"东干人"（汉回，Tougean）聚居在突厥语名为"克什米尔"的绥定城，满人聚居在巴彦岱。宁远城距离惠远城 50 俄里（53.34 公里），是维吾尔人聚居的城市，由伊犁将军和阿奇木伯克管理。

伊犁将军总统伊犁、叶尔羌和其他各商业都会事务。喀什噶尔驻扎了另外一个由五个翼长（Galai-da）辅佐的"将军"，下辖三位大臣，分别负责处理汉人、维吾尔人和"东干人"事务。大事由将军和大臣会议决定。伊犁军府里，汉人负责军事、商业、财政和礼仪等事务。他们拥有文官品级，却并非皇帝任命。

除了满人外，伊犁及周边的驻防军人大部分是游牧民族出身。这些驻军施行屯田政策，一小部分驻在城中，大部分驻扎在周边村庄里。伊犁的军队是与哥萨克类似的骑兵部队，有满洲四旗（Khocho），每旗十甲喇，每甲喇百人。普提姆雪夫据此推算伊犁的驻军数量：满洲 4000 人、厄鲁特 6000 人、察哈尔 6000 人、索伦 6000 人、锡伯 6000 人，总计 28000 人。这些军队驻在塔城、伊犁与博罗塔拉的边界，还在帖克斯（Tekest）山和塔勒奇山巡逻。该部队没有制式装备。多数人配有弓箭、鞍鞯和长矛，所有人都有刀。和平时期，每个人管理自己的马匹和武器，战争时期则由政府

---

1 Jules-Henri Klaproth, *Magazin Asiatique, ou Revue Geographique et Historique de L'Asie Centrale et Septentrionale*, Tome1, pp.190–193.

2 中亚地区常称汉人为"喀喇契丹"，该称呼源自对"西辽"的称呼 Kara Kitai。参见克拉普罗特对普提姆雪夫《伊犁旅行记》的注释。Jules-Henri Klaproth, *Magazin Asiatique, ou Revue Geographique et Historique de L'Asie Centrale et Septentrionale*, Tome1, p.209.

配给。驻军军饷用银两支付。满洲兵每月军饷是 1.67~2.22 两白银，蒙古兵是 1.11 两。此外，他们每月还有 30 斤粮食配给。伊犁军队的火炮只在迎接高级官员来访以及天明和天黑的时候发射，以便通知开关城门。这些铁炮太小，无法瞄准。使用的时候只能放在地上直接开炮。[1]

伊犁惠远城约有一万座房屋，均不甚大。城中庙宇辉煌壮丽。该城人口不多，却非常富裕，贸易和服务业十分繁荣。来自中国内地、西亚、布哈拉、浩罕、玛尔噶朗、安集延、塔什干、印度和克什米尔的商人都会聚于此。除买卖人外，还有金匠、炉匠、铁匠、锁匠和木匠等。伊犁有喀什、和阗与阿克苏所产的纺织品销售。外国商人们多做丝、棉混合织品生意，汉人从事批发贸易和其他各种工作，"东干人"从事农业、零售贸易、旅店业并开设茶馆和赌场，蒙古人畜牧种地，从南疆六城地区迁来的"塔兰奇人"耕种并从事手工业。绥定到惠远城之间都是内地遣犯们的屯垦之地。在伊犁，牛马是大宗商品。除了部分卖给哈萨克人，还供给各地驻防军队，也用于与乌鲁木齐居民的贸易。多余的马匹送往政府马厂（Toumourada）畜养。伊犁的俄国货物主要是皮张，但并不如哈萨克人的皮毛货物那样被允许进入伊犁。这些皮张一部分供给军用，一部分卖给北京来的驻扎大臣。[2]

伊犁对入境货物所收税率不固定。丝绸之路上，从西亚诸国经叶尔羌、和阗、喀什噶尔和阿克苏等城贩入伊犁的商品通常每种被抽取 1/30 的份额以抵应纳之税。马匹和骆驼免税。伊犁居民并不免税，每月都要根据各自的职业以货币形式向政府缴税。"塔兰奇人"在 20~50 岁要负责耕种国有土地。他们以实物形式缴税，每人每年

1　Jules-Henri Klaproth, *Magazin Asiatique, ou Revue Geographique et Historique de L'Asie Centrale et Septentrionale*, Tome1, pp.219–222.

2　Jules-Henri Klaproth, *Magazin Asiatique, ou Revue Geographique et Historique de L'Asie Centrale et Septentrionale*, Tome1, pp.214–219.

向政府上缴 8 袋粮食。[1]

　　出访布哈拉的梅彦多夫特别调查了连接俄国、中亚汗国、中国新疆和印度北部的商道信息。他记载到,布哈拉人称"中国新疆地区"(Le Turkestan Chinois)为"阿力提斜合尔"(Alti-Chakan),即六城之地,包括喀什噶尔、叶尔羌、和阗、阿克苏和伊犁二城大小固勒扎。[2] 从叶尔羌到克什米尔的通道上还坐落有"大土拔特"(Le Grand Tibet)和"小土拔特"(Le Petit Tibet)两城,即拉达克和德拉乌斯(Draouse)或德尔瓦齐(Dervazéh)。他将自己搜集的信息与格鲁吉亚旅行者拉斐尔·达尼贝格(Raphael Danibeg)的数据、布哈拉地理学家沃鲁格伯克(Oloug-beg)的地理表格、学者格拉维亚斯(Gravius)1652 年著作里的地理数据进行比较,确定了伊犁和喀什噶尔的经纬度。他还参考了德国地理学家李特尔(Carl Ritter)的著作和森科夫斯基(J.Senkowski)翻译的布哈拉文献,计算了各城距离:克什米尔距离"土拔特"200 俄里,需走 20 天;从拉萨到"土拔特"需走 3 个月;从"土拔特"到叶尔羌要走 40 天;叶尔羌到阿克苏要 13 天;阿克苏到乌什吐鲁番(Tourfan)要 3 天;从乌什到塞米巴拉金斯克要 3 个月;从喀什噶尔到阿克苏要 12 天,到伊犁要 25 天,到塞米巴拉金斯克要 55 天。[3] 此外,从布哈拉和浩罕经鄂什(Uch)到喀什噶尔要翻越绵延的阿赖山脉(Ala-Tagh)。从鄂什通往喀什的铁列克(Terek)地区气候常年寒冷。有三条商道穿过阿赖山脉:一条经贝劳里(Belawli)或塔里格(Tallig)通向山北;

1　Jules-Henri Klaproth, *Magazin Asiatique, ou Revue Geographique et Historique de L'Asie Centrale et Septentrionale*, Tome1, pp.215–218.

2　Georges de Meyendorff, *Voyage d'Orenbourg à Boukhara fait en 1820, à travers les steppes qui s'étendent à l'Est de la mer d'Aral et au delà de l'ancien Jaxantes*, Préface de L'Auteur, p.121.

3　Professeur J.Senkowski, "Sur la route commerciale de Sémi-Palatynsk à Cacheire, par les villes d'Eiléh, d'Aksou, de Iark-end et de Tibet," Georges de Meyendorff, *Voyage d'Orenbourg à Boukhara fait en 1820, à travers les steppes qui s'étendent à l'Est de la mer d'Aral et au delà de l'ancien Jaxantes, revu par M.Le.Chevalier Amédée Jaubert*, pp.329–345.

一条从中间穿过铁列克地区；一条向南经过查尔特（Chart）。三条山路是浩罕汗国通往中国新疆南部的必经之地。[1]

经过调查，梅彦多夫认识到，布哈拉、浩罕汗国与中国新疆、俄国的贸易对其国家财政有非常重要的作用。两国商人在中俄之间进行转手贸易牟利。他们在伊犁、阿克苏和喀什噶尔贩卖的俄国商品包括布匹、珊瑚、珍珠、洋红染料、金箔、丝绒、金线、银线、德国水獭皮、貂皮、皮张、糖、大镜子、红铜、铁犁、黄铜、针、玻璃珠和俄制南京棉布等。他们从喀什噶尔购买大量茶叶、瓷碗、丝绸、生丝、大黄和马蹄银等。中亚汗国商人用马蹄银在大小土拔特购买羊绒，再运到克什米尔制成羊绒披肩并转卖。[2]

普提姆雪夫和梅彦多夫的报告明确表达了中国开辟新疆市场，使之成为俄国与中国内地、印度贸易通道的强烈愿望。此后，通商中国新疆成为俄国政府对华政策追求的目标。

（二）俄国考察报告对中亚汗国的研究与评估

除了搜集和整理地理信息外，俄国考察报告对布哈拉、希瓦和浩罕汗国的种族构成、政治体制、社会经济、军事力量和文化习俗进行了详细研究，为俄国政府及其驻高加索和西伯利亚的总督们提供了重要参考资料，为俄国对中亚汗国的征服奠定了知识基础。

中亚地区的民族构成及其相互关系是俄国报告研究的重点问题之一。经穆拉维约夫和梅彦多夫调查，希瓦汗国臣民总计约30万人，由四大种族和奴隶构成（见表1）。布哈拉种族更多，人口总数约250万人，其中150万人住在城镇里，从事农业和畜牧业。另100万人为游牧民。在布哈拉汗国，骁勇善战的乌兹别克人是征服

1　Georges de Meyendorff, *Voyage d'Orenbourg à Boukhara fait en 1820, à travers les steppes qui s'étendent à l'Est de la mer d'Aral et au delà de l'ancien Jaxantes*, pp.119-129.

2　Georges de Meyendorff, *Voyage d'Orenbourg à Boukhara fait en 1820, à travers les steppes qui s'étendent à l'Est de la mer d'Aral et au delà de l'ancien Jaxantes*, pp.120, 247-248.

者（150 万人），文雅好学的塔吉克人（65 万人）则是统治者，两者似乎是粟特人的后裔。除此之外，布哈拉还有土库曼人（20 万人）、阿拉伯人（5 万人）、卡尔梅克人（2 万人）、吉尔吉斯和卡拉卡尔帕克人（6000 人）、阿富汗人（4000 人）、莱斯吉斯人（Lesghiz，2000 人）、犹太人（4000 人）和吉卜赛人（2000 人）。浩罕的种族构成与布哈拉相似，也是由乌兹别克人进行统治。因丝绸之路的影响，中亚地区种族构成的多元化特征非常明显，乌兹别克人在中亚政治中居于主导地位。[1]

表 1　俄国报告所载 1820 年希瓦汗国主要种族及其特点

阶层	一	二	三	四	五
种族	萨尔特人	卡拉卡尔帕克人	乌兹别克人	土库曼人	奴隶
俄文	Сарты	Каракалпаки	Узбеки	Туркмены	Невольники
法文	Sarty,Tat Boukhares	Kara-kalpaks	Ouzbeks	Turcomns	Esclave
最初身份	贵族	农奴	征服者	客户	各国臣民
当前身份	商人	农牧民	贵族	战士	奴隶
来源	土著	阿姆河流域咸海南岸	外地	中亚	抢掠的波斯人、俄国人、库尔德人
数量	超过 10 万人	超过 10 万人	少于 3 万人	超过 1.5 万人	约 4 万人
特点	狡黠、阴柔善于经商，大多富有	半游牧、半农耕，受乌兹别克人奴役，贫困	统治者，分为四部，在城镇中担任高级行政长官、地主。掠夺成性	突厥属，贪财好货，喜抢掠、盗窃。精于骑射和战斗。从事游牧和农耕	希瓦现有 3000 俄国奴隶、3 万波斯奴隶和大量库尔德奴隶

资料来源：Н.Н.Муравьев, Путешествиев ТуркмениюиХивув 1819 и 1820 годах, гвардейск огогенеральногоштабакапитана Николая Муравьева, посланноговсиистраныдляпереговоров, Ч.2, с.25−29; M.N.Muraviev, Revu par MM.J.B.Eyriès et J.Klaproth, *Voyage en Turcomanie et à Khiva, fait en 1819 et 1820*, Paris: Chez Louis Tenré , Libraire- éditeur, 1823, pp.255−263。

1　Georges de Meyendorff, *Voyage d'Orenbourg à Boukhara fait en 1820, à travers les steppes qui s'étendent à l'Est de la mer d'Aral et au delà de l'ancien Jaxantes*, pp.189−197.

政治体制方面，三汗国均实行政教合一的封建君主专制制度。其中，布哈拉汗国的政教制度相对成熟，最具典型性。其最高统治者"汗王"理论上是蒙古黄金家族后裔，又称"爱玛尔"，受到奥斯曼帝国哈里发的册封。[1] 汗王有专制之权。伊斯兰教团宗教学者（Ulema）虽然可以对汗国事务尤其是宗教法庭施加影响，但实权掌握在汗王手中。汗国的政府架构并不规范，独裁统治的特征非常突出。梅彦多夫评论道：

> 布哈拉看起来还没有达到将服务于汗王个人与服务于整个国家全然分开，以及把被宫廷雇佣与在政府工作进行彻底区分的文明成熟度。该国没有与土耳其"大维齐尔"（Grand-Visir）类似的职务，尽管"大伯克"（Couch-Beghi）实际上掌握了相当权力。所有事务都由汗王决定，这可以用该国行政机构简约和国土狭小来解释。被尊称为汗王岳父的"阿塔里克"（Atalik）[2]，其封号为"席萨尔（Hissar）汗"，如同"大维齐尔"那样，成为布哈拉汗国汗王之下的第一人。[3]

"阿塔里克"之下是"军队司令"（Dad-khah 或 Perwanatchi），再往下是教长（Cheikh-ul-Is-lam），还有主管汗王顾问会议的"伊纳克"（Inak）和主管礼仪与财政的"德斯塔尔汉特奇"（Destar-hantchi）。"大伯克"职掌宫廷和公共事务，下辖管理宫廷内务、财务和禁卫的官员。海达尔汗的后宫有大约 200 名女子，但只有 4 位妻

1　Georges de Meyendorff, *Voyage d'Orenbourg à Boukhara fait en 1820, à travers les steppes qui s'étendent à l'Est de la mer d'Aral et au delà de l'ancien Jaxantes*, pp.273-277.

2　Ataliq（Atalik），阿塔里克，中亚地区官职，意为"导师、摄政"，一般授予比汗王年长的维齐尔，其印玺的作用与汗王近似。 Chahryar Adle and Irfan Habib (ed.), *History of Civilizations of Central Asia*, Vol.V, UNESCO Publishing, 2003, p.78.

3　Georges de Meyendorff, *Voyage d'Orenbourg à Boukhara fait en 1820, à travers les steppes qui s'étendent à l'Est de la mer d'Aral et au delà de l'ancien Jaxantes*, p.259.

子。汗王的特别顾问团被称为"迪瓦恩"（Divan），为处理紧急事务建立，并非常设。它由汗王钦点的 5~20 人构成，负责制定汗国的军政大策。

汗国伊斯兰教团的等级体系如下：教长之下是"阿拉木"（A'lam），再下是"马夫提"（Mufti），然后是"大毛拉"（Dana-molla），最后是"阿訇"（Akhoun）。布哈拉的教团人数超过 2000 人。伊斯兰教团权力和社会影响力的基石是每个大城镇都设立的"宗教法官"（卡孜，Cazi），以及小城镇的"宗教警察"（Reis）。布哈拉的宗教法官被称为"大法官"（Cazi-i-kalan）。这些宗教司法机构负责依照伊斯兰法维持社会秩序、处理纠纷。[1]

军政方面，布哈拉施行军事封建制度。军队实质上是汗王的私人雇佣军：

> 在布哈拉，军队组织、财政管理和汗王的收入紧密联系。土地被认为是征服者的财产，因此征服者想方设法从中榨取更多财富。统治者为了拥有军队，被迫遵守伊斯兰法规并给予必要的奉献。这几乎就是地租和封建体系下的军功土地封赏制。[2]

获得汗王封地的贵族必须履行为汗王征战的义务，因而构成汗国的中坚力量。汗王则提供军费和土地来养兵以维持统治。他在各个城镇和地区任命阿奇木伯克，对土地进行管理和收税。阿奇木以向汗王支付田租，或把税收和物产的 3/5 上缴的方式获利。汗王则派遣官员"以阿萨乌尔"（Iassaoul）、"迪瓦恩伯克"

1　Georges de Meyendorff, *Voyage d'Orenbourg à Boukhara fait en 1820, à travers les steppes qui s'étendent à l'Est de la mer d'Aral et au delà de l'ancien Jaxantes*, pp.263-265.

2　Georges de Meyendorff, *Voyage d'Orenbourg à Boukhara fait en 1820, à travers les steppes qui s'étendent à l'Est de la mer d'Aral et au delà de l'ancien Jaxantes*, pp.266-267.

（Diwan-Beghi）和"书吏"（Mourza）到阿奇木的领地评估收成并收取物产分成。汗国税务官"麦赫特尔"（Mihter）一般只负责收税。据梅彦多夫估算，除去养兵和行政开支外，布哈拉汗每年能增加约 100 万卢布财富。布哈拉汗所养的常驻军只有骑兵，大约25000 人，必要时可征召超过 6 万人，组建有 12000~13000 人的远征军。[1] 希瓦汗虽然好战，但并未设立常备军。战时临时从乌兹别克和土库曼部落召集人众，最多不超过 12000 人。必要的话，汗王也抓萨尔特人和卡拉卡尔帕克人的壮丁参战。希瓦所有战士都是骑兵，使用冷兵器，只有少数几门保养极差的火炮和鸟铳。这样的临时军队往往只热衷于抢掠，缺乏战斗意志、现代化的组织、武器和训练[2]。

　　社会经济方面，布哈拉、希瓦和浩罕的国民经济都以农牧业和商业为支柱。希瓦汗国每年毛收入约 400 万卢布，主要是从萨尔特人和卡拉卡尔帕克人处征收的税赋[3]。布哈拉和希瓦出产牛、马、羊、小麦、大麦、稻米、芝麻、硬豆、葡萄、苹果、梨、杏、樱桃、桑葚、石榴、甜瓜、西瓜，各种果干以及洋葱等各色蔬菜。希瓦的手工制品等以自用为主。三国还进行奴隶贸易。

　　因农牧经济所限，中亚三汗国的国内贸易均不发达，但过境贸易和跨国转运贸易则非常兴旺。长久以来，处于丝绸之路中段的中亚贸易联通东西南北。布哈拉、希瓦和浩罕的商队转运着中国、印度、阿拉伯和欧洲的商品，并以此牟利。他们的商业路线以阿姆河与锡尔河之间的河中地（Transoxane）为中心，向东经浩罕、奥什、喀什噶尔到叶尔羌和伊犁，向南经布哈拉、撒马尔罕、喀布尔、白

1　Georges de Meyendorff, *Voyage d'Orenbourg à Boukhara fait en 1820, à travers les steppes qui s'étendent à l'Est de la mer d'Aral et au delà de l'ancien Jaxantes*, pp.268-271.

2　M.N.Mouraviev, Revu par MM.J.B.Eyriès et J.Klaproth, *Voyage en Turcomanie et à Khiva, fait en 1819 et1820*, pp.274-315, 350-367.

3　Н.Н.Муравьев, Путешествиев Туркмениюи Хивув 1819 и 1820 годах, гвардейскогогенералног оштабакапитана Николая Муравьева, посланноговсиистраныдляпереговоров, Ч.2, с.84.

沙瓦到阿塔克（Attock），向西经希瓦到里海沿岸的阿斯特拉巴德、巴库或阿斯特拉罕；向北经奥伦堡、下诺夫哥罗德、莫斯科到波罗的海沿岸地区。中亚商队转运的商品包括茶叶、丝绸、毛毯、披肩、大黄、布匹、棉花、皮货、珠宝、染料、干果、金银、金属制品和枪械等。中亚汗国的商人们在上述商埠长期居留，设有商总，负责侨民事宜。[1]

　　综上所述，俄国人认为中亚汗国政府的宗旨在于为汗王个人和家族牟利。因此，不管政府官员地位有多高，本质上都是汗王的奴隶，他们以获取汗王的欢心和信任为荣。结果，政府就落到某个家族影响之下的一群奴隶和宠臣手中。这样的庇护传统使政府腐败丛生。官员贪婪无比、生活放纵，对民众的盘剥如狼似虎。因此，中亚汗国的民众缺乏公共精神和爱国主义。

　　梅彦多夫认为，曾经跻身世界知识中心的布哈拉文化没落，教条主义盛行，社会发展仍处于低级阶段，需要用欧洲文明来启蒙，并通过布哈拉带动中亚的进步。"俄国文化启蒙的发展进步使这个大国有责任促使那慷慨的观念成为现实。俄国有义务给中亚各汗国带来有益的促进，在这些国家推广欧洲文明的成果。"[2] 穆拉维约夫则认为，"如果希瓦能够纳入俄国治下，必然会促进工业发展，为俄国贸易带来巨大优势。亚洲腹地（Haute Asie）直到印度的贸易商队都可经希瓦通往阿斯特拉罕"。"妨碍贸易发展的中亚游牧部落对商队的袭扰和抢掠也会因畏惧俄国的力量而终止。这样一来，就能够建立经印度河与阿姆河到俄罗斯的贸易路线，全亚洲的财富就会流向俄国，就能够实现彼得大帝的伟大计划。在俄国的庇护下，希瓦就

1　Georges de Meyendorff, *Voyage d'Orenbourg à Boukhara fait en 1820, à travers les steppes qui s'étendent à l'Est de la mer d'Aral et au delà de l'ancien Jaxantes*, pp.227-247; M.N.Mouraviev, Revu par MM.J.B. Eyriès et J.Klaproth, *Voyage en Turcomanie et à Khiva, fait en 1819 et1820*, pp.331-345.

2　Georges de Meyendorff, *Voyage d'Orenbourg à Boukhara fait en 1820, à travers les steppes qui s'étendent à l'Est de la mer d'Aral et au delà de l'ancien Jaxantes*, pp.302-303.

能成为防止中亚荒原上的分散部落袭击商队的护卫者。这个沙海中央的绿洲就能成为全亚洲贸易的联结点，这将会撼动印度拥有的主宰海洋商道之巨大优势的中心地位。"[1] 从 19 世纪 30 年代起，穆拉维约夫的主张成为俄国中亚扩张的战略目标之一。[2]

三　俄国报告推动欧洲东方学亚洲内陆研究学术转型

　　19 世纪初俄国使团对中国新疆和中亚汗国的探索考察，对中亚的历史走向产生了一定程度的影响。这些考察实为沙皇俄国向印度和中国扩张史的重要一章。它们使俄国统治者更清楚地看到了中国新疆和中亚汗国在其大陆霸权构建中重要的地缘政治和地缘经济地位，为俄国在 19 世纪中后期对中亚地区和中国新疆的鲸吞蚕食进行了必要的知识准备。这已为后续历史所证明，在此不予详谈。

　　就俄国考察活动及其报告而言，更具有长远意义的是其对欧洲东方学中亚研究的学术方法与理论构建的重要影响。俄国报告清晰地展现了欧洲东方学（汉学、突厥学、蒙古学）从侧重语言、历史和民族志的研究模式向对中亚区域自然状况、政经制度和社会文化进行多学科全面实用研究的演进趋势。其具体标志，便是在纳扎罗夫、穆拉维约夫、梅彦多夫、克拉普罗特（Jules-Henri Klaproth）和洪堡（Alexander von Humboldt）等人的推动下，术语"中部亚细亚"（Средняя Азия, Middle Asia, Asiedu Milieu）和"中央亚细亚"（Центральная Азия, Central Asia, Asie Centrale）开始取代流行了数百年的"鞑靼利亚"，成为俄国和欧洲学界用以称呼亚洲内陆地区

1　M.N. Mouraviev, Revu par MM.J.B. Eyriès et J.Klaproth, *Voyage en Turcomanie et à Khiva, fait en 1819 et 1820*, pp.344-345.

2　И.Н.Захарьин（Якунин）, Зимнийпоходв Хиву Перовского в1839годуи Первоепосольствов Хиву в 1842 году, СПб., ИзданіеП.П.Сойкина, 1898; И.Н.Захарьин（Якунин）, ГрафВ.А.Перовскийиегозимнийпоходв Хиву, Ч.1-2, СПб., ИзданіеП.П.Сойкина, 1901.

的地理和地缘政治概念。

苏格兰著名地理学家和地图学家平可顿（John Pinkerton）在1807 年出版的《现代地理》第 2 卷和 1811 年出版的《世界各地精彩旅行总纂》第 7、9 卷[1] 里提出了"中亚"（Central Asia）的地理概念。他尝试对中亚地区的自然地理和宗教、政体、法律、人口、军队、外交、习俗、语言、文学、城市、商业等人文知识进行汇总研究，但终因信息极度缺乏，每类介绍仅有一至数段而已。[2] 在此条件下，俄国报告就成为英法学界的重要参考资料。根据学者斯维特拉娜·郭舍妮娜（Svetlana Gorshenina）的研究，纳扎罗夫在其报告中首先使用了"中部亚细亚"（Средняя часть Азия）这个词。该词在穆拉维约夫的报告中被简化为"中亚"（Средняя Азия）。[3] 梅彦多夫更是明确指出当时欧洲指称亚洲内陆的术语 Tataria，以及 18世纪初开始流行的相关政治地理术语如 Tartarie russe（俄属鞑靼利亚）、Tartarie indépendante（独立鞑靼利亚）、Tartarie chinoise（中属鞑靼利亚）、Grande et Petite Boukharie（大小布哈拉）、Grand et Petit Tibet（大小土拔特）等概念都非常不准确，因为"鞑靼人"的势力范围从来没有延伸至帕米尔和兴都库什山以南地区。他于是指出："在地理学里，我们以某一民族之名命名某地，至少该民族应居于此地，否则定义就模糊而容易造成错乱。因此，应以'中央亚细亚'来取代'鞑靼利亚'这个术语，我认为这将更准确，更具备地理特性。"他遂将"中亚"定义为：额尔齐斯、阿尔泰、塔尔巴哈台、慕士塔格（Mousart/Mous-tagh）[4]、博洛尔（Belour）、兴都库什山和噶尔（Ghaour）之间的区域，地接波斯北疆、里海和乌拉尔东

1　John Pinkerton, *A General Collection of the Best and Most Interesting Voyages and Travels in all Parts of the World*, Vol.9, London: Printed for Longman, Hurst, Rees, Orme, and Brown, 1811, pp. 320-386.

2　John Pinkerton, *Modern Geography: A Description of the Empires, Kingdoms, States, and Colonies*, Vol.II, Asia, London: Strand and Longman, 1807, p.387.

3　Svetlana Gorshenina, *L'invention de l'Asie centrale: Histoire du concept de la Tartarie à l'Eurasie*, p.286.

4　此西文地名来自《马可·波罗行纪》，指帕米尔高原一带。

岸，向北直到吉尔吉斯大草原[1]北界，向东直到蒙古地区。中亚包括吉尔吉斯（哈萨克）地区、希瓦汗国、浩罕汗国、布哈拉汗国、土库曼地区、大小土拔特、中国的新疆。[2]

著名东方学家克拉普罗特在法国仔细研究、翻译、注释和出版了俄国报告后，在梅彦多夫定义的基础上把"中亚"的地理范围进一步扩大，提出了类似于今天美国人所谓"亚洲内陆"（Inner Asia）的大中亚概念——从顿河到太平洋之间，被乌拉尔山脉、高加索山脉、里海、乌浒河、兴都库什山、喜马拉雅山、中国内地、长白山、兴安岭、贝加尔湖、萨彦斯克、阿尔泰山和额尔齐斯河包围的地域。[3]尽管仍存在很多问题，克拉普罗特在英法德俄东方学界的学术地位和影响使欧洲学者们日益重视"中亚"这个概念并对其进行建构。不久，德国地理学家洪堡将中亚定义为以天山和昆仑山为中心的位于东经62°到119°、北纬27°到52°之间的长方形地域。[4]"中亚"一词遂成为使用至今的重要地理和政治概念。

此后，在资本主义推动下，欧洲学者们打着科学主义和理性主义的大旗，加强了对中亚地区地理与人文状况的考察，通过实地调查测绘和统计分析以获取精确的信息数据并建构理论体系。英俄法德等国皇家学会之间的合作与竞争日益加强。各国地理学会和亚洲学会在商业拓展、领土扩张和霸权争夺中逐步构建了以西方为中心的亚洲文明与世界文明阐释体系。欧洲东方学成为西方近代殖民主义的重要工具。

原载《社会科学》2018年第5期

1　即哈萨克大草原。

2　Georges de Meyendorff, *Voyage d'Orenbourg à Boukhara fait en 1820, à travers les steppes qui s'étendent à l'Est de la mer d'Aral et au delà de l'ancien Jaxartes*, pp.91-93.

3　Jules-Henri Klaproth, *Tableaux Historiques de l'Asie: Depuis la Monarchie de Cyrusjusqu'à nos Jours, Accompagnés de Recherches Historiques et Ethnographiques sur cette partie du monde*, Paris: Schubart, 1826, p.161.

4　Alexander von Humboldt, *Asie Centrale: Recherches sur les chalnes de Montagnes et la Climatologie Comparée*, Tome.1, Paris: Gide, 1843, p.xxi.

转型中的"中亚研究"

中国俄苏研究的范式重构与智识革命[*]
——基于学术史回顾和比较研究的展望

杨　成[**]

导　言

历史回顾与反思是学科建设和学科发展的重要前提之一。进入 21 世纪，与人文学科和社会科学

[*]　本文为国家社科基金 一般项目"中俄关系的中长期前景研究"（项目编号：08BGJ003）、上海市教育基金委员会 2007 年度晨光计划项目"中俄毗邻地区合作研究"（项目编号：2007CG37）以及教育部人文社科重点研究基地华东师范大学重大项目"国外俄苏研究"（项目编号：2009JJD810005）的阶段性研究成果。

[**]　杨成，本文发表时为华东师范大学俄罗斯研究中心副教授，现为上海外国语大学教授，上海全球治理与区域国别研究院执行院长。

研究的其他领域同步，中国的俄苏研究[1]迎来了代际变化的新阶段。老一代学者逐渐退出学术研究的第一线，中青年学者开始发挥主体作用。但问题在于我们很可能既未能继续保持（遑论弘扬）老一代学人的优良传统，又染上了一个时期以来中国学术界普遍的浮躁之气，进入了一个学术与社会一同"平庸化"的时代，[2]使得我们的成果得到国内外同行认可的空间日趋萎缩，日益难以在本土及国际性的学术共同体中寻求认同和交流。因此，我们有必要对中国俄苏研究的过往做一个深刻的反思，进行严肃的检讨。这不是上纲上线的政治问题，而首先是一个早晚躲不过去的学术问题。这种反省思考，既是为了当下，更是着眼于将来。

作为 20 世纪从业人员最多的国别和区域研究，国际学术界一直比较重视俄苏研究学术史的梳理和反思，也正是在这一进程中一步步推动相关知识的积累和进化。[3]相对而言，中国俄苏研究学界尽

1 本文所指的"俄苏研究"是一个有着一系列学科背景作为支撑的学科和教学领域，旨在揭开俄罗斯作为一个大国兴衰成败的进程、原因及相关知识。尽管包含了历史学、政治学、经济学、社会学、人类学、哲学、文学、文化学和宗教学等学科领域，但在政府直接干预或间接影响之下，它渐渐演变为对有关俄罗斯问题的决策，与包括当代问题研究在内的内容始终紧密关联，并进而生成一种国别和区域问题研究。这种研究突破了过往俄苏古典语言文学、历史、思想文化等纯学术性经典俄国问题研究与政策性研究分离的格局，进入相互交流与融合并侧重现实问题和国际关系研究的新阶段，日益成为现代学术体系中的专门分支。
2 陈春声：《学术评价与人文学者的职业生涯》，载苏力、陈春声主编《中国人文社会科学三十年》，三联书店，2009，第 35 页。
3 相关代表作品主要包括：Cyrillic E.Black and John M. Thompson (eds.), *American Teaching about Russia,* Indiana University Press, 1959; Philip E. Mosely, "The Growth of Russian Studies," in Harold H. Fisher (ed.), *American Research on Russia,* Indiana University Press, 1959; Frederic J. Fleron (ed.), *Communist Studies and the Social Sciences: Essays on Methodology and Empirical Theory,* Rand McNally & Company, 1969; Arnold Buchholz (ed.), *Soviet and East European Studies in the International Framework: Organization, Financing and Political Relevance,* Transnational Publishers, INC, 1982; Charles E. Morrison and Pushpa Thambipillai (eds.), *Soviet Studies in the Asia-Pacific Region,* Resource System Institute and East-West Center, 1986; Frederic J. Fleron and Erik P. Hoffmann (eds.), *Post-Communist Studies and Political Science: Methodology and Empirical Theory in Sovietology,* Westview Press, 1993; Daniel Orlovsky (ed.), *Beyond Soviet Studies,* The Woodrow Wilson Center Press, 1995; Michael Cox (ed.), *Rethinking the Soviet Collapse: Sovietology, the Death of Communism and the New Russia,* London and New York, 1998。

管尚缺乏类同于西方同人的大部头反思性学术史的书写，但对此问题也不乏深刻的短小精悍之作。中国俄苏研究的重量级专家、曾任中国社会科学院苏联东欧研究所所长的刘克明先生早在 1984 年就对我国新中国成立以来的苏联东欧研究做过简要的学术史回顾，并着重阐述了 1978 年改革开放以来的苏联东欧研究的"大大活跃"与"很大进展"。[1] 李静杰研究员在 20 世纪 80 年代中期参加了在夏威夷东西方研究中心召开的亚太地区苏联研究学术会议，介绍了中国苏联问题研究的主要议程设置及进展。[2] 中国社会科学院世界经济与政治研究所学者范新宇曾专门撰文总结中国的苏联东欧国家经济研究情况，有针对性地提出了"既要研究苏东经济，又要联系我国实际""既要研究现实，又要预测未来""既要提出问题，又要探求对策"的三大"需要加强研究的薄弱环节"。[3] 黑龙江省社会科学院黄定天副研究员则从中俄关系史学史在中国的发展的视角，分门别类地叙述了 20 世纪以来中国学术界在中俄关系史研究方面的基本状况和主要成果。[4] 进入 21 世纪后，中国社会科学院副院长李慎明教授在俄罗斯东欧中亚学会第六届全国理事会开幕式的讲话中呼吁中国俄苏学界积极开展内外学术交流，进一步加强对俄罗斯、东欧和中亚的研究。[5] 冯绍雷教授则对改革开放以来中国俄苏研究的三十年断代史做了精彩梳理。他强调，中国的俄罗斯研究与中国改革开放 30年是一个同步并行的进程，同样经历了由起步、深化到走向国际的三个十年；中国的俄罗斯、中东欧、东南欧与中亚问题研究在进入第三个十年的最后阶段后，面临着一系列新任务和新挑战，需要认

1　刘克明：《建国以来的苏联东欧研究》，《苏联东欧问题》1984 年第 6 期。

2　Li Jingjie and Mei Yan, "Soviet Studies in China," in Charles E. Morrison and Pushpa Thambipillai (eds.), *Soviet Studies in the Asia-Pacific Region*. pp.89-98.

3　范新宇：《苏联东欧国家经济研究评述》，《世界经济》1989 年第 3 期。

4　黄定天：《二十世纪的中俄关系史研究》，《历史研究》1999 年第 4 期。

5　李慎明：《俄罗斯、东欧和中亚研究应该有一个大发展——在中国俄罗斯东欧中亚学会第六届全国理事会开幕式上的讲话》，《俄罗斯东欧中亚研究》2005 年第 3 期。

真思考做出回应。[1] 王军、但兴悟合著的《中国国际关系研究四十年》一书花了少量篇幅评述了中国的中俄关系研究情况。[2] 中央党校左凤荣教授等最近亦以图书首发式讨论会综述的形式，对苏联史研究的学术史进行了简要回顾，强调研究苏联问题必须秉持正确的方法和求实的作风。[3] 其他一些专业性期刊也曾对中国的俄苏研究的个别领域如苏联解体问题、欧亚主义问题等进行过总结和回顾。与此同时，国外学术界对中国苏联东欧研究同样给予了一定关注，尤其在80年代中期。在前文所述亚太地区的苏联问题研究国际研讨会上，一般每个国家的俄苏研究只有一篇相关论义，连美国也不例外，唯有中国受到了特殊优待，共有两篇相关论文。[4] 美国普林斯顿大学学者罗兹曼对20世纪80年代中国的苏联东欧研究尤为推崇，除撰写长篇论文外，还出版了专著予以详尽剖析。[5]

上述前辈学人的追溯都有积极意义，但在解决中国俄苏研究的未来取向这一更加根本的问题方面仍需要新的求索。尤其是最近20年来的中国俄苏研究往往只是为了验证自身，而不是去理解对方，因而在结论上很可能会无意识地忽略掉一些关键点，并因此无法传递俄苏问题的本质，所得到的也多为伴随着扭曲和不可能显露真理

1　冯绍雷：《三十年中国改革开放与三个"十年"的俄国问题研究——基于前社会主义国家转型比较的一项观察》，《俄罗斯研究》2008年第4期。

2　王军、但兴悟主编《中国国际关系研究四十年》，中央编译出版社，2008，第174~178页。但在该书中，整个苏联东欧地区问题研究都被"20世纪90年代以来的地区问题研究"一章乃至全书所忽略。

3　吕瑞林、左凤荣：《以实事求是的态度研究苏联问题——〈苏联真相〉首发式暨苏联问题研讨会综述》，http://www.cntheory.com/news/Llythllythjy/2010/126/10126171629HK4D30D1379B6EDCF27G.html。

4　除李静杰研究员提交的论文外，还包括 Douglas P. Murray, "China's Soviet Studies Programs," in Charles E. Morrison and Pushpa Thambipillai (eds.), *Soviet Studies in the Asia-Pacific Region*, pp.67-68。

5　Gilbert Rozman, *The Chinese Debate about Soviet Socialism, 1978-1985*, Preston University Press, 1987; Gilbert Rozman, "China's Soviet Watchers in the1980s: A New Era in Scholarship," *World Politics*, 1985, pp.435-474.

的叙述。这使人不能不产生一种紧迫感和忧虑意识。因此，本文所要探讨的核心问题是，迄今为止的中国俄苏研究是不是最优的？现有的研究范式和智识谱系是什么？中国俄苏研究和国外俄苏研究的异同点在何处？中国俄苏研究的未来是要在现有的知识系统下延续既往的模式还是要开拓创新走出一条新路径？

进入 21 世纪，在全球化的背景下，中国不仅迎来了发展最快的时期，同时在学术上也无可避免地卷入了全球化的大潮之中，面临着新的挑战和冲击。但与此同时，中国显然也遇到了前所未有的创新机遇，我们有可能推陈出新、开拓境界。当前，中国的俄苏研究已经到了一个能否真正崛起的关键时刻。我们需要在现代学术的知识语境下重构我们的学术观念与方法，使我们对未来中国俄苏研究的潮流和去向有所自觉。中国俄苏研究的一个核心问题就在于，如何既坚守中国立场，又超越中国局限，在世界或至少是亚洲的俄苏研究知识语境中建设具有中国气派、中国风格的俄苏研究论述。提出这样的学术追求，是因为我们不能不看到，在俄苏研究领域，我们与世界主要大国，甚至像芬兰那样的斯堪的纳维亚国家之间的差距日益扩大。即便与亚洲邻邦韩国相比较，也日益暴露出国际影响力多有不如的尴尬。在这样的背景下，新时期的中国俄苏研究理应走出一条属于自己的道路，而不能在历史惯性的支配下，重复既往的研究范式。在未来，中国的俄苏研究既要向人们提供知识的飨宴，也要训练学人的智力，同时还要为建立与提升我们在世界民族和国家中的地位提供一种智识认同。这是我们努力的方向。一言以蔽之，中国的俄苏研究不应该是国外俄苏研究的效仿者、追随者，而应该是同行者。暂时的效仿、追随，是为了达到最终相互为师的目标。我们所需要的，是中国俄苏研究的建树与开拓，而非洋化改造。这是最根本的要义。

本文将以马克思主义认识论为指导思想，本着实事求是的态度，对中国俄苏研究予以不同时期的纵向比较，并将之与国外俄苏研究进行横向比较分析，其结构安排如下：导言部分在对国内外已有文献做基本梳理后，提出问题；第一部分本着厚今薄古的原则着重梳理中国构建俄苏研究范式和智识体系的简要谱系；第二部分介绍美国苏联学的神话与败落及后共产主义研究的复活；第三部分侧重描述作为方法的日本的"斯拉夫—欧亚研究"；第四部分提出中国新俄苏研究的可能方向；结束语部分做简短总结。

一　中国构建俄苏研究范式和智识体系的简要谱系

要论述当前和今后中国俄苏研究的取向问题，就必须从其历史说起。应该说，俄国[1]是一个非常特殊的研究客体。从国际学界看，几乎没有一个国家的国别研究像俄国研究这样引起那么多的关注和争议，特别是对苏联时期的研究。需要提出的是，中国的俄苏研究学术史仅仅以 1978 年改革开放以来为重心进行论述是不够的，应将其回归到更长的时间和空间范围内来认识。为了便于叙述，本文将中国俄苏研究的学术历程划分为"中国俄苏研究的史前史""起步阶段""加速阶段与黄金时代""危机阶段"。

（一）"中国俄苏研究的史前史"（从明末清初至民国）

由于地理位置的接近，中俄两国很早就相互关注。1619 年，明朝万历皇帝曾致函沙皇瓦西里·苏伊斯基，表示沟通的愿望。同样，从 16、17 世纪开始，沙俄政府出于政治和经济的需要，也陆续

1　此处用"俄国"涵盖其整个发展时期，包括基辅罗斯以降的各种形态的俄国，帝俄、苏俄、苏联直至 1992 年以来的俄罗斯都在其中。下文在使用"俄国"时同样针对着某一种形态或多种形态的混合。有关"俄国"的丰富含义及其在不同语境下各种指称的具体分析参见 Ewa M. Thompson, *Imperial Knowledge: Russian Literature and Colonialism*, Greenwood Publishing Group, Inc., 2000, pp.16~20。中译本可参见〔美〕埃娃·汤普逊《帝国意识：俄国文学与殖民主义》，杨德友译，北京大学出版社，2009，第 15~25 页。

向中国派遣外交使团和传教士团。[1] 这种悠久的人员往来催生了两国对彼此的想象，也促成了中国知识界了解俄国的需求的增长。

早期中国的对俄研究并非严格意义上的学术研究。当时共有两种形式：一种可以称为"记载"，另一种则可以称为"传译"。清人对俄罗斯的记载就其资料来源而言大致有三类：一是图里琛、张鹏翮、钱良择、松筠等直接参与中俄事务处理的官员所写的行纪或纪略；二是官修书籍及其修撰过程中产生的著作；三是林则徐、姚莹、徐继畬、魏源等江南沿海具有"筹办洋务"经历的官员学者的记述。[2] 需要特别指出的是，清人何秋涛的《朔方备乘》在这一阶段的俄国研究中是具有风向标和转型意义的重要作品，其特点在于高度重视域外史料的价值，而不仅是对中国文献的编撰和考证。《朔方备乘》将此前有关俄罗斯的文献做了一次较彻底的梳理，并采用了文献互证的方法，对前人的研究颇多超越，也因此受到清廷关注，其本人也因"通达时务、晓畅戎机"而被擢升为员外郎。[3]

至于"传译"，则是在两种不同背景下发展起来的。一是早期因战争和交往的实际需要，二是清中晚期开展的以"师夷长技以制夷"为目的的洋务运动的需求。在早期两国交往史中，战争曾是一种特殊的形态，经过两次雅克萨战争和尼布楚谈判，清政府有力地遏制了沙俄的军事滋扰。但由于少有接触，两国在尼布楚谈判之际只能使用拉丁语作为中介。此后，康熙帝从两国交往较前密切、往来文书频繁的实际需要出发，于1708年下旨创办俄罗斯文馆，培养俄语翻译人才，中国从此开始了对俄罗斯语言和文化的学

1　参见 В. Г. Дацышен. История российской духовной миссии в Китае. Православное Братство святых Первоверховных апостолов Петра и Павла. Гонконг, 2010; Н. Ф. Демцбова, В. С. Мясников. Первые русские дипломаты в Китае. М.Наука.1966;汪介之、陈建华《悠远的回响：俄罗斯作家与中国文化》，宁夏人民出版社，2002，第61页；叶柏川《俄国来华使团研究（1618~1807）》，社会科学文献出版社，2010，第13~105、209~282页。

2　郭丽萍：《绝域与绝学——清代中叶西北史地学研究》，三联书店，2007，第263页。

3　郭丽萍：《绝域与绝学——清代中叶西北史地学研究》，第264~276页。

习。[1] 至同治年间，1862 年京师同文馆正式创立，其中俄文馆于次年设立，从历年参加外语大考的人数看，当时学习英语的人数最多，法语次之，俄语居第三。[2] 值得注意的是，此时俄文馆的学员已经参与翻译有关俄国的作品。在这一时期编译的 29 种外国文献中，除法律、数学等学科外，国别和地区研究作品中俄国颇受重视，共计有《俄国史略》（ *History of Russia* ）、《中亚洲俄属游记》（ *Russian Central Asia* ）、《西学考略》（ *A Resume of Western Education*，由俄文馆学生贵荣等译）数种。而同期关于其他国家的译著仅有《法国律例》（ *Code Napoleon* ）、《新加坡刑律》（ *Panel Code of Singapore* ）、《柬埔寨以北探路记》（外语原著名称不详）三种。[3] 广东同文馆则自 1897 年起增设俄文等三馆，拥有两名俄国教习。[4] 此后，晚清洋务派代表人物张之洞于 1893 年在湖北创办自强学堂，设立了专门的翻译处，并与其他外语教育机构做了功能性的区分，即侧重于对商务、铁路、种植、畜牧等"厚生之书"和对西方"治国养民之术，由贫而富，由弱而强之陈迹"的可资参考的文献的翻译。[5] 在自强学堂，学习俄文的人数一度仅次于日语。从 1899 年该校汉、洋教习名录看，当时的俄文外教最多，共三名，相比之下，专事日语教学的外教只有 1 名，其余两名是担任普通学兼体兵操科目的老师。[6] 整体看，当时的俄罗斯语言和文化学习在洋务外国语学堂中占据了重要地位，除上海广方言馆和台湾西学院没有俄语教学外，其余的京师同文馆、广东同文

1　高晓芳：《晚清洋务学堂的外语教育研究》，商务印书馆，2007，第 47~48 页。另可参见蔡鸿生《俄罗斯馆纪事》增订本，中华书局，2006。

2　其中 1879 年参加外语大考的俄文学生为 15 人、1888 年为 17 人，1893 年为 11 人（初级 2 人、高级 11 人），1898 年为 22 人（初级 15 人、高级 7 人）。参见 Knight Biggerstaff, *The Earliest Modern Government Schools in China*, Cornell University Press, 1961. p.129，转引自高晓芳《晚清洋务学堂的外语教育研究》，第 85 页。

3　参见高晓芳《晚清洋务学堂的外语教育研究》，第 103~106 页。

4　高晓芳：《晚清洋务学堂的外语教育研究》，第 160、162 页。

5　《张文襄公全集》卷 100，北平文化斋刊，1928，第 26 页。

6　高晓芳：《晚清洋务学堂的外语教育研究》，第 188~189 页。

馆和湖北自强学堂均有此科目，而新疆俄文馆和珲春俄文书院则进行单一的俄国学教学。[1]

　　中华人民共和国成立之前，中国很多知识分子出于对国家和民族前途的关心，都十分重视对国际关系的观察和研究，其中就包括对苏联问题的分析和书写，由此出版了一些专著和汇编资料。比如，中国历史最悠久的综合性杂志之一《东方杂志》设有专门的国际外交栏目，对俄苏问题多有论著。到 20 世纪 30 年代初，几乎没有哪种刊物不谈论苏联、不发表关于苏联问题的文章，其时连篇累牍地刊登苏联研究文章。[2] 对于 30 年代的思想论战，有学者指出，中国各派知识分子都有强烈的"社会主义"倾向。同时，当时的思想界也试图从苏俄的社会改造工程中汲取营养。[3] 据统计，直接以俄苏为研究对象编纂、译介西方（包括日本）学者的俄苏研究作品，或者是编译俄苏学者的国际问题研究成果，从民国初年到新中国成立前，在当时的中国国际关系研究领域都具有相当重要的分量。[4]

（二）改革开放前三个十年的中国俄苏研究（起步阶段）

　　应该说，改革开放前三十年的中国俄苏研究是一个高度"政治化"的特殊现象，并伴随着中苏关系的起伏跌宕而发生主题和话语的转换。

　　从 1949 年直至 20 世纪 50 年代的中国俄苏研究与当时中国的外交政策整体布局有着紧密的联系。由于新中国刚刚成立，极度缺乏建设一个繁荣富强的社会主义国家的经验，因此当时的主要研究任务是介绍苏联和东欧国家建设社会主义的先进经验，并相应地研

1　高晓芳：《晚清洋务学堂的外语教育研究》，第 230 页。
2　郑大华、张英：《论苏联"一五计划"对 20 世纪 30 年代初中国知识界的影响》，《世界历史》2009 年第 2 期。
3　冯峰：《"国难"之际的思想界——1930 年代中国政治出路的思想论争》，三秦出版社，2007，第 233~282 页。
4　参见王军、但兴悟主编《中国国际关系研究四十年》，附录 1，第 392~404 页。

究国际共产主义运动的历史和现状及一些国家共产党的发展和对华态度，明显偏重于实际应用。仅在 1949~1952 年的短短几年时间内，中国共翻译出版了 3000 多种在苏联出版过的著作，发行总量高达 1200 万册，在全国范围内还创办了多种介绍苏联理论和建设经验的译丛类刊物。[1]

从机制建设上看，由原来的中共中央俄文编译局和中共中央宣传部《斯大林全集》翻译室合并而成的中共中央直属的马列主义经典著作编译和理论研究机构——中共中央马克思恩格斯列宁斯大林著作编译局（简称中央编译局）于 1953 年成立，其主要任务为编译马克思、恩格斯、列宁和斯大林著作，翻译老一辈无产阶级革命家的著作和中央重要文献，研究马列主义理论和国际共产主义运动史，收集马列主义和国际共产主义运动史的图书文献资料。[2] 外交部下属的中国国际问题研究所在稍后的 1956 年成立，加上《俄语教学与研究》在 1954 年创刊，《俄语学习》在 1959 年创刊，《国际问题研究》也在同年创刊，这些都极大地推动了中国的俄苏研究。

这一阶段可以说是新中国俄苏研究的初创期，其重要意义在于从指导思想上、干部准备上以及对苏东国家知识的掌握上，为中国后来开展苏联东欧研究奠定了较好的基础。必须强调，该阶段的苏联问题研究是在"中苏友好"的大框架下推进的，多为对策研究，受苏联的影响颇大。这除了是因为制度上学习苏联的国内需求外，还配合了宣传社会主义优越性和批判资本主义的不合理性、帝国主义的腐朽性和垂死性的现实需要。[3] 这一时期的重大学术贡献主要反映在对马列主义经典文献的翻译上。其中《列宁全集》中文第 1 版的翻译工作从 1953 年开始，到 1959 年全部出齐，共 38 卷（当时俄

1　刘克明：《建国以来的苏联东欧研究》，《苏联东欧问题》1984 年第 6 期，第 1 页。
2　相关信息见中央编译局官方网站有关马克思恩格斯列宁斯大林编译部的介绍，http://www.cctb.net/zzjg/mlb/jj/。
3　李琮、刘国平、谭秀英：《新中国国际问题研究 50 年》，《世界经济与政治》1999 年第 12 期。

文版第 39 卷尚未出版)，总计 1500 万字；《斯大林全集》第 1 卷于 1953 年 11 月正式出版，到 1958 年全部出齐，共 13 卷，340 多万字。[1]

随着中苏"蜜月期"的终结，中共和苏共两党围绕国际形势及国际共产主义运动的路线、方针和策略等问题分歧日增，矛盾逐渐激化，且日趋公开。毛泽东主席和中共中央将苏共定为修正主义，并将"反修防修"作为重要政策。相应地，在国际舞台上，中国开始有意识地引导和支援世界人民革命。在这样的国际国内形势下，1963 年 12 月，中共中央发布了关于加强外国问题研究的文件。依据这一文件，中国各地建立了许多外国问题研究机构，逐渐招收专业学生，开设专业课程，培养国际问题的专门人才。在这一阶段，苏联东欧研究所于 1964 年 7 月开始筹建，1965 年 3 月正式成立。最初该所在行政上隶属于中国科学院哲学社会科学学部与中共中央对外联络部，此后不久又归属中联部。此外，为了配合国际范围内的反帝反修要求，其他地区性和国别性研究也有所增加，而苏联在其他地区的政策走向同样是被关注的焦点问题之一。中国学术界彼时不再一味褒扬苏联，大幅减少了对苏联建设经验的介绍，并开始转向批判苏联的霸权主义与修正主义思想和行为。

60 年代末到 1978 年，中国的俄苏研究并未被"文化大革命"所阻断，尽管总体而言受到了极左思潮的严重冲击，但相关的研究始终没有停止，特别是大量以苏联问题为主题的译著陆续出版。[2] 但受到当时国际斗争和国内形势的影响，这一时期的俄苏研究存在着明显的"简单化""片面性"的缺点。[3]

1　相关资料见中央编译局官方网站有关马克思恩格斯列宁斯大林编译部的介绍（http://www.cctb.net/zzjg/mlb/jj/）。此外，尽管不是直接的俄苏问题研究，但对作为社会主义思想源头的《马克思恩格斯全集》中文第 1 版的翻译也从 1955 年开始，历时 30 年，至 1985 年全部出齐，共 50 卷，总计 3200 余万字。据笔者所知，至 1966 年"文化大革命"爆发前夕，《马克思恩格斯全集》已经出版了 21 卷。
2　相关书目可参见王军、但兴悟主编《中国国际关系研究四十年》，第 14 页。
3　刘克明：《建国以来的苏联东欧研究》，《苏联东欧问题》1984 年第 6 期。

整体上讲，我们不能不承认，从 1949 年到改革开放前期，中国俄苏研究的教学和科研机构缺乏，科班出身的俄苏问题研究人员较少，大多数是从语言和文学研究学科转型而来。从问题意识看，这一阶段的俄苏问题研究因带有强烈的"政治导向"而高度"意识形态化"，"革命""反修""反帝"等政治话语成为主要基调，不带浓厚价值判断的实证性研究几不可见。从研究范式看，这类研究正是资中筠先生曾尖锐批评过的 80 年代之前的政策解释型研究范式：

> 我国当代相当长的时期内，国际问题的研究往往与对外政策不可分，……专业工作者（其中也包括学者）的任务是提供材料在先，撰文诠释在后，谈不到独立思考。[1]

（三）改革开放后"长十年"的中国俄苏研究（加速阶段与黄金时代）

十一届三中全会以降直至东欧剧变、苏联解体的"长十年"，是中国俄苏研究的一个黄金发展期。刚刚从内乱中脱身的中国俄苏研究界，在国家发展的关键时刻，以饱满的热情投入俄苏问题的研究中。冯绍雷教授对这一情形进行了描述。

> 每一个曾经身处那个时代氛围的中国人，都会感受到那个伟大时代的开拓创新的勇气和拼搏精神。从外部环境来看，当时冷战还没有结束，但是中国改革开放的目标已经将如何向外部世界学习的任务放到了知识界和决策界，乃至于全国有志人士的面前。邓小平率先访问日本和美国，毋庸置疑地提供了一个向先进的市场经济国家借鉴和学习的范例，而几乎在同时，中国知识界的一个重要动向是把对于前苏联和东欧社会主义国

1　资中筠主编《国际政治理论探索在中国》，上海人民出版社，1998，序言第 4 页。

家的观察和研究作为这一过程的另外一个重要方面。……由于
50~60 年代的留苏、留东欧国家的知识分子和管理精英都处于
党和国家以及研究机构的关键岗位上，所以，很短的时间里这
一领域的研究工作迅速打开局面，也获得了不少关于前苏联和
东欧国家发展变化的新的认识和知识。[1]

冯绍雷教授的描述道出了 20 世纪 80 年代的俄苏研究乃至整个
国际关系研究中一个非常重要的宏观背景，即中国当时的智识辩论
主要是围绕三个国家展开的。第一是苏联，争论的核心问题是旧的
社会主义模式与新的以改革为导向的社会主义模式问题。波兰、捷
克斯洛伐克、匈牙利等东欧国家的改革经验一度在其中扮演重要角
色，波兰学者布鲁斯、捷克斯洛伐克学者奥塔·锡克、匈牙利经济
学家雅诺什·科尔奈等人都曾是 80 年代中国学术界的座上嘉宾，对
中国改革开放的议程设置产生过重要影响，广受当时中国的经济学
界和俄苏问题研究界的关注。[2]但在戈尔巴乔夫启动改革进程后，俄
苏研究的重心迅速转移到当代苏联的改革问题上，东欧国家改革的
经验教训则成为重要的补充。苏东国家改革的成败利弊对中国改革
直接的借鉴意义主要体现在：（1）战后中国的经济体制系以苏联为
楷模建立，其基本框架和苏联传统的经济模式没有本质区别，双方
改革的出发点接近，面临的任务相同；（2）双方基本处在同一个发
展阶段上，商品经济均不发达，在深化改革中，都必须把改革和发
展很好结合起来；（3）苏东一些国家改革比中国起步早，他们走过
的弯路和历经的曲折，有助于中国认识经济改革的内在规律性，避
免重蹈覆辙；（4）苏东国家改革形成了各具特色的模式，这对探索

1　冯绍雷：《三十年中国改革开放与三个"十年"的俄国问题研究——基于前社会主义国家转型
比较的一项观察》，《俄罗斯研究》2008 年第 4 期。

2　关于东欧改革经验对中国学术界和决策层的影响参见柳红《八〇年代：中国经济学人的光荣
与梦想》，广西师范大学出版社，2010，第 63~70、279~306 页。

和选择适用于中国特色的模式大有裨益。[1] 应该说，这一时期的俄苏研究是最受中国高层领导关注的，也被学者所重视。第二是美国，争论的核心问题是资本主义与社会主义模式的优越性问题，因为政治敏锐性，这些争论多为内部研讨，"自由化"问题在后期成为对美国模式的批评所在。第三是日本，中国学术界对日本问题的兴趣点在于传统与开放的关系平衡问题，既能迅速地推进现代化进程，同时又不破坏本身的传统，在打开窗户的同时把苍蝇蚊子带进来。整体而言，从苏联和东欧国家中，中国希望能够汲取改革的经验，避免改革方向的误差；从美国和其他西方国家中，中国更希望学习现代科学和技术，谋求在国际劳务分工中的庞大利益；从日本和其他亚洲国家中，中国则希望能够在对西方开放的同时保持传统的延续。围绕上述三种类型的国家和社会模式的讨论，是中国80年代俄苏研究的宏大知识语境。当时中国学者尤其关注苏联的经济改革。这种经世致用的态度也是出自上层的决策需求。当时相关研究人员在接待国务院各部委干部的过程中，往往被希望提供"本部门改革可以借鉴的东西"。[2]

这一时期的俄苏研究在整个中国国际关系研究领域占据了十分重要的地位。主要表现为以下几个方面。

第一，研究队伍不断壮大，专业性研究机构日益增加，专业性研究学会逐步创建，人才培养机制初步确立。

自改革开放以来，按照邓小平同志有关加强世界政治研究的意见，国内各种学术研究机构如雨后春笋般纷纷涌现，俄苏研究界也不例外。这一时期新成立的研究机构主要有：社科院东欧中亚所（因中联部内部机构改革，于1980年1月起由中联部划归中国社会科学院）、现代国际问题研究院苏联研究室（1980）、新疆社会科学

1　参见高铁生、张晶《苏联东欧国家经济改革今昔》，工人出版社，1988，前言；范新宇《苏联东欧国家经济研究评述》，《世界经济》1989年第3期。

2　赵常庆：《苏联东欧问题国内期刊述评》，《苏联东欧问题》1986年第3期。

院中亚研究所（1980）、上海苏联东欧研究所（1981）、外交学院国际关系研究所（1984）、黑龙江大学俄语语言文学研究中心（1984）、新疆大学中亚文化研究所（1987）等。与此同时，各类研究学会也纷纷成立。（参见表1）

表1　中国改革开放以来建立的俄苏问题研究学会名录（不完全统计）

学会类型	学会名称	成立时间	首任会长（理事长）
全国性的综合性学会	中国苏联东欧学会	1982	钱俊瑞
全国性的专门学科学会	中国苏联经济研究会	1978	钱俊瑞
	中国中俄关系史学会	1979	余绳武
	中国苏联文学研究会	1980	叶水夫
	中国俄语教学研究会	1981	胡孟浩
	中国苏联东欧史研究会	1985	陈之骅
	中苏比较文学学会	20世纪80年代	李明滨
地区性综合研究学会	华北地区中俄关系史学会	1978	不详
	西北地区中俄关系史学会	1979	不详
	东北地区中俄关系史学会	1982	不详
省市级研究学会	吉林省苏联研究学会	1981	李树藩
	吉林省中俄关系研究会	1982	礼长林
	上海市苏联东欧学会	1986	施平

注：本表内容为笔者调查统计所得，不排除受访者记忆失误的可能。

尽管这一时期，研究队伍的扩大仍主要是依靠从历史学、语言学等方向转入国际关系领域的研究人员，真正接受过严格而系统的国际关系学科训练的人较少，但对于整个俄苏研究界而言，搭架子的战略意义将在此后数十年中逐渐显现出来。

第二，专业性刊物的创设和发行。

众所周知，学术期刊对学科和专业的发展有着非同寻常的作用。尤其是在 20 世纪 80 年代的中国，政府对出版物的管理依然很严格，相关专业杂志较为稀缺。但在这一时期，众多的俄苏问题研究杂志（包括公开发行的和当时的内部刊物）开始创办。统计资料显示，当时共有 20 多家学术期刊的名称中包含有"苏联""俄国""俄苏""远东"或"西伯利亚"等字样（见表 2）。

表 2　20 世纪 80 年代的中国苏联东欧问题研究杂志名录

期刊名称	首次出版年份	主办机构	备　注
《西伯利亚与远东》	1974	黑龙江省社会科学院西伯利亚研究所	1974~1980 年不定期，1981~1987 年为双月刊，1988 年起更名为《西伯利亚研究》
《苏联与东欧文学》	1979	吉林师范大学外语系苏联与东欧文学研究室	年刊，共出版 2 次
《苏联与东欧》	1980	中国人民大学苏联东欧研究所	
《苏联文学》	1980	北京师范大学苏联文学研究所	继承自北京师范大学外国问题研究所苏联文学研究室（1973~1979）编辑发行的《苏联文学资料》，1980 年更名为《苏联文学》；1980~1981 年为季刊，1982~1993 年为双月刊，1990 年第 4 期起吸收《当代苏联文学》与《俄苏文学》，1994 年起更名为《俄罗斯文艺》
《苏联问题参考资料》	1980	上海外国语学院苏联问题研究室	季刊，1981 年起有总期标示，1984 年第 2 期起编辑出版者改为上海外国语学院苏联问题研究所，1987 年第 5 期起开始有国内统一刊号（内部刊物），1990 年起改名为《苏联研究》，1993 年正式更名为《国际观察》
《苏联哲学资料》	1980	吉林大学哲学系苏联哲学研究室	

续表

期刊名称	首次出版年份	主办机构	备 注
《苏联文艺》	1980	外语教学与研究出版社	1979~1980 年不定期发行《苏联文学》，1980 年 4 月起更名为《苏联文艺》季刊，1981~1984 年为双月刊，1985 年改名为《当代苏联文学》
《苏联科学与技术》	1980	黑龙江省科学技术情报研究所	双月刊，1981 年起国内发行并有总期标示，1988 年第 5 期起由该所出版
《苏联东欧问题》	1981	中国社会科学院苏联东欧研究所	双月刊，1982 年第 2 期起有总期标识，1992 年第 2 期起改名为《东欧中亚研究》，2003 年更名为《俄罗斯中亚东欧研究》
《今日苏联东欧》	1981	上海社会科学院和华东师范大学苏联东欧研究所	双月刊，1992 年起改名为《今日前苏联东欧》，2000 年更名为《俄罗斯研究》，季刊，2007 年起改为双月刊
《苏联中亚研究资料》	1981	新疆维吾尔自治区社会科学院中亚研究所	不定期，1983 年改名为《中亚研究资料》
《苏联问题研究资料》	1981	安徽大学苏联问题研究所	1981~1983 年为季刊，1984~1992 年为双月刊，1993 年起改名为《俄罗斯研究》，季刊，1994~1998 年调为双月刊，1999~2001 年重新改为季刊，2000 年休刊，现已停刊
《中俄关系问题》	1981	华北地区中俄关系史研究会	继承《中俄关系研究会通讯》，1981~1984 年为季刊，1985 年休刊，1986~1990 年为年刊
《东欧》	1982	北京外国语学院东欧语系	季刊，1988 年起有总期标示，1999 年起改名为《国际论坛》
《苏联历史问题》	1982	陕西师范大学历史系苏联史教研室	季刊，继承《苏联史译文选辑》，1989 年起有俄文并列题名，1991 年起有俄文要目，1993 年终刊
《中国俄语教学》	1982	中国教育学会，外语教学与研究出版社	1982~1983 年为季刊，1984~1990 年改为双月刊，1991 年至今复为季刊，1993 年第 3 期起由北京外国语大学主办

续表

期刊名称	首次出版年份	主办机构	备 注
《苏联问题研究资料》	1983	中国苏联东欧学会、中国社会科学院苏联东欧研究所编辑，具体出版单位为三联书店	前身为1979年8月创刊的《苏联问题译丛》，共出10辑，从1982年8月起改名为《苏联东欧问题译丛》。1982~1983年不定期，曾一度更名为《苏联东欧研究资料》，1985年下半年改为此名。1988年起由中国社会科学院苏联东欧研究所单独主办并公开发行。1985~1992年为双月刊，1992年第2期起改名《东欧中亚问题译丛》
《苏联历史》	1983	兰州大学历史系苏联史研究室	1983~1984年为季刊，1986年起为半年刊
《中亚学刊》	1983	中国中亚文化研究协会	不定期，1984~1986年休刊，有英文目次
《苏联哲学》	1984	华东师范大学哲学系	
《苏联心理学》	1984	中国心理学学会基本理论专业委员会苏联心理学研究组	年刊
《苏联经济》	1985~1986	中国苏联经济研究会	1985年出版《苏联经济1983》，1986年出版《苏联经济1984》
《研究与借鉴》	1985	黑龙江社会科学院苏联和远东问题研究中心	季刊，1988年起主办单位改为黑龙江省苏联与远东问题研究中心
《苏联社会科学研究》	1985	吉林大学苏联研究所	季刊，1990~1991年休刊，1992年出1期
《远东经贸导报》	1988	黑龙江大学和哈尔滨市对外经济贸易委员会	周报，1999年11月1日起由黑龙江大学单独主办

本：本表内容为笔者根据上海图书馆数据统计而得。

从这些期刊的地理分布情况，可以看出当时中国的俄苏研究的力量分布以及旨趣所在。比如，近一半俄苏研究期刊主办地在北京，其余的分布在三个地区：一是东北，包括黑龙江和吉林；二是西北，包括陕西、新疆和甘肃；三是华东，包括上海和安徽。

而且各地的研究分工不同，比如黑龙江主要从事对与其接壤的西伯利亚和远东方面的研究，西北地区则更多以苏联所属的中亚加盟共和国作为研究对象，相比较而言，华东地区俄苏研究的规模在当时要相对逊色一些。最早的期刊是《西伯利亚和远东》，1974年开始发行，其他期刊多在 1980 和 1981 年问世。最早的杂志相当一部分是人文领域的，比如文学和艺术，且当时多以译介为主。最权威的期刊被美国学者认定为《苏联东欧问题》、《今日苏联东欧》和《苏联文学》。[1] 上述刊物直到 80 年代中期仍多以内部资料方式发行，在 1985 年后情况逐渐发生变化，《苏联文学》和《中国俄语教学》公开发行。此外，当时中国还有许多内部刊物，尽管不都是集中于讨论苏联和东欧问题，但俄苏问题在这些学术刊物上也都有相应的阵地，几乎 1/4 甚至更多的内容与苏联问题相关。[2]

　　根据美国学者罗兹曼的研究，当时中国学术界每年从俄语翻译过来的资料不少于 500 篇，同时还有不少有关苏联问题的研究作品系从其他语种译介到国内，且多为内部资料的形式。这些材料使中国学者可以及时了解有关苏联问题的最新成果。1979 年，内部刊物对于苏联问题研究的重要性尚不明显，当时平均每个月的相关作品少于 50 篇，而到 1983 年和 1984 年，有关俄苏问题的文章平均每个月都有 150~200 篇，过半内容是关于苏联政治、经济和社会问题，

1　Gilbert Rozman, "China's Soviet Watchers in the1980s: A New Era in Scholarship," *World Politics*, 1985, p.439.

2　最常见的刊物名录如下所示:《国外社会科学情况》《国外社会科学动态》《国外社会科学》《哲学译丛》《科学社会主义教学参考资料》《当代国外社会主义问题》《国外社会主义情报》《马克思主义研究》《马克思主义研究参考资料》《社会学与现代化》《国外社会学参考》《民族译丛》《世界历史》《世界史研究动态》《外国史知识》《史学月刊》《国外法学》《外国法学译丛》《国际问题研究》《外国问题研究》《现代国际关系》《世界经济与政治内参》《外国教育》《外国教育动态》《外国教育研究》《经济学动态》《外国经济学参考资料》《外国经济管理》《计划经济研究》《现代经济译丛》《外国经济管理》《国外金融动态》《世界经济译丛》《世界经济情况》《经济研究参考资料》《外贸调研》《财政研究资料》《世界经济》《国际经济合作》《世界农业》《农业经济译丛》《国外文学》《外国文学动态》《参考资料专辑》《共运资料选译》《国际共运参考资料》《国际共运史研究》《中央联络部资料》《国家体改委资料》等。

大约 3/4 被定为"内部参考"。[1] 同期还有不少图书翻译，大部分为苏联图书，但也有部分译自英文。

　　第三，研究领域和内容的拓展及研究成果的激增。

　　尽管仍不时受到时代政治风潮的影响，但整体而言，20 世纪 80 年代中国俄苏研究的范围不再过于政治化，而是向政治、经济、社会、文化、历史、宗教、哲学、教育、艺术等各领域拓展。各类作品急剧增加，成绩斐然（见表 3）。一些有创见的代表性作品开始在国内的国际关系研究领域形成重要的影响力，对中国的国际问题研究起了明显的推动作用。

表3　1980~1991 年中国俄苏研究的论文数及类别调查

单位：篇

内容	主题词检索				题名检索			
	俄罗斯	苏联	东欧	中亚	俄罗斯	苏联	东欧	中亚
政治·军事·法律	458	9390	1537	99	4218	3353	557	12
经济·管理	222	9667	1949	296	21	3875	721	27
教育·社会科学综合	829	10421	758	524	72	2550	146	62
文史哲	1867	9061	344	715	184	1957	47	78
合计	3376	38539	4588	1634	4495	11735	1471	179

　　资料来源：安成日「中国におけるロシア（ソ連）· 東欧· 中央アジア研究」『比較経済体制研究』16 号、88 頁。

　　笔者认为，20 世纪 80 年代俄苏研究是中国俄苏问题研究历史上的一个黄金时期。即便放在全世界范围看，中国的研究水平也是

1　Gilbert Rozman, "China's Soviet Watchers in the1980s: A New Era in Scholarship," *World Politics*, 1985, p.442.

相当领先的。这显然得益于这一时期研究者的功底较好。此时俄苏研究队伍的骨干大致有两个来源，一部分是曾以俄语为第一外语并经过 20 世纪 60 年代国际政治专业训练的前辈学人，另一部分则是20 世纪 50 年代至 60 年代经过全国性选拔的优秀留苏（包括东欧）学生（见表 4）[1]。

表 4　中国派赴苏联和东欧各国的留学生人数变化（1950~1963）

年度	留学生数量
1950	35
1951	381
1952	231
1953	675
1954	1518
1955	2093
1956	2410
1957	不详（400~500 名）
1958	不详（400~500 名）
1959	不详（400~500 名）
1960	不详（400~500 名）
1961	不详
1962	不详
1963	不详
1964	不详
1965	停止派遣

资料来源：李滔主编《中华留学教育史录（1949 年以后）》，高等教育出版社，2000。

刘克明等人估计，1951~1964 年中国共派遣了 8000 多人到苏联留学。[2] 同时，自 1982 年中苏恢复教育领域的交流后，我国派往苏联东

1　关于留苏学生的社会学分析系经冯绍雷教授指点，在此特表感谢。
2　刘克明：《建国以来的苏联东欧研究》，《苏联东欧问题》1984 年第 6 期，第 1 页。

欧国家的留学生数量不断增多，有的已经学成回国并成为科研战线的骨干力量。[1] 另据美国学者研究，1949 年中华人民共和国成立后，至少有 13000 名大学生留苏，也可能有 38000 名左右，这取决于对"学生"的定义。大约 2/3 集中在理工科，剩下的以学习社会科学为主。[2]

总体而言，这一时期的学者基本功普遍非常扎实，又是第一波思想解放浪潮的受益者，因而具有时不待我的拼搏精神。他们对于经典文献的阅读能力是当今大多数俄苏研究从业人员所难以企及的，而在对所研究问题的把握方面，也因经过历次运动的考验而更显成熟。

此外，特殊的历史时期也使他们具有一定的批判意识和自我反省精神，研究态度十分端正。我国经济学权威刘国光先生在 1983 年 7 月发表的一次重要讲话中强调了这一因素对中国苏联经济问题研究取得可喜成绩的作用。他认为中国过去对苏联问题的研究"往往带有很大的主观片面性"，一是因为对苏联的实际情况了解不够，20 世纪 50 年代主要是跟着苏联学而"谈不上什么真正的研究"，中苏关系的恶化和"文化大革命"的发生使得资料来源十分有限，这同样影响到研究工作；二是因为"缺乏一种实事求是的研究态度"，具体表现为学苏联的时候只看到苏联好的一面，在开展对苏联修正主义的批判时，尤其是在"文化大革命"中则只看到苏联坏的一面，研究工作"往往主要不是在大量资料的基础上进行实事求是的客观的分析，而是为了配合批判现代修正主义的需要"；相应地，在十一届三中全会后，中国俄苏研究界"逐步纠正了过去在苏联问题研究上的片面性，树立起科学的、实事求是的态度"，因而得出

1　参见文夫《走向现代化的历程》，《世界知识》1989 年第 3 期；范新宇《苏联东欧国家经济研究评述》，《世界经济》1989 年第 3 期。

2　David M. Lampton et al., "The Scope of U.S.-China Academic and Scientific Exchange," draft report, Washington D.C.: National Academy of Sciences, 1985, Chapter 2; Douglas P. Murray, "China's Soviet Studies Programs," in Charles E. Morrison and Pushpa Thambipillai (eds.), *Soviet Studies in the Asia-Pacific Region*, pp.67-68.

比较符合实际的结论。[1]

我国俄苏文学文艺研究大家刘宁先生在《我的学术之路》中的一段回忆也反映了这种认知和反省：

> 回顾这 50 年的风风雨雨，沟沟坎坎，我所走过的学术研究之路也是弯弯曲曲的，其中不少遗憾和欠缺，也有不少值得总结和吸取的经验教训。其中之一，就是我不仅像许多我的同时代人一样，由于形势所迫而不得不中断学术研究去搞一些与学术无关的事情，消耗了大好青春年华，而且在进入改革开放的新时期以后，仍然……无法静下心来搞学术研究。虽然这一时期撰写和发表了不少文章，但有些是"奉命""应景"之作。选题也涉及……多个学科领域，缺乏稳定的研究方向和深入、持久的钻研精神。[2]

刘先生十分谦虚，这是那个时代学人特有的一种气质，尽管受到种种限制，他们还是以无畏的勇气在俄苏研究领域大踏步前进。

此外，20 世纪 80 年代中国的苏联东欧研究其实是在和西方类似的条件下进行的，双方都缺乏对苏联东欧问题进行现代"科学"研究的可能。美国学界在苏联解体后反思"苏联学"研究的弊端，认为主要的问题出在以下几个方面：其一，学术客观性被政治偏见所遮蔽，或过"左"（对苏联毫无敌意）或过右（对苏联太多敌意）；其二，苏联区域研究从方法论上看因隔绝于核心社会科学学科而相当脆弱；其三，专家们缺乏对在地语言和历史，尤其是苏联内部非俄罗斯族地区的深度介入；其四，试图在苏联进行深入内部研究的

1　刘国光：《进一步深入开展对苏联经济问题的研究——1983 年在"苏联经济理论讨论会"上的讲话》，《世界经济与政治内参》1983 年第 9 期。
2　刘宁：《我的学术之路》，《俄罗斯文艺》2007 年第 4 期。

人员遭遇一系列困难，比如不可靠或干脆缺失的数据、无法获得的或有意无意被歪曲的信息；其五，职业的、个人的或政治上的竞争使得苏联或东欧移民学者难以保证不偏不倚的立场，使得苏联学无法从他们那里获得内在的视角；其六，顶尖学者受到媒体的诱惑，使得他们无法集中精力于严密的实证研究；其七，对政府基金的依赖使得情报部门或军方可以轻易地设定学术研究议程。[1] 同时代的中国俄苏研究尽管不是在每一条上都与美国同行有相似的情况，但很多问题是有共性的，比如对于一手资料的获取，在地研究的缺失等。换言之，大家都在同一起跑线上，不同的是意识形态背景。恰巧在意识形态这一点上，中国的苏联东欧研究具有优势。当克里姆林宫学在西方大行其道之际，中国的苏联和东欧问题研究并没有被西方落下多少距离，甚至在某些问题、个别领域还要超出。这是基于曾经的盟友关系以及对共同但有分歧的意识形态的趋近解读，在同样信息不对称的情况之下，20 世纪 80 年代，中国的苏联问题研究不乏精彩之作。赵常庆先生明确提出当时"与国外的苏联东欧问题研究相比，我国的研究有自己的独到之处，其水平不在其他国家之下"。[2] 其原因之一或许正如沈志华教授所说的："西方人对苏联的理解有一种意识形态的隔膜，它们那个文化、那个政治制度跟苏联相差太远。而我们一般都能知道苏联人说的话是什么意思，马列主义的意识形态背后包含着什么东西，我们能看得懂，因为大家的话语语境是相同的。"[3]

从 20 世纪 80 年代中期李静杰出席亚太国家苏联研究的研讨会的情况看，当时中国是国际苏联研究学界的重要一员，完全可以平等地

1　Peter Rutland, "Sovietology: Who Got It Right and Who Got It Wrong? And Why?" in Michael Cox (ed.), *Rethinking the Soviet Collapse: Sovietology, the Death of Communism and the New Russia*, p.37.
2　赵常庆：《苏联东欧问题国内期刊述评》，《苏联东欧问题》1986 年第 3 期。
3　沈志华：《发现曾经真实的苏联》，《中国改革》2009 年第 12 期。

参与国际对话。[1] 当时，中国学者应邀出国访问和外国学者来华交流
非常频繁，仅大型学术交流活动就包括：中美学者关于苏联问题的讨
论会、中日学者关于苏联问题及亚太安全问题和苏联政策问题的讨论
会、中英学者关于苏联经济问题和对外政策问题的讨论会等。[2]

　　20 世纪 80 年代的俄苏研究另一个令人称道之处就是其强烈的
问题意识。《苏联问题参考资料》在其 1980 年首期的发刊词中明确
写道：

　　　　……试图通过这本刊物对苏联的政治、经济、文化教育等
　　方面的有关政策，以及社会问题作一些探索，并尽可能结合我
　　国四化建设中遇到的一些具体问题来选择研究课题。[3]

　　而到 1984 年在北京召开的有关座谈会上，与会的苏联东欧问题
专家业已形成了"研究苏联东欧问题就是研究我们自己"等共识，强
调俄苏研究学界有责任把对苏联东欧问题的研究向前推进一步，应该
采取更加客观的态度，为我国的社会主义建设提供更好的服务。[4]

　　以《世界经济与政治内参》为例，1982~1986 年，苏联东欧问
题始终占据了该内部刊物的重要部分（参见表 5），并且其讨论问题
的深度、开放性直至今日重开其卷时仍能体会到。无论是社会主义
所有制问题，还是苏联模式，无论是计划与市场的关系，还是经济
体制改革的基本政策，凡是涉及社会主义经济改革的关键问题，都
可以在这本内部刊物上找到相关的讨论。

1　Li Jingjie and Mei Yan, "Soviet Studies in China," in Charles E. Morrison and Pushpa Thambipillai (eds.), *Soviet Studies in the Asia-Pacific Region*, pp.89~98.

2　刘克明：《建国以来的苏联东欧研究》，《苏联东欧问题》1984 年第 6 期。

3　杨希钺：《百尺竿头，更进一步——〈国际观察〉发刊 100 期有感》，《国际观察》2009 年第 4 期。

4　舒岩：《把对苏联东欧问题的研究向前推进一步——在京部分苏联东欧问题专家、学者座谈会综述》，《世界经济与政治内参》，1984 年第 11 期。

表5　《世界经济与政治内参》苏联东欧问题论文篇目统计（1982~1986）

单位：篇

年份	苏联	东欧	合计	总篇目	所占比例
1982	74	15	89	183	48.6%
1983	56	24	80	186	43.0%
1984	42	20	62	174	35.6%
1985	44	13	57	168	33.9%
1986	44	17	61	170	35.9%

注：本表内容为作者统计所得，文摘内文章未纳入计算。

　　改革开放为中国的俄苏研究提供了一个巨大、开放同时也是令人振奋的大舞台。尽管表5同样透露出一个重要信号，即在中国经济改革的征途上，不仅仅有苏联东欧的经验教训用于咨鉴，前述以美国为首的西方和日本同样扮演了重要的参照者，并且随着改革的越发深入而日益受到重视，但不得不承认，这一代的研究者在时代精神的感召下，在强烈的问题意识指引下，为中国改革开放事业提供了正反两方面的资政参考。身处特殊年代的这一代学人善于学习，勇于创新，能够把握好吸收与转化的节奏，懂得意识形态并能巧妙回避意识形态乃至超越意识形态，注意兼听，从而在中国现代发展史上留下了深刻的烙印。也许，今天的我们显得更加训练有素，也许有不少人对这"长十年"的俄苏研究学者及其作品很不以为然，但事实能够证明这种观点有失偏颇。[1]

　　在追求客观真理和服务中国改革的意识指导下，中国的俄苏研究取得了相当快速的发展。美国学者罗兹曼对于中国20世纪80年代的苏联东欧研究给予了极高评价。他指出，一个尚未引起其他国

---

[1]　80年代学术研究在当代中国学术史上的重要性和积极意义正在并将继续不断地被发掘出来。比如，甘阳主编《八十年代文化意识》（上海人民出版社，2006）、甘阳《八十年代的现代性批判与九十年代转型（代序）》（《古今中西之争》，三联书店，2006）强调的是"文化研究"的突出意义，但实际上这是一个各类学科"群起性"爆发的时代。

家注意的全新而重要的俄苏研究学派突然在中国发展起来了。就规模而言，中国对苏联问题研究的出版物数量仅次于英语世界。逾20家专业性刊物增加了作为世界上第二大苏联东欧问题研究学术体的持久发展的可能。罗兹曼强调说，中国专家将因对一个社会主义社会的深度理解而赢得尊敬。中国苏联东欧研究的主要特点在于对苏联文献的娴熟运用，对苏联东欧经济改革进程的持久兴趣，以及比较社会主义的宏观视野。罗兹曼甚至乐观地认为，中文可能会成为研究苏联问题中仅次于俄语和英语的有效工具。[1]

（四）后冷战时期的俄苏问题研究（危机阶段）

苏联解体后的两个十年，就中国俄苏问题研究学界而言，是一个挑战与机遇并存的时期。一方面，我们可以看到在部分领域、个别命题上，中国的研究达到了国际前沿水平。另一方面，更大的问题在于俄苏研究成果爆炸式增长的同时，伴随着方法应用和理论总结的双重失范，从而使得整体上中国的俄苏研究落后于具有悠久历史传统的西方俄苏研究，甚至面对亚洲邻国韩国研究界的后发式赶超，我们也感到应对乏力。

东欧剧变、苏联解体，同样给中国俄苏研究界以深刻震撼。20世纪80年代这一领域研究的繁荣，主要原因在于中国对"苏联东欧的社会主义改革经验"给予了高度重视，这一问题意识因为借鉴的对象瞬间消失而面临重构的难题，刚刚起步的中国的苏联东欧地区研究突然面临着迷失方向的可能。

在短暂的"休克"之后，中国俄苏研究学界很快为苏联解体带来的研究空间而兴奋。如果说苏联解体给西方的俄苏研究带来了巨大挑战的话，中国的俄苏问题研究恰恰是冷战结束后进入了一个新

1　Gilbert Rozman, "China's Soviet Watchers in the1980s: A New Era in Scholarship," *World Politics*, 1985, p.473.

的发展时期，一种火山爆发式发展的可能正在出现。具体而言，这一学科的新的增长潜力将因以下因素而变得更有可能：其一，苏联各加盟国纷纷独立，使得国别和区域研究对象增加；其二，过去高度保密或蓄意虚报的社会和经济数据得以问世，档案资料的大量解密，提供了全新的信息空间；其三，俄罗斯本国以及其他国际学术机构大量的数据收集和分析扩展；其四，学术研究中意识形态束缚日益淡化。

后苏联时期的中国俄苏研究在议程设置上受到了汪道涵先生的影响。汪老在20世纪80年代初担任上海市委书记、上海市市长时就十分关注苏联问题研究。苏联解体后，他又直接推动学术界围绕这一问题展开理论探讨。从90年代中期开始，汪道涵先生推动全国研究苏联东欧问题的学者相聚于华东师范大学，研讨苏联东欧地区的发展演变和历史经验教训，探讨俄罗斯转型期的内外事务走向，也研究如何进一步提升和推动中俄关系的全面发展。[1]据邢广程研究员回忆，1997年汪老在与时任中国东欧中亚学会会长徐葵谈话时就表示，愿意帮助学会每年在上海召开一次内部学术讨论会，首次会议讨论的议题即苏联解体的原因。[2]此处应该强调的是，90年代中期汪老建议由中国俄罗斯东欧学会主办，具体委托华东师范大学人文学院承办此会，俄罗斯研究中心成立后又由该中心出面组织。汪老当年所创设的会议机制，在教育部领导、中国俄罗斯中亚东欧学会和各地同行的大力襄助之下，延续至今。[3]

从全国俄苏问题内部讨论会历次的议程看，后冷战时期的中国俄苏研究具有鲜明的阶段性：

1　冯绍雷：《宗师风范》，《老先生》，香港世纪出版有限公司，2007，第363页。

2　邢广程：《长者风范，智者气度》，《老先生》，第295~296页。

3　参见冯绍雷《三十年改革开放和三个"十年"的俄国问题研究——基于前社会主义国家转型比较的一项观察》，《俄罗斯研究》2008年第4期。在原有资金用完之后，华东师范大学俄罗斯研究中心自2006年起仍然与中国俄罗斯东欧中亚学会（后又增加俄罗斯东欧中亚经济研究会）联合主办该项年度内部会，同时，迄今为止已举行三次全国青年骨干研究人员的高级培训班。

　　——90 年代早期至中期的主要研究课题是苏联解体问题；

　　——90 年代中期以后至 21 世纪前期，更多地集中讨论俄罗斯的转型问题；

　　——2004 年以后围绕俄罗斯重新崛起的话题进行了多项研究；

　　——贯穿整个 20 年的另一个重要课题是俄罗斯的外交战略和对外关系，特别是中俄关系。

　　这一时期中国俄苏研究的增量发展主要体现在以下几个方面。

　　第一，专业性研究机构的更名改组和新设同步进行，研究队伍继续壮大。

　　苏联东欧社会主义集团体制崩溃后，中国俄苏研究的对象和内容都发生了重大改变。相应地，各地的苏联东欧研究所以及全国性和地方性的苏联东欧问题研究学会都进行了相应的更名改组。

　　这一时期新成立的研究机构主要有：兰州大学中亚研究所（1994）、华东师范大学俄罗斯研究中心（1999，次年被教育部批准为教育部人文社会科学重点研究基地）、复旦大学俄罗斯与中亚研究中心（2000）、黑龙江大学俄罗斯法律研究所（2001）、北京大学俄罗斯研究中心（2001）、对外经贸大学俄罗斯与独联体研究中心（2003）、中国政法大学俄罗斯法律研究中心（2003）、哈尔滨工业大学中俄经济技术合作研究所（2004）、新疆伊犁师范学院中亚研究所（2005）、西安交通大学亚欧研究所（2006）、哈尔滨师范大学俄语教育研究中心（2007）、华东师范大学上海合作组织研究院（2009）、黑龙江大学俄罗斯研究院（2010）、辽宁大学俄罗斯东欧经济政治研究所（2010）、华东师范大学白俄罗斯研究中心（2011）等。

　　第二，研究作品数量保持高速增长。据不完全统计，2000~2007年，中国俄苏研究界共出版 320 种以上有关俄罗斯、东欧和中亚以及苏联问题的个人和集体专著，相关译著超过 90 种。论文数量则更为庞大（见表 6）。

表6 1992~2007 年中国俄苏研究的论文数及类别调查

单位：篇

内容	年份	主题词检索				题名检索			
		俄罗斯	苏联	东欧	中亚	俄罗斯	苏联	东欧	中亚
政治·军事·法律	1992~2000	8422	8690	2262	727	2838	1048	516	310
	2001~2007	11303	7534	984	1231	1825	1095	188	503
经济·管理	1992~2000	11780	5767	2327	2275	4135	509	630	406
	2001~2007	17615	2863	1337	2147	2767	257	303	822
教育·社科综合	1992~2000	5937	6902	1091	635	1814	719	196	159
	2001~2007	9747	6394	705	963	1200	815	97	327
文史哲	1992~2000	6461	7348	561	950	1315	927	105	194
	2001~2007	10259	7160	473	919	902	1040	65	207
合计	1992~2000	32600	28707	6241	4587	10102	3203	1447	1069
	2001~2007	48924	23951	3499	5260	6694	3207	653	1859
总计	1992~2007	81524	52658	9740	9847	16796	6410	2100	2928

资料来源：安成日「中国におけるロシア（ソ連）·東欧·中央アジア研究」『比較経済体制研究』16 号、90 頁。

由表6可见，国内俄苏研究界同人对苏联问题的关注度在 21 世纪前后基本持平，若以 10 年为一个周期，则 2001 以来苏联问题的论述比 20 世纪 90 年代更多；中亚问题的热度上升，而对东欧问题的关注度明显呈下降趋势。

笔者认为，近 20 年来的俄苏问题研究，如果单从数量上看，似乎已经形成了百花齐放的繁荣景象；但如果从定性的角度看，可能除了偶尔局部开花外，退化的势头要大于进化的态势。以往的大师名家，多半已年老凋谢，学术衰敝之状渐次显现。这 20 年俄苏研究所谓的繁荣实际上只体现为数量的膨胀，我们不仅在国际学术界中日益被边缘化，在国内国际关系学界也同样被日益边缘化，这是不得不承认的现实。

导致这种"双边缘"格局的现实原因可能包括以下几个方面。

第一，从中国发展的大局看，中国改革开放之后的发展路径转向和对外关系重点的变化，使得对俄苏研究的需求日益萎缩。一个可供观察的指标是，中国俄苏研究的专业学术刊物数量在 20 世纪 90 年代之后急剧萎缩，目前连同 90 年代新创的刊物只剩下不足 10 种（参见表 7）。

表7　中国俄罗斯东欧中亚问题研究专业刊物名录

杂志名称	曾用名	创刊年	所属机构	现任主编
《俄罗斯中亚东欧研究》	《苏联东欧问题》《东欧中亚研究》	1981	中国社会科学院俄罗斯中亚东欧研究所	吴恩远
《俄罗斯研究》	《今日苏联东欧》《今日前苏联东欧》《今日东欧中亚》	1981	华东师范大学俄罗斯研究中心	冯绍雷
《西伯利亚研究》	《西伯利亚与远东》	1974	黑龙江省社会科学院	曲伟
《俄罗斯文艺》	《俄苏文艺》《苏联文学》	1980	北京师范大学	吴泽霖
《中国俄语教学》		1982	外语教学与研究出版社	刘利民
《俄罗斯学刊》	《远东经贸导报》	1988	黑龙江大学	靳会新
《俄罗斯中亚东欧市场》	《东欧中亚市场研究》	1996	中国社会科学院俄罗斯中亚东欧研究所	常玢
《转型国家经济评论》*		2008	东北财经大学	郭连成

注：* 为集刊，本表内容为笔者根据调查资料统计而得。

第二，与形形色色的研究机构不断建立[1]相比，中国俄苏研究人才储备不足的弊病日益显现。目前接受俄苏研究训练的中国学者，往往有两种情况，一种是纯语言出身，属于典型的半路出家，对于俄苏的历史、政治和经济等内容了解不多；一种则是其所学外语并非俄语，在政治学或其他学科方面有积累，但对俄国的语言文化、历史传统等在地知识所知甚少。这两类人要在短短几年的硕士或博士学习中，同时掌握语言、历史文化和所在学科的理论架构，实在是非常艰难。

即使仅从俄语教育的角度看，像黑龙江等省份，俄语专业的本科生就业形势很好，但这主要是 20 世纪 90 年代以来中俄边贸迅猛发展而带来的对经贸翻译等从业人员的刚性需求造成的，并不意味着相关的研究人才储备较前增多。[2]

第三，中国与国际学术界之间的差距不仅未能缩小，反而在加大。80 年代，相对于美国乃至整个西方的俄苏研究界，我们的优势地位在俄罗斯急剧转型的背景下重新转化为劣势。可以说，中国俄苏研究学界本可借着 80 年代与西方同行基本平等对话之势，在冷战结束之后延续积极向上的发展态势，抢占国际俄苏研究的前沿高地。遗憾的是，我们错过了这一次难得的发展机遇。

对此，回顾美国学者罗兹曼的评论是有益的。他认为，80 年代妨碍中国在苏联问题研究上全面繁荣的原因，至少有三个：其一，交流的隔绝使得只有少数中国学者能有机会在苏联进行部分实证性研究。大部分学者不得不采用二手材料，而非一手资料；其二，中国俄苏研究的成果绝大多数用中文撰写，很难让苏联学术界了解和

1　有不少机构是非实体性的，其科研人员往往分散在各自的学科领域，从而使得俄苏研究作为一个重要的领域缺乏认同感。

2　与俄语毕业生需求升温形成鲜明对照的是，俄语生源招生至今还未走出低迷的状态。以黑龙江省为例，2006 年该省高考俄语卷数量为 7000 余份，到 2009 年降至约 5000 份，占全部考生的 1/40。参见《人才需求增加，生源萎缩，俄语人才培养面临窘境》，http://www.mostgroup.Com/html/NewsCenter/20091124/9D2B79445EDBB88E.html。

熟悉，基本上没有作品直接用英文撰写或翻译成英文；其三，当时
对内部资料的严格控制也进一步限制了中国的俄苏问题研究学术圈
和国外（非苏联）学术圈的互动。罗兹曼认为，这些问题也是由历
史造成的，至今都没有得到全部的解决。[1]

当西方学者，包括日本等亚洲同行，利用苏联解体所带来的信
息大爆炸良机作为验证各种理论的试验场之际，中国的俄苏研究仍
然基本保持了一种自娱自乐的小宇宙状况。不仅对英语世界的广泛
材料利用不足，即便是俄语材料的使用也不够充分，鲜见高质量的
研究成果问世。在国际刊物上基本上看不到国内俄苏学界的大作。
20 世纪 80 年代末期已有学者以苏联经济研究为案例，注意到中国
俄苏研究这种不进则退的危险趋势：

> 现代西方经济学为此提供了一系列有效的工具：均衡分
> 析、边际分析等等。可惜，迄今为止，这些工具还殊少用于国
> 内的苏联经济研究中（如果说在国内问题的研究中已经开始了
> 运用这些工具的过程，那么在苏联问题研究中，还看不到哪怕
> 是一点这样的迹象）。在这种情况下，继续沿用过时的定性描
> 述取代需要定量的分析就成为必然。不论谈到什么问题，经
> 济形势分析也好，增长速度预测也好，消费者福利评价也好，
> 研究者皆"以不变应万变"，用体制弊端、结构困难、劳力短
> 缺为"定式"，一、二、三、四地"分析"一番，做出模棱两
> 可、似是而非的断语。由于缺乏分析不同问题所适用的特殊工
> 具（诸如增长理论用于增长速度的预测，投入产出知识用于结
> 构分析，生产者行为理论用于体制研究），结论难免贻笑方家。
> 不仅如此，计算机模型分析和技术预测的失效，还不时被当作

1　Gilbert Rozman, "China's Soviet Watchers in the1980s: A New Era in Scholarship," *World Politics*, 1985, p.474.

反对采用这些工具的理由。这就不仅是研究方法上的落后，而且是研究者观念的问题了。这里应该指出，国外苏联经济研究的发展趋势表明，用分析取代描述，用逻辑结构取代简单罗列，用定性定量的结合取代纯粹定性分析，意味着研究的进步而不是相反。[1]

与此同时，中国本土的俄苏研究刊物至今也没有完成国际化的进程。而赵常庆先生早在 20 世纪 80 年代中期即提出俄苏研究学刊面向海外发行的问题：

> 目前我国尚没有一种刊物可向国外发行，这与我国苏联东欧研究地位很不相称。在我国出版的国际问题刊物中有很多是可以向国外发行的，如《国际问题研究》《西亚非洲》《拉丁美洲研究》《日本问题》等。苏联以研究中国问题为主的刊物《远东问题》也用四种文字（俄、英、日、西）公开向国内外发行。因此，笔者认为，我国应尽快出版一份可向国外发行的苏联东欧问题专业刊物，这对宣传我国的对外政策，扩大国际影响，推动国际学术交流是大有裨益的。

学术刊物的国际化是教育部近年来才开始大力推动的。上述建议充分表明中国俄苏研究学者是不缺乏想象力和创造力的。问题是，这一 20 余年前的富有前瞻性的建议始终未能落到实处。

另外一个层面是，中国学者参与国际学术界对话的程度明显不足。以 2010 年 7 月底 8 月初在斯德哥尔摩举行的国际中东欧研究会五年一度的大型国际学术会议为例，亚洲国家中日本有 70 名余名专家与会，韩国学者有 15 名，中亚国家学者有数十名，印度作为学会

1　王跃生：《走出摇篮——读〈今日苏联〉谈当今的苏联研究》，《读书》1989 年第 9 期。

执委会观察员也首次派出 2 名学者参会，中国作为一个研究俄苏问题的学术大国只有 4 名学者到会。在会议组织方专门辟出的"亚洲视角"圆桌会议上，该学会第一副主席松里公孝介绍情况时，将韩国和中国放到一起谈，称中国和韩国共有约 20 名学者参加了此次会议，显然有保护中国人面子的用意。

第四，从学科分野来看，在政治学、经济学、社会学和世界历史等一级学科中，俄苏研究往往因无法提供所谓普遍的知识贡献而在各自所属的学科内得不到认同。

上述种种俄苏研究之现状，不能不令人深感焦虑。如果长期得不到改进，很可能将留下历史的遗憾。

二　从"苏联学"到"后苏联学"：以美国为例的参照

美国对俄国问题的关注有着悠久的历史。其最早有关俄国和东欧的学术兴趣可以回溯到 19 世纪，[1] 但严肃的研究则开始得比较晚。直至 1914 年，美国只在 3 所重要大学中开设了俄罗斯语言与文学课程，而俄罗斯历史只有 2 所大学教授。[2] 在第一次世界大战和第二次世界大战之间，美国只有少数的专家接受过专业的俄苏研究训练，且主要是为了适应美国国务院培养驻苏外交官和一些媒体培养高水平记者的需要。当美国学术团体协会（American Council of Learned Societies, ACLS）在 1938 年设立斯拉夫研究委员会时，美国学术界并没有对其予以很多关注，也不认为俄苏研究领域有多少前景，更多的是一种冷眼旁观的态度。第二次世界大战的爆发，直接赋予

1　徐葵：《美国的苏联问题研究发展概况——访美考察记之一》，《苏联东欧研究》1983 年第 1 期。

2　参见 Cyrillic E.Black and John M. Thompson (eds.), *American Teaching about Russia*, Indiana University Press, 1959; Philip E. Mosely, "The Growth of Russian Studies," in Harold H. Fisher (ed.), *American Research on Russia*, Indiana University Press, 1959；徐葵《美国的苏联问题研究发展概况——访美考察记之一》，第 18 页。

了美国的俄苏研究以强大的活力，并直接影响了冷战期间美国"苏联学"的发展。尤其是当时为美国战略情报局（Office of Strategic Services, OSS）设立的研究与分析分部工作的数名学者，此后成长为苏联东欧问题研究领域的巨擘。[1]

二战结束后，美苏关系仍然受美国公众的普遍关注。加上冷战的铁幕迅速落下，"国家需要"和"国家利益"催生了第一批有关苏联研究的专项课题和研究中心。后来美国学术界将这种俄苏问题研究称为"苏联学"，特指 20 世纪 40 年代中期以来美国针对苏联内政和外交展开的研究活动，它是美国社会科学的一个特殊领域，是冷战的产物。相当多的政治学家、经济学家、社会学家、历史学家、外交官和其他政府官员投入这场研究，创造了大量苏联学的作品和文献。

冷战结束后，世界体系理论的缔造者、著名社会学家沃勒斯坦等学者共同撰写了《冷战与大学：战后知识分子史》一书，从不同的学科角度，就冷战时期的大学、大学内部的研究机构及其学者的研究与美国国家政治，尤其是军事的密切关系，做了详尽的描述。该书认为，美国冷战时期学术与政治之间的紧密关联度源自二战期间的战时学术安排，即在一切为了赢得战争的国家动员中，知识分子被调集和组织起来。这种战争赋予的学术配合政治的合法性，在二战结束后不仅没有终结，反而逐渐定型为美国最为稳定的学术界与政府间相互联动与协作的国家科研体制。在一切为了抗衡苏联的前提下，这种特有的战时科研体制直到 20 世纪 60 年代一些大学师生以激进方式表示抵制后，才略有改观。[2]

当时，首批成立的是哈佛大学俄罗斯研究中心和哥伦比亚大学俄罗斯研究所。在二战结束后的头十年，一批研究生开始成长

1　Arnold Buchholz (ed.), *Soviet and East European Studies in the International Framework: Organization, Financing and Political Relevance*, pp.11–12.

2　阎光才：《韦伯之后的学术与政治》，《读书》2010 年第 10 期。

起来，他们多在二战期间学习过俄语，也因为曾经常驻过苏联或东欧国家而对这一国别和区域研究深感兴趣，由于经历过二战或者有过其他工作经历，他们对于学习和研究生活更为投入。这一时间段培养出来的学生后来基本上都成了美国苏联东欧研究或实务的主力（见表 8）。部分学生后来逐渐升迁至美国派驻苏东地区的大使，部分则成为层出不穷的各项俄苏研究项目的负责人，还有一些则在美国政府内部担当处理苏联东欧事务的官员。坦率地说，从学术研究角度看，战后头十年美国的苏联研究仍处于一个夯实基础的阶段，总体质量不高，静态研究多，动态研究少，平铺直叙多，理论总结少。但也应承认，其最大的价值和功劳在于收集和积累资料，为以后的"苏联学"的拓展奠定了较为坚实的基础。

表 8　美国俄苏区域研究研究生就业情况调查（1946~1957）
（以哥伦比亚、哈佛、印第安纳和华盛顿大学为例）

工作岗位与俄苏有关	人数（人）	占总就业的比例（%）
教学	84	20
学术或个人研究	53	13
以学术为业总人数	137	33
政府研究部门	50	12
其他政府部门（包括联合国）	112	27
政府部门就业合计	162	39
行政	8	2
商业和法律	7	2
新闻业和广播	28	7
非俄苏领域	78	19

注：研究生和非研究生总数约 670 人；继续接受研究生训练的学生数量为 75 人；第一份工作情况明了者为 420 人。

资料来源：Cyrillic E.Black and John M. Thompson (eds.), *American Teaching about Russian*, p.65。

科尔顿在华东师范大学大夏讲坛发表过题为《美国学术界如何理解俄罗斯现象》的演讲，他当时透露：

在冷战开始的最初十几二十年，当时苏联是美国的敌人，苏联研究是美国国家的头等大事，这样的印象后来加以强化，是因为中国社会主义国家的建立以及 1957 年苏联的卫星上天。这使得当时美国感到苏联研究更加有必要性。可以说政府对俄罗斯研究的支持不仅仅是道义上的，还包括物质上和资金上。当时的苏联研究，包括现在的俄罗斯研究，在整个学科研究和教育中受到了政府的特别照顾。当时的美国国务院、军方、情报部门对俄罗斯研究人才有很大需求，我所指的人才是了解一些俄国的情况并且懂俄语的人。当时美国政府花了几百万美元来翻译关于俄罗斯的情况资料，让美国的官员了解运用。后来这些关于苏联的资料慢慢流向民间，让学者加以运用研究。美国当时也建立了一些智库，主要是从事战略和军事研究。当时最著名的是兰德公司，主要研究苏联以及他们眼中的苏联威胁。毫无疑问，这些研究苏联和俄罗斯问题的个人在 50、60、70 年代经常可以走向政府的高位。布热津斯基曾经担任卡特政府的国家安全顾问，奥尔布赖特担任过克林顿政府的国务卿，赖斯曾经也是研究苏联问题的，国防部长罗伯特·盖茨是苏联俄罗斯研究出身。[1]

科尔顿道出了苏联东欧问题研究战后在美国迅速崛起的"公开秘密"，即这显然跟政府的推动有关。

1　〔美〕科尔顿：《美国学术界如何理解俄罗斯现象》，2009 年 9 月 27 日于华东师范大学大夏讲坛的学术讲演，由冯绍雷教授主持，笔者为评论人，上海社会科学院梅俊杰先生担任翻译，华东师范大学俄罗斯研究中心冯冲笔录。

　　第一，美国意识到，在苏联 1957 年成功发射第一颗人造卫星后，美国可能会陷入一个被苏联超越的风险，这种恐惧感推动了美国加大对苏联东欧研究的投入，以求深刻了解和理解冷战期间的最大敌手。艾森豪威尔政府借此说服了美国国会在 1958 年紧急通过了《国防教育法》（National Defense Education Act）。按照该法相关规定，美国将对所有地区研究中心进行超过 25 年的资助。[1] 苏联问题显然是美国外交政策中即便不是唯一也是重点予以关注的事情，所以，我们可以观察到，很多经济学、政治学、国际问题、社会学和其他社会科学领域的专家学者，除了研究自己的基本学科外，还沉浸在研究作为对手的苏联，包括其语言、历史和文化之中。

　　第二，美国《国防教育法》的实施和福特基金会不遗余力的财政支持，从整体上推动了"区域研究"（Area Studies）作为一门学问的形成和增长。这同样是"苏联学"发展的战略机遇。

　　"区域研究"受到美国学术界、政界乃至各项基金会的广泛扶持，主要是它的学术旨趣符合了用西方的方式理解非西方的尝试和努力。为了突破过去局限于欧洲大陆的世界观，同时更是为了适应美国在第二次世界大战之后通过雅尔塔体系建立起的霸权地位，一种结合了国家资源、私人基金和学院体制的"美国式区域研究"开始在美国学院体制中占据显著位置。这种区域研究从被推广伊始就带有浓厚的现实关怀，"主要的重点指向那些阻碍美国试图准备成为世界领导的地区"。[2] 其目标包括以下几个方面。（1）努力用一种整合的学科融合，而非用单一学科甚至是多学科的方式去理解一个他者社会。在此过程中，各种专业学科的细化和相互之间的孤立状况将被打破。相应地，知识的整体性将得到展现，由此可以催生新的

1　於荣：《冷战中的美国大学学术研究》，北京师范大学出版社，2008，第 155 页。

2　Fersh Seymour H., "Teaching of Area Studies," in Lee C. Deighton (ed.), *The Encyclopedia of Education*, The Macmillan and the Free Press, 1971, p.261；於荣：《冷战中的美国大学学术研究》，第 152 页。

学术立场、新的洞察力，新的技巧也将会形成。（2）由于人文学科和社会科学的诸多理论框架是基于北大西洋共同体的现实提炼，对其他非西方地区可能并不适用，因此，需要借助区域研究提供非西方世界的信息和比较数据，从而克服美国学者狭隘的地方主义立场。（3）通过整合性的知识尝试去认识、分析、诠释异文化社会，也有助于外部研究者的自我认知和自我反省。[1] 由于苏联体制的特殊性，要认识其本质，了解其运作规律，厘清其利益所在，只能借助于区域研究的方式，而不能依靠传统的分科知识。

随着冷战的逐步展开，美国愈加重视对丁苏联的研究。美国政府的许多部门和机构投入到对苏政策的制定和执行之中，一批以苏联和东欧国家为研究对象的研究所相继成立，一些大学开设了关于苏联历史和政治的专业课程，各类智库也将其关注点转移到苏联和"华沙条约"组织国家。美国社会科学研究协会（SSRC）1991 年的一份报告总结道："冷战的意识形态成为推进美国苏联研究的一个重要原因。政府部门成为苏联学专家的重要雇佣者。同时，很多研究苏联问题的专家本身就是来自苏联东欧的难民。毫无疑问，上述力量的结合快速地推动了这一领域，但同时也扭曲了政策研究的智识议程。"[2]

值得注意的是，对美国研究苏联第一代政策的专家的来源分析可以彰显出早期美国俄苏研究的两面性：

> ……对苏联政策的解释，基本上为一批原来的孟什维克、托洛茨基分子、前共产党人或至少是当年的同路人所独占，这些人对马列主义造诣颇深，而且数十年来一直密切注视着苏联以及国际共运的发展。他们彼此在看法上未必能取得一致，再

1　Cyrillic E. Black and John M. Thompson (eds.), *American Teaching about Russia*, pp.50–51.

2　Daniel Orlovsky, "Judging the Past, Charting the Future: On Aquariums and Fish Soup," *Beyond Soviet Studies*, p.7

说他们的见解也不见得都正确。然而，他们毕竟都具有相当的感性认识，使他们对苏联内部的动向、对斯大林及其信徒们的意图，能够把握住实质，能够猜测到苏联所可能作出的反应。很明显，这批老一代的专家有他们自己的意图，因此对问题的看法往往带有倾向性，而且偏激得厉害。尽管如此，这种偏见丝毫也没有妨碍他们对问题有精辟的真知灼见……[1]

到 20 世纪 50 年代的后半期和 60 年代，一批以苏联东欧作为研究对象的极具影响力的学术团队开始在美国学界和政界呼风唤雨，其成员主要来自布朗大学、加州大学伯克利分校、加州大学洛杉矶分校、芝加哥大学、哥伦比亚大学、康奈尔大学、哈佛大学、伊利诺伊大学、印第安纳大学、堪萨斯大学、密歇根大学、俄亥俄州立大学、宾夕法尼亚州立大学、匹兹堡大学、斯坦福大学、弗吉尼亚大学、华盛顿大学、威斯康星大学和耶鲁大学等研究型高校。

这一时期的俄苏研究多集中于历史、文学。而关于政治和经济的研究，从研究范式上看，人类学的路径优势较为明显。这并非偶然。哈佛大学俄罗斯研究中心首任主任就是人类学家克莱德·克拉克洪（Clyde Kluckhohn）。该中心的第一个研究项目即哈佛难民项目，同样是由人类学家领衔。关键问题是，由于冷战无形的铁幕隔断了苏联与西方阵营，使得研究俄苏问题无法采取像研究法国或者英国那样的方式。为了研究俄苏问题，或者说为了接近俄苏问题的"真相"，学者们不得不更多地采取人类学的方式，即通过某些"线人"、来自苏联的个别社会成员的知识的传导。这样的研究所获得的信息显然是有偏向性的，"非客观性"的

1 〔美〕沃尔特·拉克:《美国的苏联问题研究》，陈玮译，《当代国外社会主义问题》1984 年第 2 期。

一面难以避免。[1] 同样，由于美国学者当时几无可能赴苏联进行严格意义上的在地调研，人类学、社会学、心理学的研究路径很快就被其他方法所挤斥。

20 世纪 60 年代，美国陷入越南战争的泥淖，并最终在 70 年代初期铩羽而归，这导致了美国社会的分裂，也影响了美国的中国研究。作为共产主义体制研究的一部分，这种影响又波及了苏联东欧研究。这一时期苏美关系也发生了新的变化。随着赫鲁晓夫解冻政策的推行，苏联社会展开非斯大林化，苏联报刊相对来说自由度变大，这就为研究提供了更多的信息。同时，美国总统艾森豪威尔的东西方交流特别助理莱西和当时的苏联驻美大使扎鲁宾于 1958 年经过两轮谈判后代表各自政府签署了具有重大意义的苏美文化交流协议。此前一直冰封的苏美之间的学术交流得以正式推进，许多美国的苏联问题专家可以到苏联进行一到两年的实地研究，不少苏联学者也有机会前往美国。据统计，从 1958 年到 1985 年底，大约有 2000 名美国学者和 2000 名苏联学者通过相关项目到对方国家访学交流。[2] 同期，美国在比较政治科学和行为科学方面取得了显著的进展，一些新观念、新方法、新概念应运而生。[3]

在国际形势变化和国内学术进展两股浪潮夹击下，美国学术界对区域研究的理念和方法提出了质疑，出现了修正主义学派。这股浪潮最早出现在亚洲区域研究领域。一些专家在 1964 年召开的亚洲学研究学会年会上提出了如何处理中国研究和传统分科之间关系的问题。此后，一些杂志也开始刊登区域研究与学科导向关联性的文

1　拉克指出："一般认为，移民在评价自己的原籍国家方面未必是最出色的评判员。他们缺乏不偏不倚的公正态度，他们的评价往往带有夸大的成分。苏联移民尤其如此。"参见〔美〕沃尔特·拉克《美国的苏联问题研究》，《当代国外社会主义问题》1984 年第 2 期。

2　Yale Richmond, *U.S. -Soviet Cultural Exchanges, 1958-1986: Who Wins?*, Foreword by Marshall D. Shulman, Westview Press, 1987, p.32.

3　Robert A.Dahl, "The Behavioral Approach in Political Science: Epitaph for a Monument to a Successful Protest," *American Political Science Review*, Vol.4, 1961, pp.763-769.

章。美国的苏联东欧研究界迅速参与了这一场大辩论，开始展开批评与自我批评。[1]一部分学者甚至专门修正对苏联研究的方法，对过去近 20 年苏联研究进程中积累的工具、研究模式开始抱怀疑态度，希望进行修正。有学者公开宣称，是现代社会科学，而不是传统意义上的区域研究，为研究共产主义体制提供了更具想象力的概念和方法。[2]当时出现了对俄罗斯研究、中国研究以及拉丁美洲研究进行整合的趋势。这种整合更多地在政治学、经济学和社会学领域展开。

　　20 世纪 70 年代时，大批来自苏联的犹太移民和部分德意志移民迁居到西方国家，这给美国的苏联问题研究提供了新的机遇。沉寂一时的人类学和社会学研究者重整旗鼓，展开了大规模的访谈研究，一批研究成果相继问世。

　　80 年代初，里根政府觉得苏联研究做得还不够，特别是不能深入很多苏联现象中，因此投入了更多的资金。整个 80 年代是美国的苏联研究相当火热的时期。[3]1985 年戈尔巴乔夫成为苏联领导人，苏联的改革更激起了美国学者的研究兴趣。

　　整体而言，冷战时期美国的苏联研究围绕着苏联的政治特征、苏联变革的可能性、苏联政治统治的代际变化、苏联文化及历史等核心问题，最终分成三块壁垒森严的阵地：文学和历史研究者集中精力钻研斯大林逝世后的苏联文化和革命、内战以及二战前后的历史；政治学和经济学研究者试图厘清后斯大林时代及与此相关的问

1　"Soviet Area Studies and the Social Science: Some Methodological Problems in Communist Studies," in Frederic J. Fleron (ed.), *Communist Studies and the Social Sciences: Essays on Methodology and Empirical Theory*, p.1. 有趣的是，在美国召开研讨会从方法论角度讨论共产主义研究与社会科学的关系问题时，位于莫斯科的苏联科学院世界经济与国际关系研究所也召开了圆桌会议，讨论西方社会科学的理论，如博弈论，是否适用于苏联国际关系研究的问题。参见 Allen Lynch, *The Soviet Study of International Relations*, Cambridge University Press, 1987, p.43.

2　Robert C.Tucker, "On the Comparative Study of Communism," *World Politics*, 1967, p.49.

3　日本学者长谷川毅在《共产主义与国际政治》1984 年第 2 期的文章中曾涉及 80 年代以来美国大力促进苏联问题研究的种种举措。参见〔日〕长谷川毅《美国的苏联学危机》，《今日苏联东欧》1985 年第 2 期。

题；而"苏联学"专家则转变为对苏联具体事件和人物的研究，被戏称为"克里姆林宫学"的知识成为这批学者的主业，他们一门心思研究苏联高层的人事变化、权力斗争等问题。[1]人类学、心理学、社会学等传统学科在整个过程中相对处于边缘位置。在学科导向与区域导向的争论中，二者最终分道扬镳。基于社会科学背景、运用相应理论对苏联问题进行研究，后来被归纳为"套模型"（model fitting）。极权主义模型、结构功能模型、政治文化模型、发展模型、多元模型、利益集团模型、合作主义模型、政策网络模型、官僚政治模型、主从关系模型等纷至沓来，不　而足。正如王绍光所批评的，这些理论中没有一种是从研究共产主义制度自身运作规律中产生的。基本上是什么理论在学术界时髦，什么理论就会被用于共产主义研究。外来模型也许对认识共产主义制度不无启发，但问题在于，简单地套模型就不免有点粗糙、有点生硬、有点勉强。[2]但总体而言，"苏联学"，包括后来的"克里姆林宫学"，在整个冷战时期始终保持与美国当局的紧密合作，从而确保了对苏联东欧问题研究的主导地位。

　　但正在"苏联学"处于鼎盛之际，苏联突然解体了。整个世界对此毫无准备。除了《帝国：俄罗斯帝国及其竞争对手》的作者、著名历史学家多米尼克·列文等基于帝国的成长规律，从历史的长时段视角出发，对此早有预测外，美国学术界对苏联的解体大多十分茫然。美国研究俄苏问题的专家也是如此。科尔顿教授在1991年9月还在哈佛大学开设了一门课程——"苏联政治的活力"。但正在他向学生们传授苏联体制的超稳定性并强调这一体制的活力时，存续了73年的苏联（含苏俄）一夜之间红旗坠地。

1　Daniel Orlovsky, "Judging the Past, Charting the Future: On Aquariums and Fish Soup," *Beyond Soviet Studies*, p.8.
2　王绍光：《"接轨"还是"拿来"：政治学本土化的思考》，载苏力、陈春声主编《中国人文社会科学三十年》，第318页。

科尔顿教授自嘲说，"结束课程讲解后，苏联就不复存在了，这显然很滑稽"。

苏联的崩溃毫无疑问带来了美国俄苏问题研究的危机。按照科尔顿的论述，这场危机从以下几个层面可以感知。

首先，苏联研究在美国政府和美国大学眼中变得不再特殊，不再受照顾。冷战结束后，俄罗斯迅速进行亲西方的制度改造，进入了与美国和西方关系的蜜月期。冷战的敌人消失了，意味着美国的俄苏研究界再也不能用对敌人研究的重要性来塑造自己的研究身份。

其次，有志于从事苏联研究的学生人数急剧减少。以哈佛大学俄罗斯研究中心为例，其成立伊始开设的苏联政治课程有 60 个学生听课，而到科尔顿 1989 年开设这一课程时已经增加到历史最高纪录 75 人。但在苏联解体后两年的 1993 年，选修和专修这门课程的学生人数降到了 25 人。

再次，苏联研究作为一门完整的学科开始"碎片化"。曾经有近两亿人的大国一朝分裂为 15 个国家，连俄罗斯都没有受到学界的重视，遑论其他苏联的加盟共和国。碎片化的一些国别研究变成了俄罗斯研究的简单衍生品。

最后，上述演变是在美国整个苏联研究人员代际更迭的敏感时刻发生的。当时研究苏联问题的很多学者在苏联解体时已经到了退休的年龄。科尔顿感慨说：

> 我们不知道如何替代他们，也不知道新的一代应该继续研究什么。还有就是对社会科学领域做研究的人来说，实际上我们所研究的对象也处于急剧变化之中，用美国的一句话说，我们在追一个本身在移动的目标，其挑战之大可想而知。[1]

---

1 〔美〕科尔顿：《美国学术界如何理解苏联》。

　　所以苏联解体后的 10 年，基本上是一个美国俄苏研究"失落和反思的十年"。如前文所述，美国学术界曾集中讨论为什么美国的"苏联学"非但没有能够预测到苏联的解体，相反却成了西方意识形态僵化的一个例子。但这一时期也是美国建立"后苏联学"的重要阶段。经过了深刻反思的美国学术界抓住了苏联解体带来的空前机遇，社会科学利用其学科优势迅速主导了对俄苏研究的议程设置，并利用传统学科的理论强势将"让人迷茫、有时显得矛盾重重"的俄罗斯当作各种理论的试验场。作为学术研究的对象，新的俄罗斯本身又提供了一个新的兴奋点。美国学术界当时受到激励，不断研究新的问题，拿出新的模型，设立新的范式，收集新的资料。冷战时期被批评为"套模型"的研究方式，此时因为大量一手资料的获得而具备了证实或证伪的可能，有了用武之地。其中转型理论的发展最为引人关注。到 90 年代末期，美国对俄罗斯和其他东欧国家产生研究兴趣的学生人数，已经恢复到苏联解体前的水平。21 世纪以来，我们可以进一步观察到西方有多少俄罗斯问题的作品问世。最近一段时间围绕新冷战问题的讨论如火如荼，让我们看到了其中的火花四射。就这样，"正常化"而非"特殊化"的"后苏联学"在美国学术界成功复活。

　　值得注意的是，美国俄苏研究的复活，尤其是政治科学，是付出了代价的，即不得不与其他因素结合在一起，纯粹的学术根本不存在。英国学者波波·罗对此批评到，在西方，对于俄罗斯的研究日益以政策为导向。大学、研究机构和智库不断向基金机构、政府、多边组织（欧盟、联合国等）以及企业部门寻求资助。为了获得资金，他们需要展示他们的研究是"意义重大"的工作，而不仅仅是"为了知识而知识"的老套。因此，有关俄罗斯这样充满争议和分歧的议题，往往反映出特定的思想、政治甚至是商业的观点。当今大部分有关俄罗斯的研究都不可避免地更注重提出特定的观点，而不是进行客观的分析。由于过去几年中俄罗斯对内和对外政策的发展，这种趋势得到了强化。[1]

三　作为方法的日本斯拉夫—欧亚研究——一项以北海道大学斯拉夫研究中心为基础的案例分析

如果说美国的俄苏研究是一个"高度政治化"[2]的产物，日本的俄苏研究则提供了另外一种路径选择。作为与俄罗斯隔海相望的东亚大国，日本对俄罗斯、独联体、波罗的海以及中东欧国家在内的斯拉夫—欧亚区域的研究具有相当雄厚的研究实力与国际影响力。根据日本学者木村汎（Hiroshi Kimura）的研究，按从业专家人数计，日本是仅次于美国的斯拉夫—欧亚区域研究大国，超过了英国、加拿大、澳大利亚、德国和法国等传统的俄苏研究大国，更不用说瑞典和芬兰这样的北欧国家。[3]统计数据表明，最新一期的斯拉夫—欧亚研究人员名录共收录了 1529 名日本国内学者，比 2003 年增加了 30 名。[4]与这种积极发展的态势相呼应的是，近年来日本学者在国际俄苏问题研究领域的影响力也在增加，每 5 年召开一次的世界俄罗斯东欧研究国际学会会议将于 2015 年在日本举行，这也是该学会成立以来首次在亚洲召开这样大规模的国际会议。

而北海道大学斯拉夫研究中心则是日本斯拉夫—欧亚区域研究的代表，它不仅是日本国内公认的本领域顶级研究水准的学术机

1　〔英〕波波·罗:《西方俄罗斯研究方法论》，张红译，《俄罗斯研究》2010 年第 3 期。

2　福特基金会一位主管苏联东欧研究领域的项目负责人盖尔（Felice D. Gaer）曾精辟地披露了这种现象及其严重的后果。参见 Felice D. Gaer, "Russian and Soviet Studies in the United States: The University Scene," unpublished memorandum, 1980, p.6; Arnold Buchholz (ed.), *Soviet and East European Studies in the International Framework: Organization, Financing and Political Relevance*, p.29。

3　Hiroshi Kimura, "Slavic Area Studies in Japan: Features and Tasks," in Osamu Ieda (eds.), *Where are Slavic Eurasian Studies Headed in the 21st Century?*, Sapporo: Slavic Research Center, 2005, p.49.

4　『スラブ・ユーラシア研究名簿』（第 7 版）北海道スラブ研究センター、2003;『スラブ・ユーラシア研究名簿』（第 8 版）北海道スラブ研究センター、2006。

构，在国际上也得到了高度认可。调查数据显示，相当一部分日本学者认为该中心的研究已经达到世界一流水平（见图1）。

上述调查表明，如果将共同研究员和其他研究员的数据累计相加，认同斯拉夫中心达到国际一流水准的高达75%，其在日本国内已达到一流水准更是毋庸置疑。本文接下来将以北海道大学斯拉夫研究中心的发展历程和研究取向为例，揭示其组织学术研究的特点、方法，通过介绍其代表作以及今后的发展思路等，看看其可以为中国的俄苏研究提供哪些参照和借鉴。

（一）斯拉夫研究中心前史（1953~1978）

北海道大学的斯拉夫研究机构成立于20世纪50年代。二战前，从日本的总体战略需要出发，斯拉夫问题研究学术机构曾一度被废止，日本国内从事斯拉夫地区研究的学术机构在二战前集体失声。而北海道大学斯拉夫研究机构的成立，标志着在日本高等教育体制框架内的斯拉夫问题研究传统得以重新恢复。

早在1947年，日本北海道帝国大学开始在法律文学部中设立俄罗斯语言文学讲座，这也使其成为日本国立大学中最先设立这类研究设施的学府。这一年，执教于北海道大学的斯拉夫语言学者木村彰一成了该校斯拉夫研究室以及斯拉夫研究机构的奠基人。与其他研究机构较为相似的是，斯拉夫研究机构在其成立之初并没有明确的独立身份。根据外川继男的描述，此时的斯拉夫研究室不但研究人员数量很少，而且并非一个独立组织。该机构之所以能够诞生，主要是因为当时的北海道大学文学部教授木村彰一（斯拉夫研究室主任、斯拉夫研究所首任主任）和同为文学部副教授的鸟山成人（斯拉夫研究所第二任主任）想在该校设置从语言、文学以及历史的角度进行斯拉夫研究的场所。幸运的是，当时的北海道大学校长杉野目晴贞以及法学部教授尾行典男同样希望成立一个集研究人文社会科学各领域于一体的斯拉夫地区研究组织。同时，美国洛克菲勒

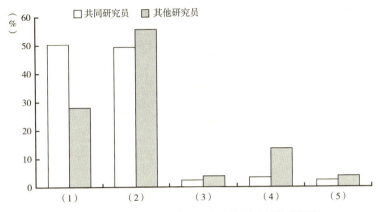

图 1　对北海道大学斯拉夫研究中心活动的整体评价

说明:(1)达到国际一流水准;(2)达到日本国内一流水准;(3)改进后有望达到国内一流水准;(4)不知道;(5)无回答。

资料来源:「スラブ研究センターを研究する」『北海道大学スラブ研究センター点検評価報告書（外部評価）』北海道大学スラブ研究センター、1999、25 頁。

　　财团也非常乐意向日本国立大学中唯一设立俄罗斯文学专业的北海道大学提供成立苏联和东欧研究机构的资助。这三股力量最终催生出了斯拉夫研究中心的前身——斯拉夫研究室。洛克菲勒财团在斯拉夫研究室正式成立前向该研究室捐赠了价值约 500 万日元的图书和文献资料，这也成为后来著名的斯拉夫研究中心丰富藏书的基础。

　　根据笔者对斯拉夫研究中心研究人员的访谈，尽管现存资料并未详细说明北海道大学斯拉夫研究机构的成立背景。但自成立之日起，斯拉夫研究室的功能已经被确定为以下几点，并成为该机构此后 50 多年发展的基本原则。

　　第一，坚持多学科研究理念。斯拉夫研究主要的方向和领域是文学、历史、政治、经济、国际关系等人文社会科学方面。

　　第二，坚持开放原则组建研究团队。换言之，斯拉夫研究中心的成员可以超越北海道大学的范围，面向日本所有高校和从事斯拉夫——欧亚研究的学术机构。

　　第三，坚持从事纯粹的学术性共同研究。也就是说，有意识地不从当时在美国流行的决策角度和战略学角度进行研究，而以学术性为基本导向。

　　1953 年成立之初，斯拉夫研究室的成员主要是大学内外的兼职研究员，既没有固定编制，也没有固定预算，活动经费全部来自日本文部省下拨的科学研究经费。这种状况在 1955 年改制之后并没有明显变化。当时研究室的正式编制为 1 名副教授和 1 名助手，其余均为大学内外的兼职研究员。

　　这一时期的斯拉夫研究室学术活动和研究的组织主要通过以下方式实现：研究室的管理和运转实行首长负责制，主要由主任研究员负责；每年召开两次教授会议，借此对研究设施的运转、组织人事和其他重要事项进行审议。由于无法作为独立的研究机构单独活动，当时斯拉夫研究室不得不在很长一段时间内都附属于北海道大学法学部。

　　借助校内外相关专家的集体力量进行合作研究是斯拉夫研究机构成立之初即开始遵循的基本原则。尽管这一机构当时的规模非常有限，但仍然从政治史、思想文化、经济史的角度出发，完成了一系列非常有意义的共同研究课题：关于俄国和苏联社会中间阶层作用的研究（俄罗斯平民主义，1953~1958）、俄国革命研究（1957~1959、1968~1969）、俄国社会现代化研究（1964~1965）、东欧的联邦主义研究（1965~1966）、俄国和东欧的民族主义问题研究（1970~1973）、苏联社会的变迁和对外关系（1973~1975）。

　　从经费来源看，以上所列课题的研究经费主要出自日本文部省科学研究补助经费。从使用途径看，大部分用于购买必备资料和支付差旅费用。从组织形式看，这些共同研究主要通过研究报告会[1]和

1　每年举行两次，与教授会议同时举行，每次共三天。

1970年开始组建的北海道斯拉夫研究会[1]进行讨论和发表。从成果载体看，各课题的阶段性成果主要刊载于1957年创刊的研究纪要《斯拉夫研究》[2]上。

经过研究人员的努力和日本国内相关人士的帮助，北海道大学斯拉夫研究设施的规模不断扩大，开始逐步完成由虚体化到实体化的转变过程，即由原本的讲座形式转变为研究实体的形式。1957年设立了经济研究方向，1964年设立了历史研究方向，1977年设立了政治研究方向，最终形成了拥有6名专职研究员、1名客座教授和包括法律研究方向在内的6个研究方向的研究机构。望月哲男教授认为，总体而言，当时北海道大学斯拉夫研究机构的规模并不是很大，而且极度缺乏进行持久的合作研究和实地调查以及开展国际交流的经费。无论是从研究人员的数量，还是从所藏资料的规模来看，都远远比不上1964年在东京外国语大学设置的亚非语言文化研究所，以及1965年在京都大学设立的东南亚研究中心等区域研究机构。[3]

造成北海道大学斯拉夫研究机构在各个方面相对落后的主要原因是，当时日本整个社会以及相关领域的专家对该区域的综合性研究和教育的重要性、必要性缺乏足够的认识。同时，在行政上隶属于北海道大学法学部而非独立研究机构的事实，也是妨碍斯拉夫研究机构成长的主要原因之一。为了改善这种局面，1969年，百濑宏设施长（主任）试图将斯拉夫研究机构从北海道大学法学部独立出去，并成立新的"苏联东欧研究中心"，这样就拉开了近10年的"独立运动"的帷幕。在20世纪70年代中期以后，也就是斯拉夫研究机构成立20多年后，经过外川继男和木村汎等历届主任向北海道

---

[1] 该会成员主要是北海道从事斯拉夫—欧亚研究相关领域的专家，基本上每月都举行研究成果的发布和讨论活动。

[2] 1957年创刊的《斯拉夫研究》是一个跨学科的学术杂志，至1983年《外文纪要》创建为止，一直是各种语言的论文混载。这一纪要不仅展示了北海道大学斯拉夫研究中心的历史，而且是日本斯拉夫区域研究变迁的重要资料。

[3] 『スラブ研究センターの40年』北海道スラブ研究センター、1995、5頁。

大学以及文部省的多次呼吁，作为北海道大学校内共同教育研究设施的斯拉夫研究中心终于于 1978 年春成立了。

（二）校内共同教育研究设施时代（1978~1990）

　　新成立的斯拉夫研究中心采取大讲座的方式，从事文化、经济和政治等三个方向的斯拉夫区域研究，编制规模也扩展为 7 名教授、1 名客座教授和 2 名访问学者。为使中心保持高效运转，特别设置了由专职教职员工和校内文科各专业的若干名教师组成的管理委员会。该委员会主要负责人事、预算等与中心管理有关事项的审议工作。虽然此时差旅费等中心经费的数量仍然相对有限，但较之于头 20 年已经有了较大的进步，这也使得该中心具备了一定进行合作研究和海外实地调查研究的基础。1981 年，北海道大学法学部进行了扩建，扩建后的法学楼中有 3 层分配给斯拉夫研究中心进行研究及图书资料的保存，使得中心办公条件明显改善。

　　上述一系列措施大大促进了斯拉夫研究中心的研究活动。这一时期，在保留合作研究、研究报告会、各种交流会、在其他专业期刊发表论文、出版《斯拉夫研究纪要》等传统的研究活动之外，中心增设了以下研究活动：

　　（1）出版《斯拉夫研究中心新闻》（1979 年 3 月创刊，第一年共发行 3 期，随后以季刊形式发行）；

　　（2）出版"斯拉夫研究中心研究报告系列"（1979 年创办，主要刊行研究报告会、各种研究会的报告和讨论集）；

　　（3）出版 Acta Slavica Iaponica（1983 年创刊，系外文年刊）；

　　（4）出版《公开讲座》（1985 年前为试刊，1986 年后每年刊行一次，每次 7~8 讲）；

　　（5）设立"铃川基金奖励研究员制度"（1987 年开始实行，利用铃川正久的捐赠资金资助研究生以上学历的青年学者的访问研究）；

　　（6）签署"学术交流协定"（与巴黎第三新索邦大学国立东洋

语言文化研究所俄罗斯研究中心等五个国家的六个研究机构之间的合作协定);

（7）出版《苏联东欧研究文献目录》（该目录从 1978 到 1989 年每年出版一次，主要收录了《斯拉夫研究》卷目的国内研究文献与信息，1990 年以后建立了数据库）；

（8）出版《书籍杂志信息》（主要收集了从 70 年代以来中心以及国内外的图书杂志和图书馆信息）；

（9）制订"基本图书整备计划"（从 1981 年起按照当时拥有藏书约 55 万册的伊利诺伊大学苏联东欧研究中心的 1/5 的规模，利用特别经费进行基础文献的收集）。

由于访问学者在中心进行长期研究成为可能，这一时期斯拉夫研究中心的研究会议的国际化色彩逐渐增强，特别是从 20 世纪 80 年代后期起得到了日本文部省科学研究经费、国际学术研究经费和驻札幌美国中心的援助之后，这一特征尤为明显。

正是在这一时期，该中心组织的夏季研究报告会多以国际会议的形式举行，一部分成果收录在"斯拉夫研究中心研究报告系列"里，另一部分收录在外文论文集中。

而以午餐交流会的形式进行学术讨论成为这一时期的惯例。中心的休息室里设置了苏联卫星电视的接收装置，利用该设施，中心研究人员一边观看苏联的新闻报道，一边同来访的外国学者就戈尔巴乔夫改革等问题进行深入的学术讨论。

望月哲男教授是日本国内研究俄国文学的"顶梁柱"，他于 1986 年加入北海道大学斯拉夫研究中心。据他回忆，他当时对中心与其他大学文学专业不同的学术氛围深感诧异，这种差别主要体现在以下几点。

第一，国际化程度日益提高，特别是与自己专业不同的外国学者接触的机会非常多，国内外的专家学者共同参与的各类研讨会非常频繁，且大部分研究会不但使用日语，也使用外语进行。

第二，学术批判精神浓厚。在研究会（国内外的学术会议）上，学者们会进行激烈的相互批判。

第三，集体意识和团队意识很强。每周一下午例行的教师会议，有边喝酒边交流的惯例。同时，关于斯拉夫研究中心的预算、人事等管理方面的问题，组织的扩充、研究生院的设想等问题，报告会的日程和研究费的申请，出版物的编辑，以及各种学会信息和海外学者的研究动向、外国学者的接待等与中心有关的一切问题，都经由全体讨论的形式研究解决。"不参与自己专业之外事务的做法在中心行不通"。比如，在访问学者的人选问题上，在从与自己专业不同的 A 教授和 B 博士中选择一位合适的人选时，中心的研究人员被要求根据访问学者提供的申请资料提出自己的意见。由于理念不同，通常下午一点半开始的会议到傍晚七点还没有结束。望月哲男教授说，这可能使刚到来的俄罗斯文学研究者感觉不适应，觉得这简直就是中小企业的业务会议。但是现在日本的大学改革要求大学老师具有跨专业的思考问题的方法，同时具有企业家的创新思想。现在回忆起当时，还是很怀念的。[1]

（三）打造全国核心研究机构的努力

随着斯拉夫研究中心的日益扩大以及在日本国内影响力的逐步提高，其发展目标也做出了相应调整。如果说截至 20 世纪 70 年代的目标是将斯拉夫区域研究确定为一门学科，同时将北海道大学斯拉夫研究机构作为研究载体的话，那么到了 80 年代，加强与日本各专业的斯拉夫研究机构的合作，同时提高中心研究的国际水平，并以斯拉夫研究中心为基础确立全国规模共同研究、共同利用的学术机构，就成为中心孜孜追求的战略目标。

1982 年，伊东孝之担任中心主任期间，斯拉夫研究中心提出了

---

1 『スラブ研究センターの 40 年』6 頁。

建立"苏联东欧研究所"的设想。按照伊东孝之的思路，这一研究所的目标是不仅在日本，还应在东亚及环太平洋地区的斯拉夫区域研究领域发挥领头羊的作用。伊东孝之呼吁，在充实合作研究、各类讨论会和学术会议、共同研究员制度、资料的收集和共同利用等传统的研究活动之外，斯拉夫研究中心应致力于定期进行海外学术调查、青年学者的实地培训、以国内青年学者为对象的夏季讨论会（seminar），并开展研究生教育、国际交流和研究梯队的建设。他认为，"苏联东欧研究所"应成为以文化、政治、经济等三个研究方向为主体，并设置共同利用部门、信息资料部门和事务部（办公室），拥有教授会议及其他管理委员会、专门委员会，总人数达 42 人的大型学术机构。要实现这一宏伟设想，斯拉夫研究中心必须克服研究经费不足和人才不足两大障碍。为解决这些问题，中心在各界支持下采取了以下措施。

第一，推动日本斯拉夫研究现状的调查。在此之前，北海道大学斯拉夫研究机构已经分别于 1957 年及 1975~1976 年进行了两次关于日本的斯拉夫研究的专家问卷调查，并出版了研究者名录。1986 年，中心获得了北海道大学教育研究校内特别经费，利用这一资源又进行了更大规模的问卷调查。通过调查（名称为"对日本的苏联东欧研究的历史、现状和改进措施建议的基本调查"），最终编制了包含研究主题、研究成果、所属学会等信息的 1202 名日本俄苏问题研究专家名录。同时，在这一摸底普查前，外川继男、伊东孝之和长谷川毅等学者已经就日本斯拉夫研究的历史、现状、存在的问题发表了相应的文章进行论述。[1]

---

1 Такаюки Ито, Славяноведениев Японии: история, учрежденияипроблемы, 『スラブ研究』No.25, 1980; Takayuki Ito, "Slavitik und Osteuropa-Kune in Japan," Osteuropa, Vol.33, No.5, 1983; Цугуо Тогава, Славистикав Японии: история, развитиеисегодняшнеесостояние, Обозрение, 1984, No.8; Tsuyoshi Hasegawa, "Soviet Studies in Japan: History, Problems, and Prospects," in Charles E. Morrison and Pushpa Thambipillai (eds.), Soviet Studies in the Asia-Pacific Region, 1986.

第二，推动对国外斯拉夫研究状况的调查。中心研究人员利用自己的留学经历和同外国研究人员在不同场合进行交流的机会，努力了解国外的斯拉夫研究情况。1987年，在日本文部省科学研究经费国际学术研究课题"戈尔巴乔夫改革的影响"和"西欧苏联东欧研究的现状与未来"框架内，木村汎教授组织进行了一次大规模的海外调查，分两次对法国、以色列、比利时、英国、联邦德国、美国等国的共32个从事斯拉夫问题研究和教育的机构进行了访问，并对各个机构的特征和未来发展的空间等问题进行深入调研。此前，斯拉夫研究中心负责文献资料管理的秋月孝子已经对欧美的与斯拉夫研究相关的图书馆进行了实地调查。

第三，推动日本斯拉夫研究的研讨。在进行上述调查的同时，中心还定期举办日本全国各专业的专家出席的关于促进斯拉夫研究的讨论会。1984年7月和1985年2月举行中心研究报告会期间，中心专门组织了题为"我国苏联东欧研究的现状"的学术交流会。与会学者分别对日本的斯拉夫研究与欧美的研究、教育现状进行了比较，并对得出的结论，尤其是对日本斯拉夫区域研究存在的问题进行了广泛而深入的讨论。其后，日本学者又在1987年7月和10月、1988年1月分别于札幌和东京召开了几次关于促进斯拉夫研究的专题讨论会。

在1984年7月的会议上，长谷川毅提出建立一个囊括当前所有学会的组织、促进国际交流、有计划地开展梯队建设、促进图书的统一购买等10项措施。这些提议后来被称为"长谷川毅倡议"，成为1987年一系列研讨会的基础。

需要特别提到的是，1987年10月在神田学士会议馆举行的研讨会上，与会专家提出了各专业学术带头人的"问题意识"问题。比如，气贺健三（苏联东欧学会）、佐藤经明（社会主义经济学会）、山口严（JSSEES）、越村勋（东欧史学会）、和田春树（俄国史研究会）、佐藤纯一（日本俄罗斯文学会）、盐川伸明（苏联史研究会）等就学会组织问题，加藤一夫（国立国会图书馆）、秋月孝子（斯拉夫研究中心）、松田润（斯拉夫研究中心）等就图书馆信息体制问题，藤本和贵夫（大阪大学）、下斗米伸夫（成蹊大学）等就教育问题，川端香男里（东京大学）、竹浪祥一郎（桃山学院大学）等就国际交流问题，提出了各自的意见。研讨会后，与会学者联名起草了两个倡议书——《关于设立斯拉夫区域杂志中心的倡议书》《关于基于日苏文化交流协定的政府留学生交换制度的倡议书》，并提交相关政府部门。

随后，在 1988 年 1 月斯拉夫研究中心举行的研讨会上，伊东孝之提出了设置"日本斯拉夫协会联合会""斯拉夫区域文献中心""斯拉夫区域杂志中心""日本斯拉夫学委员会"，以及开设"国际交流窗口"等措施，作为改善日本斯拉夫区域研究的主要方法。他同时提出，为了实现这些措施，需要强化北海道斯拉夫研究中心的职能，对中心进行根本上的体制改革，使其成为全国性的研究设施。

中心的这些活动得到了日本各界的广泛支持。当然，这也与 20 世纪 80 年代中后期苏联和东欧发生的举世震惊的变化分不开。苏联东欧社会主义国家的改革，扩大了日本一般社会人士和普通学生对斯拉夫区域的关心，同时信息的多元化、实地研究可能性的增加、国际交流的进展、跨学科研究的必要性也迫使斯拉夫研究中心对现行研究体制进行根本变革。

在这一阶段，由于与斯拉夫国家文化学术交流的障碍被打破，信息交流和人员往来得到了加强。与此同时，也逐渐暴露出日本在斯拉夫研究领域的封闭性、资料收集的延时性、研究机构与学会之间交流的缺乏、教育研究的专业与对象区域的不平衡性（即偏好某一地区的研究）等问题。虽然这些问题并非日本所独有，但相对于积极引进苏联东欧地区的专家学者、招收当地学生、大规模进行资料搜集的欧美各国学界而言，日本的研究体制仍然显得较为僵化。在此背景下，在日本建立全国规模的进行研究、信息收集、国际交流和专家培养的研究中心的紧迫性日益突出。

为了改变上述不利状况，从 20 世纪 80 年代中期到 80 年代末，北海道大学斯拉夫研究中心每年都向日本政府提出拨付改制经费的请求，最终于 1990 年 6 月在原晖之出任主任期间，斯拉夫研究中心成为"全国共同利用设施"。

（四）作为全国共同利用设施的斯拉夫研究中心

重组后的斯拉夫研究中心下设地域文化、国际关系、生产环境、社会体制四个方面的研究部门和信息资料部门，以及事务部（办公室），同时还设立了审议组织人事、预算等相关事宜的协议委员会（校内组织）和审议研究各种课题计划的学术委员会（成员包括校外的各界代表）。1993 年在皆川修吾担任主任期间，中心增设了民族环境研究部门，编制增加为 11 名专职教授、3 名客座教授、3 名访问学者、1 名信息资料部副教授、2 名助手、3 名事务部（办公室）成员。1994 年斯拉夫研究中心所在办公楼进行了改、扩建。

利用这次改制，斯拉夫研究中心开展了新的研究活动，加大了国际化方面的投入和努力。其 1990 年同苏联科学院远东分部远东民族历史考古民族学研究所、1991 年同苏联科学院美国与加拿大研究所签订了学术交流协议，约定每年互派学者到对方机构访问。同期该中心还与法国巴黎第三新索邦大学国立东洋语言文化研究所俄罗斯欧亚研究中心延长了于 1983 年 9 月 25 日签署的共同研究协定，与中国社会科学院俄罗斯东欧中亚研究所签署了新的合作协定。[1]

中心非常重视学术研究的考评工作。1991 年起，该中心通过由专职教授和外部评论员组成的专职教授讨论会（seminar）的方式来考查中心研究人员发表的各类论文，并对其相关的学术活动进行考核。这一时期，斯拉夫研究中心成为日本文部省管辖的全国性研究

---

1 『スラブ研究センターの 40 年』153 頁。

组织"文部省所辖及国立大学附属研究所主任会议"的成员。在该组织内部，成立了专门讨论斯拉夫研究中心存在的问题及同其他研究机构进行合作问题的平台。从1993年开始，对中心的研究活动进行综合考核的自我评价体系确立起来，并且每两年发表一次自我评价报告书。

日本的斯拉夫研究现状问题的讨论也在这一时期得到延续。1992年2月冬季报告会期间，在伊东孝之主持下，川端香男里、木户蕙、和田春树和佐藤经明参与的题为"戈尔巴乔夫改革和我国的苏联东欧研究：反思和问题"圆桌会议上，学者们从苏联解体的角度对日本的斯拉夫区域研究史进行了反思。会上，伊东孝之提出了信息系统欠缺等体制问题、长期以来日本存在斯拉夫研究的意识形态问题、研究对象设定的保守主义倾向问题，以及研究方法论的僵化等问题。

1994年，作为斯拉夫研究中心成立40周年纪念活动的一部分，以原晖之为总主编，共8卷的斯拉夫区域研究论文集《"斯拉夫世界"讲座文库》由弘文堂出版发行。共有105名学者参与了该论文集的编撰，这是日本最早的综合介绍斯拉夫区域的文献。

1995年，以皆川修吾为课题负责人的三年重点领域研究项目"斯拉夫—欧亚的变迁：自存与共存的条件"启动。该课题有数十名专家和十余个研究团队参与，主要从政治、经济、文化等各个方面对苏联和东欧各国的现状与历史进行分析。这个综合性的区域合作研究在展示斯拉夫世界现状的同时，也为中心今后的发展和体制改革指明了方向，得到了日本国内学界的高度评价（见图2）。

1995年，中心成为日本文部省"核心研究机构支援项目"的支援对象。从此，中心开始利用"提高研究水平经费""访问学者经费""非常勤研究员经费"等，开展一系列新的研究活动。

中心作为核心研究机构得到日本国内各界的公认。特别是中心举行的国际会议，在主题的选定、报告人的遴选、会议的组织等方面得到了国外与会学者的好评（见图3）。有关情况被刊登在欧美相

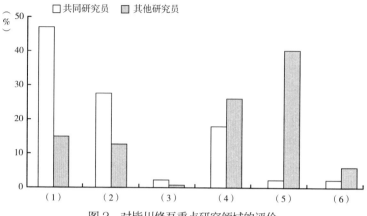

图 2　对皆川修吾重点研究领域的评价

　　说明：(1) 达到国际一流水准；(2) 达到日本国内一流水准；(3) 改进后有望达到国内一流水准；(4) 不知道；(5) 无回答。按，原图如此，不知(6)何意。——编者

　　资料来源：「スラブ研究センターを研究する」『北海道大学スラブ研究センター点検評価報告書（外部評価）』26 頁。

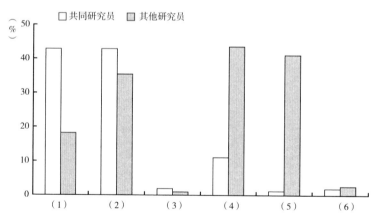

图 3　对斯拉夫研究中心夏季 / 冬季国际会议的评价

　　说明：(1) 达到国际一流水准；(2) 达到日本国内一流水准；(3) 改进后有望达到国内一流水准；(4) 不知道；(5) 无回答。按，原图如此，不知(6)何意。——编者

　　资料来源：「スラブ研究センターを研究する」『北海道大学スラブ研究センター点検評価報告書（外部評価）』26 頁。

应的学术期刊上。

　　尽管如此，斯拉夫研究中心自我评价认为，当时的中心管理与研究活动的方式还没有完全达到理想的状态。尤其是考虑到斯拉夫—欧亚世界幅员辽阔，按照区域的综合研究理念，斯拉夫研究中心研究部门的组成及编制，无论是从专业方面还是从个别的研究对象区域来说，都有一些不尽如人意的地方。

（五）21 世纪以来的斯拉夫研究中心：朝向世界一流的目标

　　21 世纪以来，北海道斯拉夫研究中心进入了一个新的加速发展阶段，不仅进一步巩固了日本国内斯拉夫研究的领先地位，同时逐渐增强了在国际斯拉夫学界的话语权和影响力。

　　从 2000 年开始，中心在北海道大学文学专业框架内进行研究生教育，开设了历史区域文化学专业。2009 年度、2010 年度共有 17 名博士研究生、15 名硕士研究生在读。而且，斯拉夫中心培养的研究生来源非常国际化，除了本国学生外，还有来自俄罗斯、中国、哈萨克斯坦、捷克、韩国、蒙古、新西兰和巴西等国的学生。

　　2003 年，斯拉夫研究中心在日本文部省举行的"21 世纪卓越研究机构计划"（21st Century Center of Excellence Program）的选拔中脱颖而出，获得了该计划 2003~2008 年度的基金资助。斯拉夫研究中心申报的课题可以说是一个非常具有"野心"的研究计划——"斯拉夫欧亚学科体系的构建"（Making a discipline of Slavic Eurasian Studies: Meso-areas and Globalization），其目标设定为"在欧亚地区的区域一体化和全球化的新历史环境下为振兴和推动国际斯拉夫区域研究做出贡献"。

　　2008 年，中心获得了日本文部省新学术领域研究重大课题"欧亚区域大国的比较研究（2008~2012 年度）"项目。这也标志着斯拉夫研究中心研究范围的日益扩大，不再是传统意义上的苏联东欧地区，而是将中国、印度乃至土耳其等大欧亚地区的国家都纳入研究之中，试图运用跨学科的研究方法对后冷战时期的国际格局进行地区层次的剖析，通过该项研究对国际秩序、世界体系等国际关系研究的核心概念，帝国的崩溃和重组，以及民族纠纷、宗教对立等影响全球格局的地区问题提出新的看法。

2009 年，中心再接再厉，主任岩下明裕主持的"边境研究核心机构的养成：斯拉夫—欧亚与世界"研究课题入选日本文部省"全球卓越研究机构项目（GCOE, 2009~2013 年度）"。该课题计划以北海道大学斯拉夫研究中心为基础，组建全国性的边境问题研究学会，进而在国际学术界形成竞争力。

2008 年，松里公孝教授主持的青年学者国际培训计划获得了日本学术振兴项目 2008~2012 年度的资助，打开了日本斯拉夫研究中心一直呼吁的加强日本斯拉夫研究国家化和培养青年学者的构想的新途径。根据日本学者研究，日本的斯拉夫研究尽管在国际化方面取得了不少成就，但仍局限于日本国内层次，其成果在国际学术界的公开展示非常有限，尤其是用英文撰写的一流论文严重不足。[1] 为了解决这一问题，斯拉夫研究中心借助上述计划，每年从日本国内选拔三四名已取得博士学位的青年学者（包括博士后和讲师），赴欧美一流的斯拉夫研究机构——如美国的乔治·华盛顿大学、哈佛大学和英国的牛津大学等访学，加强学术素养。

2009 年 6 月 25 日，斯拉夫研究中心在"全国共同利用设施"的基础上又被认定为共同利用·共同研究机构（2010~2015 年度）。

2010 年，斯拉夫研究中心继续进行体制改革，原先的管理委员会被改组为机构管理委员会和审查委员会，前者作为中心主任的咨询机构，审议中心的共同利用、共同研究的各项活动；后者负责审查中心进行的各种共同利用、共同研究的招投标工作。

1　Hiroshi Kimura, "Slavic Area Studies in Japan: Features and Tasks," in Osamu Ieda (eds.), *Where are Slavic Eurasian Studies Headed in the 21st Century?*, pp.49-51.

整体而言，斯拉夫研究中心正在赢得越来越多的国际认可。2009年2月，该中心组织召开了东亚首届斯拉夫欧亚研究国际会议，来自中、日、韩、俄、美、蒙等国的专家学者齐聚一堂，探讨俄罗斯的振兴及影响问题。同年，日本获得2015年俄罗斯东欧研究国际学会5年举行一次的国际会议的主办权。这也是此类会议首次在亚洲地区举行。

（六）"北海道经验"

北海道大学斯拉夫研究中心的成功给中国的俄苏研究和斯拉夫—欧亚地区研究提供了宝贵经验。

第一，坚持学术绝对优先的原则。斯拉夫研究中心从成立伊始即将此视为一条不可撼动的基本原则。50多年来，正是在这一原则的指引下，斯拉夫研究中心由弱变强，最后成为东亚最佳、具有一定国际影响力的斯拉夫区域研究机构。与此相比，我们国内的斯拉夫研究，尤其是俄苏问题研究，仍带有很强的意识形态倾向，客观性有所不足。

第二，坚持微观研究的原则。斯拉夫研究中心在研究课题的选择上秉承了日本学术界一贯的扎实风格，对于一手资料的占有尤其关注。在进行各项研究时，注重对研究对象的实地调研和田野调查，从而确保了对研究课题的深度把握，不会空洞无力。比如，松里公孝教授在做后苏联空间内的"不被承认的国家"现象的研究时，为加深对阿布哈兹、南奥塞梯、德涅斯特河左岸地区的研究，数次深入当地走访民众、学者和政府官员。这种做法在日本学者中较为普遍。

第三，坚持国际化的发展模式。北海道大学斯拉夫研究中心自20世纪70年代开始就逐步重视国际化，国际学术交流日渐频繁，在海外发表的文章数量也逐渐增加。即便如此，日本学界仍然有着严重的危机感，认为甚至与韩国相比，日本的斯拉夫研究在国际论文的发表指标上仍有差距，并试图改善这一局面。这也是斯拉夫研究中心致力于推动青年学者国际培训计划的重要原因。

第四，坚持跨学科、多语言研究的研究路径。多学科、跨学科和比较研究始终是北海道大学斯拉夫研究中心的主要研究方法，这与华东师范大学俄罗斯研究中心的思路不谋而合。但在多语言的要求方面，我们显然与该中心有较大的落差。斯拉夫研究中心的学者要求至少精通英、俄两种外语，不少青年学者甚至通晓3~4门外语，这也是确保其国际交流无障碍的基础。为提高英语表达和写作水平，该中心每年都组织为期两周的讲习班，聘请外国资深教授讲解英文表达的技巧。在这一方面，中国学术界有必要参照"北海道经验"。

第五，坚持资料优先的原则。斯拉夫研究中心拥有丰富的藏书。截至2009年，约有15.7万册图书、6万份缩微文献、1600种报纸和期刊出版物，其中含有大量有关俄国革命、日俄战争、共产国际问题的珍贵史料，以及以乌克兰语言学为中心的大量斯拉夫文献学的资料等。同时，截至2008年，中心还收藏了5144份西方出版的有关斯拉夫问题的博士学位论文。斯拉夫研究中心对研究资料的重视使得他们的研究不是无根之木、无源之水。这些文献资料也为来自日本各地和世界各地的专家提供了便利，得到了高度评价。

与该中心相比，国内尚没有任何一家学术机构能够拥有如此庞大的研究资源。所以有必要继续增加在这一方面的资金支持，扩大图书资料的占有量，为研究人员提供良好的研究基础条件。

第六，坚持开放性的原则。斯拉夫研究中心所有课题的组织均是通过全日本范围内的专家合作网络实施的，这一方面确保了研究的高效，另一方面也增强了日本斯拉夫研究界的团结，提高该中心的影响力。斯拉夫中心每年为来中心访学的日本学者提供一周左右的费用，供其查阅和使用中心资料。同时，斯拉夫中心坚持严格的考评制度，对考评不合格的人员予以辞退，"有进有出"既增强了机构的活力，也迫使所有研究人员提高自身的竞争力。

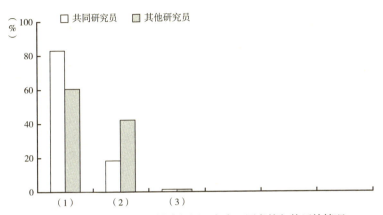

图 4　斯拉夫研究中心资料（报纸 / 杂志 / 图书等）使用的情况
说明：（1）使用过；（2）未使用；（3）无回答。
资料来源：「スラブ研究センターを研究する」『北海道大学スラブ研究センター点検評価報告書（外部評価）』31 頁。

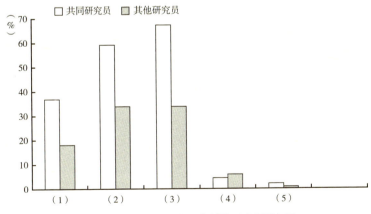

图 5　对斯拉夫研究中心资料使用类别的评价
说明：（1）报纸；（2）杂志；（3）图书文献；（4）其他；（5）无回答。
资料来源：「スラブ研究センターを研究する」『北海道大学スラブ研究センター点検評価報告書（外部評価）』31 頁。

第七，构建强大的辅助班底。斯拉夫研究中心的国际和国内学术交流活动非常频繁，但并不紊乱，这与其配备的强大办公室班底有很大关系。斯拉夫研究中心的办公室人员均能熟练运用英语进行国际交流，而博士后制度以及 GCOE 项目研究员制度的推行，也确保了中心始终有三四名高学历的青年研究人员参与学术活动的组织，极大节省了专职教授的时间与精力，使专职教授可以更加省心省力地开展学术研究。

总体来看，北海道大学斯拉夫研究中心为中国同类型的学术机构提供了宝贵的"北海道经验"，值得我们学习和借鉴。我们需要尽快地提高斯拉夫—欧亚区域研究的水平，争取尽快与国际学术前沿进行同级别的对话。

四　他山之石：中国俄苏研究的范式转换与智识革命

通过前文对中国俄苏研究学术史的梳理，美国苏联学的产生、后苏联学的复活的剖析，以及对亚洲邻国日本的斯拉夫—欧亚学研究经验的总结，我们可以通过比较的视野清晰地看到一个针对某一大国及区域研究的知识体系何以兴何以衰，而最终目的则是试图为中国的俄苏研究发展提供建议。

显而易见的是，冷战结束以后的诸多变化中，除了国家关系的传统研究领域外，文化、文明以及其他范畴已经或正在或行将纳入研究视野。而苏联解体以来各种被发掘出来的政治、经济、人文、社会、宗教、历史、艺术资料，不仅在挑战我们过往的知识、工具和方法，也在丰富着我们此后的视野、理论和领域。因此，在中国俄苏研究的学术转型中，必须要从视野、资料、工具、方法、范式上做出重大变化，逐渐进入前人所未涉足的新领域，以超越前人的治学方法，面对西方发达国家和亚洲周边邻国在俄苏研究问题上的新挑战，开辟出一个崭新的天地。这就是本文所说的范式重构和智识革命，即在全新语境、全新时代背景之下，对俄苏研究从方法到知识提出全面的中国式回应。为此，我们的俄苏研究界首先应该抓住难得的发展机遇，同时在过程中努力克服下文将详细说明的几组张力阻碍。

（一）"退出苏联"的宏大背景

中国前驻俄罗斯大使李凤林先生不久前撰文提出改革开放后建设中国特色社会主义的进程是一个"去苏联化"的进程。[1] 沈志华教授与左凤荣教授联合为《中国改革》撰写的文章也强调了这一观点，认为中国的改革就是去苏联模式化，即革除苏联社会主义模式的弊端。[2] 这个观点无疑很有道理，但还有加以补充的空间。实际上中国在中苏冲突过程中已经逐渐和苏联模式拉开了距离——不仅仅是相互关系上。国外学者曾有论述，中国改革开放之所以成功，一个重要原因是中国的计划经济没有像苏联那样牢不可破。[3] 而中国改革开放以来的进程则很难用"去苏联化"来简单地加以概括，这其中包含有更加丰富、更加深刻的内容。用冯绍雷教授的话说，"这是一个千年文明古国在全球化的崭新条件下不光是重获生机，而且是重新立足于世界先进民族之林的过程；这是一个包括马克思主义在内的人类先进文明在中国这样复杂背景之下的大国得以具体化为革新体制的伟大创新过程；这也是一个国内体制变迁与外部国际环境互相激励、互相影响之下的一个互动的学习进步过程"。[4]

---

1 李凤林：《告诉你一个真实的苏联——读〈苏联真相——对 101 个重要问题的思考〉》，《探索与争鸣》2010 年第 11 期。

2 沈志华、左凤荣：《改革即去苏联化》，《中国改革》2011 年第 1~2 期。

3 比 如 Susan L. Shirk, *The Political Logic of Economic Reform in China*, Berkeley: University of California Press, 1993. 另一位美国学者弗朗茨・舒曼则早在 20 世纪 60 年代就撰写专著论证了中国和苏联政治体制的差异，尤其是有关毛泽东时代摆脱苏联计划经济模式的论证较为精彩。关于这部分内容可参见甘阳《通三统》，三联书店，2007，第 23~36 页。

4 2008 年在申请教育部"学习宣传贯彻党的十七大精神和纪念改革开放三十周年"理论研究课题委托项目"中国改革与原社会主义国家改革的比较研究"时，冯绍雷教授对该课题学术意义的修改定稿中的相关表述。

　　当然，"改革即去苏联化"的观点有一点是很值得肯定的，即它点出了中国 1978 年以来日益明确的"退出苏联"和"进入世界"的两大任务。美国普林斯顿大学教授罗兹曼曾撰文指出，20世纪 80 年代中国的俄苏研究界并未否认苏联是社会主义国家，甚至中国的改革仍然希望从中汲取养分。[1] 前述赵常庆先生关于中国俄苏研究期刊的情况介绍中也披露了当时中国高层对于学术界提供苏联各领域改革相关信息的期盼，这样从反面证明了"退出苏联"至少在 80 年代中期前还没有成为一个定论。苏联模式的某些内容我们在批判，但同时在改革中我们也是摸着石头过河，以苏联等社会主义国家经济改革为参照拟定中国的改革开放议程。所以，中国在真正意义上参与全球化，接触现代性，进而开始融入世界的过程是在 90 年代苏联解体、东欧剧变之后。借助经济全球化的大潮，中国至少在经济上迅速地成为世界经济体系的重要成员。与此同时，中国的政治话语和学术研究也快速地完成了"退出苏联"的书写，尽管现在还有一些痕迹，但已经不甚浓厚了。但同时要注意的是，我们似应避免将中苏关系和中俄关系史进行"格式化"论述：从最初的"以俄为师"，到"兄弟之邦"，再到谁是正统的"社会主义"之争，最后到冷战结束后的中国优越论，以至于近来出现了所谓俄罗斯"以华为师"之说。这种模式化叙事的背后，是一种所谓中国"超越"俄罗斯的缺乏根据的乐观主义和某种程度的自大主义的表现，忽视了俄罗斯发展的独立人格。也因为如此，这就自然而然地产生了一个"重新认识"俄苏问题的基本智识系统和心智结构的需求。因为我们以往对于俄苏问题的很多看法，以及根据这些看法而形成的种种对策思路，可能有相当一部分需要重新检讨。有的观点、看法甚至已经固化，比如

1　参见 Gilbert Rozman, *The Chinese Debate about Soviet Socialism, 1978-1985*, Princeton University Press, 1987。

在相当长时期内"俄罗斯不行了"的论断非常流行，但事实上未必正确乃至根本就是错误的。[1]

由于中国在很大程度上，包括自改革开放以来，实际上被"世界"体系外在化，所以中国人"加入世界"的愿望分外迫切，相关的争论和建言不绝于耳，这可能也是一个中国学术界在整体上日益"退出苏联"的非常特殊的学术氛围。尤其是在中国连续三十多年快速发展的背景下，中国国内的话语环境很大程度上不是是否崛起的思辨，而是已经转换到如何应对国际社会对中国崛起的反应。[2]在这种走向世界的进程中，中国显然更迫切地需要得到国际社会的承认，更希望东方文化的复兴。与这种中国"进入世界"的渴望相伴生的是外部世界对中国的排斥和畏惧。这一语境实际上也在很大程度上限制了我们的俄苏研究，使得很多研究伴随着对俄苏问题一厢情愿的或过度的诠释。

今天中国俄苏研究所要关注的问题，和20世纪初期中国学术界所面对的，在本质上并无太大区别，都要求关心下列几个问题。一是世界学术潮流如何？二是中国在此学术潮流中的位置如何？三是在弄清世界文化发展阶段和现代思潮的走向，并将中国智识与世界潮流进行对比的前提下，探寻一种合适的方式将中国纳入现代世界思潮之轨，并逐渐使其融入世界文化。[3]

1 笔者自2003年起开始使用常喆、卢冠霖、陈扬等笔名为《环球时报》等媒体撰写评论或深度分析类文章，当时遇到的一个极为困惑的问题就是要不厌其烦地向责任编辑解释，俄罗斯的实际情况并没有他们所想象的那样糟糕。2003年笔者开始使用"重新崛起"描述当时的俄罗斯发展态势，但这种立场至少彼时在媒体看来多少有些"难以想象"，当时主流的描述仍然是磨难重重的"颓势"俄罗斯形象。事实是，俄罗斯变了，而且当时在以惊人的速度继续变化着，但我们由于本国经济的快速发展而对俄罗斯的变化表现出一种无知乃至偏见。
2 时下对于"中国模式""和平崛起"的各种讨论已经不绝于耳，相关的评论、论文和著作可谓汗牛充栋。
3 相关表述见傅斯年《〈新潮〉发刊旨趣书》，《新潮》第1卷第1号，1919年，第1页；罗志田《近代读书人的思想世界与治学取向》，北京大学出版社，2009，第86页。

（二）中国俄苏研究范式转换和智识革命的战略机遇

尽管中国俄苏研究的现状不尽如人意，但我们仍然应该清醒地看到，中国的俄苏研究正在进入一个新的发展机遇期，如果不抓住这次机遇，我们在国际知识界的竞争之中将会非常被动。

这种机遇期首先和中国整个国际问题研究界所面临的机遇一样。经过 20 世纪 80 年代的译述、90 年代的发展、21 世纪在危机感刺激下的追赶，我们确实有平等参与国际对话的可能。

这种机遇期还在于我们可以跳过一些历史的厚重积累，在最近的话题中与西方学者同等竞争。国际体系的转型、欧亚大陆的巨大变迁、俄罗斯自身的变化、中国本身的崛起等都为俄苏问题研究的知识系统变革提供了难得的契机。我们有机会创新，我们有机会迎来一场新的革命，我们只要能够敏锐地发觉冰山的另一面，就有可能建立起中国在国际俄苏问题研究领域的话语体系。

这种机遇期还在于我们的研究对象的特质。新的俄罗斯让人迷茫，有时显得矛盾重重，且往往是非常规的发展。但作为学术研究对象，它本身又提供了一个新的兴奋点。因此，我们完全可以在研究新的问题的过程中，拿出新的模型，设立新的范式。

这种机遇期还在于我们所能获得的信息的极大丰富。科尔顿曾经讲过，美国人一开始做苏联问题研究时，得一个人一个人访谈，冷战期间为了获取丰富的资料，美国政府花了许多经费，动用了许多人力资源。而我们现在处于开放的全球化时代，能够在最短的时间内获得最丰富的资源。各个高校和研究机构都订购了各种数据库，各种分析文章铺天盖地，俄罗斯问题的文章同样多如牛毛。以华东师范大学俄罗斯研究中心为例，其花了相当多的经费购买了两个专业的电子数据库，每年还至少拿出 10 万元人民币购买最新的俄苏问题研究的纸质资料。

这种机遇期还在于我国俄苏问题研究界的代际转化。年青一代的俄罗斯问题研究者在更为宽松的政治环境、更为自由的学术环境、更为广泛的学科背景下不断成长。他们站在前辈巨人的肩上，没有理由不做得更好。

这种机遇期还在于国内俄罗斯研究学科的现状。毋庸讳言，俄国问题研究同其他国别或地区研究相比，或者同其他国际问题研究相比，处于一个相对落后的地位。可能是因为研究的人员少，研究不够深入，俄苏问题才会有无数的题目可做，才有无限的发展空间。[1]

（三）在克服张力过程中实现涅槃

机遇总是垂青于有所准备的人。中国的俄苏研究界仅仅看到这种机遇还不够，更关键的是要克服长期存在且不单单在中国出现的一些张力障碍。

1. 学术 / 政治（问题 / 主义）

中国的俄苏研究当前最重要的一组张力就是学术与政治的关系。其主要表现为把政策价值当作判断俄苏研究的核心的乃至唯一的标准，似乎学术研究唯一的目的就是为决策层出谋划策，以此来显示自己的价值。

应该注意到，中国俄苏研究的体制背景并非这门学问所特有，在国际关系研究的其他领域同样存在，并不是一切问题都由作为个体的学者所造成。[2] 梁启超曾经说过，"泰西之政治，常随学术思想为转移；中国之学术思想，常随政治为转移"。[3] 自20世纪初期以来，这一状况并没有发生根本变化。王逸舟曾经形象地将这种国际关系研究圈的特征称为"基辛格症候"，即"一个国际政治学者的权力

---

1 2008年4月，外交部时任副部长李辉在他的办公室接见了冯绍雷教授和笔者，听取我们汇报俄罗斯研究中心的最新研究进展和未来的设想。他反复强调一点：研究俄罗斯问题具有很大的空间和潜力。

2 王军、但兴悟主编《中国国际关系研究四十年》，第379、384页。

3 梁启超：《论中国学术思想变迁之大势》，《饮冰室合集·文集之七》，转引自罗志田《近代读书人的思想世界与治学取向》，第5页。

背景（或者说与权力的联系渠道）越明显有力，他的思想和学说的影响越大，在学界和政界的地位也越高"。[1]资中筠先生对于这种知识分子参与决策咨询的现象同样有过精妙的论述。

> ……再从高层次上讲，开放以来的美国的"思想库"体制对中国人文和社会科学界影响甚大。这刚好与我国学而优则仕的传统合拍，即使不直接做官，也只有向当政者出谋献策而被采纳的学问才算"有用"……
>
> ……至少有一点，他们的（指美国的"思想库"——引者注）实用的研究也是建立在充分言论自由、多家争鸣的基础上的，方面很广，学派林立，与现行政策相左的论述也可以广为传播，今天不用，明天可能证明其正确。这一条件在中国尚不存在，所以即便在实用层面，"思想库"的作用也变质为与"注六经"差不多。不过在这一风气下也吸引不少士子入彀，正好符合"学而优则仕"的追求，给独立的人文探索留下的空间就更有限了。

李永晶博士在《东方早报·上海书评》上发表的一篇评论中，提出了一个重要的问题，即在中国的"日本研究"中，到底有没有真正意义上的"学术研究"。他指出，至少日本学者认为中国的"日本研究"不具备"学术研究"的性格，它们不过是出于特定功利与现实目的的政治活动。[2]

很明显，这种把政治与学术混为一谈，以政治取向代替学术分析的做法并不仅见于中国的日本研究，它同样阻碍了中国俄苏研究的深入和学理的发展。当然，出现这样的局面绝不仅是学者的问

1　王逸舟：《西方国际政治学：历史与理论》，上海人民出版社，1998，第 294 页。
2　李永晶：《告别"对日工作式"研究》，《东方早报·上海书评》2010 年 10 月 31 日。

题，也因为需求方的引导，久而久之，形成了一种"路径依赖"。[1]
正是改革开放打破了政府力量对社会的直接干预和经济的全面计
划，正是"商品经济"和"市场经济"的隆重登场，正是改革开放
三十余年来的快速发展，进一步强化了"应用型"研究的"路径依
赖"。在这种大环境下，作为学者的我们更要本着实事求是的原则
敢于说真话，而不能随波逐流。我们最迫切的工作可能在于回归学
术性研究。如果说学术研究要为政治服务，那也只有实事求是、从
实际出发、真正反映实际情况和事物本质的研究才是有用的，才符
合国家民族的最高利益。那种"注六经"式的"研究"，不仅没有
什么用处，而且往往会产生误导的作用。现实的需要与政治的正确
性，并非绝对意义上决定学术价值的基本尺度。西方世界的俄苏研
究，无论是冷战期间，抑或是冷战结束后，的确有一部分研究（这
部分研究直接对应于我们定义的"政策解释型"和"政策建议型"
研究）是在意识形态对立的驱动下进行的。但我们不应该忽视，多
数俄苏研究作品还是尽量秉承了韦伯所孜孜以求的"价值中立"原
则。[2]学术和政治之间诚然有着千丝万缕的联系，"价值中立"可能更
多是一种永远无法企及的理想状态，但作为学术人，我们仍然应该
遵循应有的学术底线。或许，可以将对策或战略研究与学术研究区
分开来，但无论如何，都不应该使学术成为政治的从属。

　　比如关于中俄关系处于历史最好时期的论述。这是一种政治性

1　包括俄苏研究在内的国际问题研究不景气，在学术圈内多被归咎于学术界和学者本身的"学
　术文化"，但实际上制度性因素的影响绝不能忽视。可参见唐世平、张洁《中国东南亚研究
　现状：制度化阐释》，《当代亚太》2006 年第 4 期。笔者对二位学者有关制度性因素起到决定
　性作用的论断不完全认同，这样的看法可能忽略了学者独立人格的重要性。确切地说，是学
　界 / 学者与政界 / 政客双方紧密的有意识的互动和中性含义上的互相"利用"造成了当前异
　常复杂的"政－学关系"。
2　这种"以学术为业"的情怀，可能更多是一种理想状态，学者在现实的研究过程中无法真正
　对政治无动于衷。科学家不仅要对得起自己的良心，而且还要以事实为据，做到"知识上的
　诚实"，这大概是韦伯式的"以学术为业"者的底线原则了。参见阎光才《韦伯之后的学术与
　政治》，《读书》2010 年第 10 期。

论述，中俄关系友好是大局，成就是主要的，这些都毋庸置疑。但这种表达不应成为一种学术性证实的命题，更不能将其视为不能挑战的公理，不应该成为一种中俄关系唯一的叙事模式。学问之道在于寻求问题。笔者相信，所有提出问题的学者都是出于对中俄关系的爱护，出于对中俄关系未来继续向好的一种期盼，这恰恰是一种负责任的爱国立场。中俄关系在后冷战时期的成就可以由官方做充分总结，而学者的责任则要求我们对存在的问题做深入分析，否则讳疾忌医，积累的问题可能某一天突然爆发。

比如所谓"'中国机遇论'在上升，'中国威胁论'在下降，机遇大于挑战"等习以为常的表述，其实是罔顾了一个事实，即"中国威胁论"在俄罗斯从来都是很有影响力、很有市场的。笔者在2004~2006年，以两周为一个周期，对俄罗斯媒体上有关中国问题的论述做过统计分析。基本上，只有在两国领导人互访前后较短的时间内，俄罗斯媒体对中国问题的报道较多是正面的，其余时间负面报道最少占30%，最高时可达到70%~80%。至少从媒体以及大众的视野看，"中国威胁论"是一个切实的存在，尽管这可能根本与俄罗斯精英的中国观截然不同。

坦率地讲，中国的苏联和东欧问题研究在20世纪80年代虽不敢说与西方并驾齐驱，但至少是一个相距不远、可彼此平等对话的境况，甚至在某些问题、个别领域还要超出，确实不乏精彩之作。尽管其时的研究目前看来同样具有"奏折化"等特征，但这一代学人追求真理的精神、强烈的问题意识和时代使命感，乃至对所从事研究工作的热情，都是当下所不及的。正因如此，美国学者罗兹曼才会对中国当时的苏联问题研究表示高度的赞扬，认为西方不应忽视这一庞大研究群体的研究成果。[1]

应该认识到，崛起的中国，不能仅仅是财富意义上的成功，更

1　参见 Gilbert Rozman, *The Chinese Debate about Soviet Socialism, 1978-1985*。

应在于思想的健全，[1]文明意义上的发展，[2]同时学术上的贡献也是其中应有之义，即我们也应该与国际学术界共同创造和分享学术上的"公共产品"。尽管只是学术上的研究，但绝不孤立于国家和公众的共同需求。我们的责任在于放弃意识形态或政治立场先行的论述，在不丧失政治伦理底线的前提下，为国家和社会提供一个尽可能客观、尽可能中立、尽可能扎实、尽可能丰富、尽可能多元的实证性的智识供应。这是时代的机遇，也是时代赋予我们的历史责任。中国俄苏研究的未来一定要避免当前整个学术体制的"美国化"，或者准确地说是"伪美国化"倾向，即形式上或皮毛上的美国化，但忽视或无视其创新精神、自由思想的另一面。

2. 学科导向／区域研究导向

在学科导向还是区域研究导向的问题上，西方语境下的俄苏研究同样也有过很多论争，但在苏联解体前，一直是区域研究占据了俄苏研究的主流。尽管这一时期取法于区域研究的"苏联学"成了政治学等形形色色学科理论的跑马场，但两者之间的鸿沟是显而易见的。有意思的是，"苏联学"的创建者和消费者们一方面不断地从各个学科借用种种理论，比如，极权主义模式以及现代理论等就曾在西方的俄苏研究界大行其道，直到今天依然可以从当代西方的俄苏研究作品中看到即便冷战已经结束也未能抹去的深厚痕迹；另一方面，他们又用在地知识将自我与社会科学的各门学科隔离开来。同时，"苏联学"学术共同体的研究成果，也因研究对象的"非西方性"而被遵循学科范式的研究者们视为无用之物而日益边缘化。除了一些共有的概念外，两者似乎"老死不相往来"。

但当柏林墙倒塌、东欧剧变和苏联解体之后，区域研究的取向被抛弃，而学科导向开始占领原属于地区研究的领地。这种格局

---

1 冯绍雷：《强国之道在于思想的健全》，《解放日报》2005 年 8 月 27 日。
2 范昕：《许纪霖论析"富强与文明：现代中国的文明梦"》，《文汇报》2010 年 8 月 23 日。

的出现是美国国内学术论战的结果，主要是针对苏联在一夜之间突然瓦解、冷战骤然结束的大背景。冷战期间建立起来的美国"苏联学"，遵循了典型的区域研究范式，主张多学科的综合研究。其基本要求包括：强化型的当地语言学习；利用本地语言进行深度田野调查（field research）；对在地的历史、观念、物质乃至解释予以近距离的关注；检验、推敲、批判、发展扎根理论（grounded theory）而不仅仅是细节观测；学科的交叉，经常越过社会科学和人文学科的知识边界。[1] 从 20 世纪 40 年代末到 80 年代末，美国花费了大量的时间和精力集中研究最大的对手苏联，以"区域研究"作为主流方法的"苏联学"造就了全世界最庞大的苏联问题研究队伍，也创造出了规模最大的苏联研究作品。但问题在于，这样一支专业的学术队伍竟然没有能够预测到苏联的解体。从此，"苏联学"褪去了"显学"的外套，成了一段被灰尘遮蔽的黯淡历史、一个少人问津的美丽传说。

　　显然，将苏联解体解释为偶然很难令人信服。新的国际国内形势迫使美国俄苏问题研究界寻求新的出路。所以，20 世纪 90 年代以来，美国学界对"苏联学"的既有范式进行了深刻检讨。[2] 其中，方法论的问题又被视为重中之重。正因为如此，苏联解体的一大学术影响就是区域研究在美国逐渐式微，90 年代中期社会科学研究理事会和美国学术团体理事会共同组织的各地区研究委员会甚至终止工作，可以说一直到 2001 年 "9·11 事件"之前美国的区域研究已经逐渐让位于学科研究。有学者总结称，苏联解体对"苏联学"的拥趸们是一个震撼性的打击，对学术界而言，至少产生了两个后果：

1　David L. Szanton, "The Origin, Nature, and Challenges of Area Studies in the United States," in *The Politics of Knowledge: Area Studies and the Disciplines*, Vol.3, http: //files.us.splind er.com/7e7e185d692 01623a24f809208230bc2.pdf.

2　代表性作品包括 Michael Cox (ed.), *Rethinking the Soviet Collapse: Sovietology, the Death of Communism and the New Russia*。

一方面，作为一门职业，它不得不重新解释自己的身份，被迫认清自身的优劣；另一方面，直到 80 年代末期还甚少关注共产主义体制世界的带有学科背景的学者们开始介入新的研究议程，并在一定程度上取代了那些可能花费了平生时间和精力研究这一地区和这一制度的研究者。[1]

美国哈佛大学戴维斯研究中心前主任、肯尼迪政府管理学院院长科尔顿 2009 年 9 月 27 日在华东师范大学讲演时曾明确表示区域研究被学科研究所挤压是一个巨大的挑战：

> ……现在人们普遍认为，社会科学领域，不论是政治学、社会学、还是经济学，单纯了解一个国家不是一条好路子。这样一些新派学者认为有数学模型，有量化指标，用这些东西来研究就够了，没有必要亲自去研究对象国家采访调查，学习他们的语言。这种观点不奇怪，在美国比其他任何国家更加普遍，很多人有这个观点。这个观点是错的，我们要加以回应。[2]

我们承认，"后苏联学"的理论范式显然是基于西方的知识谱系，而且往往将苏联和俄罗斯视为一种欠发达的类型，以此对俄（苏）进行种种指责。这种立场最大的问题在于，要用某种理论范式去解释俄苏的历史或现实，总会产生一种削足适履的效果。任何理论都有其假设、前提，都有其适用性，而非具有普遍性，因为其解释力总会相对有限，必然有不足。在研究和揭示各种现象时，绝不能奉行理论先行的做法，这很可能会造成很大的误解，从而使得所研究的对象与研究结果之间出现想象的鸿沟。

即便如此，也得承认美国学者对于具有普遍解释力的理论诉

1　Ron Hill, "Social Science, 'Slavistics' and Post-Soviet Studies," in Michael Cox (ed.), *Rethinking the Soviet Collapse: Sovietology, the Death of Communism and the New Russia*, p.203.

2　〔美〕科尔顿：《美国学术界如何理解俄罗斯现象》。

求，其错误可能就在于世界上并不存在一个具有普遍解释力的理论。但中国的问题不在于套模型，而可能在于如爱德华·汤普森所说的"理论的贫困"。[1]中国的俄苏研究似乎非常抗拒理论，而理论的重要性其实是不言而喻的。如同挪威国际关系理论史学家托布约尔·克努成所指出的，学术从业者与其他议论、阅读和撰写国际政治的人的区别在于以下两点：一是"方法"，学者用方法论为自己压舱，在面对问题的时候能够获得特定科学技术哲学和学术规范的指导；二是"理论"，从事国际关系研究的学者能自觉地沿着一条前人已经走过几个世纪的道路来探究战争、财富、权力和和平问题。[2]

　　于是，我们可以观察到，中国与国外俄苏研究同行的对话似乎有点像聋人之间的对话（且不说这种对话目前依然很少）。[3]法国历史学家布罗代尔就曾这样描述历史学家和社会学家之间的互动。[4]实际上中国学者与外国同行的对话可能比布罗代尔所说的一般意义上的聋人对话还要严重。布罗代尔所强调的是，不同的学科拥有各自的语言、价值、心态和思维方式，并不断被各自的训练进程或"社会化"所强化，并因此而形成了名副其实的"山头主义"，而且相互挑剔对方的缺点。与西方日益重视理论和中国国内的国际关系研究界自20世纪80年代中后期以来所发生的理论转向相比，中国俄苏研究界长期对理论予以漠视，视之为无用之物。资深的中亚问题研究专家赵常庆先生早在80年代中期就撰文透露过中国俄苏研究界轻视理论的风向，他在比对了各专业刊物的研究成果后提出了"一

1　E. P. Thompson, *The Poverty of Theory*, London, 1978.
2　〔挪威〕托布约尔·克努成：《国际关系理论史导论》，余万里、何宗强译，天津人民出版社，2004，第1页。
3　一种更让俄苏研究界感到尴尬的流言是，我们的理论水平如此低下，以至于其他学科都可以跑到国际关系学科来客串，甚至是普罗大众谈起跟俄苏问题相关的话题时，其讨论的水平未必比我们学者低。
4　F. Braudel, "History and Sociology," *On History*, Chicago, 1980, pp.64-82.

个带有普遍性的问题"，即各类论文的理论水平有待提高："很多文章是资料性的或情报性的。有些文章则是内部报告略加扩展形成的，带有明显的内部报告痕迹。努力提高理论水平是形成苏联东欧问题中国学派的关键的一环。"[1] 遗憾的是，这一状况迄今仍未有明显的改善。多数论文仍然保持了一种"回顾—现状—展望"的八股文模式，基础理论研究和实际问题研究的"两张皮"现象仍很突出。

形成这种状况的首要原因在于，中国的俄苏研究在很大程度上并非已经拥有了相对较为发达的学科体系或研究范式，而是仍处于一种较低水平，某种意义上是材料的累积，甚至连中长期的问题导向都算不上。康奈尔大学历史系教授陈兼曾指出，中国理应在国际冷战史研究中占有一席之地，并形成自己的特色。但正是因为问题意识的缺乏，导致西方学术界认为中国学者只有材料可以参考。这类似于萨义德所说的，东方的学者在他的老伴——欧洲或美国的东方学家——眼中，永远只能充当一个"本地信息提供者"。此外，需求方的引导也起到了推波助澜的作用，学者适应其要求，久而久之，遂形成新八股。

当然，本文所说的理论并不是一种简单的套用，即依靠一种现成的理论模型去解释俄罗斯的历史或现实，也不是单纯地借用从其他社会科学领域借来的概念或方法，做一种工具主义式的应用，而是立足于俄罗斯事实，以政治学或其他学科为背景，对俄苏历史或现实问题进行的深入研究。在某种程度上甚至要对既往的理论进行校正，要提出属于俄苏研究的特殊范畴、概念等。

在笔者看来，单纯强调学科导向和单纯强调地区研究导向都失之偏颇。前者往往沉溺于概念和理论框架的争辩，沉溺于构建高度抽象的模型，而对于需要得到解释的复杂的行为模式或事件却无法

1　赵常庆：《苏联东欧问题国内期刊述评》，《苏联东欧问题》1986 年第 3 期。

提供真正的洞察。后者则显示出"对社会科学理论怀有敌意"，对于发展和运用超越特定时间和空间的理论和陈述不感兴趣，且缺乏概念上的先进细致和方法上的严格精密。[1] 以跨学科研究为特征的区域和国别研究，因为未能预测苏联解体就被学术界抛弃，这是否明智呢？只有经世应用之道才有用吗？其实苏联的解体并不意味着过往所有的研究知识都出了问题，不能一棍子打死。现在美国的俄苏研究专家散见于各学科，是否就意味着他们的研究有了学科知识的支撑，就更具解释力和前瞻性了呢？其实以理论为预设去探讨俄苏问题，必然只是一种单面镜子的观察，不能深入其内部；且各种理论都有假设、前提，西方学科的理论应用到俄罗斯身上往往并不一定适合，所谓"橘生淮北则为枳"也。应该承认，是实践成就了理论，而非理论可以用来解释一切。从这个意义上讲，中国的俄苏研究面临的学科建设任务非常艰巨。一种理想的状况是，既要有理论知识，又要有在地知识，还要将二者完美地结合，包括语言、历史、宗教、文化等各种背景知识。

3. 宏观研究 / 微观研究

由宏观研究和微观研究引发的张力，其实质是复杂性和简单性的分野。复杂性和简单性之间的张力古已有之。简单性一般在两种意义上加以使用，一是在本体论意义上的，认为事物都是由简单的东西构成，因而可以根据构成要素描述整体系统；二是认识论意义上的，认为可以运用尽可能少的概念、公式等构成的理论，对客观世界进行统一的描述。亚里士多德很早就提出了类似的要求，他认为"最精确的学术是那些特重基本原理的学术；而所包含原理愈少

---

1 Mark Tessler, Jodi Nachtwey and Anne Banda, "Introduction: The Area Studies Controversy," in Mark Tessler (ed.), *Area Studies and Social Science*, Bloomington: Indiana University Press, 1999，转引自任晓《本土知识的全球意义——论地区研究与 21 世纪中国社会科学的追求》，《北京大学学报》(哲学社会科学版) 2008 年第 5 期。

的学术又比那些包含更多附加原理的学术更精确"。[1] 但到了 20 世纪后半叶，自然科学的发展开始经历了从简单性向复杂性的转变。人们越来越倾向于认为，自然界没有简单的事物，只有被简化的事物。自然科学的这种转向也影响到了社会科学。国际关系理论研究界也正在越来越重视国际系统、国际格局乃至一组组国家间关系的复杂性问题。[2] 美国学者杰维斯依据国际关系史中的一些案例详细论证了国际系统的复杂性问题。[3] 杰维斯强调，在分析系统的过程中，希望能够在美国社会科学中架设桥梁或者避免进行大的划分，比如在宏观和微观之间，在聚焦行为体和检查结构之间，在研究个体和检查更大的单元和整体之间。[4] 杰维斯通过自己的著作，对美国社会科学界多数人或明或暗地支持方法论上的个体主义进行了批判。但值得注意的是，杰维斯本人是在对个体行为有着精深研究造诣的基础上，进行更复杂的系统效应的研究的，其复杂性包含在简单性之中。

事实上，国际学术界对俄苏的研究已经步入了，或很久之前就步入了微观研究阶段，或者说在大战略等宏观研究的背景下，更多侧重于对俄苏问题的局部细节剖析，并且取得了相当的进展。中国的俄苏研究就目前的文献看，更偏向于从宏观层次上去理解俄苏，是一种系统性的研究法。一种显而易见的弊病是，我们往往忽视了俄苏历史或现实问题的复杂性，这使得相关作品往往充满了简单判

1　亚里士多德:《形而上学》，吴寿彭译，商务印书馆，1959，第 4 页。
2　Neil E. Harrison (ed.), *Complexity in World Politics: Concepts and Methods of a New Paradigm,* New York: State University of New York Press, 2006; Robert M. Cutler, "Complexity Science and Knowledge-Creation in International Relations Theory, Institutional and Infrastructural Resources," *Encyclopedia of Life Support Systems*, Oxford: EOLSS Publishers for UNESCO, 2002.
3　Robert Jervis, *System Effects: Complexity in Political and Social Life*, Princeton: Princeton University Press, 1997.
4　〔美〕罗伯特·杰维斯:《系统效应：政治与社会生活中的复杂性》，李少军、杨少华、官志雄译，上海人民出版社，2008，第 v 页。

断，好似烟囱和电线杆那样笔直，而不像有主干有枝叶的大树。[1]

　　中国学人擅长宏观研究是有历史传统的，我们喜欢抓住主要矛盾，抓住最核心的东西，这是我们的长处所在。但这种宏观把握能力并非所有人都具备。要从千头万绪的现象之中抽出最本质的东西，可能只有部分学者具备这种深厚的功底，而大多数学者力有不逮。这种注意大面的做法的缺点在于，由于在具体操作上中国俄苏学界的研究没有能够深入进去，没有能够做到像杰维斯那种立足于简单性基础之上去研究复杂性，由此我们的认识支离破碎，甚至可能忽视了历史和现实问题的细节，只能看到俄罗斯的表层，只能展示出俄苏真实面貌的轮廓，而无法在真正意义上摸清其细部。这尽管有其正面的意义，但时代发展到今天，这种粗放式的研究方法已经绝不能再作为中国俄苏研究的唯一度量衡。

　　中国的俄苏研究亟须融入国际斯拉夫—欧亚研究界。以目前这种大而化之的研究路径，必然会出现在各种国际学术会议上各说各话，甚至互相听不懂的尴尬局面。一条可能的路径是，中国学者将自身熟悉的或者具有传统优势的宏观研究，与西方学术界通行的微观研究更紧密地结合起来，使我们的宏观研究不是无源之水、无本之木。我们不能在中国学派的旗帜下回避学习国外俄苏研究的长处。为了中国俄苏研究的整体推进，我们可能需要在相当长时期内以更加积极的姿态深入、系统地学习国外的俄苏研究成果。无可争议的是，西方俄苏研究在全球范围的俄苏研究知识体系中占据了绝对的强势地位。我们不能忽视或无视这种情况，既不要妄自菲薄，也要迎头赶上。

　　4. 功利实用／基础研究

　　这一张力实际上是第一组张力，即学术与政治之间张力的伴

1　此处借用了罗志田对于中国史学研究忽视历史丰富性和史料有限性的批评。参见罗志田《近代读书人的思想世界与治学取向》，第 26 页。

生物。中国的俄苏研究，史学作品相对好一些，而对于当代俄罗斯问题的研究则具有非常明显的时尚性和功利性，即什么时髦研究什么。这种时尚化的研究必然导致浅尝辄止。一些命题从诞生之日起就声势熏天，但真正有价值的研究却相当鲜见。过一段时间，一个新的热点产生了，研究者再一次一哄而上，开始扎堆研究某一热门课题，而原先的那个问题就慢慢演变为一个冷门话题，难以引起学界的跟踪和关注。

造成中国俄苏研究困境的原因之一，正是这种非常功利的实用主义态度。一批又一批学人前赴后继地进行各种政策解释型研究和政策建议型研究，没有深入俄苏问题的灵魂深处。实际上每一个西方"苏联学"的训练者都经历过一个艰苦的学习研究对象国的语言、历史、文化、艺术、法律、宗教等各方面知识的过程。一位西方学者在回忆自己作为苏联问题的研究生的经历时曾经反躬自问：为什么要学习这些无关的科目？为什么不能直接投入对作为研究客体的区域的相关研究？当他后来接受了政治学的专业训练后，再度从事苏联东欧问题研究，他又提出了类似的问题：为什么不能直接从事对苏联政治的研究，而要花费大量的精力去研究俄国史、俄苏文学、俄国艺术、经济、地理以及其他科目？[1]

这个问题对于中国的俄苏问题研究界而言有着重要的意义。其背后隐含着一个根本性的问题，即如果没有上述诸如历史、地理、文化等所谓"其他"方面的背景知识，我们会不会出现对俄苏问题的曲解？换言之，这些背景性知识是不是我们通往俄苏政治或其他本质性问题的一座必要的桥梁，由此使得我们在这些基础性问题上花费再多的时间也是值得的？

基础的意义在这里得到凸显。假如我们对于俄苏的基本知识结

---

1 Frederic J. Fleron (ed.), *Communist Studies and the Social Sciences: Essays on Methodology and Empirical Theory*, p.vii.

构从一开始就没有搞扎实，我们怎么能够保证自己对俄苏问题的研究结论是可靠的呢？

比如说，关于普京对俄罗斯部分战略资源实现"重新国有化"的解读，历史学家派普斯等美国学者马上从俄国历史上的"产权观念"缺失角度入手批评普京当局。中国国内一些评论和分析也会对这种"去私有化"或"逆私有化"的过程给出一种"纠正叶利钦时代私有化政策"的定位。问题在于，我们可能忽视了在"国有化"进程的同时，普京政府每年始终不断加大对国有企业的"私有化"。国内学术界多没有计算在 18 家俄罗斯特大型公司中，真正意义上的国有或国家控股企业只有 3 家；更没有从"私有产权"背后隐藏的俄罗斯经济组织制度的历史渊源进行深入的分析。实际上，与西方通过"买-卖"关系构建交换运行的市场经济不同，俄罗斯历史上更常见的经济组织方式是基于"缴纳-分配"原则的。如果对这些基础性问题进行更为深入的研究，我们可能在解释当代俄罗斯以及其他俄苏问题时能更有说服力。

从构建中国俄苏研究知识结构的需求出发，对俄苏经典文献的译介以及对俄罗斯文化、文明模式的研究已经日益迫切。国内部分学者已经开了好头，但需要更大的投入。这种研究可能短期内不会有资政上的功能，也不会直接和国家发展的需求关联，但对于我们把握俄罗斯问题的实质有着重要的意义。对于俄苏的经典作家、重要的思潮和流派，应当像我们研究孔子一样，不绝如缕，一代又一代地积累，形成传统，并且每一代都有所推进。这才能为中国的俄苏研究提供坚实的基础。

5. 感性 / 理性

一个很重要的问题是，俄苏问题研究常常会受到情绪的左右，或者说很难摆脱从业者个人的好恶感情，也常常受制于现实中的国家立场。俄苏研究的特殊之处在于，中国人素来有一种特殊的俄罗斯情结，这是一代代中国人挥之不去的迷思。尤其是最近一个世纪以来，这种情结对于中国对俄国的认知，对于中俄关系，对于中国所构建的外部世界图景有着重大的影响。

中国已经习惯用俄罗斯作为一面反观自身的镜子，习惯于将其作为中国所需要寻找的外部思想文化的源泉。五四时期，俄被认为是能帮助中国脱离帝国主义压迫的正义之国。从 20 世纪 30 年代起，俄是能从精神上正确指导中国抗日的盟国。1949 年以后是中国可资借鉴的成功实践马克思主义的最佳样板和最值得信赖的盟国。20 世纪 60 年代起它又成了蜕化变质的修正主义和社会帝国主义。20 世纪 80 年代以后，俄不再是值得中国仿效的国家了。[1]

更为重要的是，20 世纪 90 年代以后，中国精英们对俄罗斯的审视同样成了国内政治话语的争夺对象并日益意识形态化。一方面，这是中国政治合法性的度量工具。一部分知识分子把俄国看作建设中国特色社会主义路线政治合法性的最大来源之一，俄转型的阶段性失败则成了中国渐进式改革最好的反面教材；自由主义倾向的知识分子则对俄政治生态的保守性和某种程度上的向历史回归持尖锐的批评态度，并以此从侧面说明中国进行政治改革的重要性。另一方面，三十年改革开放的结果，是中国社会各界受西方智识的影响越来越大，西方构建的"俄罗斯形象"对中国的俄国认知起了很大的作用。中国俄苏问题研究中的"无意识的意识形态化"，构成了中国近二十年来对俄认知的宏大叙事背景。

有意思的是，这种对俄的正反感情纠葛似乎是全世界俄苏研究者的一个共同特质。科尔顿曾将美国的中国问题研究专家和俄苏问题研究专家对各自研究客体的态度做了精彩的表述。他承认研究一个国家往往会使研究者对所研究的对象国怀有感情，之所以有汉学家对中国产生强烈的好感，是因为"美中关系密切，美国当时有很

---

[1] 参阅林精华《俄罗斯问题的中国表述——关于 20 世纪中国对苏俄认知的研究》，《俄罗斯研究》2009 年第 5 期。

多传教士在中国，有跨太平洋的贸易"。余英时先生在为 20 世纪最
具影响力的西方汉学家费正清博士最后一本书《中国新史》的台湾
译本作序时也提到这种研究中的感情因素，正好可以作为科尔顿先
生观点的补充。余先生强调："一般而言，美国的中国研究者解释中
共的兴起与发展都或多或少带上一层理想主义与浪漫主义的色彩。"[1]
科尔顿的理解是，俄苏问题研究者不存在类似的强烈感情。

　　　　因为在研究的起步时，许多研究者采访的对象是移民或难
　　民，或者这些人的后代（美国哈佛大学最早设立了关于对苏
　　联社会制度的研究项目，由于无法到苏联实地调查，只能采
　　访那些曾经在苏联居住后来出走的难民或者移民，包括去奥
　　地利、德国的原苏联公民——引者注），而这些人在苏联曾经
　　有过艰难的遭遇。通过这样的研究所获得的信息是有偏向的。
　　所以，在我们的领域中，相当常见的是，很多人并没有对苏
　　联或俄罗斯怀有特别热烈的好感。
　　　　在 50 年代以后的一段时间内，美国兴盛麦卡锡主义，此
　　时苏联问题专家受到监控。如果流露出对苏联的感情，会受到
　　处罚。
　　　　另外，比较复杂的是，对于美国的俄罗斯研究而言，没有
　　很多俄罗斯人在美国进行游说。但是亚美尼亚、乌克兰人、华
　　人等会有游说。没有俄罗斯人的游说，很容易使得美国的俄罗
　　斯研究和俄罗斯政策走入另外一个极端。
　　　　如果在这个研究中，要体现出一些正面的感觉，人们往
　　往会这样想，我把政权和社会分开，所以我可能不喜欢这样的
　　政权，但是对于这个社会还是抱有一定同情心的。对于政权的
　　话，也可以有更深的理解：一方面，你可以说这个政权有过集

---

1 〔美〕费正清：《中国新史》，薛绚译，正中书局，1995，余英时序。

中营，但是另一方面，它也战胜过希特勒等。总之，要看在政权研究方面采取什么样的观点。[1]

　　早在 20 世纪 80 年代，即有中国学者注意到中国的俄苏研究在某种程度上类同于日本的中国问题研究这一现象。

　　　　由于日本同中国有着悠久而密切的关系，切身利益太多，"学生""先生"几经变化，因而日本学者在研究中国问题时往往难于超脱，其间参杂了不少个人感情，故而大褒大贬、大扬大抑。远在大洋彼岸的美国人则不象日本人囿于各种成见，其对中国的研究也客观、公允得多。……中苏两国乃咫尺近邻，山水相连，中苏关系史上有过血与火的刀光剑影，也有过诗与歌的宁静和平，有过同一战壕的并肩作战，也有过互不相让的反目成仇。中苏交往史的这些恩恩怨怨，不可能不深深地影响着甚至是亲身经历了这些变故的研究者的思维方式，恐怕也难"相逢一笑泯恩仇"。于是，感情色彩代替了理性判断，自我中心的主观估价代替了客观公正、言之有据的经济评价。[2]

　　通过上述对比，我们可以清楚地看到，中国的俄苏研究者所表现出来的，的的确确是心理学上所说的"正反感情并存症"，加上中苏关系史上的复杂情况，尤其是涉及领土等的历史记忆和感情纠葛，我们一方面习惯于为俄罗斯的一些政策辩护，另一方面又对俄罗斯的行为过度诠释。有学者指出："由于历史的原因，从某种程度上说，苏联问题就是中国问题，或者说，如何看待苏联向来是中国政治的一部分。多年来，在中国无论苏联问题还是中苏关系问

──────────

1 〔美〕科尔顿:《美国学术界如何理解俄罗斯现象》。
2 王跃生:《走出摇篮——读〈今日苏联〉谈当今的苏联研究》,《读书》1989 年第 9 期, 第 102 页。

题的研究，由于各种错综复杂的原因受政治影响很大，没能还原历史的真实面目，在某种程度上是扭曲的，到现在还没有完全纠正过来。很多涉及苏联及中苏关系的问题，广大群众受传统宣传的影响很大，在认识上存在很大偏颇。"[1] 这也是近年来以沈志华为代表的一代研究者致力于通过档案还原历史的动力所在。显然，中俄现在各有各的历史记忆，不同的历史记忆和立场始终会影响我们对俄苏问题的研究，当上述意识、立场和感情内在地渗入研究者的思考之中时，如何超越这种过多的非理性因素和非学术因素的干扰，已经成为摆在我们面前的一个难题。

结语　中国俄苏研究的再出发

笔者认为，中国的俄苏研究完全有可能，而且理应成熟起来，从一个国外俄苏研究的"消费领域"（依赖外来概念和理论）转变为一个"生产领域"（有能力生产出独创的分析框架并有助于启发其他领域学者的研究）。中东欧地区的社会科学研究和其他学科相比，曾经被东西方对立的格局所阻碍，与既往的与西欧同出一源的学术传统形成了"大分裂"。东欧剧变、苏联解体后，中东欧国家政治上以"回归欧洲"为身份指向，社会科学研究同样开始转型，并在学术组织、学科范式、基金扶持等各方面融入欧洲，形成了迅速"赶超"的新局面。[2] 我们完全可以以此为参照，加入追赶国际俄苏研究先进水平的行列，争取在最短的时间内至少实现个别问题、个别范畴、个别领域的突破，进而全方位地与国外同行平等对话。

诚然，西方俄苏研究种种理论范式背后往往隐含着一些"未经

1　吕瑞林、左凤荣：《以实事求是的态度研究苏联问题——〈苏联真相〉首发式暨苏联问题研讨会综述》，《新远见》2011 年第 2 期。

2　Ilona Pálné Kovács and Dagmar Kutsar (eds.), *Internationalisation of Social Sciences in Central and Eastern Europe: The 'catching up'-A Myth or a Strategy*, Routledge, 2010.

明言"的假设，我们对此应有清醒认识，不能动辄奉为神明，不加批判地全盘吸收，而要有所取舍。因为如果这些基本预设本身存在问题的话，在此基础上构建的任何再花哨的理论框架必然是随时可能崩坏的空架子、假把式。[1]特别是，对俄罗斯这样一个特殊的"非西方"文明体，基于西方现实发展起来的某些理论是否还适用，要打一个大大的问号。

笔者的个人感觉是，我们现在的状况甚至还够不上国外俄苏研究的"消费领域"。低水平的重复劳动所形成的大量的成果中，有意义的寥若晨星。换言之，中国的俄苏研究既要用批判的眼光审视自己，也要用批判的眼光观察世界。我们要在批判地吸收外来理论的同时，以自信的姿态积极参与各国俄苏研究学者间的对话，力争以我们自己独特的方式参与国际俄苏研究范式的重构。所以，中国俄苏研究的范式重构和智识革命绝不意味着我们仅仅充当国外俄苏研究的概念、范畴、范式、方法消费者和进口者的角色，我们的最终目标指向应该是将中国的俄苏研究转变为一个"生产领域"。

但我们不得不面对一个现实，即就文化、知识和学术生产而言，中国的俄苏研究和其他国外同行相比仍然处于明显的劣势。事实上，如果参照相关的统计材料，甚至俄国人自身的研究在国际学术界也并非主流，或者说全世界斯拉夫—欧亚研究圈内没有人能够忽视美国和欧洲的学术刊物、研究机构和高等院校的相关情况。此外，即便是中国本土存在一些相当有分量、相当有价值的俄苏研究成品，可能正是因为使用中文出版，才难以得到国外同行的关注。所以，我们这一代学人的任务在于，一方面，我们需要快速地融入西方的俄罗斯—欧亚问题研究学术圈，关注他们的研究成果，学习

1　王绍光：《"接轨"还是"拿来"：政治学本土化的思考》，载苏力、陈春声主编《中国人文社会科学三十年》，第322页。

他们的研究方法；但更重要的是另一方面，即我们需要从中国的立场出发，而非在西方中心主义的惯性下进行俄苏研究，否则就有可能陷入萨义德所描述的"东方学生的东方学困境"，即东方的学生跑到美国投入东方学家的门下，然后回到本土重复美国东方学教条的陈词滥调。

笔者以为，未来中国的新俄苏研究，可能的路径选择大致有以下几种。

一是呈现出某种中国特色、中国风格、中国气派，至少是西方俄苏研究界所不能呈现的对俄苏问题研究的范式；二是与西方学术界保持亦步亦趋的关系，先从模仿做起，逐渐融入、内化到西方的俄苏研究路径上去；三是平衡上述两种取向，既学习西方的特点，也有中国自身的观察；四是就事论事，既不追求与西方同步，也不追求中国的个性。我认为这几个路径之间并非零和关系，而是有可能在不同阶段呈现出不同风貌的。比如说，早期我们可能会进行就事论事的事实研究，然后更多吸纳西方的俄苏研究知识，熟悉之后就有可能在中国与西方的俄苏研究范式和知识谱系之间进行平衡，最终形成具有中国特色的俄苏研究新格局。也可能在同一阶段呈现出每个范式的部分要点，甚至在同一阶段形成相互竞争的格局，这同样有助于中国俄苏研究的未来发展。

在笔者看来，所谓"新俄苏研究"，其特征至少应该包括以下几个方面。

——研究对象的时间结构不再是厚今薄古。对早期俄国、帝俄、苏联以及当代俄罗斯的研究不应该平均分配精力，但不能将绝大部分精力投入所谓的现实问题研究中，要甘于坐冷板凳。

——研究对象的空间结构不能仅仅是俄罗斯当局，应该打破地方、全国、地区的局限而兼容并蓄，形成"从俄罗斯地方看俄罗斯"、"从俄罗斯看俄罗斯"、"从地区看俄罗斯"和"从世界看俄罗斯"齐头并进的格局。

——在知识系统上，当代政治经贸知识与传统的俄罗斯文化文明等相关知识，应该有较为完整的塑造。

——在语言工具方面，对古俄语、当代俄语、俄罗斯境内及其境外原加盟共和国的国家语言，以及英语等，都要运用，不能单一化，要尽可能做到占用各种语种资料，至少要能在汉语、俄语和英语之间相互转换。这对于我们增进对俄苏问题的理解以及积极参与国际对话都有好处。

——在研究方法上，不能依然停留在"前实证"阶段，[1]传统的人文考证方法和社会科学的理论分析，应该相辅相成；应该打破学科细化的樊篱，而不仅仅是做到像马赛克一样将其拼接在一起，要重在学科的交叉融合，做到真正意义上的跨学科研究。同时，应该构造出一个把俄罗斯视为直接对话者，把其他国家的俄苏研究界作为间接对话者的情境，让我们自身成为俄罗斯进程的"不断参与的观察者"。

——在研究旨趣上，不仅要研究与俄国相关的热点问题，也要研究基础命题。不仅要研究宏观问题，也要研究中观和微观命题（微观问题与微观情境，往往因为我们强调政治格局、社会结构、文化模式、思想潮流等，而一向处于容易被边缘化的尴尬境地）。不仅要研究单一的学科领域，还要研究边缘的，或者说"之间"的问题。

——在思维方式上，不仅要有正向思维，更要有逆向思维，要强调反思性研究，对于我们在俄苏研究领域知识谱系中的一些定见、成见、偏见都要做深入的探索，要勇于尝试我们未曾思考过的思想范畴（对边缘、边界与异例的研究，往往可能突破我们自身的学科偏见）。

——在学术追求上，应该将与国际俄苏研究学界的平等对话

---

1 张睿壮：《我国国际关系学科发展存在的若干问题》，《世界经济与政治》2003 年第 5 期。

作为一个中短期目标，长期目标则是提出属于中国立场的问题和概念、范畴，在某些领域达到先进水平。

——在学术组织上，要克服长期以来俄苏研究界潜流涌动的门派意识，打破以地域甚至小到以单位为区隔的画地为牢，砸碎各自的边界和壁垒，以学术共同体的方式促进共同发展、共同进步。对于今天的俄苏学界，孤独的天才和英雄似乎很难独存。

——在学术氛围上，必须构建起健康的、建设性的学术批评意识和环境。必须牢记，批评不是一种居高临下的裁断，也不是一种平复怨恨之心的补偿性行为，应该消除自己的偏爱，不怀成见地投入作品的"世界"。[1]但相较于国内其他学科，包括经济学、文学、法学、社会学、语言学等，"国际关系学界缺少比较充分的学术批评"，[2]这确实是制约俄苏研究进步空间的一个重要因素，理应加以克服。

总之，与我们从事国际关系理论或其他国际问题研究的同事们不同，包括俄苏问题在内的区域和国别问题研究要求我们先在理论和在地知识之间搭建起一个可以使人自如地在二者之间自由来往的桥梁，在不知疲倦地往来过程中还要不断调停二者的固有矛盾，我们的梦想才能在此放飞。所有的有志者都感到从事俄苏研究的难度。我们也不必惊讶于中国的俄苏研究已经处在国际范围内的同类研究的重心之外，承认这个事实意味着中国俄苏研究再出发已经时不我待。通过范式重构以及相应的智识革命，通过国际化、实地化和真正意义上的学科交叉融合研究重新赋予中国俄苏研究活力，它就完全有可能在国际学术的广阔舞台上占据应有的一席之地。这是我们的义不容辞的使命和责任，也是一项非常艰巨的任务。而这本身就孕育着无穷的机遇。尤其是在一个中国日益崛起于世界东方的

1　〔比利时〕乔治·布莱：《批判意识》，郭宏安译，广西师范大学出版社，2002，第4页。
2　王逸舟：《面向新世纪的国际关系理论研究：若干思考与建议》，《世界经济与政治》1999年第4期。

历史关头，发展包括俄苏研究在内的区域研究的战略机遇期正在来临，这主要是因为"国家的兴旺意味着不断扩展的利益，所以需要更多和更好的地区研究"。[1]

原载《俄罗斯研究》2011 年第 1 期

---

[1] 唐世平、张洁、曹筱阳：《中国的地区研究：成就、差距和期待》，《世界经济与政治》2005 年第 11 期。

去俄罗斯化、在地化与国际化：后苏联时期中亚新独立国家个体与集体身份的生成和巩固路径解析[*]

杨 成

导 言

关于国家之命运，尤其是国家构建的各类形式一直为政治学和政治哲学研究者所关注。[1]尽管在

[*] 本文系教育部人文社会科学重点研究基地重大项目"上海合作组织的中长期前景研究"（项目批准号：11JJDGJW011）、"上海合作组织研究"（项目批准号：05JJDGJW039）和国家社科基金一般项目"中俄关系的中长期前景研究"（项目批准号：08BGJ003）的阶段性成果。本文的早期版本曾于2012年6月22日提交给新疆大学－清华大学中亚发展研究中心主办的第一届中亚发展论坛"后危机时代的中亚：转型与建构"。感谢匿名评审专家提出的宝贵修改建议。华东师范大学历史学博士后封帅、国际关系与地区发展研究院硕士研究生孙超等参与了相关讨论，提供了有价值的参考意见，笔者在此一并致谢。

[1] 参见 Каспэ С.И. Центры и иерархии: пространственные метафоры власти и западная политическая форма. М.2007; Ильин М.В.Формула государственности // Полития.2008, No.3。

全球化时代"国家已死"的声音不断出现，但对于国家及国家构建的争论从未停止。尤其是 20 世纪 90 年代东欧剧变与苏联解体催生了一系列新独立国家，更使得以民族 / 国家构建为核心的研究一时成为国际学界的显学。每一个新独立国家都成了理论建构和实证研究的典型案例。中亚五国在此意义上尤为重要。

本文所使用的中亚新独立国家的个体身份与集体身份是一个描述性的概念。其中个体身份指的是从苏联晚期开始萌芽并在苏联解体后的多重转型过程中处于演化状态的民族 / 国家认同，它的首要任务是在意识形态上将中亚各国的主体民族用全新的信念、神话和历史建构成一个现代民族，以利于国家构建过程中的动员。而本文所说的集体身份是指中亚国家对于自身所在地区的认同，即从中亚的"地区性"视角入手，由中亚国家在一个被卡赞斯坦描述为"地区构成的世界"（A World of Regions）[1] 中对其所属地区的忠诚度与凝聚力构成。这种集体身份塑造着成员国的利益预期、政策取向与共同意识，往往体现为因地区组织建立与发展过程中的政治、经济乃至深层次的社会心理和文化方面的相互认可和相互依赖的不断递增而造就的日益固化的特殊归属感。

在笔者看来，研究中亚国家个体与集体身份的形成与巩固必须考虑以下几个时代背景。

第一，20 世纪 90 年代以来中亚新独立国家个体与集体身份的构建与巩固，产生于同此而生的国际范围内的权力转移与体系变迁的时空结构的转换过程中。1990 年前后美苏对峙的两极格局骤然崩

1　Peter J. Katzenstein, *A World of Regions: Asia and Europe in the American Imperium*, Ithaca and London: Cornell University Press, 2005. 中译本参见〔美〕彼得·卡赞斯坦《地区构成的世界：美国帝权中的亚洲和欧洲》，秦亚青、魏玲译，北京大学出版社，2007。

毁无疑是中亚国家民族／国家认同被激发的最重要外部动力之一。[1]
换言之，两极格局的突然终结以及随之而来的新的国际和地区权力
格局，共同为中亚国家新的民族／国家／国际身份的转换准备了全
新的外部环境。自独立伊始，中亚国家就再也不是完全处于莫斯科
庇护之下的微不足道的国际和地区角色。鉴于这些国家所处的至关
重要的地缘政治空间，外部力量蜂拥而至并相互竞合的实际状态也
决定了中亚新独立国家拥有前所未有的博弈地位。[2]苏联解体后，中
亚国家与外部世界隔绝彼此的铁幕和樊篱已被拆除，横亘于过往时
代的冷战意识形态疆界即便不是完全不复存在，也被高度稀释。中
亚五国从此深深嵌入世界政治、经济、社会、文化发展的议程之
中，成为其不可分离的一部分。[3]这种新的历史现实对中亚各国民
族／国家构建及其个体与集体身份产生了显性／隐性的制约。

　　第二，包括中亚国家在内的所有在苏联解体后获得主权的国家
都面临着重新构建民族与国家的迫切任务。这种双重使命规制下的民
族化和现代化双重任务内在地决定了中亚国家身份认同获得的艰巨
性。中亚国家一方面需要重新建构起一个名义上古老，实质上崭新，
既区别于沙俄，又不同于苏联时期民族界定的新的民族与国族，另一
方面还需要使植根于该民族和国族基础上的新独立国家实现现代化。
这种双重性先验地蕴含着一定的内在两难困境，因为民族／国家构建

1　冯绍雷、邢广程等知名学者在近年来的一批文章中强调了欧亚地缘政治、地缘经济格局转换
　　和全球权力转移对各种国际关系行为体内外政策的强烈影响。参见冯绍雷《多重三边关系
　　影响下的中亚地区》，《俄罗斯研究》2009 年第 6 期；冯绍雷《十年后的展望——关于上海
　　合作组织未来定位与空间的思考》，《俄罗斯研究》2011 年第 2 期；邢广程《中亚的利益取
　　向和上海合作组织的发展》，《俄罗斯研究》2009 年第 6 期；波波·罗《俄罗斯、中国及中
　　亚的权力制衡：融合还是竞争？》2009 年第 6 期；Yang Cheng, "The Shanghai Spirit and SCO
　　Mechanisms: Beyond Geopolitics," in Michael Fredholm (ed.), *The Shanghai Cooperation Organization
　　and Eurasian Geopolitics: New Directions, Perspectives, and Challenges*, NIAS Press, 2012。

2　参见杨成《形成中的中亚地区格局：尚存的单极残余、不稳定多极和其他选择》，《俄罗斯研
　　究》2009 年第 6 期。

3　参见 Pauline Jones Luong, *The Transformation of Central Asia: States and Societies from Soviet Rule to
　　Independence*, Cornell University Press, 2004。

的进程在很大程度上依赖的是历史和传统资源，只有在此基础之上才能建立起民族／国家的主体性；而现代化则更强调摆脱传统，学习先进的现代文明，在民族／国家构建过程中找寻到属于自我的现代性。可以说，这种民族构建与国家构建平行进行的双重进程塑造了中亚新独立国家身份认同养成中的矛盾、困惑、变迁与演化。

第三，中亚国家个体与集体身份的生成和巩固的突出背景在于它们是在一个"后现代"和"全球世界"生成的时代建设现代国家。[1] 始于 20 世纪 80 年代以来并于 90 年代加速发展的新一波全球化浪潮同样构成了中亚国家民族／国家构建的重要外部要素。一方面，全球化浪潮在相当程度上消解了国家的边界，这对于新近成为国际关系行为体的中亚国家来说无疑具有挑战性，不利于其民族／国家身份认同的形成与巩固；另一方面，全球化所包含的开放性、国际化、趋同性都不可避免地渗透进中亚国家的国家性格之中，成为中亚国家个体与集体身份构建的力量源泉之一。整体而言，如何应对全球化的冲击，如何协调民族／国家认同与地区乃至全球认同之间的关系等问题，都刺激了中亚国家个体与集体身份的培育进程。

第四，中亚国家个体与集体身份的养成与巩固是与这些国家的多重转型相伴相生的，至今仍处于进行之中。[2] 一方面，外部大国更

1　Бляхер Л. Е., Казима С. А. Центральная Азия: между Тамерланом и Ататюрком. Конструирование национальных государств в эпоху Постмодерна // Полития.2009, No.1. С.94-95.

2　转型依然是一个难以回避的核心命题。在此问题上形成了"转型终结论"和"转型进行时"两种范式。前者如 Boris Z. Rumer《结束转型的中亚》一书认为，中亚各国的系统转型进程（the process of systemic transformation）大部分已经完成，中亚的基本结构从政治到经济已基本建立，在此意义上，转轨阶段（the period of transition）已走向终结（参见 Boris Z. Rumer, *Central Asia at the end of the transition*, M.E.Sharpe, Inc, 2005, pp.3-5）。而"转型进行时"的论点显然有更多的支持者，其基本共识是：中亚各国在转型指标谱系中呈现出很大的差异性，吉尔吉斯斯坦相对在民主转型的道路上走得更远，而其他四国则在制度设计和运行中或多或少掺杂着"威权体制"的要素，国家和当局介入政治、经济、社会生活的痕迹较为明显，乌兹别克斯坦和土库曼斯坦甚至演变为专制体制。作为一个进程，中亚国家远未完成设定的初始任务，今后仍将需要较长时间。笔者认为，中亚国家尽管转型迄今已二十年有余，但各国当下依然处在一种"不稳定"的发展状态之中，各国转型进程仍在持续并具有较大的不确定性。

多关注自身在中亚的存在及本国利益的实现，而较少致力于推动中亚国家的真正转型。[1] 尤其是俄罗斯，作为原先欧亚地区的制度提供者，受制于自身实力和本身作为转型国家的身份，以及由此决定的与中亚各国的国家建设（state-building）处于同一层次的现实，并没有足够资源帮助中亚新独立国家实现"转型"，也不足以提供经验样板。[2] 另一方面，中亚国家囿于苏联制度遗产、部落文化传统等自身的非正式制度的制约，缺乏足够的内生转型动力，其民族/国家构建的进程与其他新独立国家相比更为艰难，始终处于各种内外威胁之中。比如塔吉克斯坦持续数年的内战、费尔干纳盆地的流血冲突、吉尔吉斯斯坦的数次政权更迭、引起广泛国际关注的安集延事件……这些具有强大破坏力的突发事件显然影响了中亚各国个体与集体身份的养成。

此外，中亚发展的不稳定状态和转型的不确定性，与其日益成为新的全球边缘地带的现实密切相关。中亚—里海地区能源丰富，在国际市场需求不断增加的背景下，为相关国家贡献了较多的经济增长，但也因此进一步固化了原材料依附型经济模式和单一化的贸易结构，寻租及与之相伴相生的腐败问题成为"资源诅咒"的显性调整，牵制甚至是绊住了中亚各国转型的制度优化进程。[3]

第五，中亚各国复杂的地缘文明环境在苏联解体之后得以释放，中亚因成为伊斯兰文明、东正教文明、印度文明、中华文明四大文明的交会地带，所以其个体与集体身份的生成和巩固面临着一定意义上的选择困境和整合困境。可以说，处于世界历史发展中的

1　以美国为例，安集延事件之后的美乌关系已经充分展示出，中亚国家的体制类型尽管是美国长期关注的问题，但美更在意的是获取现实的安全和能源等利益。笔者个人的感觉是，西方在话语上强调民主扩展，但在实际的体制嬗递方面更多是顺其自然，而非一味强力推动。

2　Olivier Roy, *The New Central Asia: The Creation of Nations*, New York: New York University Press, p.viii.

3　德国学者对此问题有较为精辟的分析。参见〔德〕J. 库兹涅尔：《哈萨克斯坦国家石油精英及其对能源政策的影响》，孙溯源译，《俄罗斯研究》2012 年第 1 期。

东西方文明交融与竞争的接合部状态，在相当程度上是决定中亚新独立国家的民族与国家命运的基本出发点，是规制其历史进程和发展方向，包括国家身份养成的长程要素。从文明变迁的角度来看，中亚新独立国家在苏联解体后的个体与集体身份构建进程中发生的波折、冲突、混乱与转机，与该地区的地缘文明环境有着千丝万缕的关系。

第六，一般而言，单一国家都是在个体身份已经基本定型的情况下通过参与地区一体化而获得新的集体身份，而中亚遵循的却是另外一种逻辑，即通过"去一体化—再一体化"的方式重新生成后苏联时期的集体身份。

诚然，中亚国家在后苏联时期的转型已经深深嵌入欧亚地区地缘政治和地缘经济转型的大格局中，受到外部大国和外部环境的强烈塑造。[1] 但中亚作为国际和地区事务行为者的主体性已经越发鲜明地呈现出来，这一点不容忽视。[2] 由于中亚国家的转型迄今尚未最终完成，而帝国及其传统在短短二十年的时间内也难以彻底消除，时下的中亚各国无论是在个体还是在集体身份问题上都包含着难以超越和摆脱的多元性，即各种身份认同——前苏维埃主义、苏维埃主义和后苏维埃主义——处于相互交织、彼此杂糅、互相竞争的混沌状态。前苏维埃主义对中亚国家而言是一种历史记忆，苏维埃主义则是一个历史遗产，而后苏维埃主义则是一种历史综合征，体现为新独立国家对自己的民族／国家身份的孜孜以求。[3]

1　参　见 Yang Cheng, "The Shanghai Spirit and SCO Mechanisms: Beyond Geopolitics," in Michael Fredholm (ed.), *The Shanghai Cooperation Organization and Eurasian Geopolitics: New Directions, Perspectives, and Challenges*。

2　参见杨成《形成中的中亚地区格局：尚存的单极残余、不稳定多极和其他选择》，《俄罗斯研究》2009 年第 6 期；杨成《小国主体意识增强 地区价值日益凸显 中亚地区复合权力架构正在形成》，《文汇报》2012 年 10 月 16 日；杨成《"马上叼羊"还是"姑娘追"？中亚维稳须抛弃"大博弈"老调》，《文汇报》2012 年 10 月 16 日。

3　Farkhod Tolipov, "Pre-Soviet, Soviet and Post-Soviet Central Asia: The Case of Uzbekistan," in Suchandana Chatterjee and Anita Sengupta (eds.), *Communities, Institutions and 'Transition' in Post-1991 Eurasia*, Shipra Pubilications, 2011, p.106.

　　苏联解体以来，国际学术界对中亚新独立国家的民族／国家构建问题的讨论已有较为丰富的文献积累，但其路径基本上是描述性的，多未能就各国个体身份和集体身份的生成与巩固方式，尤其是这两种身份之间的相互影响进行深入的研究。而国内研究则更多关注大国博弈议题，较少把中亚国家的个体与集体身份作为研究客体。[1]在这种学术语境下，如同一般意义上的地区与国别研究，由于其通常将现代国家作为分析单位，所以会把本来十分不稳定的国家身份因素视为不变的因素，并将之具体化。[2]本文试图克服这一缺陷，尝试以身份认同作为核心概念，就中亚各国国家（个体）身份和地区（集体）身份的养成问题建立一个初步的分析框架，在具体案例中做一个较为细化的分析。

　　长期以来，有关民族／国家认同问题的研究中，存在着三种不同的范式。一是本质主义的，它认为民族／国家认同是某种自然的、原生性的东西，是历史的自然单位和人类经验的整合性要素，能够以客观标准——如人种、血缘、语言、宗教、风俗、文化、聚居地——来衡量。对于个体而言，这些身份是被直接赋予的基因，无法被否认和改变。二是结构主义的，它认为集体认同是因为不公平的社会结构，剥夺了一群人应有的政治权利、经济资源、文化表现或是社会地位，因而将原本松散的他们凝聚为族群甚至民族。三是建构主义的，它认为民族认同与国家认同并不是人类社会形成时原初的产物，而都是一种历史和社会的建构。其基本假设是：第一，民族／国家是心灵建构出来的，是一种想象的共同体；第二，民族／国家认同是社会认同的一种特殊形式，它由语言和其他象征

1　以《俄罗斯研究》为例，2001 年至 2012 年第 4 期共发文 662 篇，其中部分涉及或专论中亚的文章有 65 篇；以《俄罗斯中亚东欧研究》为例，2001 年至 2012 年第 4 期共发文 1240 篇，其中有关中亚的文章 160 篇。上述刊物发表的中亚研究文章主要的议题集中在大国关系、能源政治、上海合作组织，少量论及中亚的宗教、民族等问题。笔者用"中亚""身份"，以及"中亚""认同"作为关键词在中国知网收录的 CSSCI 期刊中进行检索，结果为 0。

2　〔美〕彼得·卡赞斯坦：《地区构成的世界：美国帝权中的亚洲和欧洲》，第 3 页。

符号系统生产、再生产、转型和解构；第三，民族／国家认同永远
与差异建构、特殊性建构相关；第四，并不存在单一的或唯一的民
族／国家认同，它不是恒定不变的，往往受具体情势的制约而呈现
动态性、脆弱性、不一致性。[1] 从当前的国际学术潮流看，民族／国
家认同的建构特征日益受到学者们的高度重视。本文的研究主要也
是在这一理论范式的指导下进行的。

　　本文框架结构如下：第一部分为导论，介绍选题的学术价值和
研究目的；第二部分在分析政治身份与身份政治的基础上，提出一
个整合的分析国家个体与集体身份的框架，提出"去宗主国（俄罗
斯）化"、"在地化"和"国际化"三位一体的国家身份建构路径；第
三部分从历史教科书的重新书写入手，第四部分从政治空间的变迁
着眼，第五部分从教育改革视角、第六部分以宗教复兴为主线具体
论证中亚五国如何通过"时间－空间－人"的再造建立起本国的个
体身份；第七部分集中讨论中亚地区国家的集体身份；结论部分将
对中亚国家个体与集体身份构建中的问题以及前景予以总结和展望。

　　通过这样的分析，笔者希望国内学术界和决策层能进一步意识
到，中亚国家的主体性在构建中亚各国的个体与集体身份的过程中
正在起着越来越重要的作用，从而更加重视建立坚实的中亚地方性
知识，以期准确把握中亚国家及中亚地区的发展趋势。这甚至在某
种程度上应该成为我们推进新的中亚研究的前提与基础。

一　中亚国家的个体与集体身份：一个整合的理论分析框架

　　身份（identity）原本是一个哲学、心理学概念，是指建立在共

1　此处借鉴了 De Cillia 等人的研究，转引自翁秀琪《集体记忆与认同构塑——以美丽岛事件为
　　例》，《新闻学研究》第 68 期，2001 年。

同体成员相同特性基础之上的区别于他者的共有形象与归属感。[1] 这
是一系列关于自我的观念，其核心问题在于"我或我们是谁""他
或他们是谁"，涉及在一个以他者为参照的背景下如何认识自我并
进而将自我与他者进行严格区分的知识体系。就其影响因素而言，
个体或群体的社会观念、宗教文化、历史记忆、生活习惯等都可以
包含在内。

国际学术界一般意义上的身份政治（identity politics/politics of
identity）传统上与社会运动密切相关。[2] 它最早是指一国内部居于少
数和弱势地位的民族、种族、族群、社群等，因可能受到歧视而致
力于赋予自身特定身份并获得社会认可与包容，进而拥有合法性与
正当性的政治实践过程。[3] 目前这一定义依然有效，但同时其内容更
多地转向了寻求对外在于本属群的其他社会群体对自身差异性的接
受或承认。[4] 这是一个国内政治的范畴，加拿大等国推行的多元文化
主义就是其典型案例。但过于追求某一群体的认同也可能导致社会
撕裂的态势加剧。换言之，身份政治已经成为新的政治客体在诉求
被他者承认其所异以及在不同社会生活领域里新的替代性发展过程
中的自组织机制。身份政治中包含的努力是一项集体和公众行为，
而不是一种个体与私人作为。应该意识到，身份政治实质上是一场
理论和社会政治的，而不仅仅是争取根据利益形成的群体性集合的

1　James M. Baldwin, *Dictionary of Philosophy and Psychology*, Vol.1, New York: The Macmillan Company, 1998, p.504；王彦智：《地区认同与上海合作组织发展论析》，《俄罗斯研究》2007 年第 4 期。

2　身份 / 认同政治的概念产生于 20 世纪六七十年代，最早为研究社会 – 政治变迁时建构主义范式的分析范畴，后来逐渐被其他学科所借用。

3　Политическая идентичность и политика идентичноси: в2т. Т.1: Идентичность как категория политической науки: Словарь терминов и понятий. Отв. ред. И. С. Семененко. М.: Российская политическая энциклопедия (РОССПЭН), 2011, С.162.

4　Engin Isin and Patricia Wood, *Citizenship and Identity*, London: Thousand Oaks, New Delhi: SAGE Publications, 1999, p.14; Roger Coate and Markus Thiel (eds.), *Identity Politics in the Age of Globalization*, Boulder: First Forum Press, 2010, p.2.

抗争；是一场打破往昔的合法性承认和寻求新的合法性甚或是执政权力，而不仅仅是围绕自我表达和自主管理的可能性的斗争。现代政治学中的身份政治主要与国家其他政治进程的主体相关，它是价值导向、民族／国家构建及巩固以及其他类型的政治实践与手段的集合体。这样的身份认同首先是国家和利益集团的相关行为及彼此互动的客体，也是民族／国家发展取向的形成和构建的客体。国家是这一层次的政治认同的关键行为体。在民族／国家框架内它拥有教育、军役等社会化机制和相应的公共政策设计，以便养成特定的身份归属感。在地区框架内则表现为通过各种一体化或去一体化的制度设计并经由实际合作的开展形成一种集体的区域意识。

目前，身份这一概念在政治学领域中已被引申为由此而产生的对共同体的忠诚。从这一意义上讲，国家身份则是一种使一个国家区别于其他国家的一组由特定群体，首先是执政精英予以定义的，在某一时空范围内形成的本国文化等特征与国家地位的本质属性。

一般认为，国家具有两种基本身份。一种就是国家本质上固有的、使国家成为国家而独立于国际体系的内在身份。国家行为体只有一个这样的身份，这就是国家的个体身份；另一种则是形成于国家间互动之中，也就是内生于国际体系之中的、由国家间合作进程及其衍生的共有观念建构而成的社会身份。一个国家可以具有多种社会身份。[1] 当国家的社会身份构建的前提在于认定某一特定地区或特定集体时，这种身份就变成了国家的集体身份。显而易见，无论是国家的个体身份，还是国家的集体身份在本质上都必然是一个相对的概念。如果没有"他者"的存在，国家身份的意义就会消失。正如意大利学者安娜·特里安达菲利多指出的：

> 国家身份还暗指差异性。国家身份的存在预设了"他者"

1　李慧明：《国际关系中的国家身份》，《学术论坛》2007 年第 12 期。

（others）、其他国家和其他个人的存在，他们不属于我们这一
集团，我们集团必须与他们区别开来。也就是说，国家意识
（national consciousness）既包括共性意识，也包括差异性意识。
它既涉及对团体的自我感知，也涉及对国家寻求与其相区别的
他者的感知。这意味着，国家身份本身是无意义的，只有在与
其他国家的对比中才有意义。[1]

笔者认为，国家的个体身份可以经由政治道路等政治范畴、宗
教与语言等社会文化范畴和发达程度等国力范畴予以评估，而国家
的集体身份则主要通过地区边界等空间范畴内的相互依赖加以衡
量。（见表1）

表1　国家个体与集体身份的要素构成

本我与他我（国家的个体身份）				
政治范畴				
体制性质	政治道路	意识形态	政治文化	组织形式
社会文化范畴				
文明	宗教	民族	社会习俗	语言
国力范畴				
规模大小	武力强弱	发达程度	创新能力	国际地位
本我与他我（国家的集体身份）				
空间范畴				
领土	地区	地方	超国家	边界

那么，国家的个体与集体身份作为一种属性到底是如何生成和
巩固的呢？由于国家的个体与集体身份内在地具有双重特性和双重

1　Anna Triandafyllidou, "National Identity and the 'other'," *Ethnic and Racial Studies*, Vol.21, No.4, 1998, p.599；王立新：《在龙的映衬下：对中国的想象与美国国家身份的建构》，《中国社会科学》（英文版）2008年第3期。

功能，它既要求共同体成员内向地产生一种共同体的自我意识，在相同地理环境、相近历史、文化、传统等因素作用下界定谁是共同体的成员；又要求共同体成员外向地识别自己与外部世界的区别，界定谁不属于本共同体。这样一来，一个有意义的内在他者和外在他者的存在就成为必要条件。就经验层面来说，只有当一个国家的绝大部分居民都认同一个民族的主观理念时，不同族群间的冲突才会减少，民族和国家的个体身份才会接近。而且，内在他者和外在他者一般是不同的。在民族/国家构建已经完成的情况下，一个民族国家中个体身份的构建和经营，往往表现为其能否以及如何从一个民族型的国家身份（national identity）转化为公民型的国家身份（civic identity）。著名学者林茨曾经对此做出了明确区分：

> 所谓民族-国家政策，我们是指这么一种政策，国家领导人追求一种罗格斯·布鲁贝克（Rogers Brubaker）所说的"民族化的国家政策"，以提供文化的同质性。这些领导人有意或者无意地发出这么一种信息，国家应该成为民族的和为了民族的国家（of and for the nation）。由此，在他们撰写的宪章以及出台的政策之中，主体民族的语言成为唯一的官方语言，有时候甚至成为国家事务和公立学校教育（可能也包括私立学校）唯一通用的语言，主体民族的宗教享有特别的待遇（即使没有必要被确定为官方宗教），而主体民族的文化象征也往往在所有国家象征（如国旗、国歌，甚至包括某些类型的军用符号），以及所有国家控制的社会化方式，如电台、电视和课本之中，都享有特殊地位。相反，在国家构建过程之中，民主政策是指那些强调更为广泛、更不具有排他性的公民资格的政策，这种政策认为所有公民都具有平等的个体权利。[1]

---

1 〔美〕胡安·J. 林茨、阿尔弗莱德·斯泰潘：《民主转型与巩固的问题：南欧、南美和后共产主义欧洲》，孙龙等译，浙江人民出版社，2008，第25~26页。

　　显而易见的是，苏联解体后，新独立的中亚国家陷入了一场身份危机。对于中亚国家而言，在被迫接受了苏联加盟共和国的"文明离婚"后，各国主体民族的政治主导力量是否有足够的政治远见与政治意志去塑造一种新的国家个体与集体身份，从而适应苏联解体后全新的内外形势，特别是本国社会结构的巨大变动，来凝聚多元分散的社会利益，进而继续保持经济上的整合力和政治上的向心力，是一个关乎民族/国家构建生死存亡的核心命题。相应地，本文语境中的中亚国家个体身份主要是对内层面上的国家对自身特性的一种自我领悟和自我理解，相当于民族/国家认同。它主要是内生的，反映了本国大众在精英的引导下获得、完善、变更或丧失集体认同的过程；而其集体身份等同于地区认同，主要是由中亚五国在彼此的互动交往中，随着相互依赖程度不断加深，被塑造出来的较为稳定的共有观念，且被其他成员理解和认同的国家间关系模式。它是中亚各国基于地理范围对本地区多层面共同体的认同，主要体现在将本国作为地区一员，成为其不可分割整体中的一部分的区域连带身份。换言之，个体身份与集体身份在此意义上形成了密切的互动，即中亚五国自我的个体身份在与其他中亚国家交往过程中不断得到反馈和认同，这种个体身份的成长显著地影响着中亚集体身份的塑造，而集体身份定位的强化也促进了中亚五国个体身份的深层领悟。

　　关键在于，新独立的中亚国家曾经从属于同一个单一制国家——苏联，20世纪60年代以来风起云涌的殖民地独立运动也催生了大规模的新国家。我们可以假定，这些国家和西方学术界侧重探讨的已经完成国家和民族构建并在巩固和深化民主建设的国家，在个体和集体身份的塑造方面有着不同的逻辑。在笔者看来，其区别主要在于以下几点。其一，这些新独立国家的民族/国家构建与国家的个体与集体身份再造是同步进行的。无论是整合国内的各项秩序，还是与外部世界的交往互动，都可能不得不在一个另起炉灶的个体与集体身份基础上展开。其二，由于殖民帝国的大量人口以及其他物质和非物质因素遗留在殖民地，这种千丝万缕的政治、经济、文化联系，使得前宗主国同时扮演了新独立国家的个体与集体身份养成中的内在和外在他者的双重角色。其三，相对于那些已经完成民族／国家构建的主权行为体，相对于霸权国、主导国以及其他中等影响的国家，新独立国家往往属于小国，因而为了在心理上弥补军事、经济等国力方面的劣势，其对于国家威信的自尊心十分敏感，对于外来干涉，特别是侵蚀其"主权"、破坏其"独立"的行为显示出激烈的民族主义倾向。尤其是在那些将执政当局和国家命运等同起来的小国，它们对于主权问题的重视与敏感程度更高。从这一意义上讲，新独立小国对于新的国家个体和集体身份的塑造往往是狂风暴雨式的，以抛弃历史上耻辱的身份为优先方向。

　　因此，这些新独立国家的个体与集体身份构建往往表现为三位一体的集合式路径——"去宗主国化"、"在地化"和"国际化"。其中"去宗主国化"为核心，"在地化"和"国际化"构成一体两面、相互补充的关系。三者在同一个政治场域（或在单个国家或在国家集合）内围绕具体议题密切互动，逐步培养出新的国家个体与集体身份（见图1）。

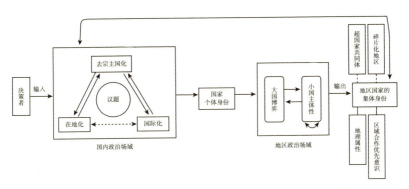

图 1　新独立国家个体与集体身份生成路径

中亚国家的个体与集体身份的生成与巩固正是经过上述"去俄罗斯化"、"在地化"和"国际化"三重路径予以实现的。这三重路径都是中亚各国身份形成必经的方向，它们彼此影响、互相塑造、共生共长；各国的历史记忆、文化传统甚至经济政治基础都与"俄罗斯（苏联）化"有着密切联系，进而注定要首先通过"去俄罗斯化"摆脱历史包袱，借助于"在地化"与"国际化"的重要支持构建中亚国家的个体身份；而"在地化"与"国际化"的推进在强化了中亚国家新的"本我"之后实际上也必然导致它们与前宗主国俄罗斯的相对疏离，使得"去俄罗斯化"进程在一般意义上越发难以逆转。此外，小国主体性的伸展、大国的纷纷介入与中亚权力场的特殊文明交汇点构造出两种身份互相影响的环境，集体身份塑造也需要个体身份在外交和国家互动上的配合。正是如此，三重路径作为一种重要工具得以反映个体与集体身份互动的实质。

下文我们将分议题对中亚国家个体与集体身份生成过程中上述三种路径隐含的内在关联和复杂互动关系进行剖析。我们试图突出的是，中亚新独立国家正是借由"去俄罗斯化"、"在地化"和"国际化"的交互作用实现了时间（历史书写）、空间（城市空间与符号）和人（教育与宗教）的三重重构，并在此进程中塑造了新的国家身份。

二　族史／国史重构与中亚国家的身份认同

建构主义的民族理论认为，民族主义与民族国家都是一种近现代现象，是可以制造与再造的；它并没有表达或反映一种自然的、原始的真实生存；作为现代思想的独特形式，民族主义者的观念不仅鼓动了政治运动，而且塑造了个体和族群的文化身份。[1]民族主

1　〔美〕罗伊德·克雷默：《历史叙事和民族主义的意义》，邱文平译，载陈启能、倪为国主编《历史与当下》第2辑，上海三联书店，2005，第18~19页。

义者制造／再造民族的重要手段之一就是民族历史的重新书写。而认同政治同样存在于指向当下的历史之中。过往在此意义上被依据当下情势和历史书写者的愿望而构建。[1]这样一来，族史／国史的重新书写就化为新独立国家获取新的国家身份的关键路径。很多情况下，新独立国家族史重构框架下的民族叙事往往突出本民族有一个不朽的过去，对于世界文明进程曾经起到不可替代的关键作用，并由此衍生出一个不容争议的命题——该民族势将拥有一个辉煌的未来。这意味着，任何一个新的民族／国家认同的形成离开历史的书写与重新书写都无法进行。

中亚新独立国家的族史／国史重构同样未能脱离上述逻辑的窠臼。这首先是因为中亚新独立国家在民族／国家构建过程中第一步，也是最关键的一步就在于树立"文化自信"，并把这种最初更多是自上而下灌输的"文化自信"内化为一种潜意识的"文化自觉"，在文化传统的脉络中找寻重塑本民族精神家园的新的意识形态体系，从而在巩固主体民族优势地位、弘扬其民族自豪感的同时塑造了新时期的民族／国家身份。

这种族史／国史重构以及其背后的"文化自信"与"文化自觉"的最大牵引力恰恰在于"去俄罗斯化"的书写取向。它与沙俄和苏联的长期统治及其历史叙述有着明显的因果关系。一般来说，殖民者会采取各种措施清除被殖民民族的历史记忆，以此消解某一特定群体的身份认同，使通常居于帝国边陲地带的他们更易被帝国中心所同化。正如霍米·巴巴（Homi Bhabha）所指出的，为了使自身对殖民地的征服行为及在此建立起行政－指令体系合法化，殖民话语的目标是在种族来源基础上将殖民地解释为一个人口退化类型的单元。[2]这样一来，在一种难以言明的非正常逻辑指引下，歪曲、丑

1　参见 Jonathan Friedman, "Myth, History and Political Identity," *Cultural Anthropology*, Vol.7, No.2, 1992, p.207。

2　Homi K. Bhabha, *The Location of Culture*, London: Routledge, 1994, p.70.

化、破坏被殖民者的历史成为殖民政策的重要手段，旨在说服当地民众相信殖民者能为之驱走黑暗、带来光明。[1]

　　苏联官方对包括中亚在内的众多边缘带的加盟共和国主体民族历史的重构显然潜藏着这种近似的逻辑。为了利用历史重构来整合新成立的中亚加盟共和国内部居民，苏联统治者引入了全新的历史话语，集中关注这些共和国主体民族的族源、重大事件和英雄人物，以激发相应的民族自豪感。各种历史读物经过苏联高层的认可后被编纂、生产出来并通过教育体系等渠道派送到中亚，以确保每一个居住在中亚的人能够自孩童时期就熟悉、掌握本民族的历史。问题在于，苏联史学编纂对于包括中亚各主体民族在内的非俄罗斯族的塑造包含着以下几个必备要素：

　　——展示"大俄罗斯人"作为天然领袖和"老大哥"的优越性；

　　——说明俄罗斯族人和非俄罗斯族人之间无论是过去还是当下都没有民族敌对；上述神话将有助于创建新的苏联（俄罗斯）爱国主义；

　　——强调非俄罗斯人不是被占领土，他们是通过联盟（unions）或再联盟（re-unions）的方式加入沙俄或苏联帝国的；

　　——指出这种联盟或再联盟只会带来正面利益或至少是两害相权取其轻（换言之，对中亚国家而言与俄的再联盟要比被大英帝国征服好）；

　　——认为大规模的中央集权是一种正向发展；

　　——强调非俄罗斯族人针对帝国的民族主义煽动行为与渴望和俄罗斯"老大哥"统一的非俄罗斯族人的愿望相悖；

　　——强调非俄罗斯族人无创建独立国家之能力；

1　Franz Fanon, *The Wretched of the Earth*, New York: Grove Press, 1963, pp.210-211.

——强调俄罗斯承担着有益的文明教化使命。[1]

同样，作为一种普遍的反向运动，后苏联国家的精英开始将原统治者长期向自身灌输的难以独立管理本国事务的"金科玉律"抛之脑后，转而试图以"去帝国"的方式重获民族自信，消除在沙俄和苏联统治者压制下生成的一以贯之的自卑心理。[2]因此，后苏联的执政精英往往要求历史学家在族史/国史重构过程中强调原住民在历史上的特殊地位和特殊作用。不如是，则后殖民国家将被动使用前宗主国的历史话语，因而也难以摆脱被殖民者塑造的身份认同。[3]从这一意义上讲，历史记忆的复苏和民族史学的回归意味着作为前帝国"他者"的新的民族/国家身份的新生。[4]可以说，中亚国家重构族史/国史的过程中对于"历史民族"曾经辉煌的书写，在某种意义上，是以一种特殊的姿态反映曾经在苏联治下遭受屈辱的群体的内在尊严。如同安东尼·史密斯所强调的：

> ……现实的耻辱和压迫是尊严的对立面，并且通过解放才能带来尊严，但是压迫、耻辱本身却并不产生对尊严的热望。尊严必须从内部被"重新发现"。由此出现第二种意思：尊严成为被外部缺陷所掩盖的"真正的价值"。民族主义的目标就是找到内在的价值，实现真实自我的尊严。[5]

---

1 L. R. Tillet, *The Great Friendship: Soviet Historians on the Non-Russian Nationalities*, Chapel Hill: University of North Carolina Press, 1969, p.4; Anatole G.Mazour, *Modern Russian Historiography*, London: Greenwood Press, 1975; T. Kuzio, "Hsitory, Memory and Nation Building in the Post-Soviet Colonial Space," *Nationalities Papers*, Vol.20, No.2, 2002, p.275.

2 Rupert Emerson, *From Empire to Nation*, Cambridge, MA: Harvard University Press, 1967, pp.381–382.

3 Partha Chatterjee, *Nationalist Thought and the Colonial World*, Minneapolis: University of Minneapolis Press, 1986, p.37.

4 T. Kuzio, "Identity and Nation Building in Ukraine: Defining the 'Other'," *Ethnicities*, Vol.1, No.3, 2001, pp.343–365.

5 〔英〕安东尼·史密斯：《民族主义：理论、意识形态、历史》第二版，叶江译，上海人民出版社，2011，第32~33页。

　　中亚各国执政当局借此给予受压迫者和被边缘化者以地位和角色反转的政治承诺和现实体认，通过与自己当下的升级状态和对前统治者角色的矮化的比较寻求内在的集体尊严，进而实现并提升了真正的民族自我。此时，昔日的统治者，无论是沙俄还是苏联，都不再是"进步的灯塔"和"文明的传播者"，而曾经被视为"落后土著"的中亚各主体民族摇身一变同样被赋予了"伟大民族"的称号。[1]当然，这种对历史的重新解释和重新主张将会被所有后殖民国家的主体民族所欢迎，尽管同时也可能造成一种少数民族的被背叛感。这样一来，中亚各国在后苏联时期的历史重构的主线就变成了与"去俄罗斯化"相伴相生的"在地化"，即着力加大对于主体民族辉煌历史及其英雄人物的塑造。它隐含着新的历史和地缘政治条件下主体民族的主体性问题，等同于寻找民族和国家身份认同的主要源泉。也正因为如此，中亚国家执政当局在独立伊始就投入了无限的精力与激情于族史／国史的重新书写之上。他们乐此不疲地突出本国人民及其成长史对于人类发展的贡献，与其他民族，尤其是与当下在物质和精神意义上都足够发达而先进的民族相比，足以平分秋色、等量齐观。[2]他们希望通过承续主体民族的传统的象征符号体系来激发国民的凝聚力和创造力，在共同的史诗叙事、共同的祖先信仰、共同的英雄崇拜和表征中寻获本民族安身立命的坚实依据。后苏联时期的中亚各国民族／国家永续存在并可持续发展的合法性、正当性由此产生。事实上，早在苏联晚期，构建一个苏联中

1　参见 Shirin Akiner, "Melting Pot, Salad-Bowl or Cauldron? Manipulation and Mobilization of Ethnic, and Religious Identities in Central Asia," *Ethnic and Racial Studies*, Vol.20, No.2, 1997, pp.362-398。

2　包括中亚在内，所有后苏联国家都在寻找本国以及主体民族"失去的"前帝国时期的历史，以确定其拥有无可争议的黄金年代，进而可以使新独立国家拥有历史的合法性和正当性。参见 Edward Shils, "Nation, Nationality, Nationalism and Civil Society," *Nations and Nationalism*, Vol.1, No.1, 1995, p.100; Thomas H. Eriksen, *Ethnicity and Nationalism: Anthropological Perspectives*, London: Pluto Press, 1993, p.69。

亚加盟共和国主体民族的民族身份的诉求与努力就已经开始了。从这个意义上讲，后苏联时期中亚各国延续了这一思潮，并更为系统地重新表述了民族史、国别史与地区史，以此作为民族/国家构建的重要内容。

我们可以清晰地观察到，在所有中亚国家中，除了哈萨克斯坦情况稍好外，其他各国在族史/国史重构问题上几乎都秉持了民族主义立场，并且多将俄国和俄罗斯人视为不共戴天的外敌。比如，吉尔吉斯斯坦在历史教科书中直接酣畅淋漓地指责了俄罗斯帝国对吉尔吉斯人实施种族灭绝政策的潜在威胁，强调正是出于对种族灭绝的恐惧，吉尔吉斯人不得不放弃自己的祖国而逃亡中国并将这一大规模的逃亡以及期间造成的近 20 万人丧生的历史称为"大慌乱"。[1] 类似的表述在其他几个中亚国家的历史教科书中俯拾皆是。就内容而言，中亚五国在独立后的头十年中，历史重构的重点首先集中在对本国本族历史名人的研究中，一段段面貌不清的过往经由时髦的各类传记及史学作品而变得鲜活起来。比如，哈萨克斯坦出版了杜拉托夫（Mir Jakub Dulatov）[2]、巴依托尔逊诺夫（Ahmed Baitursunov）[3]、阿乌佐夫（Mukhtar Auezov）[4]等人的作品，乌兹别克

1　Данилов А. А., Филиппов А. В. (Ред.). Освещение общей истории России и народов постсоветских стран в школьных учесбниках истории новых независимых госдарств. М., 2009, С.94–96.

2　米尔贾库布·杜拉托夫（哈语 Міржақып Дулатұлы, 1885–1935），哈萨克著名诗人、作家和民族解放运动领袖，被公认为现当代哈萨克文学的先驱。1928 年被苏共以鼓吹哈萨克民族主义的罪名逮捕，最初被判死刑，后处以流放，1935 年 10 月在集中营去世，1988 年获得平反。参见 Tomohiko Uyama, "The Geography of Civilizations: A Spatial Analysis of the Kazakh Intelligentsia's Activities, From the Mid-Nineteenth to the Early Twentieth Century," in Kimitaka Matszato (ed.), *Regions: A Prism to View the Slavic-Eurasian World*, Sapporo: Slavic Research Center, Hokkaido University, 2000, pp.70–99.

3　阿赫梅特·巴依托尔逊诺夫（哈语 Ахмет Байтұрсынұлы, 1872–1937），哈萨克著名突厥学家、语言学家、文学家和国务活动家，1937 年大清洗中被冠以"人民公敌"的称号而遭杀害。

4　穆赫塔尔·阿乌佐夫（哈语 Мұхтар Омарханұлы Әуезов, 1897–1961），哈萨克作家和社会活动家，语言学博士，1946 年获得苏联科学院荣誉院士。阿乌佐夫的成长受到了哈萨克民族诗人阿拜的强烈影响，他花费 15 年时间编撰了多卷本《阿拜之路》，获列宁文学奖。

斯坦对别赫布迪（Behbudi）[1]以及土库曼斯坦对库里（Makhdum Quli Qutub Shah）[2]的研究，等等。

　　新时期哈萨克斯坦历史书写的重要内容，体现在一定程度上对前苏维埃时期（沙俄时期）的游牧民族传统的再造。哈萨克族人被描绘成自由和自豪的牧民，其历史祖国是广袤无边的哈萨克大草原。大量的国家预算被用于普及这一历史传统。2005 年，一部名为"游牧民"的史诗电影在哈萨克斯坦和世界范围内发布。为此，哈萨克政府划拨了 4000 万美元的制作费用，使之成为哈独立以来最昂贵的一部影片。影片将目光投向了遥远的 18 世纪，描述的是一位年轻的牧民如何为统一大玉兹、中玉兹、小玉兹三个互相混战的部落而奋斗的故事。

　　乌兹别克斯坦在苏联解体后同样采取了回归前苏维埃时期身份认同（pre-Soviet identity）的各项举措。众多历史事件和历史人物在正本清源的口号指引下被重新思考、品读、诠释，一系列前苏维埃时期的象征符号被重新启用。首先，苏联官方史学中讳莫如深的帖木儿大帝作为伟大的乌兹别克帝国的开创者被重新发现。新独立国家乌兹别克斯坦的新史学将这位历史人物描述为将欧洲从奥斯曼帝国和将俄国从蒙元帝国的铁蹄中解放出来的大救星。在乌兹别克斯坦的努力下，联合国教科文组织 1996 年在巴黎召开了帖木儿大帝诞辰 660 周年的庆祝活动。欧洲知名政治家，包括法国总统希拉克及其他公众人物出席。乌兹别克历史学家多认为这是整个世界朝着消除对帖木儿大帝错误陈见、还原其在世界历史中真实作用的重要步

1　别赫布迪系马赫穆德·霍加（Mahmud Khoja, 1875—1919）的笔名。他是受过良好教育的宗教领袖穆夫提，是贾迪德运动的精神领袖与理论家，1919 年被布哈拉埃米尔阿里姆汗杀害。

2　马赫杜姆·库里（1565—1611），土库曼著名诗人。苏联著名突厥学家巴托尔德（V.V. Barthold）认为，库里是土库曼人拥有的自己的民族诗人，库里与众不同之处在于他用通俗的语言写作，让所有人都能理解。

骤。[1] 其次，历史记忆，尤其是将乌兹别克人的起源上溯至 13 世纪的沙曼王朝，这不仅是历史学家的兴趣所在，更是一个乌官方极力推动的政治工具。最后，20 世纪初期曾一度风起云涌的贾迪德运动被视为追求突厥斯坦独立与统一的重要象征。很多贾迪德运动的参与者被重新解读为"祖国的伟大儿子"。

族史 / 国史重构也是吉尔吉斯民族 / 国家认同的重要组成部分。在此过程中，吉尔吉斯人被描绘成"英勇、强大、尚武、尊崇财富、充满爱的共同体"，被塑造为一个尽管面临外敌威胁依然捍卫民族团结且崇尚自由和独立的民族。[2] 与此同时，吉尔吉斯人急于找到民族自豪感和荣誉感的承载者，古代口传文学中吉尔吉斯人的无畏战士、英雄玛纳斯由此被塑造为民族之父。一时间，玛纳斯几乎处处可见。货币上、图书中、电影里、歌剧内，甚至是饮料瓶上、香烟盒上都有玛纳斯的形象。这显然是吉尔吉斯当局将玛纳斯渗入吉尔吉斯人民族意识的巨大努力。

原生论是塔吉克斯坦塑造民族 / 国家认同的主要工具。塔执政当局反复强调，塔吉克族不是一个新的民族，而是一个拥有悠久历史的古老民族。为此，塔吉克斯坦重新书写了历史，将当代塔吉克人的族源上溯至公元 9~10 世纪的萨曼王朝。伊斯玛伊尔·索莫尼（Ismail Somoni）被认为是萨曼王朝最具权势的领袖。为了强化索莫尼作为塔吉克斯坦关键历史人物的象征意义，塔吉克斯坦官方将国家货币以其命名，将本国的最高峰用他的名字命名并在全国范围内大兴土木建造他的纪念碑。

土库曼斯坦第一本历史教科书为叶卡耶夫（Oraz Polat Ekayev）

1　Тимур, его роль в судьбах России и Европе, www.centrasia.ru, 17.01.2012; Farkhod Tolipov, "Pre-Soviet, Soviet and Post-Soviet Central Asia: The Case of Uzbekistan," in Suchandana Chatterjee and Anita Sengupta (eds.), *Communities, Institutions and 'Transition' in Post-1991 Eurasia*, Shipra Pubilications, 2011, pp.98−99.

2　T. Koichuiev, "Kyrgyzstan: The Road to the Future," *Eurasian Studies*, Vol.3, No.2, 1996, pp.19−20.

编写的《土库曼斯坦史（10~16 世纪）》，旨在向八年级学生讲授新的族史 / 国史。这本书的最大特点是对土库曼斯坦历史的重新书写，在此过程中该历史时期的所有突厥人的历史都被视为土库曼族史不可分割的一部分。换言之，无论是喀拉汗王朝（Karakhanids）还是奥斯曼帝国（Ottomans）都变成土库曼人建设的国家。在导言中，作者强调土库曼人的历史可分为形成、扩张与被占三个阶段来研究。第一阶段主要讲述国家与部族问题，比如伽色尼王朝（Ghaznevids）、乌古斯土库曼部族（Oghuz Turkmen）及其在塞尔柱王朝（Seljukids）形成中的作用。作者将国际学术界普遍视为松散部落联盟的乌古斯土库曼人描述为伟大的乌古斯土库曼国家，其国民半游牧半定居，而治理方式则为协商。第二阶段讲述了土库曼人向小亚细亚、伊朗、高加索、印度等地扩展的历史，认为土库曼人在发现这些新地区后成立了各种封国并用发现者的名字命名。奥斯曼人即被归为这一类，该书将之称为"奥斯曼土库曼国家"并视之为土库曼人建立的诸多封国之一。第三阶段则陈述了土库曼人因各种原因丧失独立的历史过程。这一部分的主体为外来统治者，对土库曼人的相关描述几不可见。行文至 16 世纪末，作者方又开始将土库曼人重新拉回到历史重构的中心位置，旨在为陈述以希瓦汗国和布哈拉汗国为标志的新国史做铺垫。[1]

由此可见，中亚各国在苏联解体后的历史重构，彰显出民族主义意识支配下的历史编纂中常见的神话学取向，其典型特征如下所述。其一，确认本民族在当下领土疆域内，即便不是自古以来，也是非比寻常的悠久性。此为原生性神话。其二，致力于将当下的种族政治边界投射至可以上溯的历史最深处，竭力扩大本族群历史上迁居之领土，旨在争夺历史土地。此为民族发源地神话。其三，将

1　Isenbike Togan, "Twenty Years After: New Histories Emerging," in Anita Sengupta, Suchandana Chatterjee, and Susmita Bhattacharya (eds.), *Eurasia Twenty Years After*, Maulana Abul Kalam Azad Institute of Asian Studies, Kolkata: Shipra Publications, 2012, pp.56–59.

本民族与固有的特定语言联系起来。如果曾从一种语言过渡到另一种语言，则一般认定是其他族群所为，以免这一事实降低族群的历史地位。此为语言延续神话。其四，认定本族群历史领土上除了自己以外，还生活着其他相近或由自己衍生出的子族群，其后他们迁居他处。本族群在此意义上成为其他族群的"老大哥"，从而获得某些特权并使之自然化、合法化。此为族群家庭神话。其五，将本族群的祖先定位为某一个历史典籍或口述文学作品中为人熟知、享有盛誉的伟人。此为荣耀祖先的神话。其六，强调历史上本族群超越相邻民族的文化（书面的）或政治（国家性）成就，从而事实上实施了文明输出的功能。此为文化传播者神话。其七，夸大历史上本族群的团结程度并有意识地忽视部族－宗族的功能与作用和共同体形成过程中的多样性。此为族群均质性神话。其八，经常构建外部敌人的形象，与之进行的斗争进一步固化了该族群，提高了其团结程度。此为不共戴天的仇敌神话。[1]

实际上，在历史重构方面，"去俄罗斯化"和"在地化"的重要来源是"国际化"带来的新思维。其实，中亚各国对苏联解体后的族史／国史／地区史的重新书写，从学术源头上受到了苏联著名学者巴托尔德的影响，其作品曾以全集形式在 1963~1979 年于莫斯科出版，共 9 卷 10 册（第二卷有两个分册）。巴托尔德留给后人的最大遗产是其对中亚问题的区域研究及由此形成的译注古地理文本和诠释史学两种学术传统，并由此拥有了一批追随者，如米诺尔斯基（V. Minorsky）、布列格尔（Yuri Bregel）、托甘（Zeki Velidi Togan）等。后一种学术传统的影响力远播海外，并被发展为一种基于西方学术理念的方法论，即对地方知识的追求不仅要利用地方性的资

---

1 Шнирельман В.А. Войны памяти. Мифы, идентичность и политика в Закавказье.М., 2003. 转引自 Данилов А. А., Филиппов А. В. (Ред.). Освещение общей истории России и народов постсоветских стран в школьных учебниках истории новых независимых государств. М., 2009. C.15-16。

源，更要放在全球视野内进行。苏联解体后，中亚史学的新趋势开始形成。与苏联时期着重从生产力与生产关系的角度考察中亚历史不同，中亚新史学转而强调民族的自我认同。在这种国际化的学术视野的影响下，中亚研究的主流范式被转换为各国对本国主体民族的特定传统的研究。这种新范式将各类传统放在当下的国土疆域内予以重新解读。乌兹别克斯坦在这方面着力最多。而独立后的第二个十年，中亚国家的族史重构开始将重心从国家转向人民。[1]换言之，如果说头十年的中亚历史重构中的人民，是以某一民族、部族的英雄人物作为代表的，那么这一新传统在第二个十年依旧在延续，但这一时期的中亚史更着重发现普通民众，更在意地方史（Local History），在相当程度上超越了以国界为历史研究边界的简单做法，比如各国对苏菲主义（Sufism）以及对文化认同背景下的社会和政治组织的研究即为明显例证。[2]

三　政治空间的变迁与中亚国家的身份认同

　　苏联解体后，中亚各国空间政治的重构同样构成了其国家身份建设的一个关键内容。这首先与空间本身具备的政治性质紧密相关。正如法国学者亨利·勒菲弗所指出的：

　　　　空间不是一个被意识形态或者政治扭曲了的科学的对象；它一直都是政治性的、战略性的。如果空间的形态相对于内容来说是中立的、公平的，因而也就是"纯粹"形式的、通过一种理性的抽象行为而被抽象化了的，那么，这正是因为这个空

1　Isenbike Togan, "Twenty Years After: New Histories Emerging," in Anita Sengupta, Suchandana Chatterjee, and Susmita Bhattacharya (eds.), *Eurasia Twenty Years After*, pp.53-54.

2　Isenbike Togan, "Twenty Years After: New Histories Emerging," in Anita Sengupta, Suchandana Chatterjee, and Susmita Bhattacharya (eds.), *Eurasia Twenty Years After*, p.55.

间已经被占据了、被管理了，已经是过去的战略的对象了，而人们始终没有发现它的踪迹。以历史性的或者自然性的因素为出发点，人们对空间进行了政治性的加工、塑造。空间是政治性的、意识形态性的。它是一种完全充斥着意识形态的表现。空间的意识形态是存在的。为什么？因为这个似乎是均质性的空间，这个在它的客观性中，在它纯粹的形式中，又显得似乎是由某个政治集团（bloc）造成的空间，就像我们所观察到的那样，是一种社会的产物。[1]

正是城市等空间所具有的政治含义，使得各国政府有意识地利用其中的符号变迁塑造新的身份认同。历史上，新政权登上权力舞台之后，往往会大规模建造或重修旧日的政治空间。新的国家价值等被嫁接到新的空间内，阐明了与旧制度的断裂关系，以保证新的政治性质和新的国家图景得以实现。此时此际，城市等空间表述的核心内容正是有关国家身份的想象。在这一意义上，空间不再是一种静态结构，而是一种动态结构，国家的身份认同在这种看上去变动不居的时空中实现了转型。

政治地理学家阿伦（John Allen）构建了一个新的理论模型，用以解释地点、行为和权力间的复杂关系。他定义了四种基本的权力类型：强制力（coercion）、权威力（authority）、操纵力（manipulation）和诱惑力（seduction）。这几种权力的差异主要在于其达成的方式及跨越实体空间与社会网络的能力强弱。在这四种权力中，强制力最直接，最容易实现在实体空间和社会空间内的穿越；权威力需要客体的顺从，容易在传输过程中逐渐弱化；操纵力，包括故意隐藏动机的行为，可以使人们将特定的安排视为永恒的、自然而然的事实，因而具有较长期的影响力；而诱惑力则往往被用于

1　〔法〕亨利·勒菲弗:《空间与政治》，李春译，上海人民出版社，2008，第46~47页。

研究民族主义问题。[1] 学术界一般倾向于将纪念碑、历史教科书和地图等民族／国家的表征视为诱惑力的一种形式。但另一方面，民族主义运动往往更强调运用强制力和即将到来的权威力塑造民族认同。借用阿伦的空间权力的种类细分，笔者认为，正是上述四种权力形式经由空间塑造着新的民族／国家身份认同。其中，前三种权力往往是施动者外在赋予的，而最后一种则是经由施动者的推动，而被受动者最终接受的内生权力。"去俄罗斯化"被中亚政权利用自身的"权威"而强制执行，直接操控着中亚各国国家身份的积淀和成长；"在地化"以较高速度有序进行，反映了各国执政当局的权威力和操纵议题影响他们的能力；"国际化"则给久处于孤立和隔绝状态下的中亚国家巨大的诱惑力。

经由空间的重新改造构建新的民族／国家身份认同在历史上不乏其例。比如，1789 年法国大革命后，新政府除了另立国民公会，颁布新法令之外，还建造了崭新的广场、建筑物和纪念碑，宣示有别于传统王权的新的共和理想。十月革命后，以列宁为首的布尔什维克政权迅速下令拆除沙皇的雕像，并在圣彼得堡和莫斯科的街道和广场上竖立向马克思、恩格斯等共产主义意识形态的创立者、承载者致敬的纪念碑，创造了与过往坚决断裂的新的政治空间。同样，中国共产党在打败国民党取得政权后，也致力于在全国各地建立全新的政治空间。人民英雄纪念碑的建立、天安门广场的兴建和人民大会堂、北京历史博物馆等富有政治象征意义的建筑物的建造都是其中的重要组成部分。1989 年柏林墙倒塌、东德政权瓦解并被并入西德，新柏林参议院急切地对共产党政权留下烙印的城市进行"消毒"，大量带有共产主义色彩的地理空间被改造。种种案例显示，在民族／国家构建的过程中，以城市为代表的政治空间的重塑

1　Shonin Anacker, "Geographies of Power in Nazarbayev's Astana," *Eurasian Geography and Economics*, Vol.45, No.7, 2004, p.516.

是其中的必有之义。

　　阿斯塔纳作为哈萨克斯坦新首都的诞生和发展，是新独立国家凝聚多民族国家国力之理想政治形态，以及纳扎尔巴耶夫总统致力于推动哈萨克民族／国家身份构建不可或缺的组成部分。尽管所处地区气候恶劣，但阿斯塔纳还是在短短十多年的时间内实现了跨越式发展，一跃成为中亚地区最具现代性的城市之一，在各方面都显示出与独立身份相匹配的特征。[1]这种迅速获得的都城成长固然与其自身独特的政治象征意义相关，但更主要的可能还是与作为新独立国家的哈萨克斯坦在后苏联时期的快速发展密切相关。

　　都市空间以及都市中某些具有象征意义的空间演变成具有综合意义的符号系统这一政治意愿，乃是阿斯塔纳发展的独特之处，这与欧洲历史上诸都城均经过历史性改造方才具备此特点形成了鲜明对照。换言之，阿斯塔纳从成为哈萨克斯坦新首都的时刻就有意识地被赋予了民族－国家空间之表征。正像欧洲诸都城那样，"由一条河流或一条中心轴线穿越的都城往往能够将具有国家历史象征意义之纪念场所集中于其两岸或附近，有利于设计出一条既体现历史纵深感又有市政建设发展恢宏前景的旅游观光必由之路，并由该河流似镜像一般折射出来"。[2]阿斯塔纳正是基于这样一种理念来安排地理空间的，这一新的权力中心所在地四周的街区都呈现出专业化倾向。治国所必需的行政管理机构与大众生活居住的建筑群交相呼应。

　　显然，新首都的市政建设与改造具有明显的国内政治功能，尤其是一批政治纪念性建筑和地标性公共建筑，更是凸显了哈萨

1　Shonin Anacker, "Geographies of Power in Nazarbayev's Astana," *Eurasian Geography and Economics*, Vol.45, No.7, 2004, pp.515–533. 有关哈萨克斯坦迁都及纳扎尔巴耶夫的战略考虑可参见 Natalie Rochelle Koch, The City and the Steppe: Territory, Technologies of Government. And Kazakhstan's New Capital, Ph. D. dissertation, University of Colorado, 2012。

2　〔法〕克里斯托夫·夏尔勒:《19世纪欧洲国家之都城》，载端木美、于格·戴和特主编《时空契阔：中欧学者论集》第2辑，华东师范大学出版社，2012，第49页。

• 324 •　　　　　　　　区域视野下的中亚研究：范式与转向

克斯坦的民族／国家身份意识。于是我们可以观察到，中亚新独立
国家哈萨克斯坦的都城试图模仿其欧亚前辈，而且这也是苏联时
期社会主义建设的惯常做法——广为兴建象征其主体民族文化特
性之纪念性建筑。

　　一个典型的例证是位于阿斯塔纳中心的巴伊杰列克观景塔（见
图 2）。这一新的地标建筑体现了强烈的哈萨克主题，蕴含了当地
"生命树"的传说，由于这个传说中有一个金蛋，于是在这栋建筑
的顶部安放了一个金色的圆球。如今，这已经成为哈萨克斯坦的象
征符号，被广泛用于各种广告和宣传材料中。[1]

　　另一个例证是 2010 年在哈萨克斯坦新首都阿斯塔纳建成开放
的、名为"可汗金帐"（Khan Shatyr）的大型购物中心（见图 3）。
它的外形参照了游牧民族的传统帐篷，被认为体现了与哈萨克历史
上传统游牧民族建筑形式的伟大共鸣。[2]哈萨克斯坦政府为这一标志
性建筑付出了 3 亿美元的建设费用。同样是为了突出哈萨克民族文
化，位于阿斯塔纳的中央音乐厅外形被设计成哈萨克斯坦传统乐器
的样子（见图 4）。

　　另外，阿斯塔纳的建设充分反映了哈萨克斯坦当局民族／国家
构建及城市建设的勃勃雄心，并且由于从一开始就有意识地瞄准了
国际性都市的定位，其开放的形象也正在通过持续的城市规划与发
展向国际舞台传输。比如，哈萨克斯坦利用上海合作组织峰会、亚
信峰会等国际活动的契机不断提高其新首都的国际知名度。正如哈
萨克斯坦总统纳扎尔巴耶夫所描述的那样：

　　　　今天的阿斯塔纳是一个政治精英会晤的知名场所，许多

1　哈萨克斯坦总统战略研究所研究员 Kim Gelman 2012 年 6 月 15 日在韩国汉阳大学以"公共外
　　交与韩国、中亚关系"（Public Diplomacy and Korean-Central Asian Relations）为主题的第五届
　　"韩国—中亚"国际学术研讨会期间与笔者的交谈。

2　http://www.khanshatyr.com/pages.php?l=01.

图 2 巴伊杰列克观景塔

图 3　"可汗金帐"大型购物中心

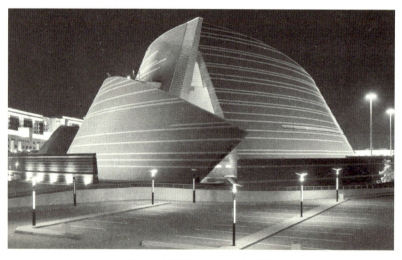

图 4　阿斯塔纳的中央音乐厅

世界级的文化、政治和体育活动在此举行。这些活动包括欧安组织（OSCE）峰会、哈萨克斯坦担任伊斯兰会议组织（OIC）轮值主席期间召开的第 38 届外长理事会会议、亚洲冬季运动会以及各类经济论坛等。它意味着全世界都在通过阿斯塔纳了解哈萨克斯坦……[1]

从某种程度上讲，阿斯塔纳被赋予的哈萨克斯坦国家身份比其他任何一个哈国内城市，包括阿拉木图，都能更为出色地实现全国整合。它不仅担负起政治中心的重任，而且在文化和社会进步等方面都有出色的表现，这也是哈萨克斯坦作为中亚现代化程度最高国家的国际化的最充分体现。

人们对阿斯塔纳这一新的地域空间的眷恋，以及对哈萨克斯坦国民集体记忆的认同难以一蹴而就。这需要长时间的熏陶、指引和精心培育，才能使民众情绪升华并自发将民族／国家认同凝聚于新的政治地理空间及其上的以象征符号为核心的地标建筑。旅游指南、游记、雕塑及各种绘画作品、小摆设饰件等，经由平面的和电子媒体的报道、社交网络的传播而将新都的象征意义广而告之。

与阿斯塔纳相比，中亚其他四国的首都在后苏联时期的发展同样给我们提供了研究这些新独立国家的国家身份的绝佳样本。沙俄和苏联的连续统治给这些城市打下了深刻的烙印，无论是诸如音乐厅、图书馆、体育馆等大型公共建筑，还是纪念碑、雕塑或道路名称都成为至少持续数十年的"俄罗斯化"的层层积淀的历史遗产。然而，苏联时期的英雄崇拜等行为规范在中亚等新独立国家已经过时，并且与它们的民族／国家身份的构建内容构成直接矛盾与冲突。

1 "Congratulation of the President of the Republic of Kazakhstan N.A.Nazarbayev on the Day of Capital," 2011; Low KCP & Makhabbat Yermekbayeva, "City-Branding of Astana, the Capital of Kazakhstan and the Oasis of Central Asia," *International Journal of Diversity*, No.2, 2012, p.186.

中亚各国独立后为了尽快塑造新的民族／国家认同，而不得不以最快的速度进行一系列"告别苏联"的记忆重塑工作。

这首先是包括首都在内众多城市及街道名称的改变。地名虽然只是一种象征符号，但它从来不是客观的、自然的，而是共同体生活价值的载体。不同的个人和群体通过地名的变迁赋予生活环境不同的意义。换言之，地名的变化反映的是民族国家的认同、价值观的重塑、历史的书写与重新书写等更深层次的权力博弈。[1]在中亚国家的民族／国家构建过程中，出于再造民族／国家身份的迫切需要，各国执政当局不约而同地采取了地标更名的政治运动。新的地名反复被本国国民以及外来人口不经意地阅读、记忆和传播，使隐含于其内的强烈的新的民族／国家认同的意识形态以一种不易抗拒的方式被自然化、内在化，从而进一步巩固了形成中的中亚各国的国家身份。中亚国家正是意识到了地名的更替对国家身份变迁的塑造作用，才不惜成本进行国家地理的重建工作。

显然，近70年的社会主义建设给中亚的城市空间留下了浓厚的历史烙印，高度集中的计划体制使城市及其各类空间的称谓也受到意识形态的强大影响，政治化的地名命名现象十分严重。中亚版图上曾出现了一大批以苏联和中东欧乃至西欧共产党的国务活动家、国际共运领袖以及著名文学家、艺术家、战斗英雄或劳动模范等姓氏命名的地名。如图5中展示的塔什干旧街道名就以1925~1937年乌兹别克斯坦共产党中央委员会第一书记、著名党务和国务活动家伊克拉莫夫命名。

苏联解体后，这种城市叙事开始被逐步清除，无数的地名由此面目全非，或被其历史命名所取代，或被冠以与新生的独立国家身份更加吻合的名字。作为国家首都，无论是塔什干还是比什

1　有关地名与政治关联度的问题可参见王炎《命名政治——以色列地名与话语霸权》，《开放时代》2011年第2期。

图 5　塔什干街道标识

凯克，无论是最早的阿拉木图还是其后的新首都阿斯塔纳，无论是
杜尚别还是阿什哈巴德都弃用了充满浓重共产主义色彩的城市符
号。新时期的政治、经济与社会多重转型为这些后社会主义都城打
下了崭新的意象印记。[1] 所有的名称改变都是一种旨在清除俄罗斯
和苏联影响的"去俄罗斯化"行为。比如，苏联时期的切利诺格勒
（Tselinograd）在哈萨克斯坦独立后先是被改为阿克莫拉（Akmola），
然后在建立新首都后又被命名为阿斯塔纳（Astana）。吉尔吉斯斯
坦的首都从原先的伏龙芝（Frunze）改为前苏维埃时期的比什凯
克（Bishkek）。土库曼斯坦的克拉斯诺沃茨克（Krasnovodsk）变
成了土库曼巴什（Turkmenbashi）。而哈萨克斯坦几乎所有地方行
政中心的城市名字都被更替为更具民族特色的称谓，如古利耶夫
（Гурьев）变为阿特劳（Атырау），舍甫琴科（Шевченко）变成阿克

1　Нелли Бекус, Кульшат Медеуова. Смена эпох как смена столиц: Астана как глобальный центр//
Неприкосновенный запас, 2011. No.6, p.80.

套（Актау），江布尔（Джамбул）变成塔拉兹（Тараз）。大多数城市名字的写法也从俄式变成哈式，比如阿克纠宾斯克（Актюбинск）变成阿克托别（Актобе），克孜尔－奥尔达（Кзыл-Орда）变成柯泽洛尔都（Кызылорду），等等。[1]

新的命名政治学显示了两种路径。一类是"在地化"，即将旧制度下的与俄罗斯（苏联）相关的城市、街道、工厂、公园等公共空间名称，替换为与主体民族及其英雄叙事相关的名称，以实现"告别苏联"的心灵再造。问题在于，尽管国家和城市的新领导人对此积极性十足，但旧制度的符号和记忆是如此之多，很难在短时间内彻底消失。民族／国家重建初期的千头万绪，也使得中亚各国政府最初的更名运动遗留了不少历史问题。这首先表现为初步实现了多数与共产主义意识形态相关联的街道、学校、工厂和其他建筑实体名称的"去俄罗斯化"，但"本土化"和"民族化"还不够纯粹。[2]因此，所有的中亚国家都经历过好几波地名更新浪潮。另一类则是"国际化"，主要是突出对于新独立国家的新的国际合作伙伴的尊崇和敬意。比如，乌兹别克首都塔什干的基洛夫大街就被替换为以土耳其现代国家之父凯末尔命名的凯末尔大街。

除了"无形"的地名外，跟苏联有关的雕塑等有形的象征符号也被大量清除。这是一场旨在抹杀"前朝遗迹"的记忆之战。原本中亚国家对各种形式的旨在突出"俄罗斯化"特征的纪念符号有着特殊偏好，但苏联解体后，不少社会主义英雄的大小雕塑或建筑物外墙上的纪念名牌都一并消失了。以乌兹别克斯坦为例，1992 年的夜晚，塔什干市中心 10 层楼高的列宁铜像被秘密从中心广场移走，取代列宁的则是拉西多夫和纳沃依（Navoi，中世纪乌兹别克

1　Игорь Лесев. Исчезнувшие города СНГ. http://obozrevatel.com/abroad/73806-ischez nuvshie-goroda-sng.htm.

2　Алексей Волосевич. Гимн национализму. За последние семнадцать лет в Ташкенте переименована половина улиц. http://fergananews.mirror.tengu.ch/article843b.html?id=5574.

诗人）等人的塑像。[1] 这一举动显然是试图彻底抹去社会主义时期的地标建筑及其承载的象征意义，并代之以一种全新的、民族化的或国际化的新的象征物。为了突出显示哈萨克斯坦和土耳其与众不同的友好合作关系，双方分别在各自首都建造了土耳其国父凯末尔和哈萨克斯坦独立后一直担任总统的纳扎尔巴耶夫的塑像（见图6）。

图6　阿斯塔纳的凯末尔塑像与安卡拉的纳扎尔巴耶夫塑像

历史学家雷吉娜·罗宾（Regina Robin）曾有一段精彩评述论及柏林的记忆改造：

> 尘埃落定之后回望这一切，最令人惊讶的是这种反差：一方面，一个号称无敌的国家垮台的过程居然那么和平，未费

1　钱克：《中亚的民族主义与国家认同——以乌兹别克斯坦为焦点》，硕士学位论文，台湾政治大学，2007，第68页。

一枪一弹，也没有任何人真正试图挽救它，但另一方面——这两方面或许有内在的因果关系——事过之后，清算东德遗产的过程却又那么歇斯底里，任何和这个消失的国家有着或远或近的牵扯的事物，它的象征物、它的价值观，从道路名称、纪念物、雕像到诞生在那一时期的建筑和机构，从博物馆到文学，从工厂到城市结构，都要赶尽杀绝，1990~1995年间尤其如此，之后虽然不再表现得那么激烈，但实际上至今仍绵延不绝。这仿佛是要把民主德国从历史长河中一刀切除似的，清理纳粹遗产的过程都没有这么不留余地。联邦德国代表了战后历史的正轨，而民主德国只是一场注定要被遗忘的历史事故。[1]

无疑，我们只要将罗宾口中的"东德"（民主德国）换成"苏联"就可以很好地揭示中亚各国在后苏联时期类似的作为其国家身份构建重要内容的历史记忆的重新塑造工程的实质。当然，相对于德国新政权所操持的"反东德话语暴力"，中亚各国的做法相对要温和得多。今天，有历史情怀的游客可以在中亚各国首都的中心地带，驻足瞻仰各种类型的建筑，有的体现了对社会主义光明未来的歌颂，有的则反映出对反抗共产党政权历史事件或人物的怀念，有的追溯了历史上曾被沙皇镇压的悲剧命运，有的则倾诉了对独立国家身份的向往与珍视。这些实际上是对中亚国家层层叠加的历史记忆以及由此伴生的国家身份的最好诠释。

我们还应该注意到，中亚国家在独立之后设立的各种新的节日和国家组织的大型纪念活动，实则是把集体记忆与民族/国家认同重新在时间和空间上联系起来。这些纪念，尤其是具有特别的历史

---

1 〔瑞士〕阿兰·克拉维安：《柏林，都城及其记忆》，载端木美、于格·戴和特主编《时空契阔：中欧学者论集》第2辑，第82~83页。

含义的纪念活动和民族／国家的认同结构是互相连贯的。它们具体体现为新的纪念日、纪念碑、纪念馆乃至街道、城市的命名等。共有记忆的时间和空间由此被打通，中亚国家的个体与集体身份的生成和巩固就成了其中的应有之义。所以，我们可以观察到，在苏联解体之后，中亚国家和其他新独立国家一样，纪念物在量和质两个方面都有急剧的变化，并被大量地生产，与带有苏联时期各种象征符号的纪念品共存。一直到当下，中亚国家国家级的纪念／共有记忆仍在扩张，新的神性的加注依旧持续。凡此种种，都旨在构建起新的民族／国家身份认同。

四　教育改革与中亚国家的身份认同

苏联解体后，西方国家开始欢呼自由民主和资本主义在全球范围内的期待已久的胜利，学术界到政界多认为被亨廷顿描绘为“第三波”和被阿奇·布朗等人界定为“第四波”的民主化浪潮势将席卷全世界，[1] 而包括中亚在内的原苏联加盟共和国一定会成为不遗余力地移植“西方道路”的新边疆。[2] 在教育领域，中亚国家的话语与政策迅速实现了从社会主义教育到趋于西化新教育体系的转变，改革口号中充斥着“民主化”、“分权化”、“自由化”“多元化”和“学习的人性化”等词语；[3] 与此同时，以学生为中心的各项具体改革措施也得以推行，新的课程标准开始建立，教育经费来源的多元

1　参见冯绍雷《俄罗斯体制转型的路径依赖——从制度变迁与对外关系相关性视角的一项考察》，《俄罗斯研究》2010 年第 6 期；封帅《观念、体制与领袖——阿奇·布朗视野中的俄罗斯转型》，《俄罗斯研究》2011 年第 3 期。

2　N. B. MacFarlane, *Western Engagement in the Caucasus and Central Asia*, London: The Royal Institute of International Affairs, 1999, p.1.

3　I. Silova, "Varieties of Educational Transformation: The Post-Socialist States of Central/ Southeastern Europe and the Former Soviet Union," in R. Cowen and A. Kazamias (eds.), *International Handbook of Comparative Education*, Dordrecht: Springer, 2009, pp.295-320.

化和管理部门的去行政化渐次实施，高等教育的私有化、教材出
版的自由化等各类举措先后被推出。[1] 有些教育政策更是直接在世
界银行和亚洲开发银行的指导下制定的。抛弃落后状态、赶超先
进国家的国际化诉求成了中亚新独立国家在教育方面的主流思想。
加强与土耳其和欧盟的合作在这一领域成了"去俄罗斯化"和
"国际化"的代名词。

　　中亚国家独立后，"土耳其模式"一度成为西方学术界津津
乐道的话题。"土耳其模式"之于中亚的正向意义在于，这是一
个世俗化的伊斯兰国家，而且也是在民主和经济发展方面均取得
了显著成就的突厥语国家，与中亚新独立国家在文明、种族、语
言等诸方面具有同质性，且地缘上接近，有可能成为中亚各国的
发展样板，从而既使这些国家与伊斯兰世界保持一定程度的距离，
又力求尽快消除苏联继承国俄罗斯的持续影响，巩固冷战胜利
成果。[2]

　　土耳其高度重视与中亚国家的文化交流，尤其是教育领域的合
作，在土耳其看来，密切的教育合作可以达到双重目的：第一，培
养和教育中亚青年学生可以造就一批将来致力于推进中亚国家向
市场经济和民主政治转型的精英群体；第二，可以形成一批精通
土耳其语言文化的社会群体，充当各自所在国家与土耳其之间沟
通交流的桥梁。[3] 换言之，土耳其将与中亚国家的教育合作视为帮
助原苏联突厥语国家现有和潜在精英塑造自由主义导向的"伊斯

1　V. Tomusk, *Globalization on the Margins: Education and Post-Socialist Transformations in Central Asia*, Charlotte: Information Age Publishing, Inc., 2011, p.3.

2　有关讨论可参见 Anita Sengupta, "The 'Turkish Model' and the Turkic World," in Suchandana Chatterjee and Anita Sengupta (eds.), *Communities, Institutions and 'Transition' in Post-1991 Eurasia*, New Delhi: Shipra Pubilications, 2011, pp.122–145。

3　Iveta Silova, "Reclaiming the Empire: Turkish Education Initiatives in Central Asia and Azerbaijan," in Linda Chisholm and Gita Steiner-Khamsi (eds.), *South-South Cooperation in Education and Development*, New York: Teachers' College Press, 2009, p.174.

兰 – 突厥认同"（liberal Islamic-Turkic Identity）的强大政策工具[1]，以求进一步巩固土耳其与中亚突厥语国家的相互关系。目前，双方的教育合作主要有两种方式：一是土耳其官方向中亚国家的学生，尤其是大学生提供各类奖学金项目，使其能够赴土耳其就读。这已经成为土耳其对中亚政策的最优先方向之一，并被贴上了"伟大的学生交流项目"标签。二是通过土耳其教育部以及土耳其著名宗教学者法土拉·葛兰（Fethullah Gülen）[2]创建的"光明共同体"（Nurcu community）等各种基金会，在中亚国家开办各类教育机构。[3]

　　葛兰学校采用了与中亚各国当局合作的方式，由当地政府提供校舍等基础设施，葛兰共同体提供教师以及校长等行政管理人员，在中亚国家的发展较为顺利（见表2）。由于葛兰学校相对于公立学校而言，主要使用英语授课，兼及土耳其语和当地主体民族语言，集中于科学、伦理和自我修养的训练，能够提供更好的知识训练和深造机会，[4]因而深得中亚国家青少年的青睐。中亚国家独立初期，

1　Iveta Silova, "Reclaiming the Empire: Turkish Education Initiatives in Central Asia and Azerbaijan," in Linda Chisholm and Gita Steiner-Khamsi (eds.), *South-South Cooperation in Education and Development*, pp.174, 180.

2　法土拉·葛兰（Fethullah Gülen），1941年出生于土耳其东部的埃尔祖鲁姆（Erzurum），是一位伊斯兰学者、思想家、诗人及高产作家。由于从小接受扎实的宗教传统教育，葛兰思想奠基于纯正的独一神信仰；加之深受苏菲主义精神的影响，他怀有广阔的胸襟，其中充满了爱、宽容与慈悯等人文主义精神，包容其他宗教的信仰者，并向需要帮助者伸出援手，关怀弱势。另一方面，葛兰也深谙西方自然、人文科学的原则，因此能够敞开胸怀而拥抱现代性，并致力于调适伊斯兰信仰于多元的现代世界中，以帮助穆斯林在其中安身立命。葛兰运动是基于葛兰思想内涵的一个由下而上的穆斯林社会运动，借由文化教育机构的设立，进而形塑出理想的穆斯林公民特质，正统伊斯兰信仰、人文主义精神与现代性是其主要原则。自20世纪60年代晚期兴起以来，其已发展为当代土耳其境内最具有影响力的伊斯兰运动之一，具备了国际性的规模，覆盖范围达90多个国家。

3　参见 L. K. Yanik, "The Politics of Educational Exchange: Turkish Education in Eurasia," *Europe-Asia Studies*, No.2, 2004, pp.293–307。

4　据统计，土耳其在中亚兴办的各类学校的大学入学率超过90%，远超过各国的公立学校。参见 Iveta Silova, "Reclaiming the Empire: Turkish Education Initiatives in Central Asia and Azerbaijan," in Linda Chisholm and Gita Steiner-Khamsi (eds.), *South-South Cooperation in Education and Development*, p.184。

葛兰学校实行免费教育，不论家庭出身和社会地位，只考虑学生本身的素质；但到了 21 世纪初期已经开始收费，完成了从平民学校到精英学校的转变。[1]

表 2　中亚的葛兰运动学校一览（1997/1998~2006/2007 学年）

国别	学校数量（所）		学生数量（人）		公司名称
	1997/1998	2006/2007	1997/1998	2006/2007	
哈萨克斯坦	29	23	5644	5613	Feza et Şelate
乌兹别克斯坦	18	×	3334	×	Slim
吉尔吉斯斯坦	12	15	3100	4287	Şebat
塔吉克斯坦	5	7	694	1874	Şalola
土库曼斯坦	13	16	3294	×	BaŞkent

注：× 表示无相关信息。

资料来源：Iveta Silova, "Reclaiming the Empire: Turkish Education Initiatives in Central Asia and Azerbaijan," in Linda Chisholm and Gita Steiner-Khamsi (eds.), *South-South Cooperation in Education and Development*, p.178。

对中亚国家领导人而言，与葛兰学校的合作也是重构新的民族 / 国家认同的辅助之路。因此，中亚各国几乎都对与土耳其的教育合作保持较高的热情，并相信此举有助于降低俄罗斯在这些国家过高的影响以及加速新的国家身份构建进程。[2]事实上，中亚各国的青年学子在葛兰学校的就读过程中不仅学到了包括哈萨克、乌兹别克、吉尔吉斯、塔吉克和土库曼的民族认同知识，而且一直受到

1　Iveta Silova, "Reclaiming the Empire: Turkish Education Initiatives in Central Asia and Azerbaijan", in Linda Chisholm and Gita Steiner-Khamsi (eds.), *South-South Cooperation in Education and Development*, pp.178~179.

2　Iveta Silova, "Reclaiming the Empire: Turkish Education Initiatives in Central Asia and Azerbaijan," in Linda Chisholm and Gita Steiner-Khamsi (eds.), *South-South Cooperation in Education and Development*, p.181.

"突厥主义"理念（the concept of "Turkism"）的影响。有学者指出，这些学校因此将土耳其和中亚的突厥语国家联系在一起，推动了共同的突厥身份认同的形成。[1]毫无疑问，葛兰共同体、土耳其政府以及中亚国家执政当局的一个共同目标是创造新的民族/国家认同并降低俄罗斯的广泛影响，这也是葛兰学校在中亚地区得以顺利进入并持续发展的核心原因。[2]土耳其的教育输出在中亚获得巨大成功的一个客观推动力在于，苏联解体大大削弱了过往的统一教育空间的庞大吸纳力，多重转型的种种艰难导致了公共教育体系的堕落、腐败和教育质量的急速降低。在此意义上，以葛兰学校为代表的土耳其教育变成了中亚地区教育的"示范样本"。与此同时，中亚各国受限于自身实力，尤其是在转型初期难以投入足够的教育基金，以非政府组织方式进入中亚教育市场的土耳其学校实际上为中亚领导人纾解了执政困境。此外，这些学校的教学内容包含了民族/国家构建的意识形态，在很大程度上也强化了新独立国家执政当局的合法性和正当性。

中亚国家与"博洛尼亚进程"[3]的互动可以视为它们在后苏联时期经国际化的路径重构民族/国家认同的典型案例。中亚五国都没有签署《博洛尼亚宣言》，但已开始在一些具体领域引进"博洛尼

1　Iveta Silova, "Reclaiming the Empire: Turkish Education Initiatives in Central Asia and Azerbaijan," in Linda Chisholm and Gita Steiner-Khamsi (eds.), *South-South Cooperation in Education and Development*, p.181.

2　Iveta Silova, "Reclaiming the Empire: Turkish Education Initiatives in Central Asia and Azerbaijan," in Linda Chisholm and Gita Steiner-Khamsi (eds.), *South-South Cooperation in Education and Development*, p.181.

3　博洛尼亚进程源自1999年欧洲29个国家在意大利博洛尼亚大学签订的《博洛尼亚宣言》，这是欧洲诸国在高等教育领域实现一体化的一个国际合作项目，其目的在于一方面促进欧洲成为社会政策富有活力、人力资源强势增长的地区；另一方面，使欧洲的高等教育在智力、资金和声誉上更具竞争力。该体系对愿意参加的相关国家开放。这是数个世纪以来欧洲高等教育最根本的结构变革。有关后苏联国家与博洛尼亚进程的互动的讨论可参见杜岩岩、张男星《博洛尼亚进程与中俄教育交流合作的空间》，《俄罗斯研究》2009年第1期。

亚进程"的规则，如建立三级学位制度、实施学分制等。无论从哪个角度看，博洛尼亚进程都首先是一种政治和经济一体化的强有力手段。从欧盟方面看，博洛尼亚进程在中亚的引入意味着可以吸纳更多的中亚国家生源进入欧盟教育市场，提高其竞争力。对中亚国家而言，加入或参与博洛尼亚进程的互动至少包括两个方面的积极成效。一是获得促进高等教育内部改革的外部推动力，提高本国教育体系的吸引力。中亚各国中，哈萨克斯坦和吉尔吉斯斯坦对成为博洛尼亚进程的成员国尤为积极，塔吉克斯坦某种程度上也较为热切。[1]哈萨克斯坦和吉尔吉斯斯坦已然部分按照博洛尼亚进程要求改进了本国的教育体系。2009 年 4 月，两国代表均获邀参加博洛尼亚政策论坛的部长级会议。二是借此提升与欧洲国家的双边和多边合作水平，取得实现从苏联边缘地带到欧洲中心辐射地区的身份转换的可能性。欧盟—中亚教育倡议（见表 3）则成为新时期中亚国家借助于国际化力量进一步突出各自国家身份中开放特征的重要工具。

表 3　欧盟—中亚教育倡议

欧盟—中亚教育平台	专项合作	信息和交流项目
高层次会晤	欧盟与周边国家开展现代化高等教育合作的计划（TEMPUS）	联合活动
技术工作组	伊拉斯谟世界计划（Erasmus Mundus）	联合出版
国家层面的对话	博洛尼亚进程	
	欧盟训练基金（European Training Foundation）	
	中亚研究与教育网络（CAREN）	

1　V. Tomusk, "The Geography and Geometry of the Bologna Process," in *Globalization on the Margins: Education and Post-Socialist Transformations in Central Asia*, p.48.

　　而伊斯兰教什叶派的伊斯玛仪派的现任最高精神领袖阿迦汗四世与中亚国家领导人的合作同样可以视为中亚国家在后苏联时期经由在地化的路径重构民族/国家认同的典型案例。从 20 世纪 90 年代中期开始，哈萨克斯坦、吉尔吉斯斯坦以及塔吉克斯坦政府与阿迦汗四世合作共建专有高教机制，以推动高山国家的经济和社会可持续发展。与本地区国家开展的诸项教育改革政策不同，这一地区性合作背后最主要的驱动力，是致力于构建一个关注高山人口和传播伊斯兰价值观的新的地区学术共同体。

　　中亚新独立国家在后苏联时期的教育改革的另一个关键内容，是将新的独立的国家身份作为课程体系的重点灌输给各级学校的学生。以乌兹别克斯坦的语言教学为例，卡里莫夫政权自乌独立以来就强烈支持乌兹别克语的发展，专门通过立法规定在每年十月的"语言日"当天，全国大小学校举行庆典，朗诵乌兹别克语的诗歌，介绍乌兹别克语的历史，号召习惯使用俄语的乌兹别克族人在日常生活和工作中使用母语。这些做法显然是试图经由母语的使用来恢复民族/国家的自我认同。此外，前文提及的族史/国史的重新书写是历史教科书反复强调的重中之重。主体民族的文学作品，特别是《玛纳斯》这样具有代表性的长篇口传史诗都被纳入日常的教育内容。中亚各族的传统游戏在课程中的体现也有所加强。

　　尽管如此，我们还是应该承认，在高等教育领域，俄罗斯的教育体系及其标准仍然为中亚国家所效仿或移植。但俄的绝对优势地位正在不断遭到挑战，其典型标志为就学于俄的中亚学生绝对数量增长下的相对比例的下降。近年来，自中亚赴美国、欧洲、巴基斯坦、沙特阿拉伯、土耳其、伊朗、日本和中国等国家和地区留学的人员总数持续增长。笔者在较早的一项研究中注意到，按照哈萨克斯坦驻美国和加拿大使馆教育与文化处的统计数据，美国已经成为哈青年学子海外就学的首选目的国，每年超过 1000 人。而在

2007~2008 学年，"未来"奖学金获得者中 46.6% 的人选择了欧盟国家，29% 选择了美国，俄罗斯仅占 9.5%。调查显示，在可选择的留学对象国中，欧盟和美国的地位正在迅速上升。如，哈萨克斯坦想去俄就读的占 18%，欧盟占 17%，美国占 14%；吉尔吉斯斯坦和塔吉克斯坦相应的数据是 32%、17%、14% 以及 37%、12%、14%。这说明，在此消彼长之间，俄在文教领域对中亚的吸引力正在不断下降。[1]

五　宗教信仰的复苏与中亚国家的身份认同

在被沙俄并入其版图之前，中亚尚未形成现代国家，只是隶属于各个汗国和部族的松散集合体，中亚人的群体意识当时极少在民族/国家层面上予以体现。正如豪根（Arne Haugen）所指出的，中亚的民众在当时首先将自己视为穆斯林，其次才是某一个特定的地区的居民。对他们而言，是否属于某一个特定的民族根本无足轻重。[2]

十月革命后，中亚地区广大穆斯林居民在接受无神论教育、提高政治思想觉悟的同时，宗教信仰自由并未被完全剥除。随着布尔什维克的角色从革命党转向执政党以及其无产阶级专政地位的巩固，苏维埃政府在中亚地区的宗教政策也变得日趋强硬。宗教教育改革、妇女解放、文字改革、关闭伊斯兰教活动场所等一系列措施的推行，标志着苏共高层日益加强对中亚伊斯兰教的控制和防范。[3]卫国战争时期，由于特殊的国内形势和建立强大的反法西斯统一战

1　参见杨成《形成中的中亚地区格局：尚存的单极残余、不稳定多极和其他选择》，《俄罗斯研究》2009 年第 6 期。

2　Arne Haugen, *The Establishment of National Republics in Soviet Central Asia*, New Hampshire: Palgrave MacMillan, 2003, p.35.

3　参见 Shoshana Keller, *To Moscow, Not Mecca: The Soviet Campaign Against Islam in Central Asia, 1917-1941*, Westport, CT: Praeger Publishers, 2001。

线的战略需要，斯大林政权曾一度放松了对伊斯兰教的管制。赫鲁晓夫上台后，苏联又开始了新一轮的反宗教运动，利用各种措施不断强化无神论宣传教育。勃列日涅夫在位期间，伊斯兰教的应有地位也未得到尊重。直到 1985 年 3 月戈尔巴乔夫担任苏共总书记后，苏联党和政府对宗教和宗教组织几十年来一贯采取的严格管理与监督政策才出现了明显的松动，并在不久后趋于失控。中亚各国内部的宗教能量得到巨大释放，长期受压抑的中亚地区伊斯兰教呈现复苏态势。[1]整体而言，穆斯林身份是中亚人个体和集体认同的最重要内容之一。我们无法否认，即使是在苏联时期，尤其是苏联晚期，以穆斯林公民为主的中亚地区的苏联空间事实上也存在着双层政治文化结构：表面上，它同苏共中央努力推进的"苏联人"建设的社会实验与工程相一致；而隐性上，它又深刻地受传统的宗教和部族网络影响，具有独特的社会动员渠道。[2]到苏联解体前，长时间的无神论宣传和教化已经在一定程度上改变了中亚人对伊斯兰教的态度。尽管中亚人的宗教信仰没有被根除，一些清真寺仍然在秘密活动，[3]但多数人直至苏联晚期只是有名无实的伊斯兰教信徒，只有极个别的人始终如一坚持积极参加宗教活动。

对于中亚的新独立国家而言，伊斯兰是民族主义自身的一个要素。苏联解体后，伊斯兰教迅速在中亚国家得以复兴，不仅被视为地方民众的宗教信仰，同时也是各国执政当局促成新的民族 / 国家

---

1 有关苏联官方二战后的伊斯兰政策及其在中亚的具体表现可参见 Yaacov Ro'I, *Islam in the Soviet Union: From World War II to Perestroika*, C. Hurst & Co. Publishers Ltd., 2000, pp.550–589; Ghonchen Tazmini, "The Islamic Revival in Central Asia," *Central Asian Survey*, Vol.20, No.1, 2001, pp.64–67。

2 1998~2000 年笔者受外交部公派赴吉尔吉斯坦比什凯克人文大学突厥语言文学系求学期间，笔者的老师们不止一次提及他们在苏联时期悄悄举行穆斯林礼拜等官方禁止的行为。

3 苏联时期，中亚原有的近 24000 所清真寺一度被改为各种俱乐部和社团活动中心，严禁《古兰经》的印刷和传播，但依然有少量"非官方"清真寺展开地下活动。以塔吉克斯坦北部为例，该地区就有超过 200 所"非正式"清真寺长期教授伊斯兰教义。参见 Abdullahi A. An-Na'im, *Islamic Family Law in A Changing World: A Global Resource Book*, London: Zed Books, 2002, p.27。

身份认同形塑的重要手段，其目的是使伊斯兰信仰深入中亚五国民众的内心深处，不仅将之视为一种信仰，更是一种生活方式，一方面可以填补共产主义意识形态消散所形成的真空，另一方面也争取降低转型的机会成本，减轻整个社会的心理负担。对于后者，正如一名中亚学者指出的：

> 当其他价值体系崩溃时，人们只能开始紧紧抓住宗教价值观——它履行了一种社会治疗的功能，使得生活的艰难更易于忍受……信仰伊斯兰教还被视为一种提升社会道德健康水平的路径。在大众意识中，道德和伊斯兰教被认为有必然关联，而伊斯兰的教化功能也正在得到确认。与后苏联转型期的衰退伴生的贫困和失业，以及可以自食其力者因失业导致的自暴自弃，强化了伊斯兰教作为向失去生活意义的受难者提供实际帮助的手段的功能。[1]

可以说，伊斯兰复兴和国家重生在中亚国家成为相互交织的同步进程。对它们而言，伊斯兰在很大程度上意味着一个国家自我识别的手段，一条剥离共产主义体系和作为外国殖民统治标志的斯拉夫文化的门径。[2]

以乌兹别克斯坦为例，曾任乌兹别克苏维埃社会主义共和国总书记的卡里莫夫在 1991 年第一次总统直选前夕不断以一种虔诚、恭敬的态度谈到伊斯兰教及其在乌兹别克社会生活中的核心地位，在一次接受用乌兹别克语出版的《人民言论日报》（*Khalq Sozi*）采访时他明确表示，"伊斯兰教就是我们许多同胞的良心、本质和生

1　Farideh Heyat, "Re-Islamistion in Kyrgyzstan: Gender, New Poverty and the Noral Dimension," *Central Asian Survey*, Vol.23, No.3–4, 2004, p.281.

2　Ahmed Rashid, *The Resurgence of Central Asia: Islam or Nationalism?*, London: Zed Books, 1994, p.224.

活"。[1] 他在苏联解体后出任新独立国家总统的就职典礼上，不仅专门提及伊斯兰信仰，而且一手执新宪法，一手持《古兰经》，显示了伊斯兰因素在新的乌兹别克国家身份构建中的重要地位。[2] 而在中亚五国中，乌兹别克斯坦和土库曼斯坦的国旗都使用了象征着伊斯兰教的新月符号（见图7），其余三国尽管在国旗等重要象征载体上没有直接的伊斯兰标示，但与乌、土一样通过引入纳乌鲁斯节（春节）、肉孜节、古尔邦节等伊斯兰传统节日，强化了作为国家宗教的伊斯兰信仰。

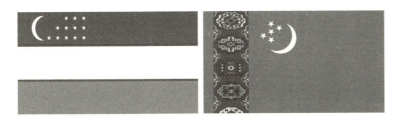

图7　乌兹别克斯坦和土库曼斯坦国旗

　　作为民族／国家认同构建的重要内容，伊斯兰因素越来越多地介入中亚国家的转型进程，担当了"去俄罗斯化"的前驱。伊斯兰和中亚各国的民族主义就这样形成了相生相长的组合：伊斯兰意识帮助中亚新独立国家塑造"去俄罗斯化"的国家和地区身份，"在地化"的民族主义在有选择地融入伊斯兰世界的"国际化"进程中进一步强化伊斯兰意识。笔者认为，在宗教领域，新独立的中亚国家"去俄罗斯化"首先体现为对无神论的抛弃，"在地化"的标志则在于宗教在日常生活中的复兴，而"国际化"的重

1　这一访谈后来被俄语报纸《东方真理报》刊印。参见 Ислам Каримов. У нас есть свой путь// Правда Востока.20 Декабря 1991г, С.2.

2　Ghonchen Tazmini, "The Islamic Revival in Central Asia," *Central Asian Survey*, Vol.20, No.1, 2001, p.72.

要表征，则是中亚各国的伊斯兰教徒得以前往麦加等穆斯林圣地朝拜等。

中亚国家的"再伊斯兰化"（re-Islamization）经历了相同或相近的发展阶段。第一阶段是伊斯兰文化和伊斯兰认同的复苏。这实际上是一个身份认同导向（identity-oriented）的阶段。这一时期，苏维埃政权历经约 70 年时间灌输的无神论在思想领域轰然崩塌，政治话语中充斥着宗教表征，与伊斯兰历史相关的古迹被重建，宗教学校得以建立，前往麦加和麦地那朝圣的通道被开辟。第二阶段具有明显的知识导向（knowledge-oriented）特征，即对伊斯兰的深层理解被列入正式议程，《古兰经》和伊斯兰教规变得至关重要。中亚各国民众不再仅仅参与宗教祈祷仪式，同时还试图理解这一过程中阿拉伯文诵经的含义。这意味着一个穆斯林从外在到内在皈依伊斯兰的进程得以初步完成。第三阶段可以被视为"行为导向"（action-oriented）的历程。在这一时期，部分虔诚的穆斯林要求中亚各国执政当局按照伊斯兰教规实行国家治理。这并不意味着世俗化的政权模式受到广泛质疑，但至少使其面临着较大的合法性挑战。

身份认同导向的阶段在中亚是以一种暴风骤雨的方式迅速完成的，戈尔巴乔夫改革时期的"新思维"和"公开性"为中亚的伊斯兰复兴打开了大门，中亚五国独立后只是顺应"民心民意"继续推进这一历史进程而已。为了巩固新的国家身份及执政当局的正当性，各国不约而同地加强了伊斯兰教育。

这种伊斯兰教育表现为"在地化"和"国际化"两个平行发展的向度。中亚国家纷纷创建官方认可的伊斯兰宗教学校，在中学高年级和高等院校中开设了相应的伊斯兰宗教课程，向新一代中亚各国的公民传授有关伊斯兰深层理解的知识体系（见表 4、表 5）。

表4 中亚国家伊斯兰教育状况

国别	伊斯兰宗教学校（Madrassas）	高级教育机构	合法的替代性学校	私立学校/非法的小型研究室（Hujras）
吉尔吉斯斯坦	大约40所独立和1所官办伊斯兰宗教学校	1所伊斯兰大学和6所伊斯兰学院	数个非政府组织	许多
塔吉克斯坦	18~20所混合性别的伊斯兰宗教学校	1所伊斯兰学院	清真寺学校	许多
乌兹别克斯坦	8所男性和2所女子伊斯兰宗教学校	1所伊斯兰学院	无	许多

资料来源：Abramson, "Foreign Religious Education and the Central Asian Islamic Revival," *Silk Road Paper,* 2010, p.47。

表5 中亚世俗伊斯兰教育的正式机制

国别	公立学校课程	本科院系	研究生院系
乌兹别克斯坦	世界宗教课程	伊斯兰大学和东方学学院	伊斯兰大学和东方学学院
吉尔吉斯斯坦	法令草案规定将在中学9~10年级开设世界宗教课程	神学和其他学院	神学和其他学院
塔吉克斯坦	中学8年级开设伊斯兰知识课程	哲学系	哲学系

资料来源：Abramson, "Foreign Religious Education and the Central Asian Islamic Revival," *Silk Road Paper,* 2010, p.47。

　　与此同时，由于国家教育体系的构建远未完成以及教育投入的严重不足，包括塔吉克斯坦在内的中亚各国对伊斯兰教育的需求还在持续增长，特别是那些经济和政治上均日益边缘化的地区。官方对伊斯兰教义的解读已经难以满足这些新独立国家的现实需要，地下宗教学校的泛滥也就变得自然而然。[1] 问题在于这种地下的宗教教育在很多时候都为宗教激进主义意识形态的滋长提供了富足的社会土壤，成为中亚地区潜在不稳定的重要根源。因此，近年来甚至被认为是中亚发展速度最快、国内局势最稳定的哈萨克斯坦，也受到再伊斯兰化"行为导向"历程的影响，恐怖袭击开始频频发生。[2]

　　另一方面，从表 6 和表 7 可以看出，中亚国家独立以后在国外学习伊斯兰教义的留学人员为数不少，埃及、沙特阿拉伯、土耳其、伊朗和巴基斯坦等国是中亚学生习得伊斯兰知识的主要来源国。

表 6　中亚人在国外学习伊斯兰教的人数（2009）

	埃及	沙特阿拉伯	土耳其	伊朗	巴基斯塔
吉尔吉斯斯坦	100~200	100~150	100~200	不清楚	20+
塔吉克斯坦	500~1000	350~700	微不足道	200+	300
乌兹别克斯坦	100~600	不清楚	不清楚	不清楚	不清楚

资料来源：Abramson, "Foreign Religious Education and the Central Asian Islamic Revival", *Silk Road Paper,* 2010, p.48。

表 7　2008/2009 学年埃及爱兹哈尔大学
（Al Azhar University）登记注册的中亚学生数量

来源国	学生人数
哈萨克斯坦	93
乌兹别克斯坦	43
吉尔吉斯斯坦	38
塔吉克斯坦	156
土库曼斯坦	33

资料来源：Abramson, "Foreign Religious Education and the Central Asian Islamic Revival," *Silk Road Paper,* 2010, p.48。

1　Рахнамо А.Х. Частное религиозное образование в Таджикистане: современное положение, проблемы и выводы// Ислам в Содружестве Независимых Государств. No.4, 2011, http://www.idmedina.ru/books/islamic/?4174.

2　有关中亚地区的恐怖活动统计数据，可参见杨成《上海合作组织政治与安全形势综述——以金融危机以来中亚成员国为案例》，载冯绍雷主编《上海合作组织发展报告（2012）》，上海人民出版社，2012，第 50~52 页。

中亚国家民众伊斯兰知识的养成和伊斯兰意识的深化还可以从这些国家信徒的朝圣活动从国内化到国际化的转变中窥见一斑。在苏联时期，只有极少数的穆斯林能被获准前往圣地，而且多为官方伊斯兰机构的高官，每年少于 100 人。[1] 苏联治下的穆斯林逐渐发展出一种信念，即足够数量的对本地圣地的朝拜将等同于一次远赴阿拉伯世界的朝觐。布哈拉、撒马尔罕以及奥什附近的圣地最受尊崇。这种被称为"小朝圣"的现象，在整个中亚地区都很盛行。甚至一些共产党员都参与其中。戈尔巴乔夫晚期的苏联《文学报》曾专门刊文讨论这一问题。[2] 1989 年 3 月，"中亚与哈萨克斯坦穆斯林大会"在塔什干召开，并任命了年仅 37 岁的穆罕默德·尤素福（Muhammad Yusuf）出任新的穆夫提，取代过于亲苏共的波波汉（Shamsutdin Bobokhan）。尤素福上任后很快组织了苏联历史上的第一次穆斯林朝圣，结果是 1990 年整个中亚共有 1400 人得以踏上神圣的宗教之旅。[3] 中亚穆斯林这一历史性的朝圣，改变了苏联境内伊斯兰信徒朝圣活动国内化的常态，书写了苏联和阿拉伯国家关系史的新篇章。[4] 苏联解体后，中亚国家领导人进一步意识到利用伊斯兰信仰填补意识形态真空的重要性。为此，他们几乎全部以贵宾身份去麦加朝觐。[5]

值得注意的是，后苏联时期的中亚，和伊斯兰世界的很多国家一样，其伊斯兰实践并不以念功（口诵安拉）、拜功（礼拜）、斋功

1　Markus Kaiser, "Forms of Transsociation as Counter-Processes to Nation Building in Central Asia," *Central Asia Survey*, Vol.22, No.2-3, 2003, p.330.

2　Shahram Akbarzadeh, "Islamic Clerical Establishment in Central Asia," *South Asia: Journal of South Asian Studies*, Vol.20, No.2, 1997, p.78.

3　Shahram Akbarzadeh, "Islamic Clerical Establishment in Central Asia," *South Asia: Journal of South Asian Studies*, Vol.20, No.2, 1997, pp.83-84.

4　Markus Kaiser, "Forms of Transsociation as Counter-Processes to Nation Building in Central Asia," *Central Asia Survey*, Vol.22, No.2-3, 2003, p.325.

5　Svante E. Cornell and Regine A. Spector, "Central Asia: More than Islamic Extremists," *The Washington Quarterly*, 2002, p.195.

（斋戒）、朝功（朝觐圣地）和课功（法定施舍）等五功为中心，也
并未将此视为与伊斯兰认同的矛盾之处。调查显示，97% 的受访者
至少谨守五功中的一种，如表 8 所示。

表 8　中亚国家城市与农村的穆斯林五功遵行状况

单位：人，%

	主要城市		农村地区	
念功	236	73.8	163	58.2
斋戒	150	46.9	161	57.5
朝觐	29	9.1	33	11.8
不食猪肉	179	55.9	106	37.9
不饮酒	109	34.1	105	37.5

资料来源：Y. Ro'i and A. Wainer, "Muslim Identity and Islam Practice in Post-Soviet Central Asia," *Central Asia Survey,* Vol.28, No.3, 2009, p.316。

此外，自独立以来，中亚国家同时谨守斋戒和朝功的人数在不
断增长，即使乌兹别克斯坦多有限制，但前往圣地朝觐的人数依然在
增加。比如，2005 年，乌兹别克斯坦宗教事务委员会只批准了总数
超过 6000 名朝圣申请者中的 4200 名前往沙特。而土库曼斯坦的管制
更为严格，2005 年和 2006 年总数只有 188 人。[1] 哈萨克斯坦 2003 年
即已达到 5000 人。[2] 那些前往麦加圣地朝觐过的穆斯林归国后备受尊
崇，一般会成为地方上协调社会、政治甚至是经济事务的邻里自治机
构 "长老会"（aksakal）的成员，在日常生活中发挥重要的作用。[3]

　　同时，上文提及的 "小朝圣" 现象在后苏联时期得到了进一步
的发展。以拥有诸多中亚圣地的布哈拉为例，"小朝圣" 已经成为伊

1　www.forum18.org.

2　Казахстанская правда.25мая2004г.

3　G. A. Bakiyeva, "Islam as a socio-cultural code," in *Collection of Materials UNESCO International Forum "Culture and Religion in Central Asia"*, Kyrgyzstan: National Commission of the Kyrgyz Republic for UNESCO, 1999. 转引自 Farideh Heyat, "Re-Islamistion in Kyrgyzstan: Gender, New Poverty and the Noral Dimension," *Central Asian Survey,* Vol.23, No.3-4, 2004, p.281。

斯兰信徒展示其对真主安拉的虔诚信仰的主要和常见的手段之一。[1]
一些伊斯兰信徒每年要到中亚地区的圣地朝觐数次。调查数据显
示，39%的受访者或本人，或其家庭成员经常进行"小朝圣"活动，
这其中30%的人一年一次，超过40%的人一年两到三次，近10%
的人一年四到六次，大约15%的受访者在七次及七次以上。[2]

　　总之，经过20余年的发展，曾经深受苏联"无神论"影响的
中亚社会已经发生了较大的转变。一项调查显示，46.9%的受访者
认为中亚社会变得更具宗教性，仅有7.3%的人认为并无任何变化，
0.6%的受访者认为中亚各国的社会出现了负面变化，0.3%的人认
为社会的宗教化程度在降低。就宗教仪式而言，城市居民中18.1%
的受访者每周五去清真寺做礼拜，3.8%的人在工作日同样参拜清
真寺，33.8%的人在主要宗教节日前往清真寺，一年只去一次的占
11.3%；农村居民中，6.8%的人平时会参拜清真寺，18.2%的人只
在周五主麻日去，18.6%的人选择在主要的穆斯林传统节日参拜，
13.2%的受访者一年只去一次。[3]这至少意味着，中亚新独立国家的
个体身份中的伊斯兰定位正在不断巩固。

六　中亚国家集体身份的生成与巩固

　　冷战结束后，国际关系研究出现了地区向度的转向。[4]美国著名

1　转引自 Y. Ro'i and A. Wainer, "Muslim Identity and Islamic Practice in Post-Soviet Central Asia," *Central Asia Survey*, Vol.28, No.3, 2009, p.310.
2　Y. Ro'i and A. Wainer, "Muslim Identity and Islamic Practice in Post-Soviet Central Asia," *Central Asia Survey*, Vol.28, No.3, 2009, p.310.
3　Y. Ro'i and A. Wainer, "Muslim Identity and Islamic Practice in Post-Soviet Central Asia," *Central Asia Survey*, Vol.28, No.3, 2009, p.314.
4　新的研究范式倾向于认为，国际社会的发展越来越被地区动力所操控，国际关系的核心问题——冲突与合作主要镶嵌在各地区事务之中。后冷战时代的典型特征就在于地区主权（regional sovereignty）的回归，而国际政治架构将取决于地区结构，地区在理解未来的国际秩序问题上有着不可忽视的作用。参见杨成《形成中的中亚地区格局：尚存的单极残余、不稳定多极和其他选择》，《俄罗斯研究》2009年第6期。

学者卡赞斯坦（Peter Katzenstein）明确使用了"地区构成的世界"（a world of regions）这一术语来描述地区秩序之于国际格局的重要作用。[1]后冷战时期，各个地区正在通过不同程度的地区治理，日益主张自身的行为体和利益攸关者的属性，"地区性"（regionness）、"地域性"（regionhood）、"地区认同/地区身份"（reginonal identity）等概念与"国家""国际社会"等传统概念地位趋于同等重要甚或过之。各个地区开始煞费苦心地寻求自身的身份认同和本我形象，试图将自己和其他地区做严格区分。这样一来，地区的内涵和外延的界定已不可避免地成为"地区构成的世界"中的重要内容。

1993 年 1 月，哈萨克斯坦、乌兹别克斯坦、吉尔吉斯斯坦、塔吉克斯坦、土库曼斯坦五个原苏联加盟共和国的领导人在乌兹别克首都塔什干举行会晤，并宣布五国作为一个集体应被视为"中亚"（Central Asia）。这意味着苏联时期通常使用的"中亚与哈萨克斯坦"（Middle Asia and Kazakhstan）被新独立中亚国家弃用。国际政治舞台中一个新的地区由此诞生。不久之后，中亚五国领导人试图建立一个类似独联体且包含俄罗斯的中亚地区组织。从某种程度上说，中亚的出现与生成是后苏联时期最根本的变化之一；这一特别重要的现象在国际舞台上产生了深远影响。就这样，一个围绕"中亚"的话语体系被逐渐构建起来，它包含了旨在建构和解构中亚作为一个独特地区的一组构想、表述和论证，前者强调中亚需要地区一体化和合作架构，后者则质疑中亚地区性的存在及地区一体化的可行性。

地区通常有三种定义方式：第一种是物质主义的传统地缘政治理论的定义，其核心是领土问题；第二种是理念主义的批判地缘理论的定义，其中心思想在于地区是由政治因素造就的；第三种是行

---

1 〔美〕彼得·卡赞斯坦：《地区构成的世界：美国帝权中的亚洲和欧洲》，第 14 页。

为主义理论的定义，集中讨论地区是怎样被政治实践活动塑造和再造的。[1] 一般来说，一个地区的形成及被认可的过程同样体现了权力分配。这一过程往往由地区事务的主导者或国际体系中的强权、霸权国家根据自身的利益和意愿来推动。这是一种由外而内的视角。此外，虽然在以实力等传统要素为指标的评估体系中，小国的位置明显很低，但当代国际生活中小国的地位和作用呈现出前所未有的上升态势，并有诸多机会去营造本身的优势而影响国际体系和地区秩序。[2] 这意味着有可能存在自内而外的内生性地区概念。苏联解体后新独立的中亚地区在某种意义上较为典型：一方面，新独立的五国在民族/国家认同构建的过程中，也参与了地区身份的生成；另一方面，外部大国和国际组织始终在参与着由新独立国家组成的新的地区身份的塑造进程。

本文希望结合上述三种地区定义以及内生和外向两个视角，寻求一种"折中主义"。一般来说，单个国家的集体身份的形成和发展主要包括以下三个层次。第一个层次是基于地理基础的归属认同，主要是指意识到本国属于自己所在的地理范围。这是最低层次的中亚国家集体身份。第二个层次是在第一个层次的基础上产生一种区域国家优先合作的意识，即中亚国家主动寻求建立、扩大并发展某种双边或多边合作机制，进而在合作的过程中加强成员国的相互信任与认同。第三个层次则是超民族国家的共同体意识，即主动接受区域内的超国家机构或治理结构对本国国内事务的管辖，把对区域利益的认同置于民族国家利益的认同之上，在一个特定区域的

1　〔美〕彼得·卡赞斯坦：《地区构成的世界：美国帝权中的亚洲和欧洲》，第6页．

2　笔者首次对作为小国的中亚五国在地区秩序形成中的作用做出较为粗浅的讨论，是在《形成中的中亚地区格局：尚存的单极残余、不稳定多极及其他选择》(《俄罗斯研究》2009年第6期)中。作为国家开发银行—华东师范大学国际关系与地区发展研究院共建项目(第一期)成果，笔者提交了长文《小国行动的逻辑与形成中的中亚地区格局——兼论上海合作组织与集体安全条约组织的合作模式》，从理论上进一步梳理了小国在国际和地区格局中的行为逻辑与作用。

政治、经济、安全、文化发展等广泛领域中，从一个相对异质性较多、相对缺乏一致性的结构，向相对的趋同，利益上相互交织、嵌入、依赖和共同认同结构的转化过程。[1]

　　就中亚而言，冷战的终结、苏联的解体使得中亚新独立国家可以卸除冷战的压力和阴影，摆脱莫斯科的直接监管，在一种更加多元的国际和地区格局中加强自身的地位。但中亚国家在集体身份生成与巩固的过程中，各个国家政治、经济、文化活动特征和社会的相对同质性造成了两种不同向度的冲击：一种力量将各国的政治和经济活动推向更大的地区环境；另一种力量则将其压缩至本国国土疆界甚至更小的地方范围内。这是一个动态的转换过程，往往跟执政当局及与体制安全相关的利益所受的保障和威胁程度有正相关。[2]

　　中亚国家在苏联解体之后的地区认同构建与地区一体化 / 去一体化进程中具有同步性。中亚作为一个地区往往与中亚地区一体化紧密相连，这似乎已经成为一个人人皆知的不言自明的公理。而其意识形态支柱似乎主要在于中亚各国的历史、种族、文化、地理共性及其民族 / 国家认同中的穆斯林和突厥成分。一般而言，地区一体化的实质是所在地区的国家从一个较低向较高程度的相互依赖的发展，从一个霍布斯的无政府状态向有组织的共同体的变迁。[3]它经常被地区凝聚力（regional cohesion）、地区共同体（regional community）或高度整合的地区市场（a highly integrated regional

---

1　本段表述借鉴了张度的论文《比较视角下的东北亚区域意识：共同命运对集体认同的关键影响》（《当代亚太》2011 年第 4 期）。

2　有关体制安全对中亚国家发展的影响参见杨成《形成中的中亚地区格局：尚存的单极残余、不稳定多极和其他选择》，《俄罗斯研究》2009 年第 6 期。

3　参见 Либман А. Экономическая интеграция на пост-советском пространстве: институциональный аспект// Вопросы экономики, 2005, No.3, C.142–156; A. Libman and E. Vinokurov, *Holding-Together Regionalism: Twenty Years of Post-Soviet Integration*, New York: Palgrave-Macmillan, 2012, pp.11–12.

market）等指标所衡量。这为塑造新的地区认同创造了前提条件。地区一体化程度越高，地区认同的质量和层次就相应越高。由此，中亚国家的集体身份可以定义为由这一特定地理空间内不同国家构建的、跨问题领域的、高度行为相互依存状态的共同属性，这是其区别于其他外部"他者"的根本特征。[1]换言之，中亚国家的集体身份或者说中亚的地区身份[2]既表现为一种地区内部的趋同性，又表现为一个相对于外部世界的差异性以及在此差异性基础上的求同性。

问题在于中亚的地区一体化与被当今世界普遍视为一体化样板的欧盟不同，这是一个与之逻辑迥异、进程迥异的另一种类型的集体身份构建。一般而言，一体化的前提条件首先是承认存在独立的主权国家。但除了欧洲之外，全球范围内还有不少曾经共存于一个殖民国家或帝国体系之中的新独立国家，它们之间的一体化进程往往是与主权获得同步的。中亚五国显然属于此类。俄罗斯学者、独联体一体化研究的佼佼者亚历山大·利布曼（Alexander Libman）注意到了这一差异，并假定后殖民国家所在的地区一体化与欧盟教科书式的一体化逻辑有很大差异。利布曼将欧盟框架内的地区整合命名为"聚合式一体化"（coming-together integration），而将后苏联空间内的一体化命名为"维系式一体化"（holding-together integration）。在他看来，维系式一体化是一个由一组曾经共属一个单一政治 – 经济体（单一制国家或殖民帝国）的国家倡议的，初始阶段即已拥有较高程度的经济、政治和文化相互依赖的地区一体化。[3]换言之，地区共同体不仅是未来发展的目标，同时也是曾经过往的历史，这就

---

1 这一概念借用了卡赞斯坦对于地区的界定。参见〔美〕彼得·卡赞斯坦《地区构成的世界：美国帝权中的亚洲和欧洲》，第14页。

2 本文在同等意义上使用这两个概念。

3 A. Libman and E. Vinokurov, *Holding-Together Regionalism: Twenty Years of Post-Soviet Integration*, pp.11–16.

给中亚国家集体身份的再造提供了不同于欧盟的起点。

如表9所示，维系式一体化与聚合式一体化的区别主要体现在以下四个方面。第一，维系式一体化从推进伊始各成员国间就保持着高度的相互依赖，其程度一般要高于从零起点推动的聚合式一体化。第二，维系式一体化往往和其参与者的国家构建进程同步进行。在极端情况下，成员国不得不在通过建设一个政治体系、公共管理系统、有望发展的经济和相应的民族 / 国家认同以"创造"自己的同时与其他国家展开互动。第三,二者在一体化和去一体化的成本 - 收益比方面截然相反。尽管二者都是从打破现状中获益，但维系式一体化进程中去一体化的成本高于维持现状，而在聚合式一体化进程中一体化的成本高于维持现状。第四，维系式一体化因其参与者共属同一政治经济实体的历史，而可能使部分机制在前帝国解体后仍然发挥功能，不必在零起点上构建合作进程。在苏联计划经济体系下，各加盟共和国形成了从产业到技术分工精确的经济生产 - 消费链条，它们彼此之间高度依赖，缺一不可。这样一来，苏联解体的最直接后果就是导致浑然一体、能实现自循环的经济机器从此难以为继，这给包括中亚国家在内的新独立国家带来了巨大震荡。这样一来，中亚地区维系式一体化的初始和首要目标正在于维持这些新独立国家之间一定程度的经济和政治整合，以免苏联解体造成的代价过于巨大。

表9 "聚合式一体化"和"维系式一体化"之区别

	聚合式一体化	维系式一体化
起点	一组已有的主权国家	一组在前政治实体消亡后新产生的独立国家
目标	至少在长期意义上更大程度的经济、政治与文化整合	在原有联盟框架之外，或维持曾经的经济、政治和文化联系，或提高其水平
单个国家间的相互依赖	相对较低	相对较高

续表

	聚合式一体化	维系式一体化
一体化工具	新建	新建，但过去的某些机制仍发挥作用
一体化/去一体化成本	一体化成本高于维持现状成本	去一体化成本高于维持现状成本
成员国的国家构建方案	已完成，对地区主义不产生影响	仍在进行中，和地区主义形成强烈互补

资料来源：根据 A. Libman and E. Vinokurov, *Holding-Together Regionalism: Twenty Years of Post-Soviet Integration*, pp.15–16 表 2.1 制作，略有调整。

利布曼认为，维系式一体化的目标应该在于维持由去一体化走向再一体化的 U 形发展这一过程。[1]也就是说，在这一逻辑的指引下，单一制国家的解体势必在一段时间内使得去一体化在所难免，但曾经拥有的集体身份认同将在随后推动各国出于种种目的再度形成种类繁多的政府间合作机制，最终促进再一体化的实现。在笔者看来，利布曼的本意是在为俄罗斯重新主导中亚地区的一体化提供一种理论解释，这一探索注意到一体化初始的零起点和非零起点导致的不同逻辑，但有关再一体化的推演可能有着明显的不足，与中亚地区所发生的复杂纷乱的实际发展存在明显的鸿沟。

应该承认，中亚国家集体身份的生成和巩固所要面临的最大外部因素就是俄罗斯。这些新独立国家在民族/国家构建过程中需要借助于"他者"来构建新的"本我"。而将他者的功能赋予前宗主国通常是最简单、最诱人的战略。如同前文在论证中亚国家个体身份形成的部分所言，包括中亚五国在内的很多新独立国家都致力于塑造一个外来侵略者和民族自我解放的神话。问题的实质就在于，中亚国家尽管已经独立 20 余年，但在很大程度上依然深深镶嵌于

1　A. Libman and E. Vinokurov, *Holding-together Regionalism: Twenty Years of Post-Soviet Integration*, p.13.

俄罗斯的帝权体系之中。[1]这种关联正在变为矛盾的疏离与整合并存的复杂权力结构上。俄对中亚政策的主要目标仍然包括了一些不切实际的要求，比如认为在中亚一体化进程中扮演主角并起组织作用的自然当属俄罗斯。于是，我们看到在国际层面，俄罗斯关注建立与保持同其他大国的平等地位。然而俄罗斯对于近邻地区的态度仍然是等级制的，注重权力因素并且主张干预主义。[2]俄罗斯的帝权既反衬了中亚地区或多或少的排俄和防俄主义以及与之共生的亲俄主义，又不由自主地使该地区国家在表面上"去俄罗斯化"和实质上可能的"再俄罗斯化"[3]之间摇摆不定。

在笔者看来，中亚国家集体身份的生成和巩固伴随着三种一体化进程：一是利布曼定义的维系式一体化；二是当下俄罗斯正在推动的捆绑式一体化（putting-together integration）；三是初显轮廓、前景远不确定的聚合式一体化。在某种意义上，维系式一体化先验地暗含

1　俄罗斯当下的中亚政策在相当大程度上是基于昔日的宗主国／边缘依附关系而设计的，在战略上并未放弃"势力范围"的窠臼。相对于其他大国，俄罗斯对中亚的影响仍然保持着优势地位，中亚国家短期内难以也无力完全摆脱俄的影响：中亚国家的政治精英和知识分子阶层多在莫斯科或圣彼得堡等地获得学位，中亚领导人迄今仍与俄精英网络藕断丝连；相当一部分中亚军事和情报机构人员同属于苏联统一体系的统一塑造；经济领域的国家俘获等都源自苏联的历史遗产；文化领域中亚民众仍然依赖于俄语和俄文节目开眼看世界。参见 Marlène Laruelle, "Russia and Central Asia," in Emilian Kavalski (ed.), *The New Central Asia: The Regional Impact of International Actors*, Singapore: World Scientific Publishing Co. Pte. Ltd, 2010, p.150。

2　John Gaddis and Andrew Hurrell, *Order and Justice in International Relations*, New York: Oxford University Press, 2003, p.206；冯绍雷、相蓝欣主编《转型中的俄罗斯对外战略》，上海人民出版社，2005，第 80 页。

3　后苏联时期中亚各国的"去俄罗斯化"政策并不能掩盖其在某些领域"再俄罗斯化"的结果，比如政治体制和国家治理方面中亚国家与苏联时期的区分度相对不大。本来中亚国家民族意识的伸张主要是在戈尔巴乔夫改革时期，即在亨廷顿所谓"民主的第三波浪潮"之关键一环中启动的。换言之，中亚国家独立之初的领导人都是将民主构建（democracy-building）作为原始任务的，但这一政治议程很快发生了偏转，并先后经历了从普遍民主（universal democracy）过渡到国家特色的民主（national democracy）再到开明专制（enlightened authoritarianism）的发展阶段。相应地，第一阶段的指导意识形态是民主理想主义，第二阶段调整为民主相对论，第三阶段则变成民主蒙昧主义。

着退化性；捆绑式一体化则容易引发民族/国家构建与一体化本身之间的矛盾，从主权让渡的自觉性视角看可能因主导大国的强制力而包含着一定的退步性；聚合式一体化因其照顾到成员国的平等地位和强调一体化演化的自然特征而具有进步性。这三种范式彼此共存，并且频繁地相互影响，直接造就了中亚国家集体身份的复杂性。

苏联解体后，包括中亚五国在内的成员国曾对独联体抱有幻想，认为苏联各加盟共和国历史上形成的"剪不断、理还乱"的各种联系，能使其迅速演变为"完全意义上的一体化联合体"。直至1994年9月，俄与中亚国家之间的相互联系尚未被完全切割，彼此采用统一的货币单位——卢布进行经济结算。随后，以卢布区的瓦解为标志，独联体经济"去一体化"达到了第一波高峰。从1995年开始，俄罗斯根据独联体一体化多层次的特点，试图"在自愿基础上，深入分阶段地吸收独联体国家参与一体化进程"。[1]这实际上启动了俄罗斯主导的捆绑式一体化的进程。当年1月，俄罗斯首先与白俄罗斯和哈萨克斯坦签署了建立三国海关联盟的联合备忘录。1996年3月，吉尔吉斯坦加入海关联盟，四国签署了加深经济和人文领域一体化条约，规定四国要实行比独联体其他成员国更为紧密的经济一体化。[2]1999年，塔吉克斯坦正式加入该联盟，海关联盟因而扩大为五国。[3]但是，1998年金融风暴的突然发生不仅对俄罗斯经济造成严重冲击，也使得新一轮以俄罗斯为主导的独联体一体化进程陷入新的困境，独联体国家与俄"去一体化"的倾向再度抬头。21世纪以来，中亚五国逐渐成为世界主要力量在军事战略、地缘政治和经济领域竞争的平台。普京为了适应欧亚大陆地缘政治和地缘经济格局的调

1　Российская газета.23 сентября 2006 г.
2　Договор между Российской Федерацией, Республикой Белоруссия, Республикой Казакстан и Киргизской Республикой об углублении интеграции в экономической и гуманитарной областях от 29 марта 1996г // Российская газета.30 марта 1996г.
3　Договор о Таможном союзе и Едином экономическом пространстве от 26 февраля 1999г.

整和国际权力转移的新态势，于 2011 年正式推出"欧亚联盟"战略，
试图重新整合并主导包括中亚在内的"近邻外国"空间。[1]

　　中亚五国独立之后曾数度致力于推进各种维系式和聚合式地区
一体化方案。如上文所述，1993 年，中亚领导人于塔什干宣布其
所在地区将使用"中亚"而弃用苏联时期的"中亚与哈萨克斯坦"。
1994 年 1 月，哈萨克斯坦总统纳扎尔巴耶夫与乌兹别克斯坦总统卡
里莫夫签署了两国建立共同经济空间的协定，吉尔吉斯斯坦随即加
入。1994 年 4 月，上述三国总统决定建立旨在推动地区商品、服
务、资本和人口自由流动的中亚经济联盟，并建立了国家间委员会
和中亚合作开发银行。结束内战不久的塔吉克斯坦于 1998 年加入了
中亚经济联盟。此时它已被改称为中亚经济共同体。2001 年，该组
织再次被更名为中亚合作组织，其目标也更多是为中亚地区合作提
供公共产品而非成立地区经济联盟。但中亚作为一个同质地区且有
可能实现区内一体化的理念自 21 世纪初开始受到严重挑战，其中俄
罗斯于 2004 年加入中亚合作组织和乌兹别克斯坦于 2005 年加入欧
亚经济共同体的负面作用最大。由于中亚合作组织与欧亚经济共同
体在各方面都有相似性，各成员国领导人最终决定合并两组织。这
也意味着，基于中亚各国自身的区内一体化构想最终宣告失败。在
中亚本土专家看来，这一结果一方面说明中亚国家无力构建一个成
功的地区合作框架，另一方面也展示出各国自愿臣服于与本地区
有着千丝万缕联系的旧宗主国——俄罗斯。乌兹别克学者托利波夫
（Farkhad Tolipov）指出：

　　　　俄罗斯以全权成员身份加入中亚合作组织及其在塔吉克斯
　　　坦军事基地的开启，与其说是俄罗斯的进攻行为，不如说是中

---

[1]　参见杨成《西接欧盟东扩之招、东拓邻国合作空间：普京"欧亚联盟"构想雄心勃勃》，《文
　　汇报》2011 年 10 月 10 日；王树春、万青松《试论欧亚联盟的未来前景》，《俄罗斯研究》
　　2012 年第 2 期。

亚国家的臣服。……不幸的是，地区国家既不能展示其完全的独立性，也不能表现其期待已久的团结，相反证明了它们在容易产生冲突的地区事务中对于调停者的需求，因而破坏和忽略了只限于中亚国家参与的一体化的自我价值。[1]

由此可见，当下的中亚仍属于一个有限的自由流动状态，并因深嵌于俄罗斯帝权体系之中而受其制约。当俄罗斯当局看到中亚重要的安全和经济利益遭遇外来挑战或内在风险时，在其国家实力许可的情况下，它就会支持各种由其主导的地区一体化方案，或与中亚地区内个别大国构建紧密的战略伙伴关系。在这种情况下，中亚地区表现出高度矛盾的特征，它既可以在适当时候变大[2]，也可能缩小[3]；它可能表现出封闭性[4]，也可以表现出开放性[5]。无论如何，我们在讨论中亚国家的个体与集体身份时绝不能忽略俄罗斯的特殊角色。当然，我们也不必夸大俄的影响，俄罗斯在后苏联空间中，尤其是在中亚地区权力范围广泛，但似乎同样缺乏深度和后劲，它非常壮观，但仍不够充盈。俄罗斯如果试图重新主导中亚，重新将自己的秩序观强加于一个权力结构日益复杂、难以独立驾驭的中亚，那么它很可能会以失败告终。相应地，如果新独立国家能够在较短的时间内寻找到足以替代或

1　2012 年 6 月 25 日笔者在韩国汉阳大学参加中亚论坛会议期间与乌兹别克学者的交谈记录。

2　比如，在美国领导的北约部队即将从阿富汗撤军的情况下，阿富汗已经被俄纳入中亚地区事务的议程，上海合作组织已经多次讨论这一问题。

3　比如，俄白哈海关同盟以及正在紧锣密鼓推进中的统一经济空间和欧亚联盟的建设就没有包含全部中亚五国。

4　2011 年底在上海召开的"瓦尔代"国际辩论俱乐部俄中分组会第二次会议期间，俄方学者在提交大会讨论的报告中明确对上海合作组织与欧亚联盟可能导致中俄关系的潜在紧张表示担忧。参见华东师范大学俄罗斯研究中心、俄罗斯国防与外交政策委员会《21 世纪的中国与俄罗斯：地区挑战与机遇——"瓦尔代"国际辩论俱乐部中俄分组讨论提纲》，《俄罗斯研究》2012 年第 1 期。另据自 2006 年起即连续参加"瓦尔代"会议的华东师范大学俄罗斯研究中心主任冯绍雷教授透露，俄总统普京在 2012 年 9 月召开的"瓦尔代"辩论俱乐部上明确表示上合组织和欧亚联盟是两个功能不同的制度设计，暗示中国无权加入后者的一体化进程。

5　如禁毒等非传统安全合作，尽管与西方在恐怖主义等概念的认定上并不相同。

补充莫斯科的新伙伴，去一体化不仅不可避免，而且在新的复杂地区权力结构下难以实现再一体化。与欧洲、东南亚甚至是至今仍然存在大量冷战残余结构的东北亚相比，中亚国家的集体身份认同程度似乎相对较低。一方面，这与中亚新独立国家参与地区和国际事务进程的时间较晚相关；另一方面，中亚国家相互之间的合作意识本就不强，最早属于维系式一体化的一部分，试图构建自己的地区合作方案，以避免在新的后苏联秩序中被进一步边缘化，但受制于种种历史遗留问题和矛盾而停滞不前。[1]这直接导致部分国家对进一步的合作，尤其是这种聚合式　体化的前景丧失信心。

应该承认，当下的中亚首先是由苏联解体塑造和被原来苏联五个加盟共和国的一体化努力再造的政治空间和政治过程，并受到了国际与地区权力转移的强烈影响。它不是自然给定的物质，而首先是基于国际—国内联动性发生的社会建构。此时，内生性的发展动力尤为重要，中亚在历史上第一次有可能不再被视为由外部大国或某些集团选定的集体符号，进而被其用来主导地理世界上某些具体的地域，而是一个拥有自我动力、逻辑并在外部冲击下自主反应的、由单个国家组成的集体行为体。问题在于，尽管中亚各国在苏联解体后有一个相似的经济社会变革，但中亚国家由于其民族/国家身份的再造时间较短，对于领土、主权等问题的意识依然非常敏感，没有明确的整合中心点和共同传统，各国具体的差异以及彼此国际合作的结构直接影响其集体身份的生成与巩固。以"俄罗斯化"为动力的维系式、捆绑式和以"在地化"为动力的聚合式一体化之间的相互博弈前景并不明朗。而作为对"俄罗斯化"的一种反

1　哈萨克斯坦总统战略研究所所长苏尔坦诺夫（B. Sultanov）2012年10月19日在华东师范大学
　　俄罗斯研究中心和德国艾伯特基金会联合举办的"中亚：大国的交汇与合作"国际会议上指出：
　　"很遗憾的是，尽管中亚五国领导人都一再重申拥有共同的历史、文化、语言、民族和宗教的
　　共性，但是推出的很多很好的一体化项目，目前还都没有实质性的进展。尽管哈萨克斯坦一直
　　非常努力致力于推动中亚五国之间的集体合作，但问题依然非常复杂，也许在短时间内还很难
　　得到解决。纳扎尔巴耶夫总统曾提出成立中亚国家联盟的倡议，但没有获得另外四国的支持。"

动，中亚各国在对外合作的"国际化"方面不遗余力。从这一意义上讲，中亚作为政治学和国际关系分析中的一个概念，实际上仍是一个自我与他者共建的、形成中的、叠加的范畴（见表10）。

表10　后苏联时期的中亚国家的复合集体身份

	作为独立地区	作为后苏联空间的一部分	作为欧亚大陆一体化的一部分（中部欧亚、大中东、大中亚等）	作为意识形态的欧亚主义的承载者	作为碎片化的地区
组成要素来源	苏联解体	苏联遗产	形成中的经济联系	文化、历史和地缘政治共性	语言/文化差异；历史纠纷等
对欧洲的认知	排除在外	排除在外	包含在内	排除在外（作为欧洲中心论的他者）	排除在外
对俄罗斯的认知	前宗主国	天然盟友	排除在外	包含在内	包含/排除双重性
对亚洲人的认知	排除在外	排除在外（可能包含蒙古和中国新疆）	包含在内	部分包含在内	包含/排除双重性
对西方化和现代化的认知	学习西方发达国家，尽早实现现代化，进而加强独立地区的集体身份	成为西方一部分的有限可能性	学习西方国家的现代化战略；较少关注意识形态而更多关注经济合作	拒绝通过西方化实现现代化，寻求特殊道路	赞同/反对/中立
身份性质	地理和政治定义	地理和政治定义	外交或经济外交政策组合	意识形态	×
定义方式	自内而外	自外而内	自外而内	内生/外生	内生/外生

注：× 表示不存在。

　　塔吉克斯坦总统战略研究中心国内政治分析与预测处的哈吉姆（A.R.Khakim）研究员甚至认为：

> 在各种利益争夺进一步激化、中亚内部问题进一步发展的情况下，今后是不是还会存在一个中亚地区完整的政治概念，我们也还是抱有疑问的……如果看一下中期前景，本地区的地缘图景很可能会发生深刻、根本的变化……随着各种各样的内外摩擦进一步升级，我们将很难再把中亚视为一个统一的地区、一个整体。今后中亚作为一个地缘政治概念，或者作为一个政治概念，也许会从国际政治问题中消失。[1]

　　在笔者看来，中亚作为一个地区一直处于流动状态。历史上，中亚曾经被视为丝绸之路上一度繁荣昌盛并深度融入世界体系的地区。后来，随着海上丝绸之路的兴起，中亚作为陆上丝绸之路重要枢纽的重要性不断降低，逐渐自我孤立于外部世界。在沙俄及随后的苏联统治时期，中亚的地区属性进一步被弱化，几无与世界其他国家的独立联系，且因被划分为数个加盟共和国而日益碎片化。苏联骤然解体一度被视为中亚国家重新获得地区统一性并通过发展与外部世界的关系打破社会经济孤立的历史机遇。国际学界在中亚五国独立初期基本上认为这五个新独立的"脆弱"国家因共享很多种族、文化、语言、地理和宗教联系，且面临诸多相同或相近的政治独立、经济发展、地区治理、地缘政治转型等挑战而会自然而然地成为相互交织、相互关联的国家组合。但事实的发展似乎与此相悖：土库曼斯坦从最初阶段就更多地游离于中亚其他四国的集体之外；而哈萨克斯坦在近年来的快速发展中也产生了一种优越感，越发不

1　哈吉姆2012年10月19日在华东师范大学俄罗斯研究中心和德国艾伯特基金会联合举办的"中亚：大国的交汇与合作"国际会议上的评论发言。

愿意自列于"不发达"的中亚国家之林，而倾向于使用类似苏联时期的历史称谓"中亚与哈萨克斯坦"界定自身的地区身份。

问题的关键在于中亚国家的集体身份首先基于各国国内的民族／国家构建，然后才是在全球化、国际化、地区化的三重议程中试图再造一个新的集体身份与地区秩序。这种地区认同并没有取代更为浓重的民族、次民族和地方认同，而只是起到补充作用。在没有一个足够强大的内部国家引领构建的情况下，分歧多于共识、竞争多于合作、矛盾多于一致可能会是中亚地区秩序的常态，碎片化的中亚国家集体身份仍将持续相当长时间。但不管如何，"后苏联空间"业已终结，其标志是独联体作为地区性国际组织功能的日益弱化、新独立国家政治发展方向的变迁、外部力量在后苏联空间内的地位和影响不断增长，由本地区国家和其他超出后苏联空间的行为体共同参与的新的地区组织不断涌现。[1]随着这些国家自身的民族／国家建设进程的加速，对一种新的地区构建需求势必日益迫切。

结　语

在沙俄征服中亚并将其并入帝国版图之前，中亚并无哈萨克、吉尔吉斯、乌兹别克、塔吉克、土库曼斯坦民族国家这样的政治实体。布哈拉、希瓦和撒马尔罕汗国以及此前的各类汗国都只是由某一个统治者统领的部落联盟。中亚五国的现有国界源于20世纪二三十年代苏联的民族政策。毫无疑问，中亚五国是当今国际社会民族／国家构建进程中的后来者。

苏联时期，经过联盟中央国家机器的强力推动，辅之以数十年的共同生活、标准化的教育体系以及共有的生活形态，中亚各加盟

1　Россия и Центрально-Восточная Европа: Трансформации в конце XX-начале XXI века. том первый. Преобразования. М.：Наука.2005г, C.306-307.

共和国的民众，包括当地的主体民族都养成了"苏联人"的身份认同。[1]这种统合苏联境内所有个体、各种民族/种族及宗教的强大意识形态体系促使人们首先认可自己是超级大国苏联的公民，并在相当程度上防范和阻遏着独立民族/国家身份的滋长。

与苏联一朝崩解相伴的必然是苏联认同的消弭，这意味着所有新生的中亚国家在多年来享受苏联治理的稳定后不得不应对如何建构新的国家身份的重要任务，而这正是当政者的合法性、正当性以及统治力的来源。它刺激了中亚国家，尤其是其主体民族对本国的个体与集体身份的新理解。

在此背景下，新生的中亚五国通过时间重构（重新打扮民族历史）、空间重构（城市和符号建设）以及人的重构（宗教与教育）等方式，在"去俄罗斯化"和"在地化"以及"国际化"的三重路径中构建自己的民族/国家身份，推动民族国家凝聚力的形成。各国统治者有意识地对先前存在的价值观、象征物、历史记忆进行了重新选择、重新组合和重新构造，他们有意或无意地向本国民众释放出国家应该由主体民族所有和主体民族所享的相关信号。无论是在作为国家根本大法的宪法章程中的书写中，还是在实际政治、经济、社会及文化生活中都在践行着上述原则：主体民族的语言变成了国语，并在行政、立法、司法、教育、公共传播等事务中占据了主导地位；主体民族的文化在国家象征符号（国旗、国歌等）和国家控制的各类社会化工具（如电视、广播、教科书等）中占有特殊地位。依据这些标准，我们可以确认，中亚国家的民族/国家身份作为一个同步进行的过程，前者显然是各国政府的绝对优先方向，

---

[1] 尽管斯大林及其后的苏联领导人的中亚政策都旨在加强莫斯科对该地区的控制而非创造完全意义上的民族国家，但在此进程中伴随着祖国的归属感产生和发展的还有民族自觉意识。这种现象在所有原苏联加盟共和国中都较为普遍，但相较于波罗的海、高加索和俄白乌斯拉夫三国而言，中亚的当代意义上的民族认同发展相对较为缓慢。可能正因为如此，中亚国家对苏联解体的反应以及宣布国家独立的过程都要晚于上述其他苏联加盟共和国。参见 Robert Kaiser, *The Geography of Nationalism in Russia and the USSR*, Princeton: Princeton University Press, 1994, p.399。

国家认同从属于民族认同的构建。

这种以主体民族为优先的民族／国家身份构建迅速填补了苏联认同被放弃后的意识形态真空，而代之以新的、更实际和更实用的民族／国家身份和地区认同想象，从而使得中亚国家能快速成为国际关系的行为主体。但正因为如此，一种过于偏向主体民族，忽视其他人口、民族结构的逻辑导致了在多数"民族化政策"下必然产生新的身份认同难题。比如，在政治实践方面，民族化的公民资格法律可能导致在政治官员选举之时，主体民族具有过分代表性（over-representation）；在社会方面，学校和大众媒介将被强制要求使用官方语言，这无疑侵蚀了其他民族语言的公共空间；在公共产品领域，向单一官方语言的快速转变将在事实上减少其他民族向国家提供服务的参与；在经济发展方面，假定为民族国家主人的主体民族一般被赋予特殊的（甚至具有排他性的）权利进行土地分配或者资金分配。这样一来，本应成为统合各国民众重要手段的民族／国家身份，反而可能导致中亚各国社会在某种程度上处于一盘散沙的境地，种族、宗教、语言、社会地位乃至出生地都变成了横亘在民族团结之间的难题。

一般来说，一个国家在特定地区的集体身份，在特定的历史时期里看起来可能是不可或难以改变的，但问题在于地理和心灵边界总是服从和服务于政治重建。中亚在这一问题上并不例外。在集体身份的生成与巩固方面，中亚五国也面临着种种困难。一方面，地理学意义上的"中亚"直接影响了中亚国家集体身份的生成与巩固；另一方面，苏联解体后的国际和地区进程内在地规定了中亚地区国家集体身份的内涵和外延。后苏联时期的中亚不再是国际体系的旁观者，外部大国和地区性组织，如美国、俄罗斯、欧盟、土耳其、中国，以及一些伊斯兰国家对这一地区的影响力日益加深。[1] 加上苏

---

1 Valery V. Tsepkalo, "The Remaking of Eurasia," *Foreign Affairs*, Vol.77, No.2, 1998, pp.107-126.

联遗产的持续影响，包括各国之间的矛盾、分歧和冲突，使得这种国家的个体身份与地区集体身份之间的张力日益突出，也导致中亚五国形成了碎片化的集体身份认知。这些构成了当前中亚国家身份认知的基本状况。

在笔者看来，未来中亚的集体身份将在很大程度上取决于各国政治重建和融入世界与地区一体化进程的进展。我们应该注意到，中亚国家的集体身份并不是要建立一个统一的中亚身份来替代各国的国家身份。国家的个体身份并没有因民族国家在特定地区或特定领域的集休认同而失去其精髓。多数情况下，民族国家的个体身份能够和新的地区认同和睦相处。经验表明，中亚国家集体身份的中亚化在不同的国家中发展程度是不平衡的。哈萨克斯坦的中亚化程度较高，乌兹别克斯坦、吉尔吉斯斯坦和塔吉克斯坦处于中间，而土库曼斯坦则相对较低，几乎游离于整个中亚地区一体化进程之外。与此同时，一个新的现象是，哈萨克斯坦开始倾向于在某种程度上恢复苏联传统，将之与中亚并列，从而强调其特殊地位，与"不发达的中亚"实行政治切割。

我们也要看到，同样作为转型国家，俄罗斯的发展与中亚国家都先验地存在"去苏联化"的内容，具有某种内在的一致性。俄罗斯与中亚国家都在呼唤国际化，都在理论和实践上"告别苏联""走出苏联"。这意味着中亚国家一方面对俄罗斯的"帝国野心"始终抱有警惕，另一方面过往千丝万缕的联系又决定了它们难以与俄实现绝对意义上的切割。俄罗斯作为中亚的外部大国始终是影响中亚转型的最大因素。

从某种程度上讲，对于中亚国家而言，俄罗斯不是一个纯粹的国家，而首先是一个隐喻。无论是国家的个体还是集体身份的构建，都可以从这个隐喻中找到源泉。在官方干预和扶持下，中亚国家对先前存在的价值观、象征物、历史记忆等进行了重新选择、重新组合和重新构造。旧有的苏联认同被逐步放弃，而新的、更实际和更实用的国家个体与集体身份想象正在以一种快速产生和渐渐积聚的方式占据主导地位。

　　总之，尽管上年中亚国家均以不同方式隆重庆祝本国独立 20 周年，然而它们的民族／国家构建进程迄今尚未终结。可以说，中亚新独立国家民族／国家构建的过程，包括新的国家身份生成的过程，是一个消除苏联骤然解体的冲击、克服这一历史进程带来中亚人民的彷徨与茫然，并孕育着新的发展内在能量的必由之路。尽管转型迄今已 20 年有余，但中亚各国当下依然处在一种"不稳定"的发展状态之中，相应地，各国转型进程仍在持续并具有较大的不确定性。因此，在经过初期的紧张不安后，中亚国家个体与集体身份的生成、巩固和发展之路远未终结。从某种意义上讲，它好比罗马的双面神，一方面它代表着自由、友爱以及其他积极目标的达成，另一方面它又象征着分裂、暴力和毁灭。[1] 进一步说，这意味着中亚国家的个体身份与集体身份的生成是一个非常微妙的过程，作为一个通常是自上而下的意识形态的产品，需要经过精巧的设计和精确的决策，否则这不仅不能带来整个国族与地区的统一与整合，相反会成为撕裂它们的工具。

原载《俄罗斯研究》2012 年第 5 期

1　Tom Nairn, *Faces of Nationalism: Janus Revisited*, New York: Verso, 1997.

身份变换与权威再造：苏联解体后中亚"东干人"精英的社会组织化过程

李如东

"教授（伊玛佐夫，Имазов Мухаме Хусезович）一直担心'东干学'研究做不下去，因为没有年轻人愿意去工作，工资太低了……"吉尔吉斯斯坦（以下简称"吉国"）科学院东干学与汉学研究中心研究者苏菲娅在聊到"东干族"的"科学人"（学者）时这样说道。[1] 苏菲娅所言不虚。苏联解体后，吉国科学与教育工作者的工资收入急剧下降，部分研究者要么转业，要么在从事科研的同时兼职其他工作，其生活状况与社会地位和在苏联时期不可同日而语。相较于商人、国家公职人员和宗教人士等经济回报较高或更易获取社会威望的职业，科学研

1　田野日志，2014年11月9日。出于学术规范以及保护访谈人的考虑，除公众人物与学者之外，文中出现的受访者或信息报道人皆为化名。

究已不是人们择业的首选。此种职业选择倾向在苏联解体后成长起来的中亚年轻人群体中尤为明显。苏联解体至今，吉国东干学与汉学研究中心仅吸收了两名年轻研究者（除苏菲娅外尚有一位男性）；而为维持家庭和其他社会事务的支出，这两位年轻人不得不将更多时间投入农业生产和商业活动中，科研工作在一定程度上成为副业。

显然，部分科研工作者经济和社会声望的衰减与中亚的政治、社会、经济以及观念变化有关。苏联解体后，随着中亚地区的民族国家建构、市场经济发展，以及宗教复苏等关涉政治、经济与社会面相之事宜的展开，个人和群体的生活状况、社会身份与权威也随之受到影响。如果我们对此视而不见，就很难理解昔日备受尊重的"科学人"在当前中亚社会的境遇。笔者认为，苏联解体后"东干人"精英群体发生了重组，商人和宗教人士成为主要的精英群体；知识分子和公职人员虽仍具有社会影响力，但人数已经相对较少；部分处于较低社会层级的个人和群体借助经济、社会和文化资源完成了身份转换，成功跻身精英行列；部分在苏联时期处于较高社会层级的"东干人"中，有的通过重组社会与文化资源巩固其权威，有的则依靠个人的品行或学识赢得人们的尊重，但也有一部分在社会重组过程中滑落到较低的社会阶层。东干精英权威的社会组织化过程正是在不同群体的相互合作与竞争关系中展开和完成的。这种"合作－竞争"关系是"东干人"各精英群体权威组织过程的基本特征；这一特征的形成和苏联解体后中亚政治、经济、社会与文化的转型及其彼此之间交错复杂的关系密不可分。

一　研究问题与方法

本文研究的问题是苏联解体后中亚"东干人"精英身份的变化及其权威再造的社会组织化过程。"东干人"的主体是 1877~1884 年因西北"回民起义"和中俄划定伊犁边界（《中俄伊犁条约》）迁往中亚的陕甘回民之后裔。此外，受1962年"伊塔事件"影响而迁往中亚的部分中国新疆籍回民及其后代也被登记为"东干人"，并成为其时苏联集体农庄的劳动者。"东干人"主要居住在中亚哈萨克斯坦、吉尔吉斯斯坦交界的楚河流域以及乌兹别克的塔什干等地区，人口大约为13.2万人。[1] 从定居中亚至今，"东干人"已在中亚生活和发展了140年。苏联解体后，随着中亚各国以"主体民族"为担纲的民族国家建设逐渐加深，"东干人"的政治参与和民族文化发展呈现出"边缘化"趋势。与此同时，绝大多数"东干人"借助中国与中亚的商贸和文化网络增加了与祖籍地的互动频率。这些新变化在本文讨论的"东干人"精英社会转变诸面相中都有所呈现。

本文所涉及的东干精英群体主要有知识分子、宗教人士、政府公职人员和商人等，笔者将这些"东干人"精英分为知识精英、宗教精英、官僚精英和商业精英等来讨论。此分类既参考了"东干人"对其内部不同群体的表述，也参考了苏联解体后精英变化的一般社会学语境。在具体社会生活中，"东干人"将商业精英表述为"巴依人""有钱汉"等，将宗教精英称为"教门人"、阿訇、伊玛目等，将知识精英表述为"科学人"或"写家"（即作家）等，将官僚精英称为"做官活的"（"东干人"将官僚体系中的工作称为"官活"）或"官家人"等。而在社会学语境层面，前述各群体乃是苏联解体后中亚社会转型过程中较为常见的精英类型。需说明的是，苏联解体后多数"东干人"知识精英转入其他行业，持续从事科研工作者多为吉国"东干学与汉学研究中心"的学者，故本文所

1　据2009年吉尔吉斯斯坦人口普查数据、2014年哈萨克斯坦人口数据以及乌兹别克斯坦东干文化研究中心提供的该国"东干人"数据等资料综合计算而得。参见 National Statistical Committee of the Kyrgyz Republic, *Main Social Demographic Characteristics of Population and Number of Housing Units*, Bishkek, 2009, p.52; "Demographics of Kazakhstan," 2016. 2.21, https://en.wikipedia.org/wiki/Demographics_of_Kazakhstan。

论知识精英以该群体为主，但也兼顾其他知识群体（如教师）。

　　本文在研究方法上以"实地调查"为主，文献研究为辅。文章所用的材料主要来源于笔者 2014 年 9 月至 2015 年 7 月在吉国阿列克桑德洛夫卡乡（Село Александровка，也译亚历山大乡）、托克马克市（город Токмок）、比什凯克市（город Бишкек）、奥什市卡拉苏（Kapa-Cyy）等地区的实地调查，以及 2017 年 7 月中下旬在哈萨克斯坦（以下简称"哈国"）马三青乡（Село Масанчин）、阿拉木图（Алматы）等"东干人"群体中的田野访谈资料。笔者将在这些田野资料的基础上结合相关文献，讨论"东干人"不同类型的精英在因应中亚"新语境"过程中的身份变换和权威构建。

二　相关研究与概念界定

　　苏联解体后，来自汉语和英语世界的学者越来越多地参与对"东干人"的研究，这改变了此前东干研究俄语世界一枝独秀的局面。[1] 从研究议题上看，多数中国学者将研究集中于东干人的语言、历史、文化和文学等方面，[2] 这些研究逐步奠定了中国"东干学"的格局。[3] 此外，尚有部分学者（尤其是民族学者）将"东干人"的民

1　俄语世界的东干人研究主要出自苏联时期研究者之手；初期阶段，其研究议题主要集中于"东干人"的族源、文学、语言和习俗等方面；20 世纪 50 年代后，该群体的"东干人"研究逐渐从汉学、东方学传统转向民族学与民俗学。参见〔苏〕苏三洛《苏联东干学现状》，郭兆林译，《回族研究》1991 年第 3 期；丁宏《东干学与东干学研究》，《回族研究》1998 年第 2 期。

2　海峰：《中亚东干语言研究》，新疆大学出版社，2003；林涛：《中亚回族陕西话研究》，宁夏人民出版社，2008；王国杰：《东干族形成发展史——中亚陕甘回族移民研究》，陕西人民出版社，1997；丁宏：《东干文化研究》，中央民族大学出版社，1999；常文昌主编《世界华语文学的"新大陆"——东干文学论纲》，中国社会科学出版社，2010。

3　这种研究格局在胡振华编著的《中亚东干学研究》中有明显体现。参见胡振华主编《中亚东干学研究》，中央民族大学出版社，2009。

族认同作为核心议题，[1]并和国外人类学者的相关研究进行对话。[2]这些出自不同学科和学术（国别）传统的研究为我们从整体上认识"东干人"的语言、历史与文化等提供了基础，但多数学者的研究未涉及苏联解体后东干精英群体的社会变迁。

事实上，部分学者在研究苏联解体后的中亚社会时已从不同角度对精英群体进行过考察。在梁·鲍林琼斯（Pauline Jones Luong）所编的一本著作中，个别作者从国家－社会（state-society）关系视角对中亚各层面的精英在世俗主义价值观影响下与国家和社会展开的互动进行了研究。[3] 2007 年，托马索·特维萨尼（Tommaso Trevisani）反思了既往学界对苏联解体后的乌兹别克斯坦社会所采取的静态分析模式（这种研究常将人的活动置于部族与其他庇护关系中去讨论），并以社会动力学（social dynamic）研究路径考察了集体农庄废除后乌兹别克斯坦农村精英在棉花生产和销售过程中彼此竞争的面向。[4] 2013 年，劳伦斯·马科维茨（Lawrence P. Markowitz）以乌兹别克斯坦和塔吉克斯坦为中心展开比较研究，重点考察了经济、权力和精英活动彼此交织的关系对中亚国家资源开发、保护和管理（尤其是不动产）的影响。[5]这些研究虽然凸显了精英群体在苏联解体后的中亚社会和经济变迁中扮演的角色，但均有意无意忽略了精英身份和权威再造的社会组织化过程。本文对苏联

1　杨文炯：《跨国民族的族群认同——"东干"与回族：族源、族称与族群认同的人类学讨论》，《西北第二民族学院学报》2005 年第 4 期；丁明俊：《中亚东干人文化变迁与民族认同》，《回族研究》2011 年第 3 期；李如东：《地域观念与民族认同：以中亚回族（东干人）为中心的考察》，《西北民族研究》2015 年第 3 期。

2　有关英语世界"东干人"研究的相关著述，可参见李如东《英语世界的东干人实地研究述评》，《回族研究》2014 年第 4 期。

3　Pauline Jones Luong (ed.), *The Transformation of Central Asia: States and Societies from Soviet Rule to Independence*, Cornell University Press, 2004.

4　Tommaso Trevisan, "After the Kolkhoz: Rural Elites in Competition," *Central Asian Survey*, Vol.26, No.1, 2007, pp.85–104.

5　Lawrence P. Markowitz, *State Erosion: Unlootable Resources and Unruly Elites in Central Asia*, Cornell University Press, 2013.

解体后"东干人"社会精英群体的变化及其社会权威的组织过程的考察，将对中亚精英研究以及东干人研究中"人的忽视"这一缺憾做些许补充。

在展开进一步论述之前，有必要说明本文使用的几个概念。首先是两个描述性概念"身份变换"与"权威再造"。前者主要描述个人或群体社会身份的变迁和转换过程，用以表明其身份变迁的社会延续或断裂以及与之相应的社会层级变换；后者则用于描述个人或群体利用政治和社会文化资源巩固、提升或获取权威的过程，以及此过程中的竞争状态。其次需说明本文的分析性概念"社会组织化过程"。该概念受罗伯特·雷德菲尔德（Robert Redfield）讨论文明互动时所使用的"传统的社会组织化"（social organization of tradition）启发。雷德菲尔德用其来描述"大传统"与"小传统"的互动，[1] 意在呈现文明互动的社会过程性。笔者将借用此概念作为"东干人"、"身份转换"和"权威再造"的过程性分析概念。此外，文中将根据具体语境使用"东干人"与"东干族"，无论在何种语境下，其所指皆为同一群体。

三　东干精英群体之变换

2005 年，由吉国科学院通讯院士伊玛佐夫先生所编的《东干族百科全书》出版。该书人物部分按照"科学与教育人物""文学与艺术人物""公共与国家人物""军事人物""生产工人与服务业人物""医生""宗教人士""运动员"的分类，将"东干人"中涌现出来的精英进行介绍。[2] 这份精英名录有几处值得注意的地方。首先，排在名单前列的是从事科学、教育与文艺工作的知识分子和国

1　Robert Redfield, *Peasant Society and Culture: An Anthropological Approach to Civilization*, University of Chicago Press, 1958, pp.67-104.

2　М.Х.Имазов (Главный редактор). Дунганская Энциклопедия. Бишкек. Илим., 2005, C.267-356.

家公职人员，而位于名录后三类的则是医生、宗教人士和运动员。其次，在这份名录中，人数较多的是"科学与教育人物"（96 人）、"军事人物"（55 人）、"生产工人与服务业人物"（45 人），人数较少的则是"医生"（9 人）、"宗教人士"（3 人）和"运动员"（17 人）。再次，入选者绝大多数是在苏联时期获得其荣誉的。最后（也是最值得注意的是），对这些"东干族"精英的分类与苏联时期的阶级划分互为表里，它意味着编者在进行精英分类时受到阶级观念的影响。显然，这份名录虽然出版于苏联解体后 14 年（2005），但编者对"东干人"的精英分类仍有明显的苏联印记，它很大程度上反映了苏联时期阶级归属与精英类别之间的关系。然而，随着苏联解体后中亚经济、政治、社会与文化各方面的变化，"东干人"的社会精英群体的状况已不能和苏联时期同日而语，商业精英和宗教精英的大量涌现以及知识精英和官僚精英相对减少才是其现状。

（一）商业精英

苏联解体后，中亚经济转型为以私有制为基础的市场经济，越来越多的人主动或被动地投入商业活动（尤其是跨境贸易）中。"东干人"也不例外。据 2009 年的一份研究报告对哈萨克斯坦东干协会驻西安代表的访谈，其时大约有 30% 的"东干人"在中亚与中国之间从事边境贸易。[1]虽然该数据非严格统计所得，但它仍足以说明苏联解体后"东干人"从事商业者日渐增多的趋势。2017 年 7 月 21 日，哈国东干协会原会长安胡塞在接受访谈时也说道：

> 现在大量"东干人"的收入是靠边贸……光阿拉木图市场里，做生意的"东干人"就有一万多人。包括新渠，包括

---

[1] Marlène Laruelle and Sébastien Peyrouse, "Cross-border Minorities as Cultural and Economic Mediators between China and Central Asia," *China and Eurasia Forum Quarterly*, Vol.7, No.1, 2009, p.106.

营盘，每个家庭（家族）都有一个人在这阿拉木图巴拉赫尔卡（Барахолка）（市场）做生意……以前我们做生意，都是一个家族一块做生意，之后把钱挣上了，我们就再投资一些钱建工厂。[1]

可以看到，苏联解体后，大量"东干人"从其他职业转入商贸行业。在此过程中，不少商业精英从商人群体中涌现出来。

在城市，不少"东干族"的工人、学者乃至公职人员放弃此前职业，转而从事跨国贸易。早在苏联解体初期（1996），丁宏在中亚"东干人"群体中做实地调查时就发现：

城市中更多的"东干人"已经放弃了"铁饭碗"，专门从事商业活动。他们利用自己的语言优势，在与中国市场的贸易中起到非常重要的作用。许多"东干人"频繁地往返于中国与吉尔吉斯、哈萨克斯坦之间，把中国的商品运来后，成批在本国销售，或转运到俄罗斯及其他独联体国家销售。一些"东干人"由于起步较早，已经积累了相当多的资金，其贸易活动范围也越来越大，常年往返于中亚与中国、印度、土耳其、俄罗斯及欧洲各国之间，有人甚至包租飞机运货。[2]

时至今日，城市中不少"转业商人"已成为大商人，他们中的部分甚至开始将其资本转移投资到工厂、物流、旅游和服务等围绕边贸展开的其他行业。

从其他职业变换为商人者并非仅有城市"东干人"，农村亦然。因绝大多数"东干人"以农业为主要生计，故由农转商者也就成为东干商人的多数。值得注意的是，农村"东干人"在转入商业的同

1　安胡塞访谈，阿拉木图安胡塞办公室，2017年7月21日。访谈人：丁宏、李如东、玛依努、巴里根。

2　丁宏：《东干文化研究》，第125页。

时多继续从事农业，"弃农从商"者并不多见。此外，由于相当部分农村商人以农产品买卖为主，因此其商贸活动受自然条件影响的风险较大，这进而影响了他们的资本累积和转移投资等后续商业活动。凡此种种，均使多数"由农入商"的"东干人"身份变换显得不够彻底，尤其是在相较城市商人和"弃农从商"者而言时更是如此。

这也意味着虽然"东干人"中从事商业者人数众多，但他们并非都能跻身商业精英行列。一般而言，只有那些深谙经商之道，在商业活动中积累大量财富，并将其财富优势转化为社会影响力者才可能被认为是商业精英。故此，那些放弃其他职业，专职从商的"城市商人"和弃农从商的"农村商人"往往更有机会成为商业精英。因为身份转换越是彻底，其职业性特征越是明显，商业意识也就更为敏锐，这使他们无论在资本累积还是转移投资等方面，都能快人一步。

（二）宗教精英

迁居中亚初期，宗教精英在"东干人"群体中曾享有较高威望，但苏联时期实行限制宗教的政策，"东干人"的宗教活动逐步转入地下；宗教从业者人数随之减少，影响力也相对有限。苏联解体前后，随着宗教政策的改善，伊斯兰教的实践在中亚地区逐步公开化，宗教人士的重要性随之凸显出来。苏联解体初期，"东干人"中宗教人士较为紧缺。在此背景下，陕西籍"东干人"曾组织教民到祖籍地陕西搬请阿訇，并最终于甘肃平凉请到一位"老教"（格底目派）阿訇到托克马克（Токмок）一带的东干村庄主持宗教事务和培养宗教人士。时至今日，该阿訇已为陕西籍"东干人"培养出二十多位阿訇。这些阿訇多在哈国和吉国东干村落的清真寺主持宗教事务，从事伊斯兰教学。[1]

1　据笔者田野日志，尤其是 2015 年 6 月 26 日田野日志。

差不多同时，甘肃籍"东干人"则选择派送有志于从事宗教工作的年轻人到中亚和埃及等地伊斯兰学校学习宗教知识。据吉国阿列克桑德洛夫卡乡甘肃籍"东干人"所提供的信息，苏联解体初期，少数从沙特阿拉伯学经归来的瓦哈比派伊玛目因会说阿拉伯语，吸引了部分教众，这引起了"东干人"长者的不安，经集体商议，遂决定派年轻人去国外学习阿拉伯语和伊斯兰经典知识与教义教法。该村大寺 W.阿訇及几位宗教人士正是在此背景下被选送到中亚布哈拉、埃及和中东等地伊斯兰学院（或大学）学习的。[1]与此类似，哈国亚曼派（新教）"东干人"也选派部分年轻人到中亚、埃及和中东等地学习宗教知识。[2]这些学成归来的阿訇如今都在相应的东干村落主持宗教事务并从事伊斯兰教的教学工作。

不难看出，除从中国请来的阿訇外，苏联解体后"东干人"群体中涌现出来的第一批宗教人士多是具有世俗教育基础，并在完成规范的伊斯兰教育后成为宗教从业者的。在成为宗教人士之前，他们要么是大学毕业生，要么是退伍军人（如阿列克桑德洛夫卡的W.阿訇），要么是农民。虽然2005年出版的《东干百科全书》仅仅收录了三位宗教人士，但时至今日，"东干人"中的宗教人士数量较之苏联解体初期已不可同日而语。据不完全统计，截至2004年，仅吉国"东干人"聚居点就有清真寺35座，哈国"东干人"聚居点的清真寺为38座。[3]另据笔者田野调查所获信息，当前整个吉国"东干人"中在任和退任阿訇大约有100多人，其中仅阿列克桑德洛夫卡村就有阿訇20人。[4]有意思的是，这些宗教从业者几乎没有一位出自苏联时期的科学、教育和文艺工作者群体。

---

1 W.阿訇访谈，阿列克桑德洛夫卡某清真寺，2015年1月10日。访谈人：李如东。
2 丁宏：《东干文化研究》，第225页。
3 尤素福·刘宝军：《悲越天山——东干人记事》，宁夏人民出版社，2004，第145~147页。
4 此信息由W.阿訇提供。

（三）知识精英

苏联时期，"东干人"精英大部分由知识分子（学者、文学家和教育工作者等）组成。王国杰的研究资料显示，截至 1976 年，其时总人口 4 万余人的"东干族"中拥有副博士学位（我国教育部认定为博士学位，其学制介于硕士与博士之间）者 40 人，博士学位者 4 人，"这种比例（1 万名'东干人'中 1 名博士，1000 名'东干人'中 1 位副博士）在全苏 120 多个民族中位居第一位".[1] 这些知识精英创制东干文字、东干文报纸、广播电台，编著大量东干语教材，并以本民族历史文化及其他素材写作学术与文学作品；在他们的努力下，"东干人"的民族文化和民族主体性得到发展与提升。与此同时，国家也给予知识分子较高待遇。据伊玛佐夫提供的信息，苏联时期政府给每位教授提供的科研与生活待遇相对丰厚，除为他们在城市里提供一套公寓外，还在郊区给其建造一栋别墅。此外，知识分子在社会上也有较高影响力。

时过境迁，随着中亚各国民族政策的调整以及经济和社会领域的新变化，知识分子的生活待遇与社会地位都明显下降。部分"东干族"知识工作者转而从事其他更有"钱途"的职业。随着老一代知识分子逐渐退休或老去，而年轻人又多选择从事商业或其他更有经济回报的职业，"东干族"知识分子的总数逐渐下降，甚至出现了文章开始描述的青黄不接的现象。尽管如此，不少东干智识工作者仍在坚守其职业，其中以吉国科学院的学者为典范。在吉国科学院东干学与汉学研究中心的九位东干研究者中，有七位从苏联时期工作至今。此外，在教育领域，虽然多数男性教师迫于生计转而从事其他职业，但坚守者也不乏其人。事实上，因教育行业受人尊重，也不乏年轻人完成学业之后选择教育工作的情况，但需要补充的是，这些年轻人多以女性为主，因为在"重商主义"的影响下，多数男性青年还是更愿意选择有"钱途"的职业。

1　王国杰：《东干族形成发展史——中亚陕甘回族移民研究》，第 350 页。

（四）官僚精英及其他

苏联时期，不少"东干人"曾在集体农庄和国家权力机构中担任领导者。时至今日，仍有部分村落、街道或学校以担任过集体农庄领导的"东干人"名字命名。[1] 苏联解体后，由于新独立的国家实行国语政策，且法律明文规定公职人员须能使用"主体民族"的语言（吉尔吉斯语或哈萨克语等）开展工作，这使很多不会或不能熟练使用"主体民族"语言的"东干人"对"官活"望而却步。整个东干群体对"官活"的参与度较之前明显降低。

和知识精英的境况相似，在公职系统中较有影响力的"东干人"多延续其在苏联时期的职业。虽然也有部分熟悉"主体民族"语言的年轻人进入官僚机构，但他们多位于官僚系统的底层，很少有位居权力上层的精英。但这并不意味着"东干人"在新独立的国家中没有机会跻身"官僚精英"之列。事实上，仍然有部分东干商人或具有较为丰富的社会资源者，通过竞选东干协会主席职务或国会议员进入较高权力层级。此外，在"东干人"聚居的村落，村长的职务也成为有志竞逐权力者通向较高权力层级的渠道。

相较商人、宗教人士、知识分子和公职人员，通过其他职业跻身社会精英的机会并不多。苏联时期的很多职业在苏联解体后的中亚社会中已逐渐淡出公众视野。这些职业包括工程师、艺术家等。如在数家中资企业担任管理者的伊斯哈尔所说的那样：

> 在苏联时，有些工程师，他（们）可能很有影响力，现在不一样了，他们已经变成普通人了，现在我们社会对他们已经没什么需求了。但有两种人在社会上，不管苏联（时候）还是苏联解体以后，一直受人们的尊重，一种就是大夫（医生），

1　如吉国南部城市奥什辖下的卡拉苏塔西洛夫村就是以苏联时期担任集体农庄主席的"东干人"赫·塔西洛夫（Хайтахун Таширов）的名字命名的；阿列克桑德洛夫卡乡的一所中学也以该乡此前"友谊农庄"主席伊斯玛仪（Йсмаев Арсмане Мухамеевич）的名字命名。

　　一种就是老师。像其他的，比如工程师，我的岳父，他在苏联时期是一个工程师，一个管水的工程师，但在苏联解体以后，我们那边不需要这种人了，他（们）就变成了普通百姓了，种地啊，或者干其他的……对，就是种地，后来他也跟着我们跑边贸了。有很多人，包括画家，现在不需要这种画家了，他（们）也是去种地了，也是去做边贸了……包括其他，很多很多这样的人，他（们）也就在社会中消失了，变成普通老百姓啦，除了医生和老师。[1]

　　不难看出，在苏联解体后中亚政治、经济和宗教语境变化过程中，越来越多的"东干人"投入跨境贸易和宗教事业。在此过程中，部分农业生产者通过投身贸易逐渐成长为商业精英；部分具有一定宗教基础或其他职业的人则通过学习宗教知识而转变为宗教人士。知识精英和官僚精英的人数较商业和宗教精英要少，这是因为这些群体面临着"代际断层"的困境。除部分苏联时期的知识分子和官员延续其职业外，年轻人更多地投入商业和宗教领域中去追逐经济回报和社会声望；[2]工人、工程师和艺术家等要么逐步淡出人们的视野，要么投身于贸易和其他职业。尽管如此，部分和人们日常生活关系密切的职业从业者（如医生和教师）虽人数不多，却依然享有社会声望。

四　权威再造的几种路径

　　前文对"东干人"精英社会身份变换的论述虽已足窥苏联解体

1　伊斯哈尔访谈，阿拉木图，2017 年 7 月 24 日。访谈人：丁宏、李如东、巴里根。

2　本文对"社会声望"的讨论受马克斯·韦伯著作的启发。值得一提的是，张亚辉教授最近对马克斯·韦伯声望社会学中关于民族问题的研究进行了专门论述。详见张亚辉《习俗与声望——马克斯·韦伯论种族与民族》，《西南民族大学学报》（人文社科版）2016 年第 10 期。

后该群体社会组织化过程之一斑，但若欲理解前述不同类型的精英何以能产生社会影响力，则还需对其权威构建过程进行考察。不同精英群体的权威构建路径不尽相同。通常而言，商业精英主要通过慈善事业和权力竞逐来赢取或加强其社会权威；宗教精英主要通过宗教品级（学识与实践）来提升其权威；知识精英则通过其个人品性以及对本民族语言、历史和文化的研究而赢得声望（因为其研究恰好因应了人们的民族情感诉求）。相较而言，官僚精英权威构建的方式显得比较单一，尽可能多地获得权力是其巩固和提升权威的主要路径。

（一）经典知识与宗教实践

苏联解体后，伊斯兰[1]成为中亚社会中的主要思想之一，这无论在主体民族还是同为穆斯林的"少数民族"群体中都一样。在此语境中，宗教人士想要赢得声望并建立起权威，除精通伊斯兰经典与宗教仪轨诸事项之外，还须严格实践伊斯兰，做到知行合一——前者是其主持宗教事务的资质，后者则是他们获得信众认同的基本品行。正如"东干人"在评价阿訇群体时所常说的那样："你不要光听他（们）说呢，还要看他（们）怎么做。"在信众看来，一个"好阿訇"不仅要宗教知识好，而且更重要的是能身体力行地践行伊斯兰。

绝大多数具有良好口碑的阿訇在主持宗教事务之前都有着长达十多年的求学（或游学）经历。他们要么到巴基斯坦、埃及和中亚等地著名的伊斯兰学校求学，要么追随本地学识较好的阿訇学习；有的则在追随本地阿訇学习数年之后再到国外宗教学校进修，抑或反之。一位宗教人士在获得主持宗教事务的资质之后，往往先从坊民较少的清真寺开始其职业生涯，在讲授伊斯兰经典和处理宗教事

1　此处"伊斯兰"指作为思想与生活方式的伊斯兰，而如果用"伊斯兰教"则与语境不符；下同，不赘注。

务方面积累足够丰富的经验之后，其声望与权威方可得到寺坊内穆斯林的认可。此时，他便获得了前往坊民更多的清真寺主持宗教事务的资质，而在这样的大寺坊中主持宗教事务反过来又会提升其宗教权威。

在此基础上，如果某位阿訇出生宗教世家，且又在官方宗教机构获得认可，则其声望与权威也就相应更高。以阿列克桑德洛夫卡乡的 W. 阿訇为例，其叔父是当地有名的阿訇，而他不仅是苏联解体后最早一批被送到布哈拉伊斯兰学校学习的人，而且在主持宗教事务之后，又被吉国官方宗教机构委任统管该乡五个清真寺的官方宗教事务。W. 阿訇不仅在经典知识与宗教实践方面获得教民的认可，而且因其家庭背景和官方宗教机构的支持，进一步提升和巩固了其声望与权威。这使他不仅经常被邀请去主持"东干人"的日常与集体宗教活动，而且也被请去调解很多坊民之间的纠纷。其声名远播东干乡庄之外，有时甚至连周围村落的吉尔吉斯人也前来找他调解日常生活中的分歧与纠纷，[1] 其声望与权威由此可见一斑。

（二）公益活动与权力竞逐

正如不是每位宗教人士都能跻身精英行列一样，积累了财富的商人也不一定都能赢得社会声望与权威。如伊斯哈尔在接受我们访谈时所说的那样："我觉得啊，不管是在什么地方，什么国家，或者不分什么民族，他们肯定会受到尊重，但顶多也就是尊重，不会有什么大的影响力。"[2] 从事商业者要跻身社会精英队伍之中，除财富基础之外，还需在社会事务或权力竞逐等方面有所作为。将部分财物用于社会公益活动和作为参与政治的资本是东干商人获取其社会影

1　2015 年 1 月 10 日，笔者在阿列克桑德洛夫卡乡 W. 阿訇工作的清真寺对其进行访谈时，恰好目睹了他调解周围村落一对吉尔吉斯夫妇离婚案件过程。在其调解下，原本准备离婚的一对夫妇重归于好。

2　伊斯哈尔访谈，阿拉木图，2017 年 7 月 24 日。访谈人：丁宏、李如东、巴里根。

响力常见的两种方式。

扶弱济贫、资助宗教和民族事务是东干商人最常见的公益活动。很多东干商人的社会救济活动是通过清真寺来完成的。通过商业积累丰厚财富的"有钱汉"（东干语）通常将其部分资金或物品捐到清真寺，由清真寺对这些资金与物品进行再分配（这通常也被这些商人作为践行伊斯兰教"五功"之"缴纳天课"的基本方式）；通常，它们会被置换为油、米和面等，发放给有需要的个体或家庭。值得注意的是，这些钱物并非仅限"东干族"群体或村落共同体内部使用，而是面对所有需要帮助者。如 2015 年 1 月 14 日，阿列克桑德洛夫卡乡邻村萨多沃耶（Садовое）某位参与物资分发的乡佬所说的那样：

> 萨多沃耶有些老回有些难，这些米面是阿列克桑德洛夫卡的（清真）寺给萨多沃耶发的，每个（困难）家户一袋米、一袋面、一壶清油，一满（总共）有 17 户。里头有一个车臣人老婆子（老妇人），男的没有（没有丈夫），娃娃也没有（没有孩子）。我们穆民（穆斯林）一个把一个帮，让大家都不作难。[1]

除公开捐赠外，也有东干商人暗中给清真寺送去相应的救济物品。阿列克桑德洛夫卡的 W. 阿訇告诉我：很多次，部分捐赠者夜里将米、面、油等物品放到清真寺，至今仍不知何人所为。这种不公开的捐赠行为虽然不能落实到具体商人之上，但却更能使商人群体获得口碑。

相较扶弱济贫这种更易达成的社会公益活动，部分经济基础更为雄厚的东干商人通常选择资助宗教事务。这些资助包括为清真寺修缮房屋，修建水房，提供礼拜大殿的地毯，在某些纪念日出资

1　田野日志，2015 年 1 月 14 日。

以村落或民族的名义举办大型宗教活动（过也贴）以及修建清真寺等。据 R. 王提供的信息：

> 2015 年 6 月中旬，吉尔吉斯斯坦比什凯克郊外的东干村米粮川，一座由在比什凯克朵拉多衣（Дордой）市场从事贸易的四兄弟出资修建的清真寺投入使用。在清真寺开学的当天，除各东干村有名望的阿訇和秋伊州（Чуйская область）穆夫提派来的代表之外，朵拉多衣集团公司的负责人以及"东干人"群体中部分有名声的人也参加了当天的仪式。[1]

从出席仪式的宗教、商界及其他领域的代表来看，修建清真寺的四兄弟之"社会影响力"已被认可。R. 王提供的信息还表明，通过修建该清真寺，兄弟四人集体成为寺董，并获得提名该清真寺阿訇人选的权力；他们选择了与自己关系密切的阿訇主持该寺的宗教事务。这意味着四兄弟所在家族将对该村落社会（宗教）产生实际影响。

如果说资助宗教事务所获得的社会影响力尚集中于寺坊之内，那么部分更为富裕的商人通过竞逐权力获得的影响力则广泛得多。这点在吉国托克马克市某位"东干族"议员的经历中有充分体现。2015 年 2 月 16 日，该议员接受了笔者的访谈。以下是根据访谈资料整理的该议员参政的基本情况：

> 该议员是陕西籍"东干人"。苏联解体后，最初种植蔬菜往俄罗斯销售。1997 年前往乌鲁木齐做生意，从边疆宾馆批发市场往中亚"打发"鞋子。2005 年，他开始与浙江温州某位商人接触，并去该商家的工厂实地考察。考察后决定成立物流公

1　田野日志，2015 年 1 月 14 日。

司，从新疆直接发货到朵拉多衣巴扎。2007 年，他当选为托克马克市的议员，5 年后（2013 年）再次当选。当我问他议员的身份有无对其生意产生直接影响时，他的回答是否定的。并说，大家选举他当议员，主要是想让他帮忙说话，为当地人服务。他每年都做慈善，帮扶穷人，为市民谋利（如帮助修整市区的道路等）。但他认为政治身份的好处是使他更好地融入大的关系网中。用他的话来说："把人知道得更好了。"（即认识了更多的人）[1]

显然，东干商人通过商业所积累的财富成为其竞逐权力的资本，而在获取权力后，在实行社会公益活动的过程中，其权威反过来被巩固。与此同时，跻身官僚精英之后，东干商人的商业活动也受益于其更为广阔的社会网络；但这样的案例毕竟是少数。因中亚各国宪法规定，参政者须能使用"国语"（主体民族语言）开展公务活动，在政治竞逐中，那些不能熟练使用"国语"的东干商人通往权力上层的机会并不多。

（三）学习国语与跨族联姻

在苏联解体后的中亚权力体系中，"主体民族"无论是在参政人数还是权力等级上都远优于其他民族。在此语境中，"东干人"参与政治角逐者并不多。"东干人"民间社会甚至流传着"老回做不了官，猪毛赶不了毡"这样的顺口溜。故此，"东干人"参与权力竞逐除具有较好的经济基础之外，尚需更多的社会资本。学习"国语"，同"主体民族"联姻以及成为本民族在国家政治机构国民大会（Ассамблеянарода）中的代表，是那些已经或有意跻身权力系统

[1] 综合 2015 年 2 月 16 日田野日志和访谈录音整理。访谈地点：比什凯克北京餐厅。

中的"东干人"竞逐或巩固权力的社会资本。[1]

部分参与竞逐权力的东干人通常能够熟练使用"国语"。在他们看来，"做官活"主要看个人，跟民族身份没有关系，"老回做不了官"这样的说法值得商榷，只要能把"国语"学好，任何人都能"做官活"。在一次访谈中，供职于吉国国家检察院的 A. 苏莱曼（化名）对此观点的表述颇具代表：

> 那会（苏联时期）你只要脑子有，官家（政府）收的呢。哈子（现在）啥大问题？你要知道吉尔吉斯话呢，吉尔吉斯话再不知道，难做（官家）活。因为啥难做活？一满写的吉尔吉斯话，你不会念不会翻（译），你做不上活嘛！……哈子（现在）年轻娃们一满（都）不懂（吉尔吉斯话）。
>
> 老回咋做不上（官家活）？老回（娃）好好把书不念，他们不当事，把书，他们光念（古兰）经。谁再把书念好，官家活做的嘛！吉尔吉斯话学上，要学吉尔吉斯话呢，这难些。
>
> 一满都是看人怎么样，他要是连（同）吉尔吉斯人一模一样，把他不收。他要是头（知识）比吉尔吉斯高些，（官家）把他收的呢。[2]

时任（2015）吉国东干协会主席的苏莱曼·巴哈德看法与此类似。不同的是他认为"东干人"不仅要学国语，而且要学英语和中文，如果"老回把好少话（很多语言）知道得好，官家把他喊的呢"。[3] A. 苏莱曼与苏莱曼·巴哈德所言不虚，在吉国奥什地区，"东

1　在中亚五国中，吉尔吉斯斯坦和哈萨克斯坦均设有国民大会。

2　A.苏里曼访谈，A.苏莱曼车上（从比什凯克到阿列克桑德洛夫卡途中），2015 年 5 月 24 日。访谈人：李如东。

3　吉尔吉斯斯坦东干协会主席（时任）苏莱曼·巴哈德访谈，东干协会主席办公室，2015 年 7 月 23 日。访谈人：李如东、丁宏。

干人"因本地化程度较深而导致民族语言失落，但他们却因"把吉尔吉斯话知道得好"而获得了较多进入公职系统的机会（尽管很多位于权力体系的底端）。[1]

此外，与"主体民族"联姻也成为那些身处（或有意进入）权力系统的"东干人"巩固和竞逐权力的社会资本。这种联姻至少从两个方面直接或间接为"东干人"参与政治生活创造了有利条件。首先，它为"东干人"流利地说吉尔吉斯语提供了语境，而这正是在"衙门"（政府部门）工作的必备条件。其次，某些姻亲对象的家族本身在吉国政府就拥有势力，联姻显然有助其增加政治资本。事实上，在吉国，笔者所接触到的较有影响力的"东干族"官僚精英，多与吉尔吉斯族有联姻关系。他们中有些自己娶了当地望族的女子，有些则让自己的儿（女）娶（嫁）具有一定政治背景之家族的吉尔吉斯族女（男）子。

除联姻外，吉国与哈国"东干人"竞逐权力的途径还有成为各自国家东干协会的主席，并在此基础上竞选国会议员。在东干人聚居的吉国与哈国，人数较多的"非主体民族"多拥有本民族的协会，"东干族"也不例外。多数有关该民族的事务由协会主席负责。协会主席通常有资质参与竞选国会议员，成为协会主席，也就意味着获得了跻身国家最高权力机构之一的机会。故此，部分有志于"权力游戏"且具有一定政治和社会资源的"东干人"会竞逐此职位，以期获得通往更高权力的机会。2015 年，为争取连任议员，时任吉国东干协会主席的苏莱曼·巴哈德组织了一个团队，在吉国大多数东干聚居点进行竞选活动。这些竞选活动包括主麻日到各乡庄清真寺进行演讲，在五一劳动节于阿列克桑德洛夫卡乡组织足球比赛，出资赞助于米粮番（Милянфан）举行的"五九"卫国战争胜利日纪念活动等。几乎每一次活动，苏莱曼都发表了竞选演

1　田野日志，2015 年 6 月 14 日。

讲。[1] 2015 年 10 月 4 日，苏莱曼最终如愿当选议员。[2] 在苏联解体后的中亚各国，国会议员似乎是目前东干精英所能到达的最高权力阶层。

（四）书写"民族"

前已论及，苏联解体后"东干族"知识精英面临青黄不接的局面，不仅后来者鲜有选择科研工作，就连部分苏联时期的知识分子也迫于生计而转行或身兼数职。即便如此，在吉国东干学与汉学研究中心主任伊玛佐夫教授的带领下，仍有少数几位知识分子坚守着他们的职业。虽生活境况不甚如意，但他们仍继续研究"东干族"的语言、历史、文化与文学等。这种坚守为他们赢得了声誉，也捍卫了知识分子的尊严。在民间，当提及伊玛佐夫教授时，有人甚至说："他是咱老回的脸面！"[3]

正如苏联时期东干知识分子通过书写，让"东干族"的文化在俄语世界乃至更为广泛的世界被人所知一样，今天的"东干族"知识分子也继续以本民族作为书写对象。在"主体民族"知识分子创作的大批充满民族主义话语的语言、历史与文学作品中，"东干族"知识分子坚持书写本民族历史和文化的工作显得弥足珍贵。在和"东干族"知识分子交流的过程中，几乎每一位工作者都告诉我，虽然他们知道工作报酬很低，但如果他们不写，就没有人再写。遗憾的是，由于出版经费紧缺，这些学者写下的大量书稿尚未出版。

除去研究本民族的语言、历史与文化，这群知识精英也为传承民族文化而四处奔走。每年夏天，吉国科学院的语言学家都会将那

1　据田野日志整理。

2　《吉尔吉斯斯坦东干（回民）协会主席再次当选议员》，http://chinanews.com/gj/2015/10-05
/7555500.shtml，2015 年 10 月 5 日。

3　语出笔者在阿列克桑德洛夫卡调研时所住"东干人"家庭的家长 A. 伊斯玛。

些在教育一线工作的东干语教师召集起来培训，以此应对中小学教育中日渐式微的东干语教学；很多"东干族"学者还将自己写作或收藏的学术著作捐赠给中学的图书馆。与此同时，他们还在国际学术会议上发表自己的研究成果，向世界各国的人们讲述"东干人"的过去、现在与未来。

然而，坚韧如东干学与汉学研究中心这样的知识精英，在"东干族"知识分子中毕竟屈指可数。因生活境况或商业潮流的影响，多数"东干人"选择了其他职业，本就为数不多的"东干族"知识精英正在淡出人们的视线。如伊斯哈尔所观察到的那样："像依玛佐夫，他不管钱多少，他就一直做他的事。像其他的，不管他（们）过去是博士也好，是啥也好，都消失在社会中，他（们）很少再继续干他（们）过去的职业。"[1]

余　论

"东干人"在苏联解体后的语境中经历的身份变换和权威（声望）再造是其精英社会组织化过程（social organization of elites）的主要面相。在此社会组织化过程中，"东干人"的"能动性"虽有较好发挥，但也受中亚社会的结构转型和各种相互交织之关系的影响。苏联解体后，中亚社会从此前的社会主义社会转型到以自由主义为基础的民主社会（尽管部分中亚国家的自由与民主仍未得到充分实践），这使苏联时期以阶级为基础的精英体系转而成为具有社会流动性的精英体系。在以阶级为基础的精英体系中，精英作为阶级代表，其权威与声望的获得取决于国家和阶级之间的关系。而在处于转型过程的中亚社会中，个体和社会之间的互动关系是精英生成的核心要素。

1　伊斯哈尔访谈，阿拉木图，2017 年 7 月 24 日。访谈人：丁宏、李如东、巴里根。

如前文所论，在财富累积的基础上，东干商业精英通过社会公益活动、资助宗教或民族事务，以及竞逐权力等方式来扩大其社会影响力。宗教精英通过宗教经典知识和严格的宗教实践来获取其声望。官僚精英则凭借较为熟练的"国语"能力以及政治联姻等方式巩固和提升其权力。与此同时，知识精英则在写作（尤其是对本民族的书写）过程中赢得声望。如果我们对前述四类精英群体的权威基础稍加观察，则不难发现宗教精英与知识精英的权威是建立在个人品格和声望之上的。官僚精英的权威基于官僚制度的权力体系，而商业精英则同时朝声望与权力两个方向构建其权威基础。不难看出，在社会转型过程中，精英的身份转换与权威再造互为表里，越是要完成身份转换，则其权威再造显得越为必要。反之亦然。而在此过程中，个体与社会之间的互动越是充分，则个体跻身精英行伍的可能性也就越大。

东干精英的社会组织化过程之另一面向是在身份变换与权威构建过程中，各类精英为赢得社会声望与权威而展开的交互竞争与合作。在具体社会过程中，商业精英要获取社会声望与权威，除承认宗教和知识精英的声望影响之外，还需要与官僚精英展开合作。宗教与知识精英虽有较高的社会声望，但在处理村落或民族事务之时，也需要商业精英与官僚精英的支持；而来自商业精英与官僚精英的支持反过来又能进一步确认和提升其社会声望。官僚精英在展开权力竞逐时，不仅需要相应社会群体的支持，而且还会借用本民族的象征资本（如卫国战争的荣誉以及集体农庄的成就等）作为政治资本。[1]故此他们也需要和商业精英、宗教精英及知识精英合作。那些能够争得其他类型精英合作的权威竞争者往往能够在本群体内部建立起较高的声望或权威。反之，在本群体内部积累了相当权威

1　"象征资本"的概念出自皮埃尔·布迪厄的社会学术语，此种社会资本拒绝经济资本的理性计算原则，在经济资本不被承认的情况下完成其积累。详见〔法〕皮埃尔·布迪厄《实践感》，蒋梓骅译，译林出版社，2003，第177~192页。其中，第186页记载内容尤其重要。

与声望的社会精英也更容易获得其他类型精英群体的支持。但与此同时，这种相互依赖的关系又加强了同一类型或不同类型精英之间声望与权威组织过程的竞争性。

"东干人"声望与权威组织过程中相互依赖与竞争的关系在村落内部权力、商业精英和宗教精英之间的互动关系中体现得尤为明显。哈国新渠东干乡庄的 R. 玛玛子（化名）所描述的村落权威构建过程对此有生动呈现：

国家的干部，还有这个伊玛目，（富人）比不了。为什么？你是国家（干部），你有国家的那个（权力）手段，你有枪，你有警察，你肯定（影响力）大。比如说，国家机构，肯定有这样的人，这些人，在他们的背景下，你叫我干啥，我肯定得干，那我没有办法。可是，只要我能不听你话，我就不听你话。伊玛目，他没有这些手段，他就靠自己的威望，他靠自己的干办，就看他在自己的（这个）坊上，他干的好事多不多，他讲的话，和做的事，是不是一致，这就（行了）。比如说，有的清真寺的伊玛目，他做的和说的不一致，人民对他就不太尊重。可是好的伊玛目，如果发生什么事，（发动）起这个坊上的人，他能（发动）起来。比如说现在，你要政府人去清真寺去说让我干什么，如果我没有责任和义务，我就可以不去。因为这个国家是比较自由的，我是自由人，我又不是你的干部，又不是在你那里打工的人。比如说，你求我，让我为这个村干点好事，你得求我，我愿意，是为了这个村，而不是为了你。如果说，你对我不好，我完全可以不干。明天，你这个村长啥也干不了。为什么？你这个村长，你车也没有，钱也没有多少，这也没有，那个也没有多少。他就说，我要翻斗车啊，我就说，翻斗车轮胎坏了，装载机也开不了，挖掘机也不行，推土机也不行，你去找去。你去找区上，区上给你这个钱吗，谁

也不给。然后村民一看，这个路磕磕绊绊的，这也不行，那也
不行，然后这个村民就会对你有意见。这很大的影响，你还能
当村长吗？你为了保持你的脸（面），为了当好你的村长，你
还得和这些（有钱人）好好沟通，好好支持（他们）。[1]

从 R. 玛玛子的描述中不难看出，在村落权威的组织过程中，
各种类型的精英之间存在相互依赖与竞争的关系。这种既依存又竞
争的关系之形成，与苏联解体后中亚各国的社会力量从旧制度中重
新释放出来不无关联。[2] 在新的政治与社会语境中，各类型精英的
声望与权威基础大多植根于社会之中（"东干人"这种政治参与度
较低的"少数民族"尤甚）。职是之故，各精英群体虽各有其获得
声望与权威的基本路径，但其权威的"合法性"又需要有社会的认
同。这也就意味着除横向组织之外，精英们还需要自下而上的组织
其声望与权威。R. 玛玛子在访谈中对此也有精彩的描述：

（现在）不像原来社会主义制度下，你是村长，就是有
那个农场，你是组织干活的那个人。现在没有了，现在没有。
所以现在，村长他的那个影响，他下台以后（可能就没有影
响了）。所以说，他的影响，今天大，可能明天就没有了，你
下台以后，可能什么事都办不了了。我可以做到，（让）什么
事都做不了了，你可能要摆一个样子，可是，我（们老百姓）
可以做到让你样子也摆不了。所以说，这个村长和伊玛目，
他的影响是老百姓说了算。我（们）说了让你有名，你就有
名，让你丢脸，你就丢脸。好多人不懂这个，老百姓有大的

1　R. 玛玛子访谈，阿拉木图天山宾馆大厅，2017 年 7 月 28 日。访谈人：李如东、丁宏。
2　关于此点，可参见李如东《制度、观念与网络：苏联对中亚社会影响诸面相考察》，《西北民
　族研究》2017 年第 2 期。

力，力量很大。[1]

这种彼此竞争而又依赖的权威组织过程并不仅出现在村落之中，在整个"东干人"（乃至中亚）社会中皆如此。中亚"东干族"社会精英的声望与权威组织过程较好地呈现了苏联解体后中亚"新语境"中宗教、经济、政治、社会与文化诸要素对人们生活相互交织的影响。这些因素的交互关系在观察其他民族（含主体民族）的精英群体之权威组织过程和人们的"新生活"时也同样值得重视。如本文第一部分指出的那样，已有中亚社会精英的研究要么过于注重结构变迁的分析，要么过度强调精英的"能动性"而忽视其权威组织过程中复杂的社会、宗教与文化因素。但是，如同不能忽视苏联解体后中亚各国社会制度、观念和政治经济网络等方面的延续对人们社会生活的影响一样，如果不考察新语境里个人或群体身份变换与权威重构中各种社会关系和经济、社会、权力与文化等要素的组织过程以及人们在过程中的诸多活动，就很难理解当前"中亚人"的日常生活。显然，在观察中亚转型所带来的社会影响之时，我们不能忽略社会精英的社会组织化过程。反之，对"人的研究"也将有助我们更好地理解中亚的社会转型。

原载《世界民族》2018 年第 4 期

---

1 R. 玛玛子访谈，阿拉木图天山宾馆大厅，2017 年 7 月 28 日。访谈人：李如东、丁宏。

附 录

从朝贡体系到地缘体系：中国与中亚地区的历史关系概述[*]

黄达远　李如东

论及中国与中亚地区关系，首先要从历史说起。中国与中亚地区关系源远流长，本文不是对长达几千年历史的冗长叙说和烦琐考证，而是把这种历史关系放在亚欧大陆地缘政治变化的大背景下，宏观地把握二者关系在历史中的情势及其呈现出的某些特点。

一　中亚地区的地理环境

中亚，在古汉语文献里称"西域"。在欧洲（与非洲、美洲很多区域名称一样），中亚（Central

---

* 本文系潘志平教授主持的 2010 年度教育部重大攻关项目"中国与中亚地区国家关系研究"子项目之一。

Asia）被世人所熟知与 19 世纪以来欧洲探险家、博物学家、考古学家甚至是间谍等在他们的旅行日记、调查研究著述和谍报中使用该词有很大关系。随着上述各种著作在欧洲各群体中的传播，中亚逐渐被世人所知，但因最初涉足"中亚"的探险家、商人、考古学家、间谍等多来自法国、英国、德国、俄罗斯等国家，中亚在法语、英语、俄语等语言中的定义与所指也不尽相同。经过一个多世纪之后，中亚一词所指的层次逐渐清晰化，成为一个具有地理、政治与文化指涉的词。从政治的角度来看，中亚通常被用来指称哈萨克斯坦、乌兹别克斯坦、吉尔吉斯斯坦、塔吉克斯坦和土库曼斯坦等"中亚五国"。相对而言，21 世纪初美国提出的"大中亚计划"囊括的国家与地区就要广泛得多。该计划"打算从土耳其和阿富汗两头使劲儿，像穿糖葫芦一样将土耳其、高加索三国、中亚五国、阿富汗串在一起"，"建立一个华盛顿主宰的'大中亚'"。[1] 从历史和文化的角度看，中亚所指就更为广泛了。据联合国教科文组织 1978 年的讨论，作为文化和历史概念的中亚"囊括了由古代文化、经济和政治纽带维系起来的拥有共同历史的众多地区"。[2] 从这个宽泛的定义来看，中亚包括阿富汗、伊朗、巴基斯坦、印度北部地区、中国西部地区、蒙古、中亚五国、俄罗斯东南部等历史上通过商贸、人口迁徙、战争等方式互动较多的地区。从地理区位的角度来看，中亚大概指北纬 40° 到 50° 之间、东经 50° 到 80° 之间的"内陆亚洲"。本文中的"中亚"大体上指的是现今的"中亚五国"。

（一）诸要素分析

关于中亚的地理形貌，中亚研究专家潘志平曾经写道："提起中

1　潘志平、石岚：《新疆和中亚及有关的地理概念》，《中国边疆史地研究》2008 年第 3 期。
2　〔法〕A.H. 丹尼、〔法〕V.M. 马松主编《中亚文明史》第 1 卷《文明的曙光（远古时代至公元前 700 年）》，芮传明译，中国对外翻译出版公司，2002，第 9 页。

亚，一般印象中恐怕更多的是茫茫戈壁和寸草不生的荒漠。但是，如果在高空俯瞰时，却能见到大大小小如宝石般的绿洲镶嵌在这迷茫的大陆腹地，其中锡尔河上游的天山西部山区中的费尔干纳盆地最引人瞩目。它像一只巨大的椭圆形花篮，为崇山峻岭拥抱。其北面、东北面、西北面是高达一万英尺的恰特卡尔山、费尔干纳山和库拉明山，南面则是更加雄伟巍峨的阿赖山脉。"[1]如潘氏所言，在荒凉的外表之下，中亚地区的地理诸要素体现出较多的丰富性。

这一位于北纬 40° 到 50° 之间、东经 50° 到 80° 之间的"内陆亚洲"呈现出东南高，西北低的态势。东北部的帕米尔高原与天山山脉，海拔在 4000~5000 米，西北部平原丘陵地区海拔在 100~300 米。在广袤的地理范围之内，分布着费尔干纳盆地、塔什干绿洲以及咸海等。从地貌上来看，中亚地区呈现出高山、平原、盆地、荒漠、草原相间的形态；深居内陆亚洲的中亚地区在气候类型上属于典型的温带大陆性气候。全年平均降雨量不到 300 毫米，日照充足，蒸发量大，气候干燥，昼夜温差大，夏季与冬季温差也较大；区内多内陆河，塔里木河、锡尔河、阿姆河等最为著名；石油、煤、铁等矿藏丰富。

亚洲内陆的灌溉农业与草原游牧业较为发达。塔里木河绿洲、费尔干纳盆地、塔什干绿洲等地的灌溉农业与天山北部、中亚北部地区的游牧业成为这一区域最为重要的经济形态。此外，该地区棉花的种植也较多，棉纺织业发达，独特的地理环境与其人文历史地理环境相映成趣。历史上，中亚地区内部游牧地带与绿洲地区的贸易往来和战争成为该区主要历史图景之一；横贯东西的天山山脉成为区内农业文明与游牧文明互动的过渡地带，意义非同寻常。

1　潘志平：《浩罕国与西域政治》，新疆人民出版社，2006，第 1 页。

（二）天山山系在中亚地区的特殊历史意义

作为亚洲中部最大的山系[1]，天山就是中亚南北的一道地理分界线。道光年间思想家魏源记述道：

> 盖新疆内地以天山为纲，南回（维吾尔）北准（准噶尔）；而外地则以葱岭（帕米尔）为纲，东新疆西属国。属国中又有二：由天山北路而西北为左右哈萨克；由天山南路而西南为左右布鲁特（柯尔克孜），虽同一游牧行国，而非准非回非蒙古矣。[2]

天山作为天然地理分界线的作用被恰如其分地表达，即内部"南回北准"——南北的分界线。天山南部和北部各由一个地理政区名词来表达：天山南路和天山北路。乾隆时官修的《西域图志》将西域分为"安西南路""天山南路""天山北路"，而核心则是记述后两者。嘉庆年间伊犁将军松筠撰修的《西陲总统事略》，按照"新疆南路""新疆北路"来记述；徐松撰写的《新疆赋》，由《新疆南路赋》与《新疆北路赋》组成，实际上新疆南路即天山南路，新疆北路即天山北路。洪亮吉将流放见闻撰写成《天山客话》，有时天山就作为新疆的代名词。

天山在我国的先秦文献中就有记载。在《山海经》中已经有"敦薨之水"（塔里木河）、"敦薨之山"（天山）的记载。另一部先秦时期的著作《穆天子传》则有周穆王到天池会见西王母的传说。汉代关于西域的地理空间进一步清晰化，《汉书·西域传》载"西域以

1　天山山系全长2500千米，跨越中国、哈萨克斯坦、吉尔吉斯斯坦三国，中国境内有1700千米，西起乌恰县乌孜别里山口，东至哈密星星峡，南北宽100~400千米，总面积25万平方千米。地势东高西低，多冰川，最高峰托木尔峰在阿克苏地区，海拔7453米。
2　魏源：《圣武记》卷4，清道光刻本。

孝武时始通，本三十六国，其后稍分至五十余，皆在匈奴之西，乌孙之南。南北有大山，中央有河，东西六千余里，南北千余里。东则接汉，厄以玉门、阳关，西则限以葱岭"。[1] 清代嘉庆年间流放伊犁的洪亮吉写下《天山歌》，"地脉至此断，天山已包天。日月何处栖，总挂青松巅"。[2] 清末任新疆布政使的王树楠在《哈密道中》写道："汉家明月入胡天，塞外中秋一样圆。立马天山看北斗，故乡回首独凄然。"[3] 在时人的观念中，地脉、天涯、明月、胡天、北斗、青松等使天山"绝域"的意象跃然纸上。

新疆的沙漠、绿洲、戈壁、河流、高山、草原、湖泊、冰川等构建了多样化的空间，形成巨大的地理落差。天山山系就如一道巨大的索带将这些地理空间联系起来，天山作为新疆的地理重心，就是这幅历史画卷的"轴心"；日本学者松田寿男在其名著《古代天山的历史地理学》中，[4] 形象地把天山山脉比喻为"天山半岛"："长长地浮现在沙海上的所谓'天山半岛'，在其南北两岸把很多的绿洲象珠子或肉串似地串连起来。这些绿洲实在可以看作是设在'天山半岛'岸边的停泊场，看一看历史，可以说确实如此。"[5] 绿洲是"停泊场"和"港口"，绿洲之间的道路是"航路"，驼队是"沙漠之舟"，天山是"半岛"，一幅"陆上地中海"的商业交通景象已经被勾勒出来。清代天山沿线的城镇，常被称为"旱码头"，骆驼被称为"旱龙"。不过，"陆上地中海"的繁荣主要是由于蒙古草原上归化城到天山腹地的古城商路的开辟。"燕晋商人多联结驼队，从

---

1 《汉书》卷96《西域传第六十六》。

2 修仲一、周轩编注《洪亮吉新疆诗文》，新疆大学出版社，2006，第87页。

3 李彩云：《论清代西域诗中的天山意象》，《喀什师范学院学报》2011年第5期。

4 松田寿男（1903~1982），日本学者，专攻中国古代中西交流史及历史地理。1953年以《魏晋史书中所记载的天山各国的论证》获文学博士学位。著有《干燥亚洲文化史论》《东西亚洲的楔子》《中央亚细亚史》《亚细亚史论》《中国》《东西文化的交流》《古代天山历史地理学研究》等。

5 〔日〕松田寿男：《古代天山历史地理学研究》，陈俊谋译，中央民族学院出版社，1987，第22页。

归化城沿蒙古草地以趋古城"。[1] 从归化城通往新疆的商路也有三条：北路经乌里雅苏台、科布多至古城；中路由武川、白灵庙西行，经阿拉善、额济纳草原至古城，再西行至乌鲁木齐；南路经包头、宁夏、兰州、凉州等地达古城。

（三）中亚地区的三个组成部分

西域史地学者羽田亨认为，从历史地理学的视野来看中亚，中亚区域并非一个单一的中心，而是多个中心。他指出，中亚有三个较为重要的中心：天山北路和俄属七河省地方；葱岭以西，锡尔、阿姆两河之间的地方；天山南路地方。中亚北方，是典型的游牧文明形态。麦高文根据考古与历史文献的研究表明，中亚北方游牧的塞西安人与萨尔玛西安人向欧洲与中国传播了他们的骑马术、裤子、弓箭等骑马民族的器物与技术。而其多色型艺术（即在一金板上镶嵌各种颜色的彩石，构成一幅图画）则对后世的印度、波斯和欧洲的艺术形态产生了重大影响。[2] 而据俄国著名学者巴托尔德（旧译巴尔托里德——笔者注）的研究，伊犁地区的乌孙与阿姆河的大月氏（也称大月支，大小月支也被统称为吐火罗）在公元前 2 世纪至公元 7 世纪间进入中亚，考古与语言学的资料证明了他们对该区域历史及东西方文明产生的影响。[3]

葱岭以西，以锡尔、阿姆两河之间为中心的中亚文明受两河流域的农业文明影响颇多。除此之外，公元前 4 世纪亚历山大大帝的东征则为这一地区带来了希腊文明因素。"这个马其顿世界帝国，虽在亚历山大死后不久即告崩溃，然而希腊的影响，却仍成为土耳其斯坦地方最为重要的因素，如此逾二百年；至其间接影响中亚细

1　钟广生：《新疆志稿》卷 2《新疆实业志·商务》。

2　〔日〕羽田亨：《西域文明史概论（外一种）》，耿世民译，中华书局，2005，第 80 页。

3　〔俄〕维·维·巴尔托里德：《中亚简史（外一种）》，耿世民译，中华书局，2005，第 4~5 页。

亚之文化生活，则更多若干世纪。"[1] 随着亚历山大东征开通了古希腊与古印度文明的通道，古代印度文明也传入该地区，佛教曾一度成为这一地区最为重要的宗教。

天山以南的中亚大抵与中国新疆南部一致。这一区域位于欧亚大陆腹地，深居内陆，远离海洋。青藏高原、东西向的昆仑山系与横亘新疆中部的天山山系之间，是塔里木盆地。由于深处亚欧大陆，加之高山环绕，来自大洋的湿润的气流难以进入盆地，区域内降雨较少。一方面，高山阻挡了水汽，使得其区域内连片干旱；另一方面，高山上巨大的冰川一到夏季，涓涓融水从高山汇到山麓地带，形成一条条季节性的河流，水源充足时，它们还冲出河道，形成一块块河扇冲积平原及绿洲。如日本西域史家松田寿男指出的那样，汇集无数峡谷溪水倾泻下来的众多河流，大多是流到在靠近山脚的沙漠时便立即被干燥的沙粒所吸收而失去了河道，形成所谓的"没有尾巴的河流"，它在沙漠中消失的地方就成了绿洲。这些绿洲就形成了此区域内早期人类赖以生活的基础，没有绿洲，就不可能有人类的活动。[2]

二　中国新疆与中亚的分合变迁——以绿洲史为视角

从空间环境上看，中亚与中国新疆的空间形态是绿洲；从地理位置看，中亚与中国新疆是亚欧大陆的枢纽。天山南北以及天山自身丰富的地理要素，均给予中国新疆与中亚历史和文明演进巨大的影响。正如昝涛指出，理解中亚有两个重要坐标轴，一是地缘（空间的横轴），二是文明（时间的纵轴）。从地缘角度说，中亚既是周边或外来政治/文明体扩展的极限与终点，又是它们相互角力之地，

1　〔美〕W.M. 麦高文：《中亚古国史》，章巽译，中华书局，2004，第77~78页。
2　〔日〕松田寿男：《古代天山历史地理学研究》，第3页。

中国就是这样的政治／文明体之一；从文明的角度说，中亚的文明几经变异、转型，萨满、佛教成为历史深处的积淀，突厥化、伊斯兰化与俄罗斯化共同塑造了当代中亚。[1]中国边疆问题的知名学者拉铁摩尔指出，中亚"徘徊于草原特性与中国特性之间。它也受到由印度、伊朗和西藏经艰苦山地侵入的次要势力的影响"。[2]塑造中亚与中国新疆的力量主要来自外部（中国或是草原）；其次才是中国西藏、伊朗、印度。这一见解十分深刻。从地缘关系视角下，中国新疆与中亚颇似一个"历史共同体"。不过，正是由于地缘关系影响的不同，导致了中国新疆与中亚归属的不同。

（一）中原、草原与西域的互动关系

从空间环境的视角看，中国新疆和中亚地区同属于一个"绿洲世界"，而绿洲的分散性使中亚地区与中国新疆没有一个核心绿洲能占据该区域政治经济的中心地位。从中亚自身来说，历史与地缘特性决定了它是一个主体性不稳固的、依附性较强的存在。[3]

正如羽田亨指出，中亚三个中心之间天山南路、两河流域、天山北路与七河地区构成了"西域"历史空间。天山北路和七河地区都是草原绿洲，天山南路和两河流域是沙漠绿洲。从欧亚大陆历史上的"南北关系"看，他们分属于北部的游牧社会和南部的农耕社会。这两个社会的分界线大体沿着中国的长城、天山，穿咸海、里海至遥远的欧洲。这是一条自然地理界线，农耕民为保护自己的文化区域不受所谓"蛮族"游牧民的侵扰，耗费巨资和人力沿着它修筑了防御线，这条防御线在中国就是长城，在中亚则是壕堑和墙

1　昝涛：《地缘与文明：建立中国对中亚的常识性认知》，http://www.guancha.cn/zan-tao/2011_10_07_69695.shtml。

2　〔美〕拉铁摩尔：《中国的亚洲内陆边疆》，唐晓峰译，江苏人民出版社，2005，第322页。

3　昝涛：《地缘与文明：建立中国对中亚的常识性认知》，http://www.guancha.cn/zan-tao/2011_10_07_69695.shtml。

垣。[1] 但这种关系并非是割裂的，而是一种互动的关系。

　　曾经考察过中国内陆边疆的美国学者拉铁摩尔提出了新疆历史的分析架构，认为新疆与其他内陆边疆地区最为不同的地理和社会空间就是"绿洲"，并以此为中心来分析新疆历史。如其所言："了解了绿洲孤立的特殊性以及与中国和草原的交通可能性，就不难描绘这个中亚世界的一般历史状态。它是独立的，而不是孤立的。"[2] 新疆的历史不再是一个静止的地域史，而是在中原、绿洲、草原势力的冲突、交流、融合、调适中的动态历史。同时，拉铁摩尔将政治、历史、经济、社会、生态、文化等综合因素聚焦在古代绿洲上，并兼以一种跨区域的宏大眼光，指出"新疆以西，俄属土耳其斯坦的部分地区、波斯、近东，有着与新疆类似的地理形态；新疆以东，甘肃、宁夏的情况也类似，这两个地区对于新疆的影响犹如内蒙古与外蒙古的关系"。[3]

　　他认为沿"长城—天山"构成了一个完整过渡地带，其标志是连接"长城—天山"商路的形成。约在公元7世纪，长城—天山沿线的游牧道路被唐的力量控制，"游牧文化为定居文明所制，实可称为一大转机"，从那时起，"中国长城以内的道路，始与沿天山两侧绿洲间的道路，即游牧者开辟的商路有相当的联络"。[4] 天山既作为"长城—天山"整体形态的一个部分，又具有新疆内部游牧民与绿洲居民的"过渡地带"的双重性质，"天山北麓地区及南准噶尔地区，位于阿尔泰山、天山之间，形成游牧民族与天山南麓民族的过渡地带"。[5] 这对他认识新疆历史提供了新的视角。

1　〔苏〕威廉·巴托尔德《中亚突厥史十二讲》，罗致平译，中国社会科学出版社，1984，第242页。
2　〔美〕拉铁摩尔:《中国的亚洲内陆边疆》，第110页。
3　〔美〕拉铁摩尔:《中国的亚洲内陆边疆》，第101页。
4　〔美〕拉铁摩尔:《亚洲腹地之商路》，田嘉译，载魏长洪、何汉民编《外国探险家西域游记》，新疆人民出版社，1994，第135页。
5　〔美〕拉铁摩尔:《亚洲腹地之商路》，载魏长洪、何汉民编《外国探险家西域游记》，第130页。

在中原、草原和绿洲关系中，绿洲属于"侧翼势力"。"在他们（草原与中国）的侧翼是中亚绿洲地带，其间的沙漠绿洲由于精耕农业的背景，与中国的关系较深。"[1] 侧翼战争属于正面战争和长城战争的一部分。"汉代，汉族与匈奴的战争可以称为是正面战争和长城战争，有时与它们同时，有时与之交替发生的，是新疆绿洲地区的侧翼战争。这里优势徘徊于游牧民族容易接近的草原绿洲和汉族易于接近的沙漠绿洲之间。"[2] 在草原、中原、绿洲关系之间，绿洲虽然很重要，但并不在中心位置。新疆历史发展的动力主要来自草原与中国[3]，其次才是印度、伊朗和西藏等其他地区势力，历史上形成了几种不同关系的组合。一是游牧民族控制绿洲以对抗中原王朝；二是中原王朝控制绿洲以对抗游牧民族；三是在草原与中原王朝力量都不能到达绿洲时，绿洲的自我崛兴；四是"过渡地带"与草原、中原王朝、绿洲之间关系的平衡。这几种力量的相互关系构成了新疆历史剧情发展的主线。

绿洲犹如"细胞组织"，因为干旱地区的阻隔，无法成片发展，这使汉人无法复制内地大规模的生产与社会组织（拉铁摩尔称为"汉族环境"）；同时，这也使绿洲无法联合起来，"在他们的同一性上很难建立起一个金字塔式的政治统一体"。[4] 因此，"新疆绿洲总的历史，要受到外来势力侵入整个绿洲地区深浅程度的左右，受到统治势力联合各个绿洲程度以及将各个绿洲之间进行联合的程度的支配"。[5] 不过，相较于游牧力量，中国（中原王朝）力量在沙漠绿洲居于优势。中国（中原王朝）通过丝绸、茶、瓷器与绿洲的玉石、干果、马匹之间进行交换，使得绿洲的统治者与中国之间建立一种

1　〔美〕拉铁摩尔：《中国的亚洲内陆边疆》，第 106 页。
2　〔美〕拉铁摩尔：《中国的亚洲内陆边疆》，第 322 页。
3　本文使用的"中国"是"中原王朝"的代名词，不是近代的民族国家概念。
4　〔美〕拉铁摩尔：《中国的亚洲内陆边疆》，第 321 页。
5　〔美〕拉铁摩尔：《中国的亚洲内陆边疆》，第 321 页。

互惠的体制，但是与普通绿洲民众的关系却不大。汉人对绿洲农业生活比较熟悉，"这种生产与习俗的相同，比语言及服装的不相同更为重要"。[1]并采取一种类似自治的管理模式，"当地的经济性质还是照旧。当地社会的价值与法令，虽然有政治统属上的变化，但并无实质内容的改变"。[2]

绿洲的特殊环境对于游牧民族的影响也是显而易见的。先进入草原绿洲，然后又发展到沙漠绿洲的游牧民族，要经历一个逐渐"非游牧化"的转变。在草原边境北部绿洲中，游牧民族的迁移与征服当然会常常压倒绿洲的农业及社会，也许或早或迟将它们推翻。[3]但他们进入沙漠绿洲时，自身的机动性就会受到限制。其社会面临着游牧与农耕生活的取舍，不得不脱离游牧制度的规范。彻底脱离草原生活，无论是对绿洲社会还是对其自身，都会导致更为激烈的矛盾。

拉铁摩尔由此集中分析了新疆历史发展的三个特点。其一是新疆绿洲社会在草原与中原之间摆动的性质，可称为"集权化"（Centralization）和"去集权化"（Decentralization）的循环态势，新疆维持社会变化是在强大帝国统治下的"集权化"和新疆内部固有的"去集权化"之间不断摆动。在"集权化"和"去集权化"的反复变化中，新疆社会呈现出一种缓慢进化的封建主义。其二是新疆历史是一部草原、中原及绿洲交替崛兴的循环历史。其原因是，"这种模式是与草原和绿洲生活之不能协调有关系的。在草原经济与汉族及绿洲农业经济之间是混合和粗耕经济。草原居民、汉族、绿洲居民都不能向这种混合经济'进化'，因为这种混合经济乃是立于单纯经济制度上的'退化'"。[4]其三是南疆与北疆具有明显的区域差

1　〔美〕拉铁摩尔：《中国的亚洲内陆边疆》，第320页。
2　〔美〕拉铁摩尔：《中国的亚洲内陆边疆》，第320页。
3　〔美〕拉铁摩尔：《中国的亚洲内陆边疆》，第320页。
4　〔美〕拉铁摩尔：《中国的亚洲内陆边疆》，第127页。

异性，草原绿洲易于被游牧势力控制，生活倾向于草原，而沙漠绿洲的生活则易于被中国（中原王朝）控制，生活接近于农区。草原绿洲具有开放性、变动性，沙漠绿洲具有稳定性。[1] 这是拉铁摩尔对新疆历史特点的深刻洞见。

拉铁摩尔提出"长城—天山"过渡地带的启发性在于以下几个方面。首先，打破了新疆（绿洲）历史的孤立性和静止性，"了解了绿洲孤立的特殊性以及与中国和草原的交通可能性，就不难描绘这个中亚世界的一般历史状态。它是独立的，而不是孤立的"。[2] 将其放在绿洲、草原、中原的关系互动中去观察，也止是这种力量打通了绿洲之间彼此的联络。从地理环境看，两河流域（沙漠绿洲）与天山南路（沙漠绿洲）相似；天山北路（草原绿洲）与七河流域（草原绿洲）环境相似，可以从拉铁摩尔提供的绿洲史视角理解这一历史过程。其次，通过"过渡地带"突破了"儒家中国观"和"游牧中国观"，从更为广阔的"长城—天山"视角解读欧亚大陆的历史特点。再次，通过天山南北的互动，解释了这一地带的"双重过渡性"，从而使天山史内部区域特点得以表达，它既从属于欧亚大历史的一个部分，也有内部区域历史的特色。最后，天山这一"过渡地带"人群与长城"过渡地带"人群相似，兼有定居民和游牧民的特点。

20 世纪初，日本探险家橘瑞超考察新疆北部边疆城市伊宁的商业状况时，看到汉、满、回、维吾尔、锡伯、索伦、厄鲁特、哈萨克，以及俄国喀山州的伊斯兰教徒、柯尔克孜、安集延、塔什干、浩罕、犹太人等在聚集交易买卖的场景时，发出"实乃天下一大奇观"的感叹。[3] 而在考察南疆喀什回城时，他不仅看到回城的商业繁荣，为全省第一，更注意到"俄属突厥人、阿富汗、克什米尔

1　Owen Lattimore, *Pivot of Asia, Sinkiang and the Inner Asian Frontiers of China and Russia*, Boston: Little Brown and Company, 1950, pp.3-4.

2　〔美〕拉铁摩尔：《中国的亚洲内陆边疆》，第 110 页。

3　〔日〕日野强：《伊犁纪行》，华立译，黑龙江教育出版社，2006，第 149 页。

人等，身着各种服装，在市场上往来奔走，那情形宛如参观东西人种博览会"。[1] 1968 年，美国著名的中亚史学者约瑟夫·F. 弗莱彻就明确指出："那种认为喀什噶尔人和维吾尔居民同属一个民族的观点——更不用说他们都是维吾尔人的看法了——主要出自 20 世纪民族主义的需要而创造出来的。"[2]

　　两河流域（沙漠绿洲）和七河地区（草原绿洲）同样是绿洲形态，与新疆绿洲本无具体的差别，它们都在中原王朝和游牧力量之间游移。但两河流域和七河地区处于天山的末梢，中原力量不易到达，而游牧力量比较容易到达。因此，这一地区的绿洲政权周旋于中原力量与游牧力量之间。汉人对中亚不是"为征服而征服"，而是一种政策性的考虑，"或者是控制中亚的绿洲及部落，以建立对抗草原游牧民族的同盟；或是对绿洲进行防御性占领，以免游牧民族利用它们作为根据地"。[3] 中原王朝往往采取笼络的姿态，其政治目的正如拉铁摩尔指出，"中国政治家们真正需要的，即其真正的目的，是造成一种情势，使绿洲小国们认为依附中国要比做游牧民族的附庸更有利"。[4]

　　法国学者莫理斯·古朗在分析清朝对中亚的政策时写道："中国的外交政策愿意对这些遥远的入贡者发号施令……它明智地满足于拥有皇朝最高权力遍及世界边缘的名声。它实际的作用，除了在浩罕比较其它所有地方更活跃外，只限于保持藩属入贡者之间的和平，要求他们尊重并保护帝国的领土。"[5] 如清朝乾隆皇帝

<hr>

1　〔日〕日野强：《伊犁纪行》，第 188 页。
2　〔美〕约瑟夫·F. 弗莱彻：《1368~1884 年间的中国与中亚》，载〔美〕费正清编《中国的世界秩序：传统中国的对外关系》，杜继东译，中国社会科学出版社，2010，第 224 页。
3　〔美〕拉铁摩尔：《中国的亚洲内陆边疆》，第 315 页。
4　〔美〕拉铁摩尔：《中国的亚洲内陆边疆》，第 315 页。
5　〔法〕莫理斯·古朗：《17 世纪和 18 世纪的中亚细亚：是卡尔梅克帝国还是满洲帝国》，载中国社会科学院民族研究所、新疆民族研究所历史室编《蒙古族厄鲁特部历史资料译文集》第 14 辑（内部参考），1979。

明诏对待布鲁特的政策，"以外藩习俗，与中国异宜，不欲投诚降服，亦惟尔便。但能约束所部，永守边界，不生事端，朕亦不加兵骚扰"。[1]

一言以蔽之，历史时期中原王朝主要对中亚采取和平交往的政策原则，使其倒向中国而不是草原。中原王朝与西域之间建立了以藩属关系为中心的朝贡制度。

（二）中国新疆与中亚的文化变迁

中国新疆与中亚在欧亚大陆的腹地枢纽位置成为各种力量交汇与冲突的焦点。如胡秋原先生所言：

> 在海通之前，这里天然是东西世界的孔道、走廊……此地成为东西城郭国家与商业文化之交流点（中国、波斯、印度及更西），而此地是南北两种完全不同的生活方式的民族，即北面游牧民族与东西南农耕民族之间……海通以前，民族的争霸与移动，实以西域、中亚为枢纽。所以此地自古即是为兵家必争之地，游牧帝国与农业帝国之间的必争之地……因此二因，此处也就成为商业的聚散区、民族和宗教的博览会……如果我们以沧海桑田等形容兴亡变幻，那么，没有比新疆与中亚更为合适的了。[2]

来自东西不同方向的希腊—波斯—印度—汉—伊斯兰—突厥—蒙古等如同波浪式的多层次的力量席卷中国新疆与中亚。

从文化变迁的角度看，这离不开绿洲分散性的特点。历史上绝大多数时期，中国新疆与中亚都是各自为政的地方政权，不仅很

1　《清高宗实录》卷 555。

2　胡秋原：《世界史上之新疆》，载中国边疆历史语文协会编《新疆研究》，编者印行，1963，第221 页。

少能形成以中亚为中心的大帝国，而且往往是割据争霸。即使在局部统一时期，如喀喇汗、西辽等西域政权一般也只能采取分封制度。中亚史学者魏良弢先生指出，中亚"分封制"由于长期存在，它不可避免地要发生演变：由根据职务颁赐的封地，即临时的封地，演变为终身的封地，再演变为世袭的封地。这一演变过程，也就是封地拥有者极力扩大自己权力的过程。他们在获得封地世袭权后，常竭力扩大自己的势力，时时想摆脱中原政权而独立，造成王朝纷争和封建地主之间连绵不断的战争，严重延缓了中亚社会的发展，阻碍了中亚地区统一国家和统一民族的形成。[1]唯一例外的是由蒙古黄金家族后裔建立的曾经横跨欧亚大陆盛极一时的帖木儿帝国（1370~1507）。但是，帖木儿帝国同样无法克服绿洲的分散性，阻止了帝国进一步的集权，它很快就和历史上其他中亚王朝一样，陷入四分五裂的分崩离析状态。

尽管希腊、波斯、印度、汉、突厥、伊斯兰等多种文化力量都给绿洲以强大的影响，但是在绿洲自身的"集权化"与"去集权化"之间，这些文化不是简单的彼此取代，而是相互渗透、碰撞、吸收、涵化。因此，这种混杂的文化交流模式可以称为"中亚化"式的突厥化与伊斯兰化。中亚史家魏良弢先生明确指出了阿拉伯式的伊斯兰化与中亚式的"伊斯兰化"的区别，后者是建立在粟特、波斯、希腊、突厥、汉多层文化积淀基础上的"伊斯兰化"。10世纪末，回鹘又征服了河中地区，在中亚建立起喀喇汗王朝，大批操突厥语的游牧民族涌进中亚，并在这里定居下来，从事农业、手工业和商业活动。当地土著居民深受他们的影响，在社会政治制度、生活方式以及语言方面开始了所谓的突厥化。当然这种突厥化也是在中亚已有文化积淀（首先是在中亚式"伊斯兰化"）的基础上实现的。已有多层文化积淀的中世纪中亚，又经历了阿拉伯和突厥这

1　魏良弢：《中亚封建社会特点初探》，《新疆社会科学》1985 年第 3 期。

两个游牧民族带来的两化："伊斯兰化"和"突厥化"。[1]潘志平先生即指出，中亚突厥化真正的含义是突厥语化，而不是被突厥人同化。中亚伊斯兰化也是具有中亚特色的伊斯兰化。[2]

此外，中亚绿洲对"丝绸之路"[3]也具有强烈的依赖性。"丝绸之路"是以古代中国长安为起点，经过中国陇西高原、河西走廊和今天的新疆地区，进而连接中亚、南亚、西亚和欧洲、非洲的一条陆路通道。它既是这一地区古代各国、各民族进行政治、经济、文化交流的交通大道，又是这一地区古代各国各民族密切交往、休戚与共的友好关系和优良传统的象征。"丝绸之路"代表的是一种"接力棒"式的转口贸易方式，关税是沿途绿洲国家的重要财政收入来源。河西走廊、塔里木盆地、中亚、印度、波斯是"丝绸之路"商品运行的几个重要接力点和集散地。"丝绸之路"沿途大国的形成、兴盛和发展，也有赖于"丝绸之路"的开通和发展，这正是沿"丝绸之路"各大国发展有一定同步现象、共振现象、连锁现象的内在原因。[4]中国的河西走廊、新疆与两河流域、波斯高原上的一些城市是丝绸之路上的重要中转站，在经济与文化方面具有联动性。

在这种变异之中也生成了另外一种趋同：中国新疆与中亚成为一个兼有东西方社会文化特点的特殊区域，"在社会经济制度方面，在政治思想文化方面，必然表现出既不同于东方，又不同于西方，既不像游牧民族，又不像定居民族的一些自己独具的特点"。[5]在松

---

1 魏良弢：《中亚封建社会特点初探》，《新疆社会科学》1985 年第 3 期。
2 潘志平、王智娟：《鸟瞰中亚宗教、民族之历史与现状——兼评亨廷顿的"文明模式"》，《西北民族研究》1994 年第 2 期。
3 德国地理学家李希霍芬（1833~1905）在他所著《中国》（1877）一书中首次把"（汉代）连接中国与河中以及中国与印度之间，以丝绸贸易为媒介的这条西域交通路线"称为"丝绸之路"。其实，"丝绸之路"不仅是单纯的商贸之路，也是政治之路与宗教之路。
4 杨建新：《论丝绸之路的产生、发展和运行机制》，《西北史地》1995 年第 2 期。
5 魏良弢：《中亚封建社会特点初探》，《新疆社会科学》1985 年第 3 期。

田寿男看来，这种过渡性受到了天山地理环境的巨大影响，"（天山）混有北部草原和南部绿洲的双重色彩，应当把它看作是呈现出中间色彩的界限"。[1]

（三）地缘关系[2]与中亚、中国新疆的分化

西方学者认为，中国新疆与中亚的分化出现在 14 世纪 30 年代，"另一个主要的地缘历史分水岭出现在 14 世纪 30 年代……1333~1334 年新疆从河中分离出来，新疆已经初具其现代轮廓特征"。[3]近期公布的一批波斯文史料说明，"喀什噶尔"一直是中国地理概念的一部分，"喀什噶尔属于秦斯坦，但是位于亚格玛（Yaqmā，古代称'样磨'）、吐蕃（Tabat）、吉尔吉思（Kharkhīz，古称黠嘎思）和中国的边界上。喀什噶尔的长者们古时可能是从葛逻禄（Khallukh）或者样磨来的"。[4]在伊朗穆斯林历史学家泰伯里（MuhammadJarīr Tabarī）写的权威历史著作《诸先知与国家史》（Tārīkhal-Rasulvaal-mulūk）中，第一次把喀什噶尔称为"进入中国之门"，这本巨著在公元 11 世纪由萨曼王朝一位官员翻译成波斯语。[5]据潘志平先生考察，1679 年，西伯利亚哥萨克伊凡·佩特林经中亚出使中国，返回后向俄托波尔省政府递交了一份报告。大概从那时开始俄人将塔里木盆地一带称作"小布哈拉"，与中亚的"大布哈

---

1 〔日〕松田寿男：《古代天山历史地理学研究》，第 15 页。
2 地缘关系是指以地理位置为联结纽带，由于在一定的地理范围内共同生活、活动和交往产生的人际关系。如同乡关系、邻里关系、故土观念、乡亲观念就是这种关系的反映。现代国家之间的地缘关系包括地缘政治、地缘经济、地缘文明关系。本文所指的地缘关系是依照地理便利性，不同地理单元之间形成的结构关系。
3 〔美〕弗雷德里克·斯塔尔主编《新疆——中国穆斯林聚居的边陲》第二章，新疆社会科学院内部译本，第 46 页。该章由米华健和彼得·帕杜撰写，内容是关于 19 世纪末之前的新疆地区政治文化的历史。
4 王治来译注《世界境域志》，上海古籍出版社，2010，第 73 页。
5 〔伊朗〕穆罕默德·巴格尔·乌苏吉：《波斯文献中关于喀什噶尔在丝绸之路上的地位的记载》，林喆译，王一丹校，《新疆师范大学学报》（哲学社会科学版）2012 年第 6 期。

拉”相区别。[1]这已经开始把两河流域与天山南路逐步区别开来。

两河流域、七河流域与天山南路、天山北路都属于绿洲形态，而且都处于欧亚的"十字路口"。米华健在《欧亚十字路口：新疆历史》一书中做了一些解释，他指出新疆成为一个困扰中国中原政府的关键性问题始于清朝。康熙、雍正、乾隆朝，清廷对新疆地区的军事政治行动成为当时清朝政治机构和社会改革的一个重要推动因素，而这些政治机构和社会改革又连带地对未来的清代政治军事形势产生了深远影响。清朝对"最后的草原帝国"准噶尔的军事行动成为清朝　举解决西北边疆问题的关键之一。在欧亚十字路口，新疆"归属"于中国，使其地理依存度与中原关系更为密切。乾嘉时期清政府对西域史地高度重视，通过派遣人员多次勘测西域的经纬度，编纂大型的官方志书、舆图。朝野上下对西域史地比较关注，刺激了西北史地之学的兴起，对新疆地理空间的认识亦逐步清晰化。

帕米尔高原这一天险对中亚与中国新疆的历史走向产生了重要作用。从清王朝的立场看，要越过天山与昆仑山交界之处的帕米尔高原，以军事力量抵达费尔干纳盆地还是显得有些力不从心。清藩属浩罕国长期庇护大小和卓木的后裔，屡屡掀起叛乱，侵入天山南路，烧杀掠夺，常常陷清廷于尴尬境地。清朝若劳师远征，浩罕军已经远遁；当地驻军少，则被浩罕所灭；驻军多，则清王朝的财政不堪重负。[2]清王朝的被动局面主要受限于财政情况，19世纪中期（清代道光时期）出现了被学者称为"道光萧条"的财政危机，[3]一定

1　潘志平：《"东突厥斯坦独立""维吾尔斯坦解放"：民族分裂的黑纛》，《西域研究》2004年第3期。

2　潘志平：《浩罕国与西域政治》第六章"长龄、那彦成与南疆之乱"。

3　中国经济在19世纪出现重大逆转，从18世纪的长期繁荣转入19世纪中期以后的长期衰退，中国社会也出现了"19世纪的危机"。这个逆转始于道光朝，因此被称为"道光萧条"。这一概念最早由中国经济史家吴承明先生提出，对此详细进行研究的是清华大学李伯重教授。参见李伯重《"道光萧条"与"癸未大水"——经济衰退、气候剧变及19世纪的危机在松江》，《社会科学》2007年第6期。

程度上限制了清廷远征浩罕的军事行动。从政治上看，以帕米尔分界的"东新疆西属国"藩属体系暴露的是中原王朝处理新疆与外藩的地缘关系原则，这也是清廷不得已的做法。

中国学者对此问题也有所体会，1944 年，民族学家马长寿先生阐述道：

> 从地理环境来说，新疆与中央亚细亚并无自然的确定疆界。北疆准噶尔盆地之北部，有阿尔泰山脉，成东北西南向；南部有天山山脉大体为东西向，二山之间的塔尔巴哈台山，犹如扬子江口的孤岛，不能与南北诸山发生紧密之联系。因此，在塔尔巴哈台山之南北成为准克（噶）尔盆地之二个开敞门户。由北户溯伊尔提什河而上，与南西伯利亚之鞑靼族交通。由南户溯巴尔喀什湖区而西，可与中亚之吉尔吉斯族、乌孜别克族，及里海东部之土耳其斯坦诸族畅通无阻。南疆塔里木盆地口向东，为接受内地汉族之天然门户。
>
> 西陲虽为帕米尔及兴都库什山所障绝，然溯喀什噶尔河而上，西逾旦文关（Terek Davan Pass），自古为中西之交通要道。由此而西，直达乌浒河（即阿姆河）滨与诸突厥族交通；由此而西南，经阿富汗、波斯而可直达印度，由疏勒北行，经阿林斯克雅山地，再经巴尔喀地方之 Bactra 古国，而至中央亚细亚及南西伯利亚，当希腊、罗马时代，为中国驮（驼）队运丝出口之要路，亦为中印近东民族文化交通之枢纽。[1]

马长寿先生对新疆史地分析是基于交通的视角，"南疆塔里木盆地口向西（东），为接受内地汉族之天然门户"。他也注意到帕米尔

1　马松龄（长寿）：《现代新疆之民族》，转引自王欣《马长寿先生的边政研究》，《中国边疆史地研究》2008 年第 3 期。

高原及兴都库什山对于交通的阻碍作用。塔里木盆地西高东低的地势实际上为新疆归属于中国版图提供了一个天然的地理朝向优势。英国学者加文·汉布里也说："一条西南、东北走向的山链，将中亚地区分成两半，这条山链起于阿富汗的赫拉特附近，终止于西伯利亚的伊尔库茨克附近。除了新疆的维吾尔人和中国的东干人（回族）外，伊斯兰教的影响被限制在山链以西，而山链以东，则强烈地受到西藏佛教和汉文明的影响。"[1]这一观点得到潘志平先生的认同，潘氏这样写道：

> 新疆地貌大致可概括为三山夹两盆，其中天山和昆仑山巍峨高耸，这两座大山都是东西走向，天山由东向西南倾斜，昆仑山由东向西北延伸，山交汇帕米尔高原。这好比一个巨型口袋，袋底在帕米尔，而袋的开口朝东，通过河西走廊与中原内地相接，交通相对方便得多，这就是新疆自古以来在政治、经济、文化上与中原内地连成一体的重要原因之一。[2]

帕米尔高原以东西分界，成为清王朝所能直接控制和间接控制区域间的分水岭和临界点。俄罗斯帝国进入中亚以后，采取了咄咄逼人的气势。另一殖民帝国英国则从南面向中国新疆施加压力。清在内忧外患的交织中，国力虚耗，甚至已经难以保全伊犁将军辖下的西域版图，更无法顾及帕米尔以西的中亚各藩属国的利益了。在上述内外压力之下，中亚最终被俄罗斯帝国所吞并。

三　中原王朝经营西域的战略

"西域"被用来统称今中国新疆与中亚地区，始于汉代。据

1　〔英〕加文·汉布里主编《中亚史纲要》，吴玉贵译，商务印书馆，1994，第6页。
2　潘志平：《归属于中华文化圈的新疆》，《新疆大学学报》（哲学人文社会科学版）2009年第1期。

《汉书》所载，"西域以孝武时始通，本三十六国，其后稍分至五十余，皆在匈奴之西、乌孙之南。南北有大山，中央有河，东西六千余里，南北千余里。东则接汉，厄以玉门、阳关，西则限以葱岭"。不过，从传统中国到民族国家的历史演变中，中亚诸国与中国的关系经历了一个彼此互为"方位"到彼此互为地缘毗邻之国的变化。在进入"世界国家之林"的历史过程中，西域作为帝国边疆的地缘政治态势被更多的认识和表述。

这些内部差异明显的区域在不同历史时期对中原王朝来说战略意义也不相同。相应的，中原王朝对西域不同区域采取的经营策略也因具体的历史情境有所不同。本部分探讨的正是中原王朝经营西域时所采取的各种策略及其变化过程。对中原王朝经营西域战略的历史演变论述最为集中的著作是民国曾问吾的《中国经营西域史》，尽管这部为因应民国时期中国"边疆危机"而作的论著，因不能逐一对地方史事与正统史料（主要是二十四史）进行考辨而存在不少缺憾，但仍值得参考。在该书中，曾问吾在论述中原王朝与西域的关系时，将西域分为山北（天山以北）、山南（天山以南）和岭外（葱岭以西）三个部分，分别讨论中原王朝在不同区域的经营策略。[1]曾氏对西域的这一划分与上述日本西域史地学者羽田亨、松田寿男的思路基本一致，[2]在讨论中原王朝的西域经略时，本部分将借用以上述学者的划分。

（一）基本战略：通过宗藩关系建立朝贡体制

历史上中原王朝对天山南路、天山北路和岭外各部的战略根据不同的历史情境而有所不同。一般来说，中原王朝与北方游牧民族政权处在战争状态之时，则其着力处在天山南路，若处于和平时

1　曾问吾：《中国经营西域史》，商务印书馆，1937。

2　可参见〔日〕羽田亨《西域文明史概论（外一种）》；〔日〕松田寿男《古代天山历史地理学研究》。

代，中原王朝则试图对天山北路形成实际控制，进而统摄天山南路。但无论是处于战争状态还是相对和平的年代，中原王朝对岭外地区的西域均没有实际控制，而这些地区只有在感受到中原王朝的威仪之时，方选择内附。

中原王朝长期面临北方草原匈奴政权的威胁。公元前 209 年，匈奴冒顿杀父自立，在其统治的 35 年间（冒顿卒于公元前 174 年），汉王朝忙于政权的续替、整合，匈奴势力得到很大发展，这一时期"匈奴之强，空前绝后"。[1]冒顿死后，其子稽洲续立为单于，匈汉之间进入和亲与相峙的斗争格局。而与此同时，匈奴开始对天山北路的大月氏、乌孙等国用兵，迫使这些民族西迁。[2]武帝时，汉对匈奴的斗争进一步加强，除了对匈奴正面作战之外，也积极派使者沟通西域诸国，联合夹击匈奴。这其中最著名的，当属张骞通西域。张骞前后三次出使西域，第一次走的是北路，被匈奴所俘获，第二次试图从中国西南经印度到达葱岭以西，联合被匈奴威胁的大月氏，乌孙等国。张骞除与西南滇国取得联系之外，并未达目的地。第三次通西域虽没有劝说乌孙国迁回陇西故地，达到牵制匈奴的目的，但乌孙献马数十匹，并遣使到长安，同时张骞也从乌孙遣使到葱岭以西的西域诸国。所有这些，均为后来汉朝联合西域诸国抗击、牵制匈奴打下了基础。[3]张骞所欲通的西域集中在葱岭以西，这主要是因为其时葱岭以东、敦煌以西的西域诸国多臣服于匈奴，而"葱岭以西的西域诸国，在这个时候，虽可能与匈奴有联系，然并不受匈奴的控制，所以西汉要想越过葱岭以东的西域诸国，而与葱岭以西的西域诸国相联络"。[4]对葱岭以东役属于匈奴的部分西域国家，西汉采取了征伐的策略。此后，东汉对西域的经略，也多采取远交近

---

1 陈序经:《匈奴史稿》，中国人民大学出版社，2006，第 186 页。
2 陈序经:《匈奴史稿》，第 205~211 页。
3 陈序经:《匈奴史稿》，第 256~268 页。
4 曾问吾:《中国经营西域史》，第 46 页。

攻的策略。如曾问吾所言："汉朝之经营西域，其进取方略，不外是派使节、遣将帅两大端。"[1]

汉朝的西域经略，主要根据其与匈奴的战和关系及力量对比，而采取远交近攻的手段。联合葱岭以西和天山南路的西域诸国夹击、牵制匈奴，同时打击葱岭以东、天山北路的西域诸国，以此直接削弱匈奴的力量。其经略西域的策略方式对汉以后的不少王朝产生了较为持久的影响。

魏晋南北朝及隋朝时期，天山北路被鲜卑、柔然、突厥等草原游牧政权所占据。但即便如此，中原王朝与西域诸国在贸易、文化上的往来仍没中断。[2]其经营西域策略也继承了汉朝的远交近攻思路。对天山南路及葱岭以西采取联合策略，对天山北路诸国则采取打击态度。不过由于魏晋南北朝及隋立朝较短，没能建立起对西域的有效控制。曾问吾对此阶段中原王朝的西域经略的总结很能说明问题。兹录于下：

> 综观上述历朝之统一或割据政府，当其国势稍振时，必征讨北族，且常有事于西域；然必须先制山北之游牧强族，然后山南及岭外之诸国始能畅通无阻。如汉代至通西域，必先克伐匈奴之情形完全相似。然历朝建号不长，势力不充，经营时间亦暂，论其成绩无大起色也。如当时有强大持久如匈奴者雄踞于山北，吾恐历朝不能伸张其势力于西域诸国矣！[3]

唐朝对西域的经营及其交通所达的范围极为广阔，其政治制度与文化不仅有北方少数民族政权的要素，也吸纳了西域诸国政治、

1　曾问吾：《中国经营西域史》，第 46 页。

2　马志冰：《魏晋南北朝时期西域与中原的贸易往来》，《新疆社会科学》1988 年第 3 期。

3　曾问吾：《中国经营西域史》，第 89 页。

文化的一些成分。[1] 唐朝在西域诸国中的影响也十分明显，其时中亚诸国"即以'唐家子'称中国人"。[2] 不过，与汉朝一样，唐也经历了一个与北方游牧政权长期斗争的过程。唐初，太宗在攻克东西突厥之后，又平服了天山南路的高昌、焉耆、龟兹等国，使岭外诸国纷纷来朝。[3] 在相当一段时期，唐似乎实现了对天山北路、天山南路、葱岭以西的全盘经略，唐太宗也被称为"天可汗"。不过，随着突厥在天山北路重整旗鼓，青藏高原的吐蕃政权夺取天山南路部分城邦，以及大食对葱岭以西诸国的威胁，唐朝全盘经营西域的局面受到破坏。安史之乱后，唐虽借回纥兵稳住政权，但回纥居功自傲，骚扰不断，在内忧外患之下，唐最终失去了西域。

五代十国与辽宋夏金时期，中原处在一个战乱纷争的年代，但中原与西域的关系却一直得以维系。在此期间，西域主要的政权是喀喇汗王朝、高昌回鹘政权与于阗李氏政权；五代十国、辽、宋、夏、金与三者之间通过派驻官吏、册封或者朝贡等方式保持政治或外交上的联系。[4]

真正对中亚形成全面统治的帝国是起于草原的蒙古帝国。在完成蒙古草原的统一之后，成吉思汗开始着手中国北部边疆的统一征战。1218 年成吉思汗击败契丹首领屈出律之后，塔里木河、伊犁河、伊塞克湖、楚河和恒罗斯河流域归并于蒙古帝国。成吉思汗死后，其后裔拔都、窝阔台、察合台、旭兀烈、忽必烈等完成了对中亚、南俄、伊朗和中原等地区的征服，建立起横跨欧亚的蒙古大帝国。[5] 在美国学者巴菲尔德看来，蒙古征服中原"是一个独一无二的事件，它打破了中原与其北疆周邻的惯常关系类型"，使得传统的

1　陈寅恪:《隋唐制度渊源略论稿　唐代政治史述论稿》，商务印书馆，2011，第 1~5 页。

2　向达:《唐代长安与西域文明》，河北教育出版社，2001，第 5 页。

3　岑仲勉:《隋唐史》，河北教育出版社，2002，第 92~103 页。

4　赵荣织:《纷乱时期中原封建王朝对西域的管辖》，《西域研究》2002 年第 2 期。

5　〔法〕勒内·格鲁塞:《草原帝国》，蓝琪译，项英杰校，商务印书馆，2010，第 301、323~366 页。

草原与中原的二元关系进入一个北方草原、中原农耕与东北森林的三角关系。[1] 这样一来，原本在中原、草原和西域互动中完成的中国朝代循环就开始不同于此前的历史状况了。

的确，有明一代在处理边疆关系时更多注意草原以及东北满族力量的兴起，其对西域的影响不再波及葱岭之外，而是转移到东疆哈密一带，并在哈密建立卫所统辖相关地区。而与此同时，西域吐鲁番政权甚至一度侵入哈密，以至于明朝在对西域采取羁縻之策的同时，也不得不处理北部关系。如有学者指出的那样，"对北方残元势力的'备御'、对其他边疆地区各民族的'抚绥'以使王朝达到'长治久安'，构成了明朝前期总的安边思想"。[2] 清朝入主中原后，在西域采取了较为灵活的政策，一方面通过朝贡贸易维持与新疆的关系，另一方面也适时出兵征服准噶尔的叛乱，同时还对厄鲁特蒙古在新疆的统治表示支持。弗莱彻认为，清朝西域政策的这种灵活性主要表现为满族皇帝在对传统"天朝上国"观念表达文化认同的同时，自己又悄悄按照草原的对外关系惯例来处理与西域诸国的关系。[3]

检视历代对西域经略的历史，不难发现中原王朝对西域的经营与草原游牧政权之间的关系密切，很大程度上，西域成为草原游牧政权与中原王朝的必争之地。若游牧政权控制了西域，则中原王朝对西域的经营常常是远交近攻。对天山北路附属于游牧力量的西域诸国采取打击，而对天山南路、岭外诸国采取联合，在从侧翼围攻游牧力量的同时，也确保了东西之间的通道。反之，在游牧力量内附或西迁的情况下，中原王朝通常试图对西域采取全盘经略，而这种全盘战略，除了保障东西贸易通道之外，主要还是防范游牧力量

1　〔美〕巴菲尔德：《危险的边疆：游牧帝国与中国》，袁剑译，江苏人民出版社，2011，第 293 页。

2　侯丕勋：《哈密国："三立三绝"与明朝对土鲁番的政策》，《中国边疆史地研究》2005 年第 4 期。

3　〔美〕约瑟夫·F. 弗莱彻：《1368~1884 年间的中国与中亚》，载〔美〕费正清编《中国的世界秩序：传统中国的对外关系》，第 232 页。

的回迁。中原政权对西域经营的不稳定及其具体策略，体现的正是亚洲内陆作为农耕文明与草原文明的过渡地带在各自的王朝兴衰中扮演的重要作用。[1]但在这些政权中，兴起于草原的蒙古政权又不一样——其是先定西域，后击中原。在一定程度上，这是草原游牧力量与西域力量结合得最好的一次，同时也是草原力量第一次彻底统治中原地区。元以后的明清两朝在处理自身与西域关系时的策略有所改变，起初是明朝的三元关系——中原、草原与西域，后来是清的朝贡贸易与实际控制的同步实行。中原王朝与西域的关系在草原力量彻底征服中国之后，似乎开启了一些新变化。

总的说来，中原王朝对西域的基本战略是通过宗藩关系建立朝贡体制。

宗藩关系出于分封制度，是封建社会一种最主要的政治制度。在中国，此种制度的出现可追溯到夏、商。随着服事理论、华夷观念的出现以及"以宗法制度为基础的分封制的大规模实行"，宗藩制度在周朝时得以建立。[2]秦汉之后，随着中原一统王朝的出现，分封制只在所谓的"异族"地区执行，在所谓的"华夏"地域，则实行郡县制。随着王朝兴衰的历史进程，这一制度也有相应的改变，到中国最后的两个王朝——明清时期，宗法制度中"藩"的内涵被扩大，超越了传统宗藩关系，宗藩关系的礼仪制度也更加严密。[3]通过宗藩制度，中原王朝与各藩国之间建立起朝贡关系。

可以说，各藩国与中原王朝之间的朝贡制度是宗藩关系的主要内容及形式。其本质则是以中原为中心建立和维系宗主国与各藩国之间在礼仪上的等级关系。除此之外，在这一套宗藩制度下，根据各藩国对中原文明的浸染程度和礼仪遵守程度的不同，也存在内藩（也即熟藩）与外藩（也即生藩）的划分。内藩与外藩的划分，与

1　〔美〕拉铁摩尔：《中国的亚洲内陆边疆》，第302~323页。
2　张永江：《清代藩部研究》，黑龙江教育出版社，2001，第11~15页。
3　张永江：《清代藩部研究》，第19页。

内服与外服的观念有紧密的关系。[1]在传统中国的对外关系中，以朝贡制为基本形式的宗藩关系成为中原王朝处理自身与周边关系的主要形式。在历史上，较早与中原王朝建立起宗藩关系的正是西域诸国与东方的朝鲜。有研究认为，公元前51年，随着匈奴呼韩邪单于来朝，"朝贡制度的内涵逐渐明晰。就汉匈关系而言，匈奴须朝觐、进贡、纳质；汉朝则对其上层给予相应的册封和赏赐"，[2]而中朝之间的朝贡关系，则始于隋唐时期。[3]在清朝，随着新疆地区的农业高度发展、地方贵族的衰落以及地缘政治的压力，清与西域的宗藩关系逐渐被改造为具有行省性质的政治制度，或直接行省化。随着新疆建省，新疆除少数地区之外，其余地区"率先实现了与内地的政治一体化，新疆也因此成为清代唯一完成改制建省的藩部地区"。[4]

（二）具体的制度

中原王朝对西域的经营不仅体现在战略思想中，也有具体的制度相辅。具体而言，这些制度和措施主要包括宗藩制度、羁縻与册封制度、通婚制度、边关贸易、人质、征伐、设关置守和以夷制夷等。值得注意的是，这些制度的形成是一个历史过程，不同朝代对西域的具体制度设置有不同，相同的制度在不同朝代的执行度也有不同。在申明这一点之后，接下来我们将进入对这些具体制度的讨论。

在宗藩制度之外，中原王朝对西域以及其他周边所谓的"蛮族"采取羁縻与册封制度。据杨联陞的研究，羁縻策略最先被提出

1　〔美〕杨联陞：《从历史看中国的世界秩序》，载〔美〕费正清编《中国的的世界秩序：传统中国的对外关系》，第19页。

2　李云泉：《朝贡制度史论：中国古代对外关系体制研究》，新华出版社，2004，第16~17页。

3　付百臣主编《中朝历代朝贡制度研究》，吉林人民出版社，2008。

4　张永江：《清代藩部研究》，第316~318页。

来讨论是在汉朝，其主要目的是处理与匈奴的关系，而"随着唐代边界地区羁縻府州的建立，羁縻成为专指一个特殊制度的用语"。[1]羁縻政策背后的观念是夷夏观念，强调"以夏变夷"的一面，在中原王朝处于统一安定的状态下此论最为流行。换句话说，羁縻政策背后蕴含着一整套的儒家民族观，"正是以上述儒家民族观为理论基础，二千多年来，多民族中国的民族关系中，统治民族（无论是汉族或其他少数民族）执行的民族政策的核心，就是怀柔和羁縻"。[2]此种儒家民族观与传统的"大一统"政治观念相互配合，使得中国数千年的历史没有发生断裂。[3]不过，在清代，这个以儒家理论为基础的对外政策在建构自身时遭遇到同样在建构自身世界体系的大英帝国的挑战。在一个围绕马嘎尔尼觐见乾隆皇帝的外交礼仪争端的研究中，何伟亚指出了以儒家"怀柔远人"为核心价值观的东亚外交礼仪等级性的一面。[4]随着一种基于殖民思想的欧洲帝国殖民地体系的东进，原本与中国建立宗藩关系的国家，如朝鲜、越南、尼泊尔等纷纷从朝贡体系中脱离出去。[5]不完全彻底的改土归流政策使得羁縻政策多少以土司制度、伯克制度等在西南和西北地区残留。但随着新疆建省，这一制度在西域的历史基本上告终。

1. 通婚

在中国历史上，王朝统治者与周边诸部落或国家的联姻似乎早在神话时代就已经存在，且通常以公主外嫁的方式与周边部落缔结婚约。但更通常的说法认为，和亲作为对外关系的方式出现在西

1　〔美〕杨联陞：《从历史看中国的世界秩序》，载〔美〕费正清编《中国的世界秩序：传统中国的对外关系》，第 26~27 页。

2　周伟洲：《儒家思想与中国传统民族观》，《民族研究》1995 年第 6 期。

3　周伟洲：《儒家思想与中国传统民族观》，《民族研究》1995 年第 6 期。

4　〔美〕何伟亚：《怀柔远人：马嘎尔尼使华的中英礼仪冲突》，邓常春译，社会科学文献出版社，2002。

5　谢俊美：《宗藩政治的瓦解及其对远东国际关系的影响》，《华东师范大学学报》（哲学社会科学版）1999 年第 5 期。

汉，与朝贡体系的建立几乎是同时的，并相互配合。的确，在很多时候，通婚不仅是中原王朝与西域诸国建立的一种有效的止战方式，而且也是一种相互示好的方式。

汉初，北匈奴对刘邦构成了极大的威胁。据陈序经的研究，冒顿时期的北匈奴，其人口达到了 150 万以上，其中士卒有 30 万~40 万人。[1] 刘邦初立朝时，屡屡受到来自北方匈奴的威胁，并曾经历"白登之围"，在"奉宗室女公主为单于阏氏，岁奉匈奴絮缯酒米食物多有数，约为昆弟以和亲"的条件下，终得解围。此后，和亲作为一种中原王朝与北方草原帝国及西域诸国的政治和外交关系，在不同时期均得到应用。在隋唐两朝，和亲成为中原王朝与西域诸国之间交好和缔结朝贡关系的一种重要方式。在隋唐两朝期间，分别有隋朝的光化公主与西域的吐谷浑王、华容公主与高昌王，唐朝的弘化公主与诺曷钵、唐宗室李氏与于阗王尉迟胜等建立婚约关系。[2] 作为帝制中国对外关系的一部分，和亲政策一直延续到清朝。

当然，和亲不仅发生在帝制中国与草原帝国或西域诸国之间，在草原帝国和西域诸国之间，缔结婚姻联盟也是一种常态。据相关研究，古代中国和亲有三种类型：一为中原王朝处于被动地位的消极和亲，二为中原王朝处于主动地位的积极和亲，三为边疆少数民族之间的和亲。[3] 毫无疑问，这些婚姻关系无论是在政治、经济还是文化上，都带来了较为积极的影响。

无论是从神话传说时代算起，还是从和亲融入朝贡制度时算起，中原王朝与西域诸国的通婚都有着观念与制度的相互配合。一方面，和亲被中原王朝认为是止战、建立朝贡关系、维持必要的礼仪外交的一种制度；另一方面，西域诸国则通过和亲获得了大量经

1　陈序经：《匈奴史稿》，第 189~190 页。

2　崔明德：《汉唐和亲史稿》青岛海洋大学出版社，1992，第 83~98 页。

3　朱振杰：《中国历史上和亲的类型及作用》，《新疆大学学报》（哲学社会科学版）1987 年第 4 期。

济回报。更为重要的是，通过通婚，中原与西域的和平有了制度性的保障（另外一项为质子，详见下文），东西方的商道得以维持，贸易又反过来促进了彼此的文化交流。

2. 关榷贸易

在中原与西域诸国的关系中，有一种比较特别的关系是关榷贸易。一般而言，此种贸易由敌对双方选择贸易场所，然后进行贸易。此种贸易通常发生在草原政权与农耕政权战争频发的时期，大约始于唐末。五代十国以后，两宋政权与草原的辽、夏、金等都有较为频繁的关榷贸易。如有学者指出的那样，关榷贸易有很强的政治性，但同时又体现了南北在物资上彼此互补的内在本质。[1]事实上，关榷贸易在一定程度上表明草原政权与农耕政权之间彼此依赖的关系，同时也说明东西之间贸易关系的重要性。不过，这种贸易出发点是用经济交换为政治利益服务，以有效保持中原在西域的优势地位。明朝就曾通过与西域的朝贡贸易阻止和分化蒙古贵族与西域诸国的结盟，从而减轻北部边防压力。与西域的朝贡贸易是明朝外交政策的核心内容之一，也是其基本国策之一。这种性质的商业贸易实际是一种变相的外交策略。清朝继承了明代的政策，发展与中亚的贸易关系实质上是清王朝羁縻中亚、稳定边疆的需要，因此，其政策亦多以此为出发点。清与西域诸国关榷贸易是清王朝管制下的贸易，贸易地点主要集中在与外藩毗邻的喀什噶尔（今喀什）、叶尔羌（今莎车）和阿克苏等地，而如喀喇沙尔（今焉耆）、库车、和阗等地则是不允许的。中亚属国与清朝修好时，清朝则采取开放的姿态，甚至给予关税的优惠。嘉庆时，"外藩商人在回部贸易者，三十分抽一，皮毛二十分抽一。回部商人自外藩贸易者，二十分抽

---

1 王晓燕：《论宋与辽、夏、金的榷场贸易》，《西北民族大学学报》（哲学社会科学版）2004 年第 4 期。

一。皮毛十分抽一"，成为定制。[1] 甚至有时还给予外藩以免税的优惠。中亚属国与清廷交恶时，清廷则停止关権贸易，作为惩罚警示的手段。

3. 质子

关于中国古代对外关系中的人质问题，杨联陞有过精彩的论述。据杨氏的研究，人质制度"一直存在到 17 世纪中叶"，其大概分为以保障两国或两个集团之间友好的"交换人质"，[2] 以及为了"保障顺从和忠诚"的"单方人质"。而"单方人质"又分为"外部人质"与"内部人质"两种，前者为了保障属国的忠顺而向其索取人质，后者则主要对驻边或远征大臣索取人质，以保其忠顺。若据杨联陞的研究，中国与西域诸国之间的质子关系，无疑是属于"外部人质"，而这也是中原为保障其西域属国忠诚的有效手段之一。[3] 有趣的是，在很多表述里，这种质子关系并不是索取，而是西域诸国"率子入质"。如向达在研究唐与西域关系时就写道："贞观以来，边裔诸国率以子弟入质于唐，诸国人流寓长安者亦不一而足，西域文明及于长安，此辈预有力焉。"[4] 可见，不管是自愿还是非自愿，质子作为中原与西域诸国之间关系的一种保障，在唐朝时已为双方所熟知，并有一定的共识。

4. 设关置守

"设关置守"是古代中国在西域统治中另一个重要举措。公元前 60 年，为抗衡匈奴在西域的力量，汉武帝成功打通了通往西域的通道，并在西域设置都护府，以此为基地补给西征汉军。"西汉西域都护，从第一任都护开始到王莽末年李崇任都护止，连续 80 多

1　中国社会科学院中国边疆史地研究中心编《清代理藩院资料辑录》，转引自贾建飞《浅析乾嘉时期中亚与南疆的贸易》，《敦煌学辑刊》2005 年第 2 期。

2　〔美〕杨联陞：《中国制度史研究》，彭刚、程钢译，江苏人民出版社，1998，第 39~40 页。

3　〔美〕杨联陞：《中国制度史研究》，第 39~40 页。

4　向达：《唐代长安与西域文明》，第 6 页。

年，计历任都护 18 人……"，"上述诸官负责边防，共同维护西汉
在西域的统治"，"镇抚诸国，诛伐怀集之"。[1] 而在唐代，则在西域
同时设都护府与督抚州，分管天山南北绿洲与草原地带。在西域设
关置守的传统一直延续到明清。尽管明朝对西域管辖的范围大大缩
小，但其也在哈密设置卫所。相关的研究表明，在西北边疆设置的
卫所，似乎可成为西北城市形态的一种。[2] 真正对新疆有实际控制的
关守设置出现在清朝。1755~1759 年先后平定准噶尔叛乱和大小和
卓叛乱之后，"为了统治这片辽阔的疆土"，清朝于"乾隆二十七年
（1762 年）十月正式设立总统伊犁等处将军（简称伊犁将军），统辖
从额尔齐斯河、斋桑泊以南，巴尔喀什湖以东以南，包括天山南北
直至帕米尔高原的广大地区"。[3] 不难看出，自汉代开始在西域设置
西域都护府以来，中原王朝一直没有放弃统辖或管理西域的制度设
计。根据历史情况的不同，这些边关治所对西域的实际控制也不尽
相同，有清一代，中原王朝在西域设置的机构对该地区的控制似乎
达到了较高的水平。此外，值得注意的是清朝设置的边疆治所在清
末似乎演化为某种特别的边疆城市形制。[4]

5. "以夷制夷"

在中原王朝治理西域的策略中，"以夷制夷"也是一个较为重
要的观念，此种观念无疑与传统中国的"华夷观念"关系密切。但
作为一种具体策略提出来，则是在汉时朝臣讨论如何应对匈奴的时
候。有研究指出，"以夷制夷"的政策大概在秦始皇统一时就开始
应用，其时始皇帝"对少数民族人民及酋领给予与内地官民不同的
优待"。[5] 另据陈序经的研究，汉朝晁错在讨论如何抗击匈奴时，提

1　苏北海：《西域历史地理》，新疆大学出版社，1988，第 48 页。
2　张友庭：《晋藩屏翰：山西宁武关城的历史人类学考察》，上海社会科学院出版社，2012。
3　苏北海：《西域历史地理》，第 416 页。
4　黄达远：《乌鲁木齐城市社会空间演化及其当代启示》，《西北民族研究》2011 年第 3 期。
5　李干芬：《略论历代封建王朝的"以夷制夷"政策》，《广西社会科学》1992 年第 4 期。

到利用投降的匈奴将领及其他"蛮夷"来对付匈奴，陈氏认为这应该也可以算作一种以夷制夷的办法。而在隋唐时期，根据不同的情况，中原王朝分别使用了"以夷攻夷"、"以夷制夷"以及"以夷治夷"等策略。[1]事实上，有研究者甚至认为，"历朝对边疆地区所实行的'羁縻政策'或'土司制度'，实质上就是'以夷制夷'政策"。[2]"以夷制夷"的策略在有清一代似乎得到了较好的发挥。举例言之，清朝在新疆哈密设置的盟旗制度，尽管看起来是为了褒扬地方政府的内附，但"更主要的还是根据边情边势的需要和哈密的实际社会状况来考虑如何治理哈密，使其日后成为统一新疆的稳固的桥头堡"。[3]显然，作为治理边疆属国的一种有效策略，"以夷制夷"得到了历朝的重视，晚清"开眼看世界"的郭嵩焘在谈及"洋人"时，也自然而然地流露出"以夷制夷"的思想，只不过"除了羁縻的老话外，在他收录自己大量诗文和奏折的文集里，似乎没有一个把洋人或外夷比成畜牲的例子"。[4]

总而言之，传统中国在处理与西域的关系时，采取了宗藩制、通婚、设关置守、贸易、质子以及"以夷制夷"等多种具体策略。但值得指出的是，这些策略大多是在朝贡制度的逻辑或架构下展开的。此外，尽管上述策略呈现出一种延续，但每一个王朝根据其所面对的具体情况，采取的策略或侧重点不尽相同。而到了明清之后，部分策略要么得到强化（如设关置守），要么被废除（如清代的伯克制度改革），要么使用得更为灵活，其具体情况不一而足。

如前文所指出的那样，历史时期中原王朝对西域（绿洲）的态度是使其倾向于中原，而不是草原。因此，中原王朝对西域的政策

---

1 陈序经：《匈奴史稿》，第 215 页。

2 李干芬：《略论历代封建王朝的"以夷制夷"政策》，《广西社会科学》1992 年第 4 期。

3 黄达远：《试论清代哈密回旗》，《新疆大学学报》（哲学社会科学版）2001 年第 2 期。

4 〔美〕杨联陞：《从历史看中国的世界秩序》，载〔美〕费正清编《中国的世界秩序：传统中国的对外关系》，第 28 页。

上主要是以"宗藩关系"——"朝贡制度"展开，辅以变相的经济策略，基本上未对其文化和基层社会进行干预，采取非常宽松的治理方式，这也争取了大多数时期绿洲国家倾向于中原的态度，一定程度上遏制了草原势力。但是，在以下两种情况下，这种态度"倾向"是可变的：一是在草原强势压力下，二是在吏治腐败引发绿洲社会不满时。中原王朝在西域遇到外敌入侵等到重大事件时，常常要依靠这些绿洲国家（社会）的支持，如果这些国家不支持或者反叛，中原王朝在西域的力量就会陷入绝境之中。这反复被历史经验所证实。

到清朝道光朝时，朝廷已经开始考虑改变这一状况，一些熟悉边务的大臣提出设置民官治理的建议。但是随着国力下降，这一建议没有实施，一直等到晚清新疆时局糜烂，清廷才不得不进行行政体制的改革。

四　近代中国与中亚地区的关系

1840 年中西之间的海上接触被认为是中国近代史的开端。这一观念深受费正清的冲击－回应理论的影响。[1] 不过，即便是在以海洋交通网络为主体建立起来的欧洲主导的世界体系中，中亚依然是东西方物质、文明与贸易往来的一个重要通道。但随着 19~20 世纪俄罗斯的南下中亚、英国从印度北上中亚，中亚地区逐渐被卷入地缘政治的角逐之中。[2] 而在差不多同时，清廷也在平定准噶尔盆地的叛乱以及抵抗来自中亚浩罕国的威胁，[3] 并最终卷入与由英俄支持的阿古柏的战争之中。在商讨如何平定新疆叛乱的过程中，清廷朝野围

1　〔美〕费正清：《美国与中国》，张里京译，世界知识出版社，2000。

2　王治来：《中亚史》，人民出版社，2010，第208~225页。

3　潘志平：《归属于中华文化圈的新疆》，《新疆大学学报》（哲学·人文社会科学汉文版）2009年第1期。

绕"海防"与"塞防"展开了一场大辩论。远在北京的中国皇帝及大臣发现，用"天下观"来理解西北边疆的变局，已经有很多不适宜之处，一种地缘政治的边疆意识也开始兴起。尽管有学者认为，西北边疆危机在一定程度上使传统"朝贡体制"的想象得以延续，[1]但中俄《伊犁条约》的签订以及新疆的建省，从事实上将中国与中亚的关系导向一种地缘政治关系。换句话说，在卷入英俄逐鹿中亚的斗争之后，近代中国与中亚的关系已经不同于此前的朝贡关系，而是开启了一个地缘政治的关系格局。

（一）俄罗斯、英国对中亚的竞争与中国西北边疆危机

自深谋远虑的彼得大帝掌控俄罗斯之后，俄国一直追赶着欧洲大陆的资本主义进程，积极寻找出海口以及控制通往印度、中国的交通要道。事实上，为了控制中亚地区，确保通往印度和中国的通道，俄罗斯在彼得大帝时期就已将夺取这一地区的控制权列入侵略扩张和夺取出海口计划的一部分，只不过其时条件不够成熟而未付诸实践。[2]直到18世纪末，为了能够较为顺畅地前往印度和中国，俄罗斯商人仍然不得不时刻提防游牧人的袭击与抢劫，并向这一地区的中亚汗国缴纳比穆斯林商人高四倍的税款。[3]在取得波罗的海的出海口、打通黑海等通道之后，沙俄终于把注意力集中到对中亚的争夺之上。在征服浩罕国、夺取土库曼斯坦之后，沙俄基本上控制了中亚地区。[4]

显然，沙俄不是觊觎中亚的唯一帝国。早在16世纪葡萄牙、西班牙等国在海外扩张殖民地时，英国就开始谋划加入其中。在葡

1　林孝庭:《朝贡制度与历史想象：两百年来的中国与坎巨堤（1761~1963）》,《中央研究院近代史研究所集刊》第74期，2011年。
2　王治来:《中亚史》，第214页。
3　王治来:《中亚史》，第207页。
4　王治来:《中亚史》，第14~15章。

萄牙、西班牙等老牌帝国衰落时，英国的工业革命正如火如荼地展开，并在海上争夺中崭露头角。在击败法国，夺取海上霸权之后，维多利亚时代的大英帝国建立了"日不落帝国"，其海外殖民地分布在美洲、亚洲、非洲，横跨东西。毫无疑问，在印度建立的英国东印度公司成为大英帝国在亚洲进行殖民活动的主要机构。1757 年，东印度公司参与了对孟加拉的征服，"从征服孟加拉起，英国东印度公司就从商人组织转化为殖民政权（同时继续是商业公司），在商业体制之外，建立了一套政治统治体制，把贸易经营和政治统治结合为一"。[1]值得注意的是，这些在海外殖民的英国人并不全然是商业冒险家，他们中有不少是因宗教的缘故参与海外冒险活动的。[2]

随着俄罗斯在中亚的拓展，坐镇印度的英帝国感到了威胁，为了维系其印度的北部防线，英国积极参与中亚的竞争。19 世纪，英俄两国的竞争主要围绕阿富汗展开，但 20 世纪初，二国之间的竞争扩大到中国西藏。[3]英国与俄国在亚洲的竞争主要分布在三个地区：西亚波斯，中亚五国，中国新疆。英俄在中亚的争夺又可进一步划分为两个阶段。第一阶段，双方的竞争围绕印度北部的中亚地区展开，这一阶段的竞争主要是保卫印度的北部边境。第二阶段，双方主要围绕中国新疆展开。可以说，英国与俄罗斯在中亚地区的大角逐，正是围绕中国新疆展开的。在喀什地区，至今还保存有两个国家建立的领事馆旧址。正是在这样的背景下，中国西北边疆危机日益突出。有研究指出，在英俄对中亚的争夺中，被卷入争夺的伊朗由于在战略选择上的失策而加速了自身的衰落；[4]而在中国新疆，如我们将看到的那样，清廷在疲于应对西北边疆危机的同时，却能逐

1　林承节：《殖民统治时期的印度史》，北京大学出版社，2004，第 41 页；包奕诚：《从贸易到征服——论 1813 年以前英国东印度公司的殖民活动》，《南亚研究》1989 年第 3 期。

2　邵政达、姜守明：《近代早期英国海外殖民的宗教动因》，《历史教学（高校版）》2012 年第 12 期。

3　韩建萍：《试论维多利亚时期英国与俄国在中亚争夺中的印度因素》，《喀什师范学院学报》2008 年第 4 期。

4　张传琳：《论 19 世纪前期英俄中亚争霸中的伊朗战略》，《许昌学院学报》2011 年第 3 期。

渐把边疆做实。

明朝末期，天山南北的统治者均为蒙古贵族。在天山北路的统治者是厄鲁特蒙古贵族，天山南路则是察合台蒙古贵族。厄鲁特蒙古贵族与察合台系蒙古贵族对新疆的统治一直持续到 17 世纪中叶，准噶尔部噶尔丹的兴起才使天山南北的政治格局有较大变化。17 世纪中叶，准噶尔部噶尔丹叛乱，不过在厄鲁特蒙古人及其他当地民族的支持下，乾隆帝取得了平叛战争的胜利。事实证明，在准噶尔噶尔丹的叛乱中，沙俄曾进行了挑拨。[1] 此后，沙俄加紧了对中国西北边境的威胁或直接侵略。差不多同时期，英国也加紧了对中国新疆的争夺。在中亚浩罕国阿古柏入侵中国新疆后，英国与俄罗斯对其展开了争夺，试图借助阿古柏进入中国新疆。可以说，"虽然在阿古柏入侵新疆的早期，英俄双方对阿古柏的政策都不明朗，都在等待和观察，但是实际上对阿古柏的争夺却从来一点也没有放松"。[2] 阿古柏在中国新疆建立的政权破坏了俄国在该地已经取得的利益，而且从地缘政治的视角来看，阿古柏所统治的南疆与英国的印度之间似乎更有直接合作的可能。在这种背景下，阿古柏似乎也乐于和英国合作。1876 年，当俄国情报搜集者到达南疆时发现"阿古柏利用英国人参与他的事务善自为谋，近年来大大改善了他的军队组织、装备和训练工作"。[3]

在俄国和英国的中亚博弈背景下，清政府先后与俄罗斯签订了《中俄北京条约》《中俄勘分西北界约记》《中俄伊犁条约》《中俄改定条约》等不平等条约。这一系列条约签订后，清朝逐步进入以"条约体系"维系的国际关系网络中，以中国为中心的东亚朝贡

1　《沙俄侵略中国西北边疆史》编写组编《沙俄侵略中国西北边疆史》，人民出版社，1979，第 46~58、102~107 页。

2　许建英：《近代英国和中国新疆（1840~1911）》，黑龙江出版社，2014，第 107 页。

3　〔俄〕库罗帕特金：《喀什噶尔》，中国社会科学院近代史研究所编译，转引自许建英《近代英国和中国新疆（1840~1911）》，第 141 页。

体系开始受到挑战，清廷不得不重新审视和调整自己对边疆的认识及与边疆朝贡国之间的关系。[1]19 世纪末，在面对海上威胁与亚洲中国西北边疆危机时，清廷上下展开了一场大辩论。辩论的中心是要保疆卫土，但在对"海防"与"塞防"孰先孰后的认识上，朝廷上下没有达成一致。与李鸿章为首的一派人主张海防优先，而以左宗棠为首的不少人则力主西北边疆的根本作用，并最终获得清帝的支持。[2]这场辩论的展开，多少标志着中国朝野上下对边疆的认识开始具备了一种地缘政治的眼光，尽管关于这种地缘政治的认识在清朝中后期兴起的舆地学中似乎已有所表述。[3]地缘政治边疆观的兴起，与西部朝贡体系的崩溃差不多处于同一个历史进程之中。

（二）西部朝贡体系瓦解

传统中国对外交往的过程中，曾经形成一个以中原为中心的朝贡制度。这一朝贡体系不仅兼具贸易功能，还有政治功能，同时也是维系以中原为中心的礼仪外交体系。这一源自上古的外交制度，在清朝时显得更为具体，清政府成立理藩院，分别负责管理东南部和西北部的朝贡国。[4]在清政府上述具体制度安排下，原本以象征性礼仪外交和贸易为主的朝贡制度被纳入其宗藩制度的体系之下。[5]事实上，相关研究也指出早在清代初期，朝贡制度就已经不再是一种简单满足"天朝上国"心态的虚幻外交制度了，清政府已经开始注

---

1 王正毅：《世界体系论与中国》，商务印书馆，2000，第 336~342 页。

2 尹全海：《学术视野中的晚清海防与塞防之争》，《河南社会科学》2007 年第 1 期；刘新华、秦仪：《略论晚清的海防塞防之争——以地缘政治的角度来考察》，《福建论坛》（人文社会科学版）2003 年第 5 期。

3 郭丽萍：《绝域与绝学：清代中叶西北史地学研究》，三联书店，2007；贾建飞：《清代西北史地学研究》，新疆人民出版社，2010。

4 J .K. Fairbank and S.Y. Teng, "On the Ch'ing Tributary System," *Harvard Journal of Asiatic Studies*, Vol. 6, No.2, 1941, pp.158~168.

5 参见张永江《清代藩部研究》。

意其防御性的功能，使其成为维系边疆稳定和安全的制度保障。[1] 与此同时，随着清代贸易通道的正常化，朝贡体系与贸易体系之间混淆的状态有所改变，朝贡制度更多体现出其政治功能的一面。[2] 但在清末，朝贡制度开始逐渐瓦解。一方面，以"天下观"为基础的朝贡制度受到西方以国家为主导的外交思想的"冲击"，传统中国开始摸索加入世界之林的方式。[3] 另一方面，随着海上贸易的逐渐开放以及一个以条约体系为主导的外交体系的建立，朝贡制度瓦解了。[4]

不过，上述关于朝贡制度瓦解的研究，或多或少突出了来自海上殖民帝国的影响，同时在论及朝贡体系的瓦解时，也多从考察东南或东北部的朝贡国与清朝的关系变化开始。但在西部，朝贡体系的瓦解除了受到上述诸背景因素影响之外，还有其较为特殊的原因。

清政府朝野对西部从"西域"到边疆的转变有一个系统的背景知识体系，此即发轫于清初，兴盛于道光、咸丰年间的西北史地学。在这些研究中已经涉及清对边疆的测量、防务讨论等。[5] 除了从天下观向边疆观的认识转变之外，对西域的一系列战争也使得西域诸国与中原的宗藩关系瓦解；如上文所述，在经历海防与塞防的大辩论之后，清廷朝野对西域的认识无论从观念上还是实践上都体现出很浓的"地缘政治"色彩。与此同时，与俄国的边疆交涉不仅是清政府最早接触西方条约外交的开始，而且成为其处理海疆的经验。随着新疆建省，朝贡体系在西部基本完结。

1　陈尚胜：《试论清朝前期封贡体系的基本特征》，《清史研究》2010 年第 2 期。

2　祁美琴：《对清代朝贡体制地位的再认识》，《中国边疆史地研究》2006 年第 3 期。

3　罗志田：《天下与世界：清末士人关于人类社会认知的转变——侧重梁启超的观念》，《中国社会科学》2007 年第 5 期。

4　详见喻常森《试论朝贡制度的演变》，《南洋问题研究》2000 年第 1 期；李云泉《朝贡制度史论：中国古代对外关系体制研究》，第 272~284 页。

5　中国社会科学院中国边疆史地研究中心编《清代理藩院资料辑录》，转引自贾建飞《浅析乾嘉时期中亚与南疆的贸易》，《敦煌学辑刊》2005 年第 2 期。

（三）"外藩尽失"与苏联对中国新疆的影响

魏源对新疆的描述把清末西域所面临的地缘政治形貌展现无遗，其将西域分为天山南北以及葱岭以西三部分的框架，在民国时期曾问吾的《中国经营西域史》中几乎被完整采纳。曾氏去魏源不逾百年，其思想与魏源相去也不甚远，在二者那里，西域的形象均是一个充满边疆危机的地方。的确，正如我们在上文讨论的那样，英国和俄国在中亚的大博弈转移到中国新疆之后，中国新疆的确成了清廷"危险的边疆"。在清廷部分朝臣的认识中，新疆与中原的关系远胜于已经建立通商口岸的沿海诸地。与魏源同时代的左宗棠直接道出了这一批人的心声。在一份奏折中，左宗棠写道：

> 是故重新疆者所以保蒙古，保蒙古者所以卫京师。……若新疆不固，则蒙部不安，匪特陕、甘、山西各边时虞侵轶，防不胜防，即直北关山，亦将无晏眠之日。而况今之与昔，事势攸殊。俄人拓境日广，由西向东万余里，与我北境相连，仅中段有蒙部为之遮阂。徙薪宜远，曲突宜先，尤不可不豫为绸缪者也。[1]

左宗棠收复新疆之后，清廷遂在该处建立行省制度。新疆建省一方面是清政府面对西北边疆危机取得的一种胜利，另一方面也说明此时的清廷，在西域已经"外藩尽失"。在新疆建立行省制度之后，清廷在某种程度上奠定了此后中华民国的基本版图。只不过此后接管清朝疆域的民国政府与中亚面对的不再是沙俄旧帝国，而是取而代之的社会主义国家苏联。

---

1 《左文襄公全集·奏稿》卷 50，清光绪刻本。

1. 中亚成为苏联渗透中国新疆的战略桥头堡

辛亥革命爆发之后，清廷在新疆的统治也被推翻，新疆开始了其军阀当政的年代。概略来说，自 1912 年从旧制度中"解放"到 1949 年，新疆大概经历了四个历史阶段：杨增新统治时期（1912~1928），金树仁统治时期（1928~1933），盛世才统治时期（1933~1944）和国民党统治时期（1944~1949），[1]总计 37 年。在这 37 年间，中国新疆周边的形势极为严峻，东面面临外蒙古的"独立"，西面则是相继建立的中亚五个苏联加盟国（分别是乌兹别克斯坦、吉尔吉斯斯坦、塔吉克斯坦、土库曼斯坦、哈萨克斯坦），其间还有来自中亚的难民流入，成为一个"孤悬塞外"的区域。[2]社会主义国家苏联成立后，英俄在中国新疆的博弈也被继承下来，其时英国希望在南疆建立独立于中国之外的伊斯兰国家，而中亚国家的一些民族主义者也试图以"泛突厥主义"与"泛伊斯兰主义"思想分裂苏联。在此种背景下，尽管苏联内部对是否趁机占领新土地，还是维持中亚旧有的边界意见不一，但出于务实的考虑，苏联选择了维持现状，借中国新疆地方势力继续与英国在中亚展开博弈。[3]在一定程度上，苏联的中亚邦国成为其向中国新疆渗透的桥头堡。

杨增新统治新疆初期，民族起义、秘密会社以及其他团体的武装活动此起彼伏，与此同时，沙俄在北部策动蒙古的独立，"并于 1913 年 9 月借口中国士兵刺伤其阿勒泰领事事件，出兵 1500 余进驻承化寺，继而向该地区强行移民 300 多户，妄图造成对阿勒泰的实际占领"。[4]为了应对复杂的地缘政治局势，杨增新在建立政权初期选择了中立，但自 1920 年后开始与苏联合作。尽管杨增新对苏俄

1　白振声、〔日〕鲤渊信一编著《新疆现代政治社会史略（1912~1949）》，中国社会科学出版社，1992，前言，第 4 页。

2　潘志平：《新疆的地缘政治与国家安全——历史与现状的考察》，载氏著《亚洲腹地地缘政治文化研究文集》，新疆人民出版社，2011，第 201~203 页。

3　刘丹：《论苏联时期中亚与中国新疆的关系》，《新疆社会科学》2012 年第 1 期。

4　白振声、〔日〕鲤渊信一编著《新疆现代政治社会史略》，第 55 页。

中亚政策的应对在一定程度上符合当时的情境，[1] 但在客观上使得苏联渗透到中国新疆内部成为可能。金树仁登台掌管新疆之时，正是北伐战争胜利之际，金树仁不仅要处理与杨增新政权之间的延续性问题，也要处理与国民政府之间的关系，同时英国在阿富汗、印度以及苏联在中亚的博弈局势也未改变。[2] 在此背景下，金树仁选择与苏联加强合作，使得苏联对中国新疆的渗透更为深入。与苏联的合作政策在盛世才时期也得到延续，盛氏甚至以结盟的方式来加强与苏联的关系。[3] 1944 年国民党进入新疆之后，在经过意识形态的协调和长期谈判后，也与苏联建立了同盟关系。[4] 不过，正如沈志华的研究指出的那样，1944~1950 年，尽管中苏在友好同盟条约的基础关系有所强化，但苏联对中国新疆实际政策的变动不居，本质上就是要确保其在该地区的优势地位和特殊影响。[5] 综观苏联成立后其与中国新疆的关系，不难看出在清末就形成的地缘政治格局得以继续延续。尽管直到第二次世界大战结束时，苏联才完全意义上取得对中亚的绝对优势，但在此期间，出于各种政治目的，苏联以其中亚加盟共和国为桥头堡，积极在中国新疆渗透其影响力，并最终使中苏关系恶化。

2. 第二次世界大战中的中国新疆：美苏大国外交的"棋子"

二战期间，同盟国阵营中的美国与苏联对中国新疆的渗透使该地区成为二者亚洲政策的一个外交"棋子"。美国在中国新疆的直接渗透始于 1943 年在迪化（今乌鲁木齐）建立领事馆。美国领事馆建立后，在中国新疆的主要活动有两个方面："一是协助运送从印度经新疆到内地的美援物资，以支持中国抗战。二是广泛结交联系

---

1 谢承国：《论杨增新对苏俄中亚政策的演变》，《江汉论坛》2001 年第 8 期。

2 白振声、〔日〕鲤渊信一编著《新疆现代政治社会史略》，第 151~153 页。

3 朱杨桂、赵广平：《苏联与盛世才结盟关系若干问题研究》，《新疆大学学报》（哲学·人文社会科学汉文版）1997 年第 3 期。

4 牛军：《论中苏同盟的起源》，《中国社会科学》1996 年第 2 期。

5 沈志华：《中苏结盟与苏联对新疆政策的变化（1944~1950）》，《近代史研究》1999 年第 3 期。

新疆党政军要员和社会各族上层人士，利用驾车到南北疆各地旅行之机，搜集中国新疆，尤其是苏联中亚地区的政治、经济、军事情报。"[1] 虽然抗战期间美国在中国新疆的活动总体上说是为了反法西斯战争的需要，但无疑会触及苏联在这一区域的经济与战略利益。1944年，三区革命爆发后，苏联展示了其在中国新疆长期渗透所取得的成果及其强势的一面。[2] 对此，美国一方面表明其不干预中国领土的态度，另一方面也积极派专业间谍进入中国新疆，加强对苏联在该地活动的情报搜集，除此之外，还派大使到莫斯科与俄罗斯交涉。[3]

当然，美苏二战期间对中国新疆的重视与该地在这次世界大战中的战略意义密切相关。中国新疆不仅是沟通二战中欧亚战场的通道，也是同盟国援助中国抗战的通道，还是苏联和中国战场的后方，其战略意义非同小可。[4] 在二战结束后，世界进入冷战格局，美国与苏联在中国新疆的博弈更是体现无遗，随着中国的加入，相当长的一段时间内，中国新疆地区出现了"三国四方"博弈的局面：

> 美国通过国民政府加强了对新疆的影响，将新疆作为搜集苏联情报的前哨基地，并在国共内战后期，国民政府势力倾颓之时，准备自行扶持西北地区少数民族武装力量建立起反苏反共的前沿阵地，其努力最终并未得逞。中共的人民解放军在解放西北的过程中，得到了出于前述多重目的、特别是要壮大与美国冷战对抗阵营的苏联的协助，最终提前进入并和平解放了

1 袁澍：《美国驻新疆领事馆始末》，《中外关系史论文集第 14 辑——新视野下的中外关系史》，2008。

2 徐玉圻、顿时春：《苏联与新疆三区革命》，《西域研究》1999 年第 3 期。

3 许建英：《20 世纪 40 年代美国对中国新疆政策研究》，《云南师范大学学报》（哲学社会科学版）2011 年第 4 期。

4 陈香苓：《试论新疆在第二次世界大战中的战略地位》，《新疆师范大学学报》（哲学社会科学版）1992 年第 4 期。

新疆，维护了国家对新疆的主权和领土完整。[1]

事实上，如果我们从地缘政治的视角来看这种博弈，就不难发现在中国新疆出现的此种"三国四方"博弈的局面与此前英俄在中国新疆地区的博弈所促成的地缘政治格局颇有关联。在第二次世界大战中，美国的迅速崛起使其成为西方资本主义阵营中举足轻重的力量，而此时英国在中亚的力量已极大衰落。在这种情况之下，美国利用中美同盟关系进入中国新疆制约苏联无疑是最好的时机。在中美苏的博弈中，中国新疆成为三方外交中一枚重要的棋了。

五　历史关系的总结

中国与中亚地区的关系史可大概分为"传统型"与"现代型"两个阶段。传统型关系主要指1840年前历代王朝与中亚之间的关系。在这一阶段，中国与中亚的关系主要是以和平友好的关系为主流，各方围绕建立朝贡贸易而展开礼仪、经济与政治外交。而"现代型"关系则是指在中国卷入欧洲主导的世界体系之后的地缘政治关系。在此阶段，各国间根据政治经济利益而展开合作或竞争，甚至伴随有局部战争或冲突。值得指出的是，这两种关系类型之间并非完全断裂，而是有着内部的延续性，类型的划分只是为了更好地表达传统中国与作为现代民族国家的中国与中亚之间关系的不同之处。事实上，中国与中亚地区关系史的延续性及层次性给我们很多的启发，我们将结合前文的论述对之稍做总结。

古代中国与西域之间关系的动力来自两个方面。一是古代中国与古代欧洲和西亚诸国之间商贸、文化交流等诸方面的互通有无

1　史宏飞、白建才：《论20世纪40年代中美苏三国在中国新疆的博弈》，《史学集刊》2012年第4期。

的内在需求使得一条畅通的东西交流通道成为必要；二是中原农耕文明与北方草原文明交替的拉锯使西域诸国对草原和农耕文明都具有重要的战略价值，能否获得西域诸国的支持成为中原王朝与草原政权关系的节点。对中原王朝来说，与西域诸国建立一般性联系或者制度性的关系的出发点均是保证内地的安全与维系东西之间的通道。

在儒家思想的主导下，中原与西域诸国的关系在文化上呈现出一种以"天下观"为主导的朝贡等级制度。在这一制度下，中原与西域诸国的关系中配套有通婚、质子以及册封、贸易、赏赐、进贡等诸种关系。在具体策略上，儒家的外交原则是以羁縻为主，打击为辅。这种朝贡关系体现出和平主义的一面，但同时也有很强的文化等级主义，它预设朝贡国在文化上的低级以及中原王朝的至高无上，把周围的"民族"视作野蛮之人。如周伟洲所言，这种思想的"核心是以兼容并包戎狄，用夏变夷为依据，怀柔羁縻各族（四夷）。这与儒家传统的'大一统'政治观是相辅相成的"。[1]

此外，古代中国与西域诸国的关系的另一个重要特点是其对西域诸国采取区别对待的政策。这种区别对待主要体现在文化与政治两个方面。在文化上，儒家在处理与周边诸国关系时采取五服制度，划定与周边民族之间的关系，接受儒家文化较多之群体被称为内藩，反之则被称为外藩。内藩与外藩之分，虽有一定的地理因素在其中，但主导的还是儒家所持的文化等级主义；在战略上，儒家对周边民族政权采取远交近攻的策略。联合远方的国家，打击地理距离更近的国家，以此牵制和防御草原政权的发展与威胁。这种在文化上和外交策略上"内外有别"的思想，几乎成为古代中国对外关系的核心观念。

现代型的关系出现在 19 世纪以降。在西方近代化的冲击之下，

---

1 周伟洲：《边疆民族历史与文物考古》，黑龙江教育出版社，2000，第238页。

欧亚大陆腹地的游牧社会势力和农业社会势力范围逐渐被压缩，特别是草原势力受到的削弱最大。至 20 世纪初，新的亚欧大陆地缘政治格局已经出现，农业、草原、绿洲之间的多重关系逐渐变化，地缘政治取代了朝贡体系。左宗棠的名言"是故重新疆者所以保蒙古，保蒙古者所以卫京师"即此种地缘政治观的体现。代替草原力量崛起的是俄罗斯帝国和其后的苏联。中苏之间形成了新的地缘政治格局，边界线也清晰起来。长城沿线的蒙古阿拉善、鄂尔多斯和新疆天山、阿尔泰山连起来，就是中国内陆边疆的天然屏障，"以上所说诸区，地理上并无截然的界线，乃系犬牙交错之地……上述诸地带，有一种地理上的协调：即一区有变动，其他地区都受其影响"。[1]中国内陆边疆在地理空间形成了一种相互依存和相互制约的关系。

　　近代中国与中亚地缘政治关系的建立，其动力有内外两个方面：首先是俄、英、美在中亚地区建立起的大国博弈格局，其次是传统中国向民族国家转变。如上文指出的那样，围绕西亚、阿富汗以及中国新疆，英俄在中亚展开了较为持久的博弈。与此同时，由这些大国博弈所挑拨起来的地方政权的叛乱波及中国新疆，清廷进而将其改建为行省。中华民国成立之后，整个中国新疆孤悬塞外，落入军阀之手，其在英俄中亚博弈之下的地缘政治的基本格局也未有大的改变。直到第二次世界大战之后，这一地区的地缘政治格局才转为美苏中三方的博弈。1944 年，拉铁摩尔指出，19 世纪英、俄竞争到 20 世纪中叶的冷战初期，中国新疆成为亚洲新的重心，在亚洲起着枢纽作用。[2]在此后的美苏中三方博弈中，苏联希望对亚洲输出革命，美国则希望将自由资本主义理念传入亚洲，在某种程度上说，中国新疆正好处于冷战的前沿。此外，印巴北部边疆、

1　〔美〕拉铁摩尔：《中国的亚洲内陆边疆》，第130页。
2　Owen Lattimore, *Pivot of Asia, Sinkiang and the Inner Asian Frontiers of China and Russia*, pp.3-4.

伊朗、中国西部边疆、蒙古和苏联中亚边疆地区，还存在着民族边疆的交错、宗教及文化边疆的纷争。连同上述的国际政治边疆交互影响，其形势处于极为复杂的演变中，而中国新疆在此变化中亦居于关键地位。从亚欧腹地的地缘政治的转换来看中国新疆，其从传统的"侧翼势力"一跃而成"亚洲的枢纽"。[1] 半个多世纪前这一基于冷战思维的观点在今天似乎依然是美国等西方国家对中亚政策的基石。

在民族国家作为主体参与的国际秩序中，国家与国家的边界成为十分敏感的线条。它一方面维系着人们对国家整体的想象，另一方面又使得这种想象的文化整体与边界框定之下的国家难以一致。地缘政治的背景下，国家边界不断地被明确且加以监控，原本彼此重叠的文化有时可能会被切割在政治边界的两端。职是之故，无论是在文化上还是在实际交通过程中，边疆总给人一种阻碍的感觉，尽管这不是事实。事实上，我们考察近现代史上中国与中亚关系的各层面时，最好的视角或许如潘志平所说的那样，是用一种区域史的眼光，[2] 同时，在考察中亚这一地区时，应该从地缘政治、地域文化、地缘经济以及全球背景、区域背景和本土层面来考察。[3]

通过对中国与中亚地区关系史的梳理，我们不难发现，无论在古代还是近现代历史上，中亚地区均是东西方交通的必经之地。通道的堵塞一般伴随有地区性的战争。反之，通道的通畅，则中亚地区也就相对平静，文化、物质的交流也就更频繁。在地缘政治主导中亚局势的今天，如果我们将中亚放在全球背景下来看，若位于亚欧大陆腹地的这一区域处在和平状态，则整个亚欧大陆的东西、南

---

1 许建英：《拉铁摩尔对中国新疆考察与研究》，《中国边疆史地研究》2011 年第 4 期。

2 潘志平：《地区史或区域史研究的考察——以中亚史为例》，载氏著《亚洲腹地地缘政治文化研究文集》，第 255~270 页。

3 潘志平：《考察中亚局势的理论模式——考量的因素、分析的层面、"博弈"、"大三角"》，载氏著《亚洲腹地地缘政治文化研究文集》，第 115~128 页。

北通道的畅通将得以持续。在此基础上，中亚地区的经济、文化繁荣以及人与人之间的沟通理解也当会更"通畅"。

原载潘志平等《中国与中亚地区国家关系研究》，

经济科学出版社，2018

第一批探险家

欧文·拉铁摩尔[*]著 李磊鑫[**]译

译者导言

本文《第一批探险家》(*The First Explorers*)是

---

[*] 欧文·拉铁摩尔(Owen Lattimore, 1900-1989),美国著名汉学家、蒙古学家,边疆史学家。有在中国北方三大边区、中亚地区长期游历的经历。通过对中国边疆地区的实地踏勘考察,拉铁摩尔针对边疆问题发表了许多富有启发性的研究成果,并形成一套边疆理论。近年来国内学界对拉铁摩尔其人及其边疆理论的研究成果较多。其中介绍其人其说的有陈君静《拉铁摩尔和他的中国问题研究》,《华东师范大学学报》(哲学社会科学版)1998年第2期;章永俊《欧文·拉铁摩尔的中国边疆史研究》,《史学史研究》2006年第2期;黄达远《边疆、民族与国家:对拉铁摩尔"中国边疆观"的思考》,《中国边疆史地研究》2011年第4期;张友庭《民族与历史——读拉铁摩尔和他的〈中国的亚洲内陆边疆〉》,《西北民族研究》2010年第1期;姚大力《拉铁摩尔的"内亚视角"》,《读书》2015年第8期等。另有不少对拉铁摩尔边疆思想相关理论、学说具体展开研究的文章,兹不赘述。

[**] 李磊鑫,四川大学历史文化学院硕士研究生。

美国学者欧文·拉铁摩尔与其夫人埃莉诺·拉铁摩尔合著的《丝绸、香料与帝国：从探险家眼里看亚洲》(*Silks, Spices and Empire: Asia Seen Through the Eyes of Its Discoverers*，以下简称《丝绸、香料与帝国》)一书的第一章。该书收入"伟大的探险家系列"(The Great Explorers Series)，1968 年由 Delacorte Press 在美国出版，又于 1973年在英国由 Universal-Tandem Publishing Co. Ltd 出版印行。本文根据 1973 年 Universal-Tandem Publishing Co. Ltd 版翻译。

《第一批探险家》为全书的总括，带有绪论性质。拉铁摩尔在此章中由 一次在蒙古的实地踏勘经历引出对"发现和探索亚洲"的讨论。他首先简要介绍了早期人类"发现亚洲"的活动与文本记录的形成。接着特别指出信息在传递过程中会"失真"，由此强调文本与实地考察对照的必要性。随后他回顾了历史上中西两个方向对亚洲的"发现"记载，交代了该书选择的文本记录的来源、主题与选择标准。最后，对"亚洲"的定义做了一定阐释和限定。整篇文章贯穿了作者对历史连续性、变化性的思考与强调，同时对全书的安排及基本情况做了交代。

《丝绸、香料与帝国》一书是拉铁摩尔夫妇的第二部合著。[1] 在写作分工上，欧文·拉铁摩尔撰写了第一章和其他章节的导语部分，埃莉诺·拉铁摩尔则负责各章节摘录材料的挑选、组织、汇编。[2] 该书正文分为六章，各章基本由拉铁摩尔的导语及前人有关亚洲的著述选段组成。

从写作背景来看，19 世纪 60 年代的拉铁摩尔刚跟跄走出麦卡

1　夫妇二人的第一部合著作品为《现代中国的形成》(修订版即《中国简明史》)。参见袁剑整理的《拉铁摩尔著述目录》，载袁剑《边疆的背影：拉铁摩尔与中国学术》，社会科学文献出版社，2016，第 213~243 页。

2　J. 杭锦、U. 鄂敏《欧文·拉铁摩尔年谱简编》称，《丝绸、香料与帝国》一书是从《亚洲》《欧洲人的"亚洲发现者"》两书中选编内容而成。该文原载国际蒙古学协会《通讯》1990 年第 2期，徐维高之译文刊于《蒙古学资料与情报》1992 年第 2 期。

锡时代的阴影，无论是对自身学术还是对人生都有了进一步的思考。经历了四十年的亚洲内陆边疆研究，业已奠定学术地位的拉铁摩尔，再次审读当年阅读过的经典作品，在很多方面应当都有新的见解，因此他们夫妇选择在《丝绸、香料与帝国》一书中与读者分享，使得这本书更像是一本内容丰富、点评深刻、刺激人思考的"亚洲探险家精选集"。

拉铁摩尔的学术经历是向后来者强调田野考察重要性的绝佳范例，但由《丝绸、香料与帝国》一书的编排形式、内容可以看出，拉铁摩尔依然强调经典著作的阅读，强调与前人的对话。他在该书"后记"中提醒读者说："我们得到了一个颇具挑战性的建议——在阅读有关旅行的老故事时，我们不仅可以从了解人们曾经认为他们知道的事情中得到乐趣，而且还可以从了解我们现在知道的不真实或部分真实的事情中得到乐趣；但我们也要时刻保持头脑清醒，以应对偶然的冲击和刺激，因为我们会发现，我们一直以为自己知道的东西原来是错误的，或者是需要一些新的思考的。"[1]这或许就是拉铁摩尔夫妇写作编订这本书的初衷之一——向更多人介绍遥远的亚洲和伟大的探险家们，鼓励人们既要有敢于探索的精神并从中享受乐趣，又要进行思辨。

从学术背景来看，拉铁摩尔的学术研究是亲身游历与广泛汲取前人学术成果的结合。在谈到第一次进行亚洲内陆旅行时，他说："我们的行装极简……读了斯坦因（Sir A. Stein）的《中国沙漠废墟记》、亨廷顿（E. Huntington）的《亚洲的脉搏》、贾鲁瑟（D. Carruthers）的《未知的蒙古》……以及其他书籍。"[2]无疑，这些经典著作部分奠定了拉铁摩尔的学术基础，其早年的历史视野也在阅读中形塑。但如果仅止于此，拉铁摩尔同样难以突破由中世

1　Owen and Eleanor Lattimore, *Silks, Spices and Empire: Asia Seen Through the Eyes of Its Discoverers*, London: Universal-Tandem Publishing Co. Ltd, 1973, p.331.

2　〔美〕拉铁摩尔：《中国的亚洲内陆边疆》，唐晓峰译，江苏人民出版社，2010，第1页。

纪以来的东方旅行者、传教士译介的历史文献所"搭建"起来的西方"亚洲知识体系"与固化的"亚洲想象"。在与前人"对话"、参看各家著作，最重要的是长时间亲身游历以后，拉铁摩尔夫妇感到"某些问题的资料并不完全正确"，[1]"尚待研究与发现的东西还有很多"，[2]而这些正是拉铁摩尔此后从事亚洲内陆研究的动力源。他在《中国的亚洲内陆边疆》序中回忆写作过程说："有一部分内容是先有旅行见闻，之后又参考各家著作而成。有些部分则是先从读书受到启发，进而在旅行中更加留意去观察。"[3]可见，互参正是拉铁摩尔治学的重要方法与心得。从《丝绸、香料与帝国》的具体内容来看，以时间为顺序，以不同的主题划分章节，内容均摘录自"亚洲探险家们"的经典著作中，不少书正是拉铁摩尔早年阅读的、构建其"亚洲知识体系"的一些著作。而摘引这些经典作品的目的正是要传达"作者对发现的第一手叙述比后期的二次写作（Rewritten）更为有趣——尽管在时间和地理空间上相距甚远"[4]这一主题。

　　通过拉铁摩尔的学术著作纵观他的学术历程，其最早的《通向中亚的荒漠道路》《高地鞑靼》是其学术生涯的开端，更多的是游历见闻的提炼，创见多在地理学等方面，且较具区域性。在一定程度上是沿着他所仰慕的探险家们的足迹，将文本与田野相印证而产出的成果。拉铁摩尔于 1932 年出版的《满洲：冲突的摇篮》一书则具有里程碑式意义。拉铁摩尔在该书的写作中跨出了一定区域范围，由各国互竞的现实情况引出了对亚洲东部地缘政治的思考，可谓其历史视野阔度的一次飞跃。1940 年出版的《中国的亚洲内陆边疆》一书或可称作其边疆学说的大成之

1　〔美〕拉铁摩尔：《中国的亚洲内陆边疆》，第 1 页。

2　〔美〕拉铁摩尔：《中国的亚洲内陆边疆》，第 2 页。

3　〔美〕拉铁摩尔：《中国的亚洲内陆边疆》，第 3 页。

4　Owen and Eleanor Lattimore, *Silks, Spices and Empire: Asia Seen Through the Eyes of Its Discoverers*, Introduction, p.ix.

作，在该书中拉铁摩尔已明显地开始进行理论总结，较为完整地阐释了他的边疆观，提出了"过渡地带"等经典论断，并从"边疆反观中国"。在该书中，拉铁摩尔一是将之前曾分区域探讨的新疆、蒙古、满洲等地统括在中国的长城边疆之下，既分析各地区的独特性，又关注整个长城边疆的整体性及各边疆地区间的交互性，从而对整个中国的边疆地带、中国历史各个时期的边疆发展情况有了较为深刻的认识。二是把整个中国放在亚洲之内，从陆、海两个方向审视中国、亚洲，以世界史上交替出现的大陆和海洋时代来解释中国与其大陆边疆以及中国与世界其他各地关系的新表现，[1]由陆权、海权两种概念分析最近的亚洲局势，[2]这种方法在其之后的著作中有进一步探讨。由此两点观之，一为统合，一为放大，由区域到整体，自中国到亚洲，内亚视角已然形成，视域范围进一步扩展。该书出版恰逢其时，"被纳入当时的抗日战争和国际地缘政治语境中加以解读"，[3]政界、新闻界、学界对其学说的热烈反应或进一步促进了拉铁摩尔将自身内亚研究与地缘政治、国际形势的研判相结合。随着战争的进行，拉铁摩尔发表了大量的文章、评论，强调必须重视亚洲（特别是中国）对于二战的重要性。此后陆续出版的《亚洲的决策》（1945）、《亚洲的局势》（1949）、《亚洲的枢纽：新疆与中国和俄国的亚洲腹地边疆》（1950）等著作均体现了拉铁摩尔在亚洲地缘政治大变动的背景下对内陆亚洲未来走向的再思考，拉铁摩尔在著作中更是做出了一些富有预见性的判断，对当时美国政府的亚洲政策提出了

1　〔美〕拉铁摩尔：《中国的亚洲内陆边疆》，第 4 页。

2　拉铁摩尔认为陆权与海权的概念最多只能用来分析强权政治，历史的真正根源还需要真正探讨（见《中国的亚洲内陆边疆》，第 5 页）。但在涉及最近局势、地缘政治、国际格局走向等问题时他依然使用两种概念来分析，这与他强调从历史的地理条件、各区域差异等方面探讨长城边疆历史的根源并不相悖。

3　袁剑：《20 世纪上半叶的内亚研究与地缘政治——以民国时期国内对拉铁摩尔及其学说的介绍与评价为例》，《西北民族研究》2013 年第 4 期。

建议，反观这些论断，或有助于认清美国亚洲政策的一些根源。
这时，拉铁摩尔的关注重心便有转移到新疆、蒙古的迹象，[1]而后
更是将全部精力倾注于蒙古研究。考其原因，一是由于麦卡锡风
波的影响，拉铁摩尔很难有继续研究中国的条件；[2]二是在中国局
势的变动，英、日传统势力的退出，美、俄大国博弈等多种因素
作用下，中亚（外蒙古、新疆）等地再次成为内陆亚洲地区的枢
纽、核心，吸引了已较多从地缘政治角度思考问题的拉铁摩尔；
三是作为"蒙古通"的拉铁摩尔一直致力于蒙古史地研究，早在
20世纪40年代就"已为举世所公认之权威"[3]，有强烈的研究情结
与深厚的学术积淀，因此他在最艰苦的情况下选择继续从事中亚
（特别是蒙古）研究。拉铁摩尔晚年仍时常前往中亚、蒙古等地
游历，并当选为蒙古科学院外籍院士，获"北极勋章"，蒙古研
究一直是他学术研究最后阶段的主题。

　　拉铁摩尔一生的核心关切从未离开亚洲，而对亚洲的关切没有
离开过中国。他曾说"如果中国的情况好起来，那末亚洲的情况也
会好起来；如果中国的情况坏下去，那末亚洲的情况也会坏下去"[4]。
对于这样一位与中国关联极深而又充满学术创见的"边疆人"，我
们应当有更深入的了解与研究。拉铁摩尔是一名著作颇丰的学者，
即便是被视为其代表作的《中国的亚洲内陆边疆》，也只能部分代
表他在边疆研究方面的成就，更遑论他研究地缘政治、国际问题走
向的诸多著作。他的作品具有变化性、阶段性的特点。因此要认识
其学术成果的全貌，仍需更努力的译介工作。

　　长于中国的拉铁摩尔，青年时追寻着数千年来亚洲探险家的脚

1　这里是指有这样的表现，并非认为拉铁摩尔的"内亚观"从"中国中心论"转向"以蒙古为
　　中心"，研究重心不同于研究中心，重点论不等于中心论。
2　拉铁摩尔曾同时受到冷战双方的指控，即使在指控撤销后也长时间笼罩在阴影之下，这时他
　　自然不适合继续研究中国问题等敏感领域。
3　林超：《拉铁摩尔论蒙古史之地理因素》，《边政公论》1947年第4期。
4　〔美〕拉铁摩尔夫妇：《中国简明史》，陈芳芝、林幼琪译，商务印书馆，1962，第3页。

步开启了内陆亚洲研究之路。而在该书中，他和夫人再次品读这些熟悉的文字，将学术成果向读者分享以待来者。由丝绸之路始，又似乎再次回到起点，拉铁摩尔凭借他的学术成就完全有资格加入他所敬慕的"伟大的亚洲探险家"队伍之中。

正　文

由成吉思汗之子窝阔台建造的蒙古帝国首都哈剌和林[1]，其遗址就坐落在离鄂尔浑河[2]源头不远的地方。这里还有稍晚一些的额尔德尼召佛寺遗址[3]，在蒙古帝国灭亡后被中国人所摧毁。在当地人的视线范围内，今天的中国人根据一项对蒙古的经济援助计划修建了一座大坝，用于供电和引水灌溉，这也恢复了这片广袤的牧地上的、在中世纪曾环绕这座古城的农业绿洲。这个地区历史悠久。突厥人曾在 8 世纪时统治鄂尔浑，这里到处都可以找到新石器时代、青铜时代、铁器时代的匈奴人或早期匈奴人的墓葬。

不过，这片土地也有更古老的历史。在大坝下方不远的地方，这条河流环绕的一处隆突处，上面是一块自然平整的台地。1961 年夏天，我和我的妻子与蒙古国科学院的考古学家和历史学家纳·色尔－奥德札布（Ser-Ojav）[4]，以及苏联最伟大的考古学家之一奥克拉

1　简称和林。元太宗窝阔台于 1235 年建，原为大蒙古国都城。位置在今蒙古国西南前杭爱省哈拉和林。

2　为今蒙古色楞格河支流之一，发源于今蒙古杭爱山东段，流入贝加尔湖。其上游地区历代为漠北游牧民族活动之中心。

3　按：原文作 Erdeni Tso，结合前后文此寺似应为额尔德尼召（Erdene Zuu）。该寺建立在蒙古帝国首都哈剌和林的废墟上，位于今蒙古国首都乌兰巴托以西 384 公里，据乌云毕力格先生考证建于 1585 年。

4　纳·色尔－奥德札布（Namsaraigiin Ser-Odjab, 1923–1990），历史学家、考古学家。主要研究领域为突厥考古。20 世纪 50 年代末开始致力于蒙古高原突厥文物考古研究和发掘工作。其与多国学者一道在蒙古国开展考古学发掘和研究，成果丰硕。60 年代他与捷克学者合作挖掘阙特勤墓地，引起了国际学界的广泛关注。著作有《蒙古人民共和国境内突厥文物》《蒙古古代史》等。按：原文中作者仅提到这位历史、考古学家名为 Ser-Ojav，蒙黄达远教授多方查找，方能对这一位蒙古人民共和国老一辈学者的姓名、简要生平做出解释，特此致谢。

德尼科夫（A. P. Okladnikov）[1] 进行了交谈，后者拥有从中国、蒙古到北极的田野经验。奥克拉德尼科夫说，这里是他所见过的古生物学发现最丰富的遗址，虽然还没有发现人类的骨骼，但其中一些工具可以与大约 50 万年前的北京人的工具相媲美。它们也能和另一个方向（的发现）匹配上。"这里，看看这些，"奥克拉德尼科夫说道，"如果你把这些东西放到一家法国博物馆的展架上，甚至馆长本人都不能断定它们不是当地所发现的。"

　　我问他们是怎么发现这个遗址的。"这很容易，"奥克拉德尼科夫说，"在欧洲的冰川时期末期，蒙古或西伯利亚东部的地面尚未被冰雪覆盖。相反，这里曾经降水丰沛，河流也比现在要大得多。旧石器时代的人，更多的是渔民而非猎人，而这个三面都临河的平台，显然是一个钓鱼平台和营地。随后我们发现了别的迹象。来看看吧。"他带着我们走了大约 50 码（1 码约为 0.9 米——译者注），来到一条小溪汇入鄂尔浑河的地方。河岸上密布的灌木丛上绑着白色的碎布——这是萨满教崇拜的残余。"就在那些灌木丛下面，"奥克拉德尼科夫说道，"有一汪矿泉。直到现在，当地的蒙古人还认为它有魔力，饮用泉水来治病。也许自旧石器时代起，它就一直受到人们的尊敬，因为从其他遗址可以得知，旧石器时代的人们就像我们一样对矿泉和普通泉水的区别有所了解。因此，当我们在 50 码的范围内发现一汪矿泉和一处天然渔场营地，我们便知道只需挖就行了。"

　　蒙古北部的这些新发现提醒着我们现在与过去之间的连续性。许多环节已经丢失或尚未被重新发现，但有足够的证据能够证明这一连串的关联。开始寻找北京人的加拿大人步达生（Davidson

---

1　奥克拉德尼科夫（A. P. Okladnikov），苏联考古学家，主要从事贝加尔湖沿岸至东面沿海地区的考古研究。

Black）由所发现的一颗牙齿开启了他的探索之旅。[1] 在描述并分析其特征后，他以自身科学声誉作保，宣称这是原始人，而非某种类人猿的牙齿。原因是其具有现代男性罕见，但在中国北方更常见的一个特征（该牙齿为铲形门齿[2]）。

由于来自四方的征服，除北京猿人之外，今天的北京人还有许多祖先，但事实是北京猿人是他们的祖先之一，这一事实提醒我们历史中的两个因素——连续性和变化性。"欧洲""亚洲""旧世界""新世界"是基于观念而相对较新的定义。早在这些思想存在之前，原始人类就遍布整个世界。在旧石器时代，人类狩猎、捕鱼和采集可食用的植物；在新石器时代，人类做出了革命性的改变，从采集野草的颗粒状种子（小麦、黍类和稻的前身）变为种植和收获谷物。

第二个革命性的改变是从猎杀野生动物到驯养它们，这使得人类能够选择某一些动物屠宰作为食物，另一些动物则提供奶，还有一些动物用来运输人类自己和他的动产。随着这些变化，"发现和探索"变得愈加复杂。曾经，为了寻找更好的狩猎场或有水果、浆果、可食用的根茎或草籽的地方，人类群体间有过偶遇。到了新石器时代、青铜器时代和铁器时代早期，社会组织更为复杂，更大群体的人类有秩序地流动，驱赶着他们的牧群，用牲畜或马车运送他们的物品，然后发现他们迁徙的道路在各处被已定居下来的农业社区挡住了。后者的村庄和城市强大到可抵御外敌，工匠们在此生产陶器、纺织品和后来的金属制品，这些东西可用于贸易而不必再进行战争。相反，随着人口的增长，定居下来的人类扩大了他们的领

1　步达生，本名戴维森·布莱克（Davidson Black），1926 年受瑞典人安特生委托研究一颗古人类的前白齿。次年，他参加周口店挖掘工作，又发现一颗人类白齿，他随后在论文中首次提出了"北京中国人"这一学名。

2　门齿的一种类型。其形态特征是门齿齿冠舌侧面近中缘与远中缘各有一明显的唇形嵴，致使齿齿舌侧面出现一个明显的窝，形如铁铲，故称铲形门齿。铲形门齿在蒙古人种中的出现概率较高，故被视为蒙古人种的体质特征之一。

土，并将其发展为王国和国家。一个国家的规模、繁荣程度和历史持续时间是由军事、经济、政治和社会因素相互影响而成的。

最终出现在历史上的地理概念，来自从内、从外对它的模糊边界的发现。从内部来说，史前中国人是亚洲最早的探险家之一，他们从黄河大峡谷的家园中出发，发现并占领了南部和西部的土地，并通过战争和贸易占领了西北部的土地。

从考古记录来看，很明显亚洲的其他人也很早就开始"发现亚洲"了，亚北极和远东南亚的产品在沿海地区被相继发现，说明他们是从那里深入遥远的内陆。不仅有贸易货物的流动，还有人类本身的流动。偶尔在中国沿海地区能发现一些人的体貌特征（包括卷曲的头发），表明他们与印度洋的马来半岛和安达曼群岛的一些人有密切关系。

当"发现与探索"开始有记录时，它首先并非书面记录。而是关于旅行者故事的传说、商人之间口口相传的有用知识，以及远征战士的自夸，或失败的悲剧和灾难；然后出现的书面记录，不仅保存了所有这些类型的知识，还加入了新知识、新报告和新传闻的章节。不论早期还是后期的内容，在这些记录中都保留了其独特之处。有时，被传递的"知识"是错误的信息，这是因为它在从一个又一个说话者传递给一个又一个听者的过程中被误解或歪曲了。但有时它是误导性的，信息被刻意模糊了，因为有很多知识是"知情者"（比如商人、战士、牧师、统治者）想要以一种只有"知情者"才能完全理解的形式来保存和传递。

早期中国人发现亚洲新地区的记录有几种。大约在公元前1300年，在现存最古老的中国文字"甲骨文"上，列出了中国人显然认为"非中国人"的部落名称。有时有线索暗示他们是什么样的人，比如当部落的名字上有"羊"的标志时，表明他们是牧羊人。一个悠久传统从此开始：中国人经常以"狗"或"昆虫"标记他们不喜欢或鄙视的民族名字。到公元前4世纪，出现了关于蒙古游牧民族的描述，以及不容易确定年代的、神话般的关于西北之旅的模糊的早期传说。然后，在西汉王朝的伟大帝国时期，出现了被称为"中国希罗多德"和"中国历史之父"的司马迁的历史回忆录（《史记》）。他重述了他所知道的历史传说和记录；他亲自在中国境内到处游历，参观历史名胜，收集并保存了其他比他走得更远的人的记述，比如中国向中亚扩张的先驱——张骞。

从西方来看，对亚洲最早的约略提及可以追溯到希罗多德[1]，他写过"居住在亚洲的游牧的斯基泰人"，及关于亚历山大征服最远地方的记录。后来的罗马作家则有更全面的记述。

第二章和第三章涉及两个早期的发现流向——分别始于中国和罗马。在后来的几个世纪，特别是12世纪之后，随着贸易和外交的增长以及天主教传教士的热情，记录变得越来越多，以至于我们从这些丰富的文学作品中选择摘录变得越来越困难。

在选择引用的记录时，我们试图按时间顺序涵盖有记载以来的，从公元前到20世纪初的所有时间，并在地理上覆盖亚洲的大部分地区。我们也尽量收录各种各样的主题和风格的作品。因此，虽然有些读者可能不会对我们的全部选段都感兴趣，但我们相信大家会喜欢其中的许多选段，而且多数读者会对大部分的选段感兴趣。

我们必须对"亚洲"做出自己的定义。这样的定义一直都是武断的。我们仍然谈论"小亚细亚"（Asia Minor），但"大亚细亚"（Asia Major）这个术语已经不再使用了——除了作为学术出版物的标题。"近东"（Near East）、"中东"（Middle East）和"远东"（Far East）首先是表示与地中海东端距离增加程度的术语。其次，它们是可变术语。有些人谈到"中亚"（Central Asia）时，其实包括了其他人认为在"中东"一词下所包含的一些领土。"南亚"（South Asia）和"东南亚"（South east Asia）也是不精确的术语。再次，所

1　希罗多德（Herodotos，约公元前484~前425），古希腊历史学家，后世称其为"史学之父"。

有这些术语都是相对的。例如，从中国看，近东可以被称为远西
（Far West）的开端。

就本书而言，我们的定义部分地受以下事实的支配：它是"伟
大的探险家"系列中的一本。亚历山大·莱恩（Alexander Laing）[1]
关于太平洋的书涵盖了除东南亚以外的地区。瑞斯·卡本特（Rhys
Carpenter）[2]的书介绍了希罗多德（Herodotus）以及他以后的古典时
代的希腊人，和马其顿亚历山大时代的人对美索不达米亚、波斯和
接近印度的地区的了解。本书中我们定义的亚洲主要是指中国和印
度，包括中国和俄属中亚以及中亚和印度之间的山区。它还在较小
程度上包括了日本。

尽管在本书中我们将仅处理书面记录，但当我们开始时最好回
忆一下，即使是最早的书面记录也只是数千年前开始的一个过程的
延续——早在那时候人类就有了在言语中交流知识，情感和思想的
能力。我们所处的时代开始于中国和罗马已经是伟大帝国的时代。
那时，伟大的丝绸之路已经存在了几个世纪，作为部落迁徙和商人
交换货物的路线，货物的交换如此频繁，但最遥远的买家和卖家却
互不相识。当时丝绸贸易还尚未成为主导。丝绸是一种商品，其商
业价值在外交上和经济上都得到了广泛的体现。这就是我们叙事的
开始。

1　亚历山大·莱恩（1903~1976），美国作家、学者、编辑，因其关于海洋的著作而著称。

2　著有《越过赫拉克勒斯的柱子》（*Beyond the Pillars of Hercules*），同样收入"伟大的探险家
　系列"。

后　记

　　中国的世界史研究长期以来深受"欧洲中心观"的影响。1978 年，世界史奠基者之一的武汉大学吴于廑先生在《关于编纂世界史的意见》一文中指出这一弊端："中古时代早、中、后三期的划分，就完全是按西欧封建社会发展的三阶段来规定分期的界限。全世界各个民族各个地区的历史，从公元五世纪到十七世纪一千二百年的世界历史，都按照这个三阶段的框框，一块一块地给镶嵌进去。……这样做法之不足取，举一个例即可以说明……能不能把成吉思汗及其子孙这一规模广阔的扩张活动恰好框在西欧封建社会发展中期的那个格格里。关于这一扩张活动在世界历史上的影响和意义，我怕我们今天的认识并不完整。"[1] 我们必须摆脱以欧洲为中心的世界史分期来思考蒙元史与世界史的关系，以中国经验讨论和认识世界史的"历史过程论"。[2] 40 多年过去了，吴先生的意见至今还有巨大的启示性。

中亚史、中国史与世界史的关系一直纠缠于"西北与中亚"的关系问题，二者近代以来分属不同的主权国家和话语体系。"一带一路"倡议下，如果要打通中国西北与中亚之间的历史关联，迫切需要在社会科学理论与实践经验中总结和归纳出新的理论和概念工具。随着中国社会科学体系的发展与进步，前贤与时贤的学术成果已经对欧洲中心观与中原中心观进行了"清理"，为解决这一问题提供了良好的条件。2011 年，昝涛的《地缘与文明：建立对中亚的常识性认识》（收入本书）不再使用传统的五种社会形态来定义中亚，也突破了将中亚放在民族国家话语体系下的"均质化"面向，在时间、空间、文明、政治多维的互动过程中，将"中亚"嵌入欧亚历史空间中，中原只是作为其中一个分析维度。这一成果，在对欧亚史视野下的中亚"历史过程论"研究上，取得了重要突破，这是对吴于廑先生提出的世界史问题的一个回应。此外，杨成、施展、袁剑等一批中青年学者从概念史、区域史、全球史、人类学、历史哲学等方面联通"西北与中亚"的工作也取得了积极进展，产生了一批有冲击力、影响力的成果，充分体现了学界的努力与活力。从某种意义上说，这是对吴于廑先生提出的世界史的"历史过程论"问题的当代回应。

目前学界同时在积极推进对中亚各个历史时期、各个帝国史、

1　吴于廑：《关于编纂世界史的意见》，《武汉大学学报》1978 年第 5 期。

2　王学典指出，传统的五阶段的社会形态说存在着不可替代的缺陷，抛弃这些不准确的概念不能把"概念化"也抛弃，而应基于中国本土经验、理论与方法，重新抽象出一套概念，以建立中国的"历史过程论"。参见王学典《把中国"中国化"：人文社会科学的近期走向》，上海人民出版社，2017，第 39~43 页。

王朝史的断代研究，或者对中外关系史、国际关系史研究，也在不断推出新的成果，这些成果极大丰富了我们对中亚的历史认识。新的中亚"历史过程论"与这些中亚研究成果有机结合，有可能会对"中国世界史"的"历史过程"提供一定的借鉴意义。尽管每一步的学术探索都非常艰辛，可谓筚路蓝缕，但在全球化不断拓展的前提下，我们不能总是借助于西方早期的社会科学概念工具来认识自己和世界，因此，这些付出都是值得的和必要的。另外，在中亚史、中国西北边疆史、西北民族史之间，也需要学科融通与问题意识的联通。历史与当代问题之间也亟待形成共同的问题意识。由于传统的学科边界，我们在给研究生上课时也备感吃力。因此，就有了选编本书的想法。

本书的作者是来自不同学科领域的中青年学者，他们从历史学、民族学、政治学等不同的知识领域和学科范畴出发进行研讨，学科虽然跨界，问题意识却是相通（或相似）的，一些论文也在不同学术会议上进行过交流讨论。这些论文均在学术刊物上发表过，在收入本书中都做了相应的说明。在选编本书的过程中，各位作者慨然允诺提供相关成果，短期内完成了组稿工作，在此向各位作者一并表示感谢。但由于各位作者的学科背景和话语范式并不一致，定书名时颇感踌躇。因为在采用区域研究的立场和方法上，尚有某种共识，故书名定为《区域视野下的中亚研究：范式与转向》。这还不能完全含纳各位作者的观点和立场，尚祈读者见谅。因个别论文发表时间较早，无法做整体修改，另外限于篇幅，还有很多学术上有真知灼见的论文未能选入，深感遗憾。

陕西师范大学相关单位对本书出版给予了大力支持，社会科学文献出版社历史学分社社长郑庆寰和编辑陈肖寒为本书的出版做了大量工作，谨致谢忱！我们期待读者和相关专业人士对本书提出批评意见。同时，我们也想请读者一起来思考 1978 年吴于廑先生提出的"新世界史"的问题：破除自古以来就有的各种中心论，必须树立以世界为一全局的观点，来考察人类历史的发展；世界史的编写，当然离不开国别史、地区史以及各类专史，离开国别史和地区史的研究成果，世界史的编写就将失去必要的依据，但是也必须看到，世界史并不等于国别史和地区史的总和。[1] 尽管中国西北边疆与中亚周边的关系在"新世界史"中具有优先地位，但由于还有大量的理论和经验研究的工作尚待完成，这还是一个远未解决的问题。本书也只是抛砖引玉而已。

1　吴于廑:《关于编纂世界史的意见》，《武汉大学学报》1978 年第 5 期。

图书在版编目 (CIP) 数据

区域视野下的中亚研究：范式与转向 / 黄达远, 李
如东主编. -- 北京：社会科学文献出版社, 2020.7
（九色鹿）
ISBN 978-7-5201-6724-6

Ⅰ.①区… Ⅱ.①黄… ②李… Ⅲ.①中亚-历史-
研究 Ⅳ.①K36

中国版本图书馆CIP数据核字（2020）第091963号

·九色鹿·
区域视野下的中亚研究：范式与转向

主　　编 / 黄达远　李如东

出 版 人 / 谢寿光
责任编辑 / 宋　超　陈肖寒　梁　赟

出　　版 / 社会科学文献出版社·历史学分社（010）59367256
　　　　　　地址：北京市北三环中路甲29号院华龙大厦　邮编：100029
　　　　　　网址：www.ssap.com.cn
发　　行 / 市场营销中心（010）59367081　59367083
印　　装 / 北京盛通印刷股份有限公司

规　　格 / 开　本：787mm×1092mm　1/16
　　　　　　印　张：29　字　数：377千字
版　　次 / 2020年7月第1版　2020年7月第1次印刷
书　　号 / ISBN 978-7-5201-6724-6
定　　价 / 108.80元